新世纪网络教育系列教材

学前儿童体育与健康

任绮　高立◎主编　陈健文　黄治官◎副主编　徐晓阳◎主审

清华大学出版社
北京

内容简介

本书主要介绍幼儿运动系统的结构、组成及生长发育的特点，讲解运动促进幼儿生长发育和健康的作用和意义；同时，对幼儿运动中的营养问题，以及幼儿运动科学控制等问题进行较充分的分析。通过学习，可初步掌握运动对幼儿生长发育和健康的重要意义，认识到幼儿运动效果的好坏是取决于对其运动的科学控制，并帮助学前教育工作者解决幼教工作中如何科学有效地组织幼儿进行体育锻炼的问题。

本书可作为学前教育专业人员及广大在岗幼儿教师和相关工作人员理论学习的教材和参考书。

图书在版编目（CIP）数据

学前儿童体育与健康/任绮，高立主编. —北京：清华大学出版社，2012.11（2024.7重印）
（新世纪网络教育系列教材）
ISBN 978-7-302-30093-9

Ⅰ. ①学…　Ⅱ. ①任…　②高…　Ⅲ. ①学前儿童—体育课—高等教育—网络教育—教材　②学前儿童—健康教育—高等教育—网络教育—教材　Ⅳ. ①G613

中国版本图书馆 CIP 数据核字(2012)第 216216 号

责任编辑：田在儒
封面设计：李　丹
责任校对：袁　芳
责任印制：沈　露

出版发行：清华大学出版社
网　　址：https：//www. tup. com. cn，https：//www. wqxuetang. com
地　　址：北京清华大学学研大厦 A 座　　**邮　　编**：100084
社 总 机：010-83470000　　**邮　　购**：010-62786544
投稿与读者服务：010-62776969，c-service@tup. tsinghua. edu. cn
质 量 反 馈：010-62772015，zhiliang@tup. tsinghua. edu. cn
印 装 者：三河市龙大印装有限公司
经　　销：全国新华书店
开　　本：185mm×260mm　　**印　　张**：20. 25　　**字　　数**：397 千字
版　　次：2012 年 11 月第 1 版　　**印　　次**：2024 年 7 月第13 次印刷
定　　价：55. 00 元

产品编号：047247-03

序

PREFACE

21世纪是一个变革的时代，以多媒体计算机和互联网为主要标志的电子信息通信技术正在引发教育界的一场深刻革命。高等教育正在从精英教育走向大众化、普及化，学校也由封闭走向开放，成为构建面向全民终身学习的学习型社会的中坚力量。

华南师范大学于2002年经教育部批准，成为现代远程教育试点高校。学校还是“全国教师教育网络联盟计划”核心成员单位，全国高校现代远程教育协作组成员单位，并被教育部推荐为“国培计划”教师远程培训机构。经过近十年的探索与实践，华南师范大学网络教育学院在高等学历教育、非学历培训、校园开放教育等领域均取得了丰硕成果，并充分彰显“教师教育”、“实验研究”、“教育帮扶”、“区域辐射”四大特色。“华师在线”也已成为国内网络教育品牌之一。

在长期的远程教育实践和研究中，华南师范大学网络教育学院不仅着力于新技术、新媒体的教育应用，而且不断地对传统媒体进行改良和创新。对远程教育印刷教材的执著追求、深入研究和大胆创新就是代表。近年来，我们针对网络教育面向成人的特点，充分发挥印刷教材作为远程学习主要内容载体和联系其他教学媒体纽带的作用，以霍姆伯格有指导的教学会谈理论为指导，设计、开发了具有鲜明远程教育特色的，适合成人学习者使用的《网络学习方法——教你做成功的网络学习者》等教材，受到了学员和专家的广泛好评。

为进一步推广远程教育印刷教材的编写经验，使更多的学员从中受益，我们与清华大学出版社合作，组织专家编写了本套“新世纪网络教育系列教材”。该系列教材选题丰富、体例新颖，非常适合自学，是网络学习的有效补充。

丛书大胆创新，突出“远程特色”，以学生为中心、目标为导向、案例为载体，强调针对性、交互性和实用性。与其说这是系列教材，我更倾向于说这是系列“学”材，通过改变传统意义上的“教”与“学”的关系，让学生与“学”材交流、对话，掌握知识，是本丛书的最大特点。丛书在语言风格上，力求生动活泼、通俗易懂；在编写体例上，力求体系清晰、结构严谨；在内容组织上，力求循序渐进、难易适度，满足不同程度学习者的学习需求。

系列教材的编写、出版，汇聚了众多知名专家的广博智慧，更离不开出版社的大力支持。清华大学出版社柴文强副编审为本套丛书的出版作出了巨大贡献，在此特别感谢！

许晓艺
于华南师范大学教师新村

本教材编委名单

主　审　徐晓阳（华南师范大学体育科学学院）

主　编　任　绮（华南师范大学体育科学学院）

高　立（广州市南沙区卫生和人口计生局）

副主编　陈健文（中山大学药学院）

黄治官（广州体育学院运动人体科学系）

编　委　信文君（中山大学中山医学院）

付晓东（中山大学中山医学院）

高　萱（首都体育学院运动人体科学系）

梁　健（华南师范大学体育科学学院）

郭　叶（广州大学体育学院）

前言

FOREWORD

学前儿童是祖国的未来和希望，学前教育既是终身学习的开端，也是我国国民教育体系的重要组成部分，对人一生的发展具有重要的奠基作用。从1903年我国独立设置第一所幼稚园至今，我国的学前教育取得长足发展，普及程度逐步提高。特别是21世纪以来，学前儿童教育越来越受到全社会的重视。为贯彻落实党的十七届五中全会、全国教育工作会议精神和《国家中长期教育改革和发展规划纲要(2010—2020年)》，2010年国务院颁布了《国务院关于当前发展学前教育的若干意见》(国发[2010]41号)文件，要求积极发展学前教育，坚持科学育儿，遵循幼儿身心发展规律，促进幼儿健康快乐成长，以实现学前教育事业的科学发展。学前教育工作者是实施学前儿童教育工作的重要师资力量，建设一支业务精良的幼儿教师队伍是实现学前教育发展的重要途径。因此，提升幼教师资质量和学历层次成为适应学前教育新发展的大趋势。

21世纪以来，随着网络远程教育优势的凸显，近年来选学华南师范大学网络学院学前教育专业“幼儿体育”课程的学员规模逐年扩大，适时编写一本体现幼小衔接理念、代表运动人体科学研究发展方向、反映学科发展新前沿的教材势在必行。本书是作为专科层次学前教育专业通用的新编教材，立足于培养和造就符合时代要求，具有运用理论思考、分析能力以及体育教育实践能力的学前教育师资的目标，遵循承载知识和技能、渗透思维方法、优化逻辑结构、培养实践能力和创新精神的思路，在彰显教材实践应用性的基础上反映当代学科前沿，力求体现与当前学校体育和健康课程改革相衔接的学前儿童体育和健康教育新理念、新思维，以期为幼儿师范教育体系的体育教育领域提供具有科学理论依据和实践可操作性的教学资源。

国民健康对国家的发展、社会的进步和个人的幸福都至关重要，体育锻炼则是增进国民健康的重要手段。近年来，我国青少年的体质健康呈现持续下降的趋势。为此，党中央、国务院制定下发《关于加强青少年体育增强青少年体质的意见》，积极推进“全国亿万学生阳光体育运动”。2001年，国家启动了21世纪基础教育课程改革，目前我国基础教育阶段的各级各类学校已全面采用与《体育与健康新课程标准(实验)》配套的教材，以“体育与健康”课程促进学生身体、心理和社会适应能力三个层面整体健康水平的提高。2011年教育部正式印发新修订的全日制义务教育《体育与健康新课程标准(实验)》并于2012年秋季开始执行。学前儿童体育是学前儿童全面和谐发展教育的重要分支学科，属于学校体育教育前的预备阶段，涉及学前教育阶段与小学教育阶段相互衔接的问题。学前儿童的体育教育是民族体质改善的体育启蒙阶段，其本质与核心理念是把实施终身体育的起点设在学前儿童阶段，在婴幼儿期就逐渐形成体育兴趣和习惯，实现终身体育思想观念的形成并发展为个人对身体自我完善的内在动机，以期使学前儿童体育与健康教育成为推动阳光体育运动达成实效、实现增强民族体质目标的新突破点。

科技进步和现代交叉学科理论的发展与完善，为学前儿童体育教育的定位提供了新视角。运动人体科学是生物学、医学和体育学相交叉的一门新兴学科，经过数十年的发展从不同的研究侧面构建成学科群体系，涵盖运动解剖学、运动生理学、运动营养学、运动保健学等众多分支学科。为适应体育科学、竞技体育和全民健身运动的发展，近年来运动人体科学在基础研究、应用研究和科技创新等方面取得了丰硕的研究成果，也为促进学前儿童健康、增强体质和防治疾病以及运动康复等提供了必要的理论知识和科学依据。目前的学前体育教材大多立足于学前教育学，从属于健康教育学理论，从运动人体科学视角、基于幼小衔接理念系统介绍学前儿童体育研究成果和实践技能的教材仍为鲜见。以此为背景，本书组织了具有体育学、教育学、医学和生物学专业背景的中青年学者作为教材的编写主体，根据我国的学前教育法规、规章以及学前儿童体育教学大纲编写了《学前儿童体育与健康》，以专题的形式介绍了学前儿童体育与健康的基础知识。本书遵循"健康第一"、"树立终身体育"的指导思想，依据现行《体育与健康新课程标准(实验)》的理念，既阐述学前儿童体育与健康教学所必须掌握的基础理论和实践应用知识，又从分支学科的层面上渗透交叉学科发展的前沿热点，重点从生物学层面、心理学层面和社会学层面介绍了运动人体科学各领域中关于学前儿童体育的研究成果和前沿进展，在学前儿童体育的基础上突出健康教育的理论与实践，力争契合幼小体育教育衔接的目标。本书内容涵盖面广，具有一定的可操作性和应用价值，既适合开展体育教学组织工作的托儿所、幼儿园保教人员作为学习资料，也可为广大的年轻家长朋友科学地指导学前儿童的体育活动和客观评价学前儿童的体质健康状况提供参考依据。具体编写分工如下：第一章，任绮、高立；第二章，陈健文；第三章，信文君；第四章，梁健；第五章，黄治官；第六章，高萱；第七章，黄治官、任绮；第八章，付晓东；第九章，任绮；第十章，郭叶。全书由高立统稿。此外，华南师范大学的阮洋、广东工业大学的孙建平为本书做了大量的辅助工作。

本书参考引用了国内外前辈学者的著述、学前教育一线教师的实践案例和网络资源，在此一并表示衷心的感谢。华南师范大学博士生导师徐晓阳教授在百忙之中审阅书稿，在此，谨向徐教授表示由衷的感谢。本书的付梓凝聚着编写组全体成员的辛勤耕耘与智慧，由于编写时间紧迫以及现代医学、运动人体科学等学科发展迅速，学科的研究新进展可能未能完全体现于本书之中，存在疏漏以及不足之处在所难免，恳请各位同人、读者批评指正和不吝赐教。

编　者

2012年10月

目录

CONTENTS

1 第一章 绪论
2 专题一 学前儿童体育与健康发展史
16 专题二 学前儿童体育与健康概述
27 第二章 学前儿童解剖生理基础
28 专题一 运动解剖学基本术语
32 专题二 学前儿童各系统解剖生理结构
57 第三章 学前儿童生长发育的规律与运动
58 专题一 学前儿童生长发育规律概述
64 专题二 运动与学前儿童身体健康
69 专题三 运动与学前儿童心理健康
80 专题四 运动与学前儿童社会适应能力
87 第四章 学前儿童运动技能发展的理论与实践
88 专题一 学前儿童基础运动能力的发展
112 专题二 学前儿童身体素质的发展
121 第五章 学前儿童的科学运动
122 专题一 学前儿童的科学运动与监控
131 专题二 学前儿童的运动安全
136 专题三 学前儿童体育活动的组织形式
149 第六章 学前儿童的运动营养
150 专题一 学前儿童营养学基础知识
160 专题二 运动与能量代谢
170 专题三 学前儿童膳食与运动营养
183 第七章 学前儿童的运动卫生保健
184 专题一 学前儿童运动生理与心理卫生保健

205 专题二 学前特殊儿童运动的卫生保健

213 第八章 学前儿童体质和体育锻炼效果的测量与评价

214 专题一 学前儿童的生长发育测量与评价
227 专题二 学前儿童体育锻炼效果的测量与评价

239 第九章 学前儿童体育活动的创编、指导与实施

240 专题一 学前儿童体育活动的创编
249 专题二 学前儿童体育活动的指导
260 专题三 学前儿童体育活动的实施

273 第十章 学前儿童体育活动与美育、智育发展

274 专题一 学前儿童体育活动与美育发展
282 专题二 学前儿童体育活动与智育发展

289 附录A 《国民体质测定标准手册(幼儿部分)》评定标准

296 附录B 《中国居民膳食指南》——常见食物营养成分表

301 附录C 2005年九市城郊区7岁以下儿童体格发育测量值

303 推荐书目与文章列表

306 参考文献

第一章 绪论

我国正处在深入实施科教兴国和人才强国之际，完善现代国民教育体系和构建终身教育体系成为优先发展的战略目标，学前教育是国民教育体系的重要组成部分，对人一生的发展具有重要的奠基作用。学前儿童时期的体育教育是人生的体育启蒙阶段，也是学校阶段体育学习的基础。以史为镜可知古今，历史发展的轨迹为人们探索事物发展规律提供了线索，了解学前儿童体育与健康教育的发展历程，将有利于为学前儿童体育领域学习探寻一条科学的教育之路。

本章首先回顾了中外学前儿童体育与健康教育的发展历程，分析古代、近代、现代和当代学前儿童体育教育的历史演进及发展趋势，总结了体育、健康教育及学前儿童体育教育的思想和经验；其次阐述了学习本课程的理论与实践意义；最后解释了本书中的若干基本概念。

学完本章，你将能够：

1. 了解古今中外体育发展史、健康教育发展史和学前儿童体育与健康发展史；

2. 掌握学前儿童体育与健康教育的学习意义、目标、内容与方法；

3. 知道关于学前儿童体育与健康教育的若干基本概念。

专题导读

学前教育是指从出生到进入小学以前对学前儿童进行的教育，它是基于人生起点的奠基教育，关乎国家的发展前途和中华民族的伟大复兴。从古至今体育都是人类促进健康和增强体质的重要手段，学前儿童健康是人类追求和实现健康人生的基石。追溯学前教育的百年历程，学前教育史是一个在波折中曲折向前推进的历史，各个年代国内外的学前教育发展进程都有着鲜明的时代烙印。

专题一 学前儿童体育与健康发展史

回顾学前教育学的建制过程，从古代著作中零星的、散落的学前儿童教育思想萌芽，到从不同层面形成独立的学前儿童分支学科，再与边缘交叉学科的交汇，发展至今已形成系统化、多元化的学科群并以丰富的理论构建了学前教育学体系，其理论与实践也随着世界教育改革的大潮而逐步走向现代化。以往对体育与健康关注的焦点集中在人生成长的学校教育阶段，在学前教育对人生的重要价值备受关注的今天，健康理念的普及促使学前儿童运动科学化的理念应运而生。紧跟体育科学前沿探寻学前儿童体育与健康教育的价值，实现体育与健康教育的一体化和有机融合，不但能提升学校教育预备阶段的体育与健康教育质量，也将使后续的学校教育处于更高的起点，这对于个人一生的幸福和国家前途发展都具有重要的现实价值和意义。

一、体育的起源与发展史概述

（一）古代体育的起源

从人类起源和进化至今，体育作为一种社会实践活动，在促进健康和增强体质方面发挥着越来越重要的作用。原始社会是人类社会的初级阶段，在极其恶劣的生存环境下，捕猎、采集、捕鱼等实践活动让人们通过直观经验朴素地认识到获食方式所伴随的身体活动具有强身健体、提高生存适应性的功效和价值。由于生产之余自发而形成了游戏、舞蹈、角力、体操等古希腊的竞技活动，使体育成为点缀生活、消磨时光的方式，体育的社会性和文化意味随之增加。此时，原始社会的体育萌芽时期初见端倪。

随着奴隶社会出现学校，使教育逐步成为促进个人发展的社会现象。由古至今体育始终是教育领域中的重要内容，可见体育在教育中的作用具有深厚的历史渊源。但此时体育的属性已有别于以往原始社会的娱乐、竞技或生存技能教育，而是具有特殊价值的、以积极追求健康为目标的专门途径，成为培养和教育人的必要手段。人类关注自身的生命活动、运动与健康关系的历史可以上溯到几千年前的、以古希腊为代表的西方文明体系和以中国、印度为代表的东方文明体系，但是具有现代体育科学启蒙意义的理论和观点多来自中世纪的欧洲国家。无论是东方还是西方的体育，在各自发展的历史过程中都注重体育的教育性，并把体育作为强民富国的重要手段，其竞技性、健身性和娱乐性比古代体育的萌芽时期有了很大的提高。

（二）我国体育的起源

早在西周时期中国古代的学校就已兴办礼、乐、射、御、书、数的“六艺教育”。“乐”是与舞蹈等原始身体运动形式有关的教育，具有强身健体的作用；“射”是与从事狩猎活动获取食物、学习射箭技术有关的教育，其学习目的是为捕食和战争；“御”是指军事操练课，以满足战争的需要。这“三艺教育”的地位与作用接近于现代的体育教育，已经具有学校体育课程的雏形。起源于春秋战国时期的蹴鞠在中国流传了2300多年，唐宋时期最为繁荣，经常出现“球终日不坠”、“球不离足，足不离球，华庭观赏，万人瞻仰”的情境（见图1-1）。汉朝人把蹴鞠视为“治国习武”之道，不仅在军队中广泛展开，而且在宫廷贵族中普遍流行；古书《帝王世纪》记载了在帝尧时期一种叫做“击壤”的投掷游戏，击壤逐渐发展为在全国各地儿童中较为流行的“打瓦”、“打板”等击壤游戏（见图1-2）。此外，以手抛脚踢或以两球相碰为内容的石球和陶秋游戏等当时盛行的体育和娱乐活动项目均证实我国早在数千年前的古老时期就有了运动游戏。公元6—7世纪是古代体育的大发展时期，我国的养生术、导引、行气、武术、乐舞等传统项目极其盛行，“养生术”类似于现代的健身体育，“导引”类似于现代的健身体操，“武术”类似于现代的军事训练。虽然还没有现代体育意义的实践活动，但是在一定程度上可以折射出当时人们已具有体育与健康的萌芽意识。

图1-1 绘于青花瓷上的中国古代儿童蹴鞠场景

19世纪末，我国的体育才真正有了比较成形的体育理论研究。我国

图 1-2　传说起源于帝尧时期的儿童击壤游戏

教育家蔡元培(1868—1940)在其关于教育方针的论述中提出要注重在德育、智育、体育、美育和劳动技术教育上的全面发展,五育缺一不可,而且应以体育为本。1917 年,毛泽东在《新青年》杂志发表了《体育之研究》一文,明确地指出:"国力衰弱,武风不振,民族之体质,日趋轻细,此甚可忧之现象也。"他认为体育的作用在于能"强筋骨、增知识、调感情、强意志",展示了我国早期身心一体的体育思想。近代著名体育家方万邦(1893—1969)坚持体育即教育说,提出教育化、科学化、普遍化、生活化、自然化、游戏化的六化主义体育。严复、陶行知、张伯苓、杨昌济等学者也都从不同角度论述过体育的本质。

我国内地的体育形成科学体系虽然起步较晚,但发展速度较快。1953 年,在北京体育学院建校初期,按照苏联体育委员会科教司制订的教学计划,我国培养的高等体育人才开始系统接受生物化学、生理学等运动人体科学知识教育。1923 年程瀚章编译的首部《运动生理》问世,随后 1940 年我国著名生理学家蔡翘出版《运动生理学》教材;1954 年北京体育学院首次招收运动生理学研究生,成为最早培养运动生理学师资和科研人员的基地;国家体委科学研究所成立于 1958 年,体育理论、运动生理学等体育科学的分支学科成为重要的研究领域,同时全国各地的各体育学院也相继成立体育科学等相关学科教研室。随着科学技术水平的提高,体育人文社会学、运动人体科学、运动训练学等体育理论和实践研究不断深入,研究领域涉及全民健身、竞技体育、社区体育、体育管理、体育经济与产业、民族传统体育等基础研究和应用研究。自从 1953 年沃森和克里克发现 DNA 双螺旋结构,体育科学的研究水平逐步从整体水平深入器官、组织、细胞和分子水平。至此,我国体育科学研究逐步与国际接轨并进入繁荣的发展时期。

（三）国外体育的起源

在远古埃及、巴比伦、印度、希腊和罗马等都可以寻觅到早期体育萌芽的源头，富饶的埃及尼罗谷地、强盛的波斯帝国、严苛的婆罗门教、欧洲古老文明的代表希腊的历史长河里，千年以来生生不息地孕育繁衍着灿烂的体育文化，从贵族陵墓、神庙中的绘画和浮雕上关于体育活动的史料中都可以追寻到体育历史演进的足迹。在古希腊，无论是斯巴达教育体系还是雅典教育体系都把体育列为基本教学内容，认为体育是人的身体和精神和谐发展的教育手段。在古希腊哲学家柏拉图（公元前427—前347）的《理想国》和亚里士多德（公元前384—前322）的《政治学》著述中就已经出现了运动、竞技、游戏、体操等概念。柏拉图认为理想国的教育应从人小时候开始，包括朴质的音乐教育和体育教育，其中"朴质的音乐文艺教育则能产生心灵方面的节制，朴质的体育锻炼产生身体的健康"。教育史上由亚里士多德第一个提出体育教育要按年龄分期实施原则，主张学前儿童应逐步锻炼身体；还主张在身体未臻健全时采用运动量较小的项目。他提出的"体育、德育、智育、美育相互联系，智力的健全依赖于身体的健全，因此体育应该先于智育"的体育思想对后世体育理论有很大影响。

古罗马体育沿袭了古希腊体育的传统，影响了对后世欧洲特别是地中海沿岸的体育发展。古罗马时代的著名诗人 D. J. 尤维纳利斯（约60—127）提出"健全的精神，寓于健全的身体"，被近现代许多教育家和体育家广为引用。这个时期的竞技体育色彩非常厚重，古代奥林匹克运动会成为当时体育繁盛发展的标志（见图 1-3、图 1-4）。

图 1-3 绘制在陶罐上的古代奥运会赛跑项目

15 世纪开始，教育家们开始探讨体育与健康的关联，明确提出不仅要通过一定的运动锻炼和健身方法使身体达到完美，还要在此过程中完善和发展人的健康心理素质、社会人格以及培养自我节制、勇敢、谦让、果断等意志和精神品质。医学和生物学的发展对体育科学的发展起到

图 1-4 意大利古罗马竞技场罗马斗兽场

了促进作用。著名医学家 C. 盖仑(约 129—200)对职业选手的剧烈、过度的训练曾提出批评。他相信只有适宜的体育锻炼才能使身体协调、匀称和健康地发展。1543 年,被誉为"解剖学之父"的比利时医生维萨里出版巨著《人体结构》,详尽描述了人体骨骼、肌肉、韧带、血管等。1628 年,著名英国学者哈维又发表了其划时代著作《关于动物心脏与血液运动的解剖研究》,开创了实验生理学研究的先河,也为运动人体科学各学科的形成与发展奠定了理论和方法学基础,继而衍生出运动生理学、运动解剖学、运动保健学、运动生物力学、运动生物化学等分支学科。

18 世纪中期随着产业革命时期的到来和各国之间的连年战争,工业化生产对劳动者体能的要求和国家之间的军备竞赛再次提升了人们对体育的重视。1889 年 7 月,在法国巴黎召开的国际田径代表大会上,被后人尊称为"奥林匹克之父"的法国教育家皮埃尔·德·顾拜旦(Pierre de Coubertin,1863—1937)首次公开了他恢复奥运会的设想。在古代奥运会沉寂了 1000 多年以后,于 1896 年 4 月 6 日至 15 日在雅典隆重举办第一届现代奥运会,重燃奥林匹克圣火。18 世纪工业革命后,手工生产逐步被机器生产所替代。但无论是体力劳作还是机器生产都对劳动者的身体素质提出一定的要求。体育作为教育的组成部分,成为提高劳动者身体素质和工作效率的重要手段。1800 年,丹麦率先在欧洲的学校开设军事体操课程。1888 年,法国的 Fernand La Grange 出版了法文版的《身体运动的生理学》;1892 年,在美国哈佛大学新成立了解剖、生理和身体训练学系,建立了美国第一个正规的运动生理学研究实验室——"哈佛疲劳实验室"。为顺应当时军事需要,哈佛疲劳实验室的主要研究内容涉及人体运动和高原、冷热等环境改变的急性反应和慢性适应等多个运动生理学的基础和应用研究领域。1921 年,著名肌肉生理学家 A. V. Hill 因其在细胞能量代谢方面研究的杰出成绩而被授予诺贝尔生理学奖。1953 年,德国海廷格和梅勒研究制定了健身所需要的运动负荷强度、运动时间、运动频度等量化指标。美国、北欧的丹麦、瑞典、挪威和芬兰对早期体育与运动人体科学研究做出的不可磨灭的贡献，至今对体育科学研究仍具有重要的影响，特别是在身体工作能力、体适能、心血管活动对运动的反应、摄氧动力学、运动营养学、运动供能代谢和最大吸氧量等方面的经典研究成果为现代体育科学研究奠定了坚实的基础。

现代科学技术发展为人类生活带来极大的便利，机械化、电气化和自动化程度的提高使人们的生活方式不断改变。科技发展的成果使人们在工作和生活中从事各种体力劳动的机会和时间大大减少，降低日常体力支出导致身体机能的退化，尤其是使人体的运动能力和体质健康受到一定的影响，劳作方式、生活方式也随之发生了明显的“静态化”。20 世纪 60 年代后，美、日、德等国家逐渐把体育科学研究的视野转向运动增进健康、改善生活方式、提高生存质量等问题。虽然近代体育的诞生出于工业生产对强健劳动力的需求，但是后工业社会使体育从生成走向生活，人们的体育与健康意识逐渐增强，体育锻炼的研究涉及阳光、空气、水、卫生和营养等多方面的内容，由此催生出体育科学的各个分支学科。随着运动人体科学研究成果在体育锻炼实践、竞技体育和康复训练领域的广泛应用，使体育的内涵和外延不断拓展。由以往注重体格锻炼，发展到当今的生理健康、心理健康和社会适应三大目标并重，使体育的功能得以充分地发挥。

二、健康教育发展史概述

“健康教育”一词最早出现在 1919 年美国儿童健康协会的会议报告中。目前对健康教育的定义有数十种，被广为接受的是 1988 年第 13 届世界健康教育大会提出的关于健康教育的定义，即健康教育是一门研究传播健康知识和技术、影响个体和群体行为、预防疾病、消除危险因素、促进健康的科学。

（一）我国健康教育发展史溯源

祖国传统中医学数千年来积淀的医学瑰宝中都包含着难能可贵的健康教育思想。早在两千四百多年前我国最早的医学文献《黄帝内经》就记载着“圣人不治已病治未病”、“防患于未然”等朴素的健康教育观，从其间散见的预防医学思想可见祖国医学对于预防工作的重视，成为现代健康教育理念的先导。早在周代就有一部专讲卫生知识的书《卫生经》，讲述当时的人们在卫生保健方面的经验，虽然现在这部书已失传，但在各种文献里仍有从该书引述的卫生知识。殷周时代古书《周礼》、《吕氏春秋》也记载着对传染疾病规律的研究，切断传染源的消毒隔离之法的目的在于预防为主。我国古代就流传着不少卫生防疫措施，成为我国灿烂的古代文化的重要组成部分。例如古代就已有在传染病人居住的房子里熏烧苍术、雄黄、白芷、艾叶以芳香辟秽的做法，目的在于杀灭或抑制白喉杆菌、伤寒和副伤寒杆菌、枯草杆菌、结核杆菌等多种病菌，说明当时的医学分科和医事制度中已有预防医学的雏形。中国最早的类似医院的组织在汉朝元始二年（公元 2 年）就已经出现，《汉书·平帝纪》记载着“民疾疫者，舍空邸第，为置医学”，就是指人们曾有过隔离治疗疾疫患者的做法。秦朝法律规定，如果社会上发现有麻风病患者，一定要把患者集中到国家设立的疫所隔离，以防传染其他的健康人。葛洪《抱朴子内篇·仙药》记载：“余又闻上党有赵瞿者，病癞历年，众治之不愈，垂死……其家乃赍粮将之，送置山穴中。”说明当时已有由病者家属把麻风病人送到深山隔离的例子。从唐、宋、元、明到清朝嘉庆年间，朝廷还制定了海港检疫制度，规定海船出海回国人员中如果发现出痘患者必须待康复后才能进港。到 16 世纪，中国已开始学会用人痘接种来预防天花。

在辛亥革命前后，中国的健康教育思想深受中西方思想的双重影响。随着 1915 年中华医学会的成立，我国健康教育取得了较大的发展，不仅有学校健康教育、家庭健康教育还有社区健康教育，在普及医学知识和广泛唤起民众的公共卫生意识方面取得了积极的成效。过去我国一直把健康教育称为“卫生宣传”或“卫生宣传教育”，学校的健康教育一般是由学校卫生的实施开始，以矫治身体疾病和预防疾病为特征的消极地保持学生健康；20 世纪 40 年代起，健康教育则以积极促进学生健康为特征。80 年代以后人们意识到人体健康受到生物、心理、社会适应三方面因素的影响，因此，将“卫生宣传”改为“健康教育”。1978 年，教育部、卫生部、国家体委发出《关于加强学校体育卫生工作的通知》，要求采取切实有效的措施使学生身体素质得到健康发展。1984 年，隶属于卫生部的中国健康教育协会成立，始终致力于改善国民健康水平。与此同时，结合世界卫生组织开展的全球性健康教育活动，我国有针对性地在不同的领域开展健康教育，如“世界艾滋病日”、“世界预防肺结核日”等全国性的卫生日活动，以向广大人民群众宣传普及卫生保健知识，广泛开展健康教育与健康促进活动，提高中华民族的卫生科学知识水平，对树立个人的健康行为和生活方式、增强民族的健康素质起到了较好的宣传教育作用。

（二）国外健康教育发展史溯源

纵观西方的医学发展史可见，国外许多发达国家都十分重视健康教育在防病保健中的重要作用。被尊为“医学之父”的西方医学奠基人古希腊著名医生希波克拉底提出了“体液学说”，认为人的健康和疾病与自然环境有密切的关系。当时希波克拉底已注意到外界因素对疾病的影响，有了比较明确的预防思想，他提出应根据医学知识并考虑自然来进行工作，由此摆脱了多年来超自然的神学理论对人体自身健康认识的桎梏。原始素朴的唯物主义医学观推动了医学走向自然科学的发展道路。

16世纪中叶以后，随着自然科学的进步，医学基础学科得到了蓬勃的发展，逐渐形成了机械的自然科学健康观。18世纪末19世纪初，德国动植物学家的细胞学说、达尔文进化论的提出，奠定了生物医学模式。19世纪中叶德国病理学家R.菲尔肖倡导细胞病理学，将疾病研究深入细胞层次。法国人L.巴斯德(1822—1895)通过研究微生物证明发酵及传染病都是由微生物引起的。19世纪后30年是细菌学时代，德国人R.科赫(1843—1910)发现霍乱弧菌、结核杆菌及炭疽杆菌等，并改进了培养细菌的方法和细菌染色方法，还提出科赫三定律。巴斯德用减弱微生物毒力的方法首先进行疫苗的研究，从而创立了经典免疫学并为现代微生物学奠定了基础，由于微生物学和免疫学的成就，使医疗诊断的方法更为丰富。法国的F.马让迪(1783—1855)、德国人J.P.弥勒(1801—1858)和法国人C.贝尔纳(1813—1878)进行了大量的生理学研究，奠定了现代生理学研究的基础。西方近代医学是指文艺复兴以后逐渐兴起的医学，经历了16—17世纪的奠基、18—19世纪的分类发展到20世纪借助现代科学技术由宏观研究向微观研究推进的过程，21世纪的医学研究又在微观发展上回归至宏观发展，呈现分子医学研究层次上与系统医学并进、学科体系上各学科分立和学科之间交叉融合的态势。解剖学、生理学、微生物学等学科体系的形成，使人类开始从生物属性的角度研究人类的健康与疾病。但此时人们对健康的理解仅仅停留在“身体没有疾病或虚弱状态”。

随着生产的发展和社会经验的积累，人们认识到心理因素、社会因素对疾病发生、发展和转移的作用以及机体内部平衡状态的影响。20世纪中叶，医学模式发生转变，最早是维也纳的S.弗洛伊德(1856—1939)创立“精神分析”学说，认为精神作用影响潜在意识。由20世纪初德国的E.克雷佩林(1856—1926)首先从科学的角度介绍精神病的分类方法并阐明早发性痴呆的意义，使精神病正式成为一门医学分支，随后心身医学以及行为医学等探讨心理与健康和疾病关系的学科相继出现。同时，人们逐步认识到人本身是一个整体，并把人作为一个与自然环境和社会环境密切相互作用的整体来研究。德国人J.P.弗兰克(1745—1821)的著作《医务监督的完整体系》就谈到不少关于公共卫生和社会医学的问题。1977年美国医学家G.L.恩格尔(1913—)首次提出“生物—心理—社会医学模式”的主张，即从生物学、心理学和社会学三个方面综合考察人类的健康和疾病问题。1948年联合国世界卫生组织在其《宪章》中就指出：“健康不仅是没有病和不虚弱，而且是身体、心理、社会适应三方面的完满状态。”1978年世界卫生组织与联合国儿童基金会在国际初级卫生保健大会上发布《阿拉木图宣言》，重申“健康不仅是疾病与体虚的匿迹，而是身心健康社会幸福的总体状态”。健康的定义发展至生物一心理一社会医学模式，使人类对健康的理解从单一的生物层面拓展至个体身与心、人与社会环境的整体和谐。1989年，世界卫生组织又将健康的概念调整为“健康应包括躯体健康、心理健康、社会适应良好和道德健康”。

19—20世纪以后，预防医学和保障健康的医学对策已逐渐成为国家立法和行政问题。联合国世界卫生组织、美国健康教育总统委员会、世界健康教育大会等多个团体或个人都曾关注健康教育对促进个人健康的积极意义。20世纪20年代是世界健康教育真正成为一门学科并迅速发展的重要时期，美国、日本、法国、芬兰等发达国家逐步开展有计划、有组织的全民健康教育活动，此时主要是围绕营养、吸烟和性行为等较为单一的学校健康教育内容。至60年代，学校健康教育开始涉及学生心理健康、社会适应等内容。70年代，由于生产方式和生活方式的巨大变革，引起社会对健康教育的重视，成为预防控制疾病、降低高昂医疗费用支出的有效途径。20世纪后半期分子生物学、免疫学、遗传工程学等学科相继发展起来，使得80年代以后从哲学、心理学、社会学、行为学等多种学科角度探讨健康教育的理论著述、模型学说等相关的研究成果相继问世，健康教育真正成为一门成熟的独立学科而不断发展壮大。

三、学前儿童体育与健康发展史概述

学前儿童时期是人的一生中在生理、心理方面成长、发展最迅速、变化最显著的时期。从古至今，世界各国的学前教育课程内容都经历了从注重身体的养护、行为习惯的早期训练到注重社会性情感的发展，从强调智力的早期开发、认知能力的培养到现代主张幼儿身心全面和谐发展的变化历程，注重以游戏、音乐、绘画、身体运动等幼儿园课程为学前儿童以后各阶段的成长奠定基础。从学前教育学的众多分支学科的发展历史来看，早期学前儿童体育原隶属于学前儿童健康教育学，“体育”隐含于“健康教育”、“体育游戏”之中。当今的学科分支越来越细，已自成体系的体育科学内容中又涵盖了“健康教育”、“体育游戏”。随着体育科学研究和发展的深入，体育与健康的学科知识相互交融，经过多年来人们对于体育与健康内在关联的探讨和实践，“体育”与“健康”在国内外基础教育的体育课程中已确立了并列共存、不可或缺的关系，国内外体育课程名称常表述为“体育与健康课”或“健康与体育课”。

（一）国外学前儿童体育与健康教育发展史

国外最早关注学前儿童教育的是古希腊哲学家柏拉图，随后亚里士多德、昆体良等都曾在其著作中留下关于学前教育主张的精辟见解。柏拉图在著作《理想国》中首次提出学前儿童教育的重要性，认为可以通过游戏的方式发展儿童的自然才能和培养品德；亚里士多德在《政治论》中提出婴幼儿从小要多运动以促其生长发育；古罗马教育家昆体良（公元35—96）认为学前儿童具有好模仿、好奇，具有竞争性的自然倾向和自然所赋予的记忆能力，提出运动游戏在增强智慧、培养品格方面的重要意义。亚里士多德在其著作《理想国》中指出，“教育应该从学前儿童开始就给予高度的重视，其课程除了一般的阅读、写字、计算外，主要是体操、赛跑、琴弦、歌唱等体育和美育的内容，体育应该首先作为最初的教育，目的是强健体魄、陶冶情操、锻铸品格”。罗马氏族时期（公元前6世纪以前）儿童的教育由双亲、社会和兵营三方面进行。婴儿出生后便被送到河里经受冷水锻炼。儿童从小就参加各种体育游戏，包括驯马、射箭和狩猎，军事的和身体的训练内容有投枪、扭打、骑马、拳击，以及练习耐寒耐暑、在激流中游泳等。皮亚杰（1896—1980）认为动作的组织与结构是人类认知的基本图式：“儿童智力起源于动作，通过动作组织结构的不断分化、组合与相互协调，由低级向高级发展、演化。”即人的思维是通过感觉与动作的内化而来。可见人们对体育在儿童早期教育中占有突出的地位已有共识。

一直到14—16世纪，随着资本主义生产的发展和文艺复兴运动，学前教育才开始有比较完整的理论体系并逐步形成一门独立的学科。最早由捷克教育学家夸美纽斯（1592—1670）系统地提出了学前教育的完整体系，他认为幼儿具有特有的可塑性，强调早期教育的重要性。在夸美纽斯提出自然主义体育思想的一个世纪之后，法国教育家卢梭（1712—1778）于1762年出版了《爱弥儿》一书。他首次使用专业表达术语——“体育”(physical education)一词来描述对学前儿童进行身体的养护、培养和训练等身体教育过程。他认为从婴儿出生开始，其教育主要内容应该是体育，体育教育的任务在于使婴儿身体获得自然的发展，锻炼其体格促进其生长。在卢梭看来体育是一切教育的基础，体现在体育对身体健康的重要性。一百多年后世界上第一个幼儿园由世界著名的德国幼儿教育家福禄培尔（1782—1852）于1837年在德国布兰肯堡建立，专门招收3～7岁的儿童。福禄培尔被誉为“幼儿园之父”，他认为婴幼儿时期是人一生中最重要的发展时期，真正的“人的教育”应该从这时开始。他撰写的《母育学校》堪称世界第一部学前教育学专著，阐述了学前教育的意义、任务、内容、原则、方法以及学前教育与学校教育的过渡与衔接问题，详细论述了学前儿童生活习惯、运动、游戏等问题。他培训了第一批幼儿园教师并提出运动游戏具有重要的教育价值，认为“学前儿童早期的各种运动游戏是一切未来生活的胚芽……人的整个日后生活……他的渊源都在儿童早期”，主张在幼儿园的教学方案中把运动游戏作为主要活动。20世纪20年代末期，日本文部省规定健康教育由“卫生教学”和“卫生训练”两部分组成，以培养儿童健康的态度、习惯、知识和技能增进学前儿童的健康。

从历史的角度看，增强体质是学前儿童体育的本质功能，但早期人们的关注仅停留在自然体育对强身健体的功能方面。意大利教育家蒙台梭利(1870—1952)是继福禄培尔之后对学前教育理论有重大影响的代表人物，也是世界上第一位杰出的女性学前教育家。她运用生理学、心理学、教育学的知识所创立的、独特的幼儿教育法风靡全球，深刻地影响着世界各国的学前教育水平和社会发展。她提出“生命是活动的，只有通过活动才能发展”，“我们现在看到的最错误的想法便是以为身体活动就只是身体活动而已，以为它不具有更高层次的功能，……其实，心智的发展必然和身体动作相配合，而且是相互依赖存在的”，并主张创造适宜的环境可以促使儿童的生命力和个性通过活动得到表现、满足和发展。她认为从婴幼儿出生至6岁阶段是其动作的敏感期，游戏和身体运动是人的活动本能的表现形式之一，应当让幼儿的内在需要和愿望在生动活泼的游戏中得到满足。她十分重视幼儿的肌肉练习，以促使幼儿生理的正常发展，使他们的日常生活动作熟练化。她除让幼儿通过坐、起、走、游戏等行为得到良好的体育练习外，还编制了特别的体操练习，发明了螺旋梯、摇椅等体育器械辅助幼儿进行运动锻炼。

基于俄国生理学家巴甫洛夫的高级神经活动理论，克涅曼等苏联学者指出体育拥有影响学前儿童个性全面发展的许多相当有效的手段和方法，“在课堂上、活动性游戏中和其他运动活动中，学前儿童不仅可以积累动作技能和技巧，而且可以发展智力，培养道德品质、审美力和劳动技能”。1991年俄罗斯颁布的《学前教育机构临时条例》突出“保护和巩固儿童的心理及身体健康、保证他们的智力与个性的发展，关心每个孩子的情感幸福”的要求，着眼于促使幼儿身体正常生长发育、发展身体协调力、强身健体、提高身心健康水平，进行早期选材，培养体育幼苗，为少年体校输送体育合格后备人才。苏联的学前儿童体育注重卫生因素(饮食、睡眠的制度，服装、鞋、体育设施、体育器材等的卫生)、自然界的自然力量(如阳光、空气、水等)、身体练习相结合的教学方法，体育教学大纲涵盖保健任务、教育任务和教养任务三方面，针对从新生儿到7岁的所有年龄班，幼儿园体育教学大纲与小学一年级教学大纲相衔接，多采用分科教学，但是课程模式单一。应确保幼儿园奠定儿童健康、身体发育和身体训练水平的基础，从而为学校里的体育学习提供保障。

(二) 我国学前儿童体育与健康教育发展史

中国古代社会教养儿童的经验可散见于古代著作之中，早在先秦时期的《礼记》、北宋时期司马光的《家范》、南宋时期朱熹的《童蒙须知》、南北朝时期颜之推的《颜氏家训》等著作中已记载了宝贵的学前儿童保健知识。对祖国医学总结的较全面的首推唐朝的孙思邈，他特别注意幼儿保健问题，其著作《千金方》对中国幼儿保健工作具有重要的影响作用。隋代太医巢元方所撰的《诸病源候论》曾提及婴儿保健医学，直至宋代《颅囟经》才首次从医学理论角度提出儿科医学保健问题。虽然宋代以后各朝代都可见不少关于学前儿童健康保健的著述，但我国学前儿童体育与健康教育的发展史相对滞后于国外。清朝维新运动的领导人康有为在《大同书》中第一次提出在我国实施学前教育的思想。我国创办的第一所学前教育机构是在1903年9月（清朝光绪二十九年八月），由湖北巡抚端方在武昌寻常小学堂内创办了湖北幼稚园，聘请了日籍保姆负责经办，沿袭日本的幼儿园教育模式，科目开设有行仪、训话、幼稚园语、日语、手技、唱歌、游戏七项，首开中国幼儿教育的历史先河。1904年清政府颁布《奏定学堂章程》，首次在对幼儿进行全面教育中指出“保全身体之健旺，体育发达基地”，首次提到“体育”一词，在1905年《湖南蒙养院教课说略》中也提到“体育功夫，体操发达其表，乐歌发达其里”。随着武昌蒙养院的正式更名，随后各地的蒙养院相继诞生。民主教育家蔡元培提出建立学前教育体系，主张以胎教院、乳儿院、幼稚园等一套养育机构替代家庭教育。1923年，北洋政府公布的“新课程标准”将“体操”改为“体育”，明确规定学校卫生教育由“体育训练”与“卫生预防”两方面内容组成，旨在增强学生健康意识和提高学生体质。但当时对学前儿童健康的认识并不全面，未能涉及学前儿童心理健康、社会适应能力。

教育家陶行知、张宗麟、陈鹤琴等人主张学前教育要通过健康教育使儿童具有健康的体魄、幼稚园最重要的课程是体育、通过体育游戏使幼儿多活动身体以获得快乐等学前儿童体育教育理念。著名幼儿教育家陈鹤琴（1892—1982）于1923年创办我国最早的幼儿教育实验中心，主张采用游戏方法和户外活动等使儿童个性得到自然、自由的发展。抗战时期他又创立了我国第一所公立幼稚师范学校实验研究师范教育。人民教育家陶行知在学前教育方面也提出很多学前儿童教育主张，他十分重视儿童的体育教育，强调应该“把儿童健康当做幼稚园里面第一重要的事情，幼稚园教师应当做健康之神”。由于福禄培尔、蒙台梭利的学前教育思想及杜威的教育思想相继传入我国，使我国的学前体育与健康教育思想深受西方思想的影响。新中国成立后全国学习苏联，学前儿童体育教育采用苏联模式，其幼儿体育教学着眼于研究体育与自然科学学科结合，体育内容包含运动与保健：以体育游戏法促使幼儿身体正常生长发育、发展身体协调力、强身健体、提高身心健康水平，利用各类游戏加强儿童的动作发展，帮助他们习得动作技能，甚至完成各种高难度的体育动作。

随着世界国际化和社会经济的发展，也相应提高了对人的发展和教育要求，学前儿童教育对个人发展的价值认识不断改变，从20世纪以保育为主，发展到六七十年代的保教并重。为了让幼儿在体育活动中更好地发展，从20世纪70年代末期，随着我国学前教育实践和理论的发展以及经验的积累，我国的幼儿教育工作者逐步推进改革幼儿教育体系。当时在构建"科学的、大众的、民族的"文化方针指引下，借鉴苏联著名教育家赞科夫(1901—1977)的发展性教育思想和美国教育家布鲁纳的发现教学思想，许多教育家和教育工作者对适合我国国情的学前教育理论开展了深入的探讨。1932年，我国教育部正式公布《幼稚园健康课程标准》，规范了幼儿园的健康教育工作。从1978年改革开放以后，国家通过《幼儿园教育纲要》(1981)、《托儿所、幼儿园卫生保健制定》(1981)等法规条例规范学前教育，1990年国务院批准颁布第一个学前教育法规《幼儿园管理条例》；1996年我国颁布《幼儿园工作规程(试行)》；2001年又颁布《幼儿园教育指导纲要(试行)》，明确指出"幼儿园必须把保护幼儿的生命和促进幼儿的健康放在工作的首位"，把幼儿园教育内容相对划分为健康、语言、社会、科学及艺术五大领域。健康教育中已隐含了学前儿童体育思想，体育因其具有特殊育人功能的教育活动而贯穿于五大领域，为实现五大领域的教育目标提供了实施途径。随后一系列法规的颁布与实施进一步推动了我国学前教育的科学化和规范化进程。在各法规和条例中均明确了幼儿教育的任务是向幼儿进行体、智、德、美全面发展的教育，提出培养"完整儿童"的教育目标，而且要求幼儿在以后的成长过程中有足够的体力和能力、良好的态度和心理素质接受社会变迁和生活的挑战，使其身心健康和谐地发展，确立了体育在幼儿全面发展教育中的先导地位及重要性。随着学前教育研究的蓬勃发展以及与国际学术交流日益频繁，我国学前教育理论体系和实践体系研究进入前所未有的快速发展时期。

思考活动

1. 简述我国学前儿童体育与健康发展的历史。
2. 简述国外学前儿童体育与健康发展的历史。

扩展阅读

早期保育和教育的关键

早期保育和教育的关键在于：

1. 有必要在孩子和父母之间建立起良好的亲子关系

孩子在幼小的时候托寄给祖父母或幼教设施，会对亲子关系带来影响。

2. 在婴幼儿时期增加沟通和交流的机会

婴幼儿尚未能说话时，也有必要对其进行语言的推动。肌肤的接触也非常重要。

3. 给予儿童与其年龄和水平相适应的活动

孩子都有个体差异，不应该教条地去依照教科书上所说的标准，去在意孩子到几个月大时能够做什么等。要依照自己孩子的成长发展水平给予相应的刺激与活动。

4. 鼓励儿童发展注意力跨度

观察儿童对什么事情感兴趣，并通过鼓励，来加深儿童的兴趣。

5. 加强家长与专业人员一对一的交流互动

0～3 岁的幼教设施的教师质量参差不齐，此为亟待解决的一个问题。

育儿时的重要事项在于：

1. 良好的亲子关系的建立

亲子关系对于婴幼儿的发展堪称为最关键的要素。家长是儿童的安全基地，是儿童发展的基石。亲子关系的建立，可通过目光接触、肌肤接触、亲子间的语言交流以及情感交流等方法来进行。

2. 语言的发展与开发

不要因为婴幼儿尚不会说话，就认为对他们说话也是徒劳的。要积极地用语言去推动儿童，与他们通过眼神、面部表情、声音、动作等进行互动。用语言去推动儿童时，可采用童谣、歌曲、诗歌、俗语以及绕口令等语言游戏，选择富有节奏感的形式，吸引儿童的兴趣，其意义就在于反复地去学，反复地去讲。在家庭和幼儿园里，通过用口语与儿童交流，可以培养其表达能力。

3. 儿童的逻辑思维的发展与开发

在教儿童知识的同时，设法在日常生活和游戏中，培养其对数的概念和逻辑思维能力。让儿童去寻找相同的东西或是不相同的东西，在游戏当中，掌握“上、下、左、右”的感觉，识别“大、小、圆、方”，理解“第一、第二、最先、最后”的顺序概念等。儿童的发展各异，个性也不相同。用最适合于自己孩子的方法，用自身的金钥匙，去开启蕴藏潜能的你的宝宝的门扉吧！

资料来源：摘自华东师范大学朱家雄教授的《儿童早期潜能的开发》

中国学前教育网资源库：

http://web. preschool.net.cn/default.php

专题小结

科学合理的体育活动与健康教育指导必然会成为增强学前儿童身心健康和社会适应能力最积极、最有效的手段。从学前儿童体育与健康发展历史进程看，它将会成为当前学前教育跨学科群中具有独特地位和重要研究价值的学科，在未来学前教育中发挥重要的作用。

专题导读

在以健康为主旋律的21世纪，未来的学前儿童体育与健康教育有哪些教育价值呢？学习本课程的意义、目标、内容与方法何在？接下来就一同来了解学前儿童体育与健康的知识。

专题二 学前儿童体育与健康概述

一、学前儿童体育与健康的教育价值

学前儿童体育与健康教育具有特殊的育人功能，可以使学前儿童在一定的社会环境中产生身心交互影响的作用，对学前儿童的身心发展具有极其重要的教育价值。学前儿童体育与健康教育既可以作为学习体育知识、运动技术、增强体质的课程，也可以作为健康教育、终身体育思想教育、道德品质教育、美育教育的载体，使体育、智育、德育、美育贯穿始终。

（一）健身价值

在体育活动中身体的活动必然是处在一定社会环境中并伴随着复杂的心理活动，身体活动受到心理活动的调节，同时也对心理产生多方面的影响。学前儿童参加体育活动时，生理和心理两方面都承受着一定运动负荷量的刺激，身体各器官系统的代谢加强以适应运动的需要。经常参加适量的运动能有效促进学前儿童各器官系统的生长发育，提高其身体机能。例如大脑皮质的躯体运动中枢对骨骼肌运动的管理有一定的局部定位和比例关系（见图1-5），经常锻炼可以增强支配肢体运动相应区域的神经细胞数量和功能。另外，长期室内或户外锻炼能明显增强学前儿童对气候变化的适应能力、对疾病的抵抗能力和应激能力。

（二）健心价值

情感是指人对其社会性需要是否得到满足而产生的内心体验。体育运动是极富情感色彩的活动，可以提供复杂多样的情感体验。学前儿童年龄阶段的行为最具情绪色彩，只要运动得到满足学前儿童就会产生快乐、兴奋等积极的情绪。学前儿童参与体育活动时，除了身体各系统参与工作之外，还伴随着心理活动的变化，能促使其愉快、活泼、开朗、积极和充满信心的个性心理品质的发展。研究表明：运动游戏能激发学前

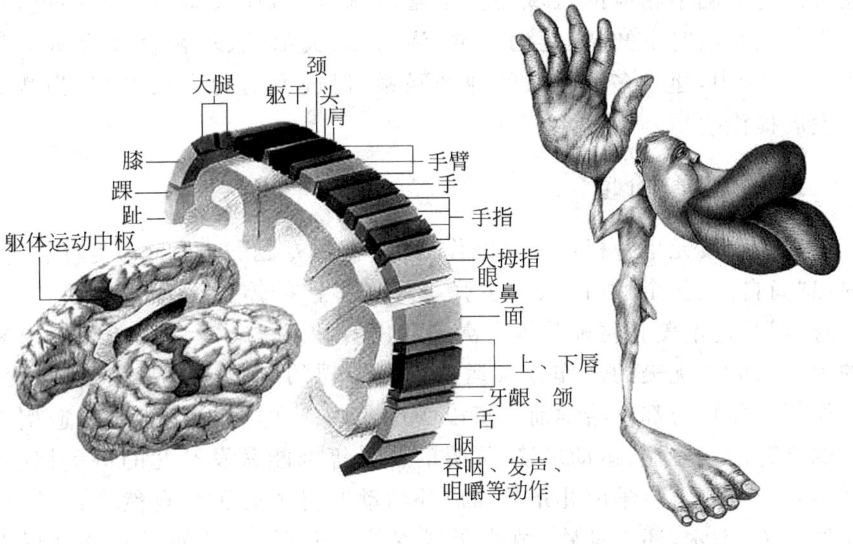

图 1-5 人体各部在躯体运动中枢的定位及支配比例示意图

儿童愉快的情绪，明显改善其身体各器官的机能状态，并有助于形成积极的心态。学前儿童阶段长期体验积极情绪和情感体验将有助于身体和心理的正常发育与健康发展，同时体育活动可以转移学前儿童的注意力，使其不良的情绪得以释放和消除。因此，体育游戏或活动是增加学前儿童良好情感体验、消除不良情感的最佳手段之一。

（三）德育价值

道德健康是现代健康概念中新增的一项，主要指个人能够按照社会道德行为准则约束自己并支配自己的思想和行为，具有辨别真伪、善恶、美丑与荣辱的是非观念和能力。学前儿童体育活动具有丰富的品德教育内容，例如户外活动能对学前儿童进行热爱自然、勤恳劳动等思想教育；在运动游戏中的竞赛活动可以培养学前儿童竞争意识和顽强拼搏精神；体育规则可以规范学前儿童行为，培养其诚实、友爱、自制和守纪律等良好品德；同时在社会团体的活动中可以培养学前儿童的友谊感、集体感、互助互谅、尊重他人等优良品德；学前儿童在不断克服困难的游戏活动中可以锻炼勇敢、坚强、毅力等意志品质。

（四）智育价值

智力活动是脑神经的机能之一，脑神经发育状况和机能水平是智力发展的物质基础。身体运动是由脑神经支配肌肉活动而实现，同时，末端肌肉的活动又会刺激脑的神经中枢。研究已证实体育活动可以加速脑血流循环和改善脑的营养供应，促进脑神经的发育，从而为学前儿童的智力发育提供良好的生理基础。而且适量的身体运动特别是手的运动可以为大脑中相应的区域提供丰富的刺激，增加大脑皮质的厚度，提高学前儿童的时空知觉、运动知觉、注意力、灵活性、均衡性及大脑的分析、综合能力，建立多种复杂的神经联系，促进大脑的生长发育，为智力的发展提供生物学基础。

（五）美育价值

教育家蔡元培曾提倡以舞蹈作为“美育的专题”进行幼儿美育教育，提出“尚自然、展个性”的教育主张。形式多样的体育游戏是贯穿音乐、体育美学、艺术美和精神美等丰富美育内容的载体。运动中所表现出来的力、美、健等优美的动作以及运动中所展现的灵敏、协调、速度、节奏、韵律等动作技巧都能给学前儿童以美的熏陶。尤其是色彩鲜艳、造型丰富的体育游戏器械、运动环境、优美的音乐等都能激发幼儿的审美情感，增强其审美能力。学前儿童参加户外活动时身体处于大自然中，无论是自然现象、山水，还是动物、植物所展现的千姿百态，都能以其感性形态直接激发他们对美感的认识。心理学认为人的感情是在一定的情境中产生的，以自然环境的情感美熏陶学前儿童的心志，可以产生身心愉悦兼收并蓄的效应。

二、学前儿童体育与健康课程的基本要素

（一）学前儿童体育与健康的学习意义

人的认知、情感、行为等方面的发展都要建立在身体健康的基础上。学前儿童时期身体各器官系统的功能尚未发育成熟，同时又是生长发育迅速时期，体育活动是促进学前儿童身心健康和谐发展的重要手段之一。开展体育与健康教育活动的目的是通过体育活动锻炼增强学前儿童的体质，培养学前儿童参加体育活动的兴趣，传授基本的健康知识、体育知识和运动技能，发展幼儿的基本动作技能，养成参与体育锻炼的行为习惯和良好的卫生行为习惯，从而提高学前儿童的体质以及培养学前儿童智能、品德方面的良好素质和社会适应能力。在幼儿园体育教育中，科学合理的体育活动对培养学前儿童身心全面和谐发展具有重要的意义，可为今后接受各层次系统的学校教育创造良好的条件。

（二）学前儿童体育与健康的学习目标

学前儿童正处在生长发育的重要时期，身体各部分器官尚未发育成熟，可塑性很大，这一阶段需要由具备体育与健康知识的成人创造条件加强幼儿的身体锻炼，促进学前儿童正常的生长发育和增强体质。根据《幼儿园工作规程》和《幼儿园教育指导纲要（试行）》中有关健康领域目

标的精神，幼儿体育活动的主要目标是：健康活泼、喜欢参加体育活动，动作协调、灵活，好奇探究，文明乐群，勇敢自信，逐步增强自我保护意识和能力。结合三维健康观、幼小衔接理念，学前儿童体育与健康的学习内容可以划分为运动参与、运动技能、身体健康、心理健康和社会适应五个学习领域。

1. 运动参与目标

运动兴趣和习惯是促进学前儿童自主参与运动和坚持锻炼的前提。教师要采取丰富多样的教学内容、教学方法和教育形式激发和保持学前儿童的运动兴趣，培养学前儿童积极参与体育活动的态度和行为，特别是具有初步使用科学方法参与体育活动的意识。

2. 运动技能目标

采用幼儿体操、队列操和队形、体育游戏等方式，促进学前儿童身体发育和增强体质，保障学前儿童身体发育正常、体态健美。在体育活动中全面发展学前儿童的体能，包括力量、耐力、速度、灵敏、平衡等身体素质；走、跑、跳、投、钻、爬、攀等基本动作能力。学前儿童学习和应用运动技能并获得运动基础知识，懂得安全地进行体育活动和在运动意外事故中求助于成年人。

3. 身体健康目标

通过学习体育与健康的知识与技能，提高学前儿童对身体和健康的认识，在教师指导下掌握浅显的、有关身体健康的知识和科学健身方法，形成正确的身体运动姿势，增强体能，激发其关注身体和健康的意识，初步懂得营养、环境和不良行为对身体健康的影响，提高自我保健意识，初步建立坚持锻炼的习惯，养成健康的行为习惯和生活方式。

4. 心理健康目标

丰富多彩的器械活动、有角色的体育游戏可以发展学前儿童的认知能力，使其在和谐、平等、友爱的运动环境中感受到集体的温暖和情感的愉悦，刺激学前儿童产生各种快乐、兴奋等良好的情感体验；在经历挫折和克服困难的过程中，提高学前儿童抗挫折能力和情绪调节能力，在不断体验进步或成功的过程中，增强自尊心和自信心；培养学前儿童好奇探究、创新意识、活泼、坚强勇敢、不怕困难等优良意志品质，促使其注意力集中，思维敏捷、记忆准确，培养创新精神和创新能力，形成积极向上、乐观开朗的生活态度。

5. 社会适应目标

通过多种形式的体育活动提高学前儿童对自然环境和社会环境的适应能力，初步使学前儿童理解个人健康与群体健康的密切关系，建立起对自我、群体和社会的责任感，形成现代社会所必须的合作与竞争意识，学会尊重和关心他人，培养良好的体育道德和集体主义、社会主义、爱国主义精神。室外或户外活动有利于提高学前儿童身体对外界环境的适应能力，使学前儿童在集体中观察自己、了解他人，学会与他人交往合作，形成良好的人际关系。

（三）学前儿童体育与健康的学习内容

1. 体育活动分类

各类体育游戏的结构和功能变化具有不同的特点，目前国内常用的分类方法如下。

(1) 按基本动作特征分类：走、跑、攀、爬、钻、跳、投、踢。

(2) 按体育游戏所属的运动技术分类：球类游戏、体操游戏、武术游戏、水上游戏等。

(3) 按体育游戏参与人数分类：集体游戏、小组游戏、分散游戏和个人游戏等。

(4) 按有无竞赛性质分类：对抗性游戏、角色游戏等。

(5) 按发展身体素质的内容分类：力量性游戏、灵敏性游戏、速度性游戏、平衡性游戏、柔韧性游戏、协调性游戏、耐力性游戏等。而速度性游戏还可以分为反应速度类、位移速度类和动作速度类等。

(6) 按运动负荷量分类：活动量大的体育游戏、活动量中等的体育游戏和活动量小的体育游戏。

(7) 按体育游戏场所分类：室内体育游戏、室外(户外)体育游戏等。

(8) 按体育游戏组织形式分类：基本体操、队列队形、体育教学活动、早操、运动会、短途旅行、“三浴”锻炼等。

(9) 按器械类型分类：大中型固定运动设施体育游戏、中小型可移动运动设施体育游戏、手持小型运动器械体育游戏等。

(10) 按照地域属性分类：民族性体育游戏、民间地域性体育游戏等。

2. 培养参与体育锻炼的兴趣，提高适应能力

培养幼儿参与体育锻炼的习惯是在幼儿园阶段开展体育活动的重要目的。由于幼儿的主动性、动力性、自控能力差，活动缺乏自觉性和目的性，需要在成人的科学指导和监督下运动才能从小养成良好的体育锻炼习惯。因此，应多开展室内和户外体育运动锻炼以培养学前儿童参与锻炼的兴趣，提高对疾病的抵抗力和对自然环境的适应力。

3. 学习运动安全和自我保护的知识与技能

通过体育活动可以使学前儿童形成动作技能，养成正确动作姿势和卫生习惯，初步掌握有关体育与健康的知识。学前儿童将懂得哪些体育活动容易发生损伤；学会正确的运动技巧；在锻炼时主动观察和避开环

境中不安全的物品；自我保护的知识和动作技能；在受伤后懂得不要随便乱动以及如何求助于成人。

4. 培养良好的心理意志品质

身体运动会伴随着意志、情绪、认知等心理因素，许多体育活动既有能培养学前儿童的精神品质，又以其社会性活动提供机会培养学前儿童互助、合作、诚实、公正等社会态度。尤其是集体体育游戏可以培养学前儿童的社会行为习惯和体验初始的社会群体交往，举例如下。

(1) 社会适应能力：例如友谊感、集体荣誉感、与人交往能力、礼貌等。

(2) 社会交往能力：例如服从领导、遵守纪律和规则、尊重他人、互相配合等。

(3) 意志品质：例如独立性、果断性、坚定性、自制力、坚毅等。

(4) 个性品质：例如活泼、开朗、自信、乐观、坚强、勇敢、宽容等。

(5) 智力：例如时空知觉、位置知觉、注意力、自主性、思维能力、想象力、创造力等。

(6) 道德品质：例如诚实、正直、互助、爱护体育器材等。

5. 在体育活动中发展审美能力和智力

体育中包含诸多美的因素，在历史的长河中体育与艺术有着很深的渊源。早在古希腊时代，奥林匹克赛场上既是竞技者的激烈角逐，也是个人健美风貌、艺术表演的盛大检阅。在中国古代西周“射礼”中有持弓舞蹈的仪式，唐代马球有“龟兹乐”伴奏，敦煌壁画上描绘着体魄雄健的摔跤壮士。随着人类物质文明的发展，进入现代社会，体育比赛不仅是身体运动，也是艺术表演的盛会。艺术与体育的交融给身体运动带来极大的吸引力，使体育具有越来越高的艺术性和审美价值。各种体育项目不但给人以力、健、美的体验，更通过舞蹈、体操等项目的音乐伴奏和运动环境培养学前儿童的审美情趣和智力。

三、学前儿童体育与健康教育的若干基本概念

(一) 学前儿童体育与健康教育

学前儿童体育与健康教育是指根据生物—心理—社会适应模式的健康三维观学，遵循幼儿身体生长发育规律，以体育课程、运动游戏、户外活动等组织形式，结合阳光、空气、水等自然因素和安全、卫生等措施，对0至六七岁的学前儿童进行有目的、有计划、有组织的系统的健康教育活动、体育活动(或体育游戏)，以创设健康环境提高学前儿童的健康认识，培养学前儿童的卫生行为，培养其良好道德和意志品质，提高其抗病能力和社会适应能力，保持和促进学前儿童身心健康和谐发展的一系

列教育活动。

（二）体质、体格与体能

体质、体格和体能是评价个体身体发育与健康水平的重要标志。体质是指人体的质量，是在先天遗传因素和后天环境因素共同影响下表现出来的人体形态结构、生理功能和心理功能等综合的相对稳定的特征，包含体格、体能、适应能力和心理状态。体格是指人体外表可测量的形态结构特征，包括人体生长发育的水平、身体的比例以及身体姿态，由身高、体重、胸围、肩宽、骨盆宽度、皮肤等评定。体能是指体育活动中人体各器官、系统的机能，包括力量、速度、灵敏、协调、平衡、耐力、柔韧性等基本身体素质。

（三）身体素质

提示

国民体质监测中，幼儿只测试网球掷远、立定跳远、10米折返跑、双脚连续跳和走平衡木。

身体素质通常指的是人体在运动中表现出来的速度、力量、灵敏、平衡及柔韧等方面的能力。一个人身体素质的好坏与遗传有关，但与后天的营养和体育锻炼的关系更为密切，通过正确的方法和适当的锻炼，可以从各个方面提高身体素质水平。国民体质监测中身体素质检测指标如下：力量素质（如握力、纵跳、背力、俯卧撑、仰卧起坐、网球掷远、立定跳远）；速度灵敏素质（如10米折返跑，双脚连续跳）；平衡素质（如走平衡木、单脚闭眼站立）；柔韧素质（如坐位体前屈）；反应能力（如反应时）。

（四）身体机能

在体质的概念中，人体的生理功能就是我们常说的身体机能，也就是指人体各个器官系统的功能能力。其中循环机能和呼吸机能合在一起被称做心肺机能（或心肺耐力），心肺机能对于人体健康来说至关重要，也是体质检测指标中的重要部分。由于身体机能包含的内容广泛，测试的指标多样且复杂，多数是在实验室中利用精密仪器进行检测的。为了适应全国性大样本测试的需要，在国民体质监测中只能选择一些简单易行的指标，如安静心率、血压、肺活量、台阶试验等。这些指标在一定程度上反映身体心肺机能水平。

（五）身体适应能力

思考活动

1. 体育活动的分类方法有哪些？

2. 体育的教育功能有哪些？

身体适应能力是指人体各器官、系统可以适应外界自然环境和社会环境的变化所表现出来的调节机体功能达到内部平衡状态的能力。外界自然环境由阳光、空气、水、土壤等物质构成；社会环境特指与其交往的人群、场所等。

扩展阅读

幼儿教育与脑科学研究

目前关于早期发展重要性的证据是前所未有的。这是其他许多学科研究的结果，而不仅仅是教育者的观点。这是一个关注新研究，尤其是脑科学研究的时代。一些有影响的成果是：

(1) 婴儿在6个月大时，大脑重量已达到成人脑重的一半。到5岁时，脑重已达成人脑重的90%。在这一快速发展阶段，大脑更易遭受损伤，其后果更为严重。

(2) 大脑单侧化的发展是一个渐进的过程，受社会、文化和情绪等因素的影响。这些研究结果对我们提出了新的挑战。

(3) 人们与其学习和环境之间的关系可能影响其大脑的刺激反应水平。

(4) 对人类而言，语言发展是按一定的时间表进行的自然过程(Bransford,1999)。在出生后4～5年间，大脑中与语言有关的神经回路逐渐形成。

(5) Patricia Churchland教授(美国加州大学圣地亚哥分校)认为，语言对于“认知理解”是必不可少的。而人类大脑的这一最重要功能的发展高度地受环境因素的影响，这些因素包括父母的语言、社会文化水平、受教育水平，儿童的营养和情绪状况等。

(6) 环境刺激对适宜的大脑组织与发展是必不可少的。

(7) 研究还表明，对处境不利于儿童进行早期干预具有极其显著的效果。研究证实，如果那些已经被标定为“高危”的儿童在6个月大时进入早期教育机构，那么他们出现智力迟滞的可能性将降低80%。3岁时，这些儿童的智商比同样状况但没有接受早期教育的儿童高出15～20分。到12岁时，前者表现出更高的智力水平。15岁时，前者的发展优势更为明显。由此可见，早期教育可能对个体发展具有长期效应。

(8) 如果高危儿童在3岁时进入早期教育机构，尽管他们受到的益处不如更早接受早期教育的同伴，但同样也表现出智力的明显改善。

(9) 出生于贫困环境并未能接受早期教育的儿童，在18个月时出现了某种认知缺陷，而且这种认知缺陷被认为是不可弥补的。由贫穷而导致的极端压力条件对大脑中与学习和长时记忆有关的细胞有极大的不良影响。自我概念或自尊感从幼年初期开始发展，其质量与环境有很大关系。

根据当前研究，我们至少可以得出以下三点启示。

(1) 个体最终能获得与发展的神经通路有80%～85%是在生

命的前6年发展起来的，而且在这一阶段的最早几年，发展速度又是最快的。大脑的发展在这一阶段已被证明更敏感。

(2) 神经系统发育不全、损伤及发展异常不像身体其他组织那样容易再生或自我修复。个体可以在一定程度上修复或形成替代性的神经通路，但这种能力只在生命的最初几年具有。

(3) 人类大脑更倾向于主动搜索，而不是被动接收环境信息。因此，最初几年的发展需要有丰富而安全的环境，使儿童能在其中积极地探索。换句话说，高质量的早期教育应使儿童有充足的机会与同伴、成人和周围环境相互交往与作用。这样，儿童才能发挥先天具有的好奇心，探究周围事物及其因果关系。

我们必须建立这样的一种观念：通过提供丰富的环境和富于动机激发而有创造性的教学，儿童的认知能力“可以而且能够”得到促进。在此，教师成为推动儿童社会文化发展的关键因素。

学前期是儿童社会性发展的关键期(Lilian Katz，2001)。他们在此阶段发展其最基本的社会交往能力。人生最初6年之所以关键，不仅因为此时大脑发展处于很敏感的时期，而且因为儿童在此阶段形成了最初的、积极的或消极的社会行为习惯。其他个体对儿童做出的反应可能强化儿童业已形成的行为模式。如果一个孩子友好、易接近，则别人欢迎他的陪伴，愿意与他交往，由此他将获得作为社会参与者的自信心，并将获得更多的学习、发展社交能力的机会。在这一过程中，易受欢迎的孩子会更受欢迎，形成一种良性循环。同时，重要的是，我们还需要对形成了消极行为模式的幼儿给予帮助。我们已明确地意识到，对这些孩子的帮助必须及早进行。

资料来源：节选自北京师范大学教育学院祝士媛教授的报告

专题小结

学前教育学经历了长期的发展演变，学好学前体育与健康教育课程需要深入理解并掌握其基本概念和基本结构，加强理论联系实际和实践锻炼。这样有利于形成正确的教师观、教育观和相应的行为，从而有效地促进儿童全面发展和实现幼小衔接的教育目标。

思考与练习

一、填空题

1. 学前教育学是指专门研究从出生到________岁儿童的学前教育

规律的科学。从出生到3岁这一阶段属于________，三至六七岁阶段为________，早期教育和幼儿教育相互连接而又密切联系。

2. 根据三维健康观、体育自身的特点以及国际课程发展的趋势，将体育与健康教育课程学习内容划分为________、________、________、________和社会适应5个学习领域。

3. 按基本动作特征分类：________动作和________动作。

4. ________被誉为“幼儿园之父”，他认为婴幼儿时期是人一生最重要的发展时期，真正的“人的教育”应该从这时开始。他撰写的________堪称世界第一部学前教育学专著。

5. 2001年颁布了《幼儿园教育指导纲要(试行)》，明确指出“幼儿园必须把保护幼儿的生命和促进幼儿的健康放在工作的首位”，把幼儿园教育内容相对划分为________、________、________、________及________五大领域。

二、简答题

1. 什么是渐进性原则？试举例说明。

2. 试辨析体质、体格与体能的内涵。

3. 简述实施学前儿童体育与健康教育应遵循的原则。

三、论述题

1. 论述学前儿童体育与健康教育的学习目标及其具体内容。

2. 说明学习学前儿童体育与健康课程的意义。

3. 阐述学前儿童体育与健康的教育价值。

第二章

学前儿童解剖生理基础

学前儿童时期是人生发展的初级阶段，其身体的各个器官、系统发育还未成熟，机体对自然环境的调节和适应能力较差。学前儿童时期的生长发育十分迅速和旺盛，运动是促进婴幼儿身体机能发展和增强体质最积极、最有效的因素。因此，全面了解学前儿童的解剖生理特点是开展和做好运动卫生保健工作的前提，可以有助于教师在指导体育活动时实现科学育儿的目标。

本章在介绍人体各系统的主要构造和机能的基础上，重点阐述了学前儿童各器官、系统的解剖生理结构和功能特点，帮助大家掌握学前儿童解剖生理的基础知识。

学完本章，你将能够：

1. 熟悉学前儿童各器官、系统的主要解剖结构和特点；
2. 掌握学前儿童各器官、系统的生理特点和功能；
3. 了解学前儿童各系统的基础理论。

专题导读

人体运动时肢体各部位与各器官的位置关系处于变化状态。在描述人体姿势或各器官的结构和位置时，按照解剖学标准姿势，规定了若干统一的标准和描述术语的方位术语，依此可正确地描述各结构的相互位置关系，了解正确的基本术语对描述人体位置和分析动作时尤为重要。

提示

当被观察的人体（包括标本或模型）处于非直立位置时，例如俯卧的、仰卧的或倒置，应按照直立位置的标准姿势进行描述。

专题一 运动解剖学基本术语

一、人体解剖生理学姿势

解剖学中所规定的这些名词是学习解剖生理学所必须掌握的基本知识和描述规则。按照解剖学标准姿势，统一规定人体姿势、轴、面和方位术语，依此可正确地描述各结构的相互位置关系。

描述任何人体姿势或结构时都是按照身体直立，两眼向前平视，两足并拢，足趾向前，上肢下垂于躯干两侧，掌心向前的人体标准解剖姿为标准。

二、人体方位术语

方位术语是指描述人体结构相对位置关系或运动中人体各部空间位置关系的术语（见图 2-1）。

1. 上、下

上、下是描述离颅顶或足底的相对远近关系的术语。近头侧者为上，远离头侧者为下。

2. 前、后

前、后是描述离身体前面、后面的相对远近的术语。凡近腹面者为前，也叫腹侧；近背面者为后，也叫背侧。

3. 内、外

内、外是适用于空腔器官相互位置关系的术语。近内腔者为内，远离内腔者为外。

4. 内侧、外侧

内侧、外侧是描述各种部位与正中线（面）相对距离位置关系的术语。近正中线者为内侧，远离正中线者为外侧。按照解剖姿势，前臂的内侧和外侧又叫尺侧和桡侧，小腿的内侧和外侧又叫胫侧和腓侧。

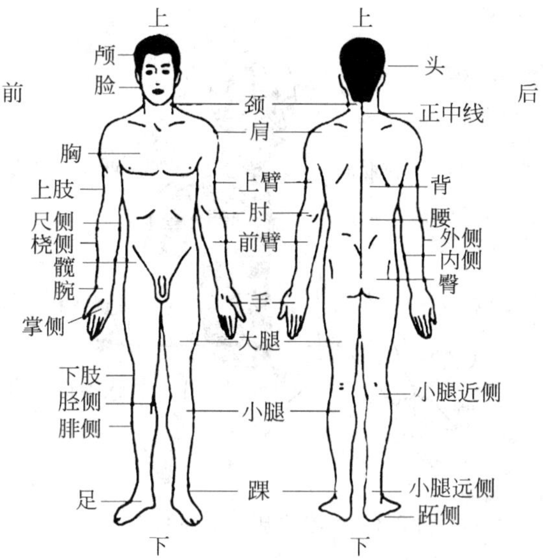

图 2-1　人体解剖姿势与方位术语

5. 浅、深

浅、深是描述与皮肤表面相对距离远近关系的术语。近皮肤者为浅，远者为深。

6. 近侧、远侧

近侧、远侧是表示四肢靠近躯干远近的空间关系。凡连接躯干的一端为近侧，远离者为远侧。

7. 掌侧、跖侧

手的掌面称掌侧，足的底面称跖侧等。

三、人体的基本轴和基本面

运动解剖学规定人体有三个互相垂直的基本轴和三个互相垂直的基本切面或基本面(见图 2-2)，描述人体或环节运动时一般都以绕这三个轴进行转动或做这三种切面的运动轨迹进行描述。

1. 垂直轴

垂直轴是指呈上下方向并与水平面相垂直的轴，如肱骨在肩关节要绕垂直轴作旋内或旋外运动。

2. 矢状轴

矢状轴是指呈前后方向并与垂直轴呈垂直交叉的轴，如肱骨在肩关节可绕矢状轴作外展或内收运动。

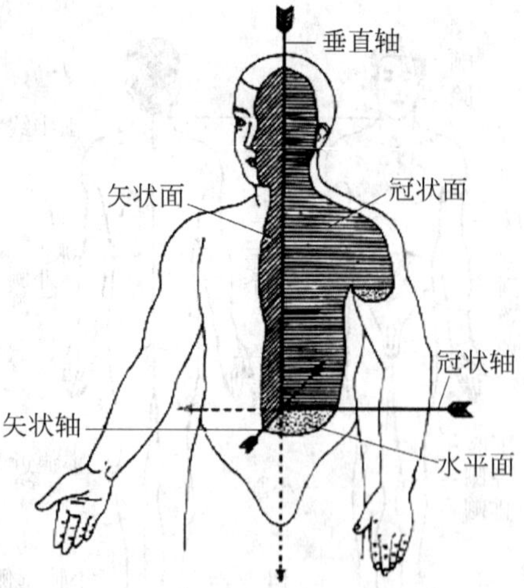

图 2-2　人体的基本轴和基本面

3. 冠状轴(额状轴)

冠状轴是指呈左右方向并与前二轴相互垂直的轴,如肱骨在肩关节可绕冠状轴作屈或伸运动。

4. 矢状面

矢状面是指沿前后方向,将人体纵切为左右两部分的切面。将沿正中线把人体分为左右对称的两部分的切面称正中矢状面,简称正中面。

5. 冠状面(额状面)

冠状面是指沿左右方向,将人体纵切为前后两部分的切面。

6. 水平面

水平面是指与地平面平行,将人体横切为上、下两部分的切面。由于它是沿人体长轴横切的切面,故也称人体横切面。

在描述器官的切面时,又有纵切面和横切面之分。如与其器官长轴相平行的切面称为纵切面,与其器官长轴相垂直的切面称为横切面。

思考活动

1. 人体解剖术语有哪些?

2. 人体的基本轴和基本面有哪几个?

扩展阅读

言　　语

——智慧体操

言语能力是人类区别其他生命的最主要的特征。它不仅表达思想、沟通感情,更是文明发展的手段。因此,语言能力便成为人类智力结构中最主要的要素,而言语训练则自然而然成为智力训练的首选。

广义的言语理解和表达能力不仅涉及听、说、读、写(听觉能力、视觉能力、唇齿舌腮喉的配合、手的精细动作、视听整合、手眼协调等)还涉及动作表达语和表情表达语。因此言语能力发展的重要性就不言而喻了。

言语发展是一个获得性的过程,经历一个发生、发展的过程。遵循先听后说(先短语后句子)、先认后说(先情境理解后口头表达)、先说后读(先认读后阅读)、先读后写(先写字后写文)的规律。

言语发展和其他能力发展一样也有自己相对重要的时期,它的发展需要包括整个中枢尤其是视听中枢、言语中枢及周围相应的感觉运动器官的使用和建设。从而最终发展出发音准确、语言流畅、表达清楚、句子优美、理解深刻、沟通顺利的理想语言能力。从而达到口才一流、文笔一流。最终使语言成为一种有效的交际工具、强大的沟通武器,充分表达思想的途径,充满说服力、感染力。

为了能够发展这样一种理想的语言能力,家长要根据大脑发育的相关原理,进行脑力开发,帮助大脑建立起一个完整的语音、语调、语速、语意、语境的神经信息处理系统去呼应环境中的语言特征。

可以说,大脑是一个多频道的复杂接收系统,早期视听刺激帮助大脑建立、选择、调节和确定"频道与波段",从而形成对视听刺激辨音、辨调、辨速、辨别的处理能力。而这一切都是视听系统针对环境中视听刺激的一种理解和模仿的能力,最终通过刺激建构的方式确定下来。因此,早期视听刺激要素的丰富性、完整性是建立视听整合处理信息系统的首要任务。

采取"全要素植入法"进行言语中枢的早期建构,包括听觉语音全要素植入、听觉语调全要素植入、听觉语速植入、视听整合同步植入等方法进行言语能力的训练,以促进言语能力高质量全面发展。

例如婴儿的听觉训练:婴幼儿语言能力与婴幼儿阶段听的多少有关,这时对大脑而言,听的内容重要,听的量则更重要。大脑的语言中枢接收听觉刺激而建立起相应的信息处理系统,因此听力训练可以不以强调理解为目标,也可以不以理解为目标。婴儿的机械记忆力更强,听到了比听懂了还重要。这时可以为婴幼儿提供大量、丰富的言语材料,它有助于孩子对语音的感受,提供大量的语音记忆材料,迫使孩子大脑储存丰富的言语材料,为言语理解和言语表达打下良好的基础,并在此基础上让幼儿倾听、培养幼儿有意识倾听和集中注意倾听的习惯,对语言、声调、语调、内容含义的辨别能力,言语感受能力及欣赏能力。

这种大量、反复地言语听觉刺激促进言语中枢的建构,更直接促进言语理解和表达能力的发展。

摘编自:中国儿童与青少年心理健康网,http://qsxl.psych.ac.cn/children/index_children.htm,2011-10-10

专题小结

了解人体解剖学的基本术语后，在日常体育教学工作中，幼儿教师可以结合教学需要适当教会学前儿童关于人体运动的方位术语，使学前儿童能初步掌握空间、动作描述的语言，在体育活动当中掌握“上、下、左、右”的感觉，识别“内、外、前、后”，理解“第一、第二、最先、最后”的顺序概念等，以增强学前儿童对空间感的理解和逻辑思维的开发。

专题导读

“生命在于运动”，运动能促进机体的新陈代谢，保持人体健康。那么学前儿童各器官、系统的组成结构如何？各系统的组成部分又有什么功能呢？幼儿教师在熟悉学前儿童各器官系统的特点后，可以在体育锻炼中有针对性地做好运动卫生保健工作，增强体育锻炼的效果。

专题二 学前儿童各系统解剖生理结构

一、运动系统

运动系统由骨骼、肌肉和骨连接构成，可以活动的骨连接叫关节。肌肉收缩通过肌腱牵拉骨骼，并以关节为支点，产生相应的动作。骨骼具有支持人体、保护内脏器官和造血等功能。

运动系统的组成及功能具体如下。

1. 骨

人体共由 206 块骨连接而成骨骼，按部位分为颅骨、躯干骨和四肢骨（见图 2-3、图 2-4）。面颅骨和脑颅骨构成颅骨，保护脑和形成面部支架。躯干骨以脊柱为中心，容纳脊髓、形成胸廓，支撑着身体和保护内脏器官。从正面看，人体躯干是挺直的，从侧面看脊柱有颈曲、胸曲、腰曲和骶曲四道生理性弯曲。刚出生时脊柱无弯曲，仅呈轻微后凸，学会抬头时出现颈椎前凸；学会坐时出现胸椎后凸；1 岁后能行走时出现腰椎前凸。这些弯曲可以减轻运动时对脑的冲击力，保护脑组织和维持身体的平衡。四肢骨分为上肢骨和下肢骨，通过骨连接和肌肉牵拉产生运动，完成各种动作和姿势。

骨的基本构造包括骨膜、骨质和骨髓三部分。骨膜是嵌于骨的外表面和内表面的一层薄膜，含有丰富的血管和神经。骨膜内还有大量成骨

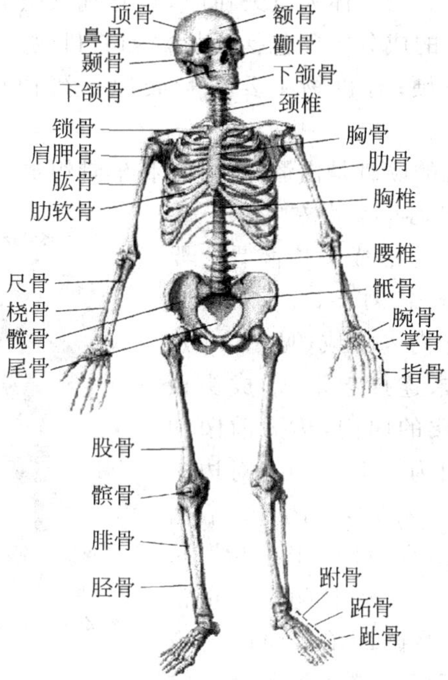

图 2-3 正常学前儿童全身有 206 块骨

正常成年人全身有206块骨
- 中轴骨
  - 头部
    - 面颅骨、脑颅骨 构成颅骨
    - 听小骨
  - 躯干骨
    - 椎骨：26块构成脊柱
    - 肋骨：24块(12对)
    - 胸骨：1块
- 附肢骨
  - 上肢
    - 肩胛骨
    - 锁骨
    - 上臂骨(肱骨)
    - 前臂骨(桡骨、尺骨)
    - 手骨(腕骨、掌骨、指骨)
  - 下肢
    - 髋骨(髂骨、耻骨、坐骨)
    - 大腿骨(股骨)
    - 小腿骨(胫骨、腓骨)
    - 足骨(跗骨、跖骨、趾骨)

图 2-4 学前儿童全身骨骼组成结构图

细胞和破骨细胞，可使骨长粗和长长。骨膜之间坚韧的结构就是骨质，分为骨松质和骨密质两种。骨松质由针状或片状的骨小梁交织而成，骨小梁的排列可随运动锻炼呈现适应性排列。骨髓填充于骨髓腔和骨松质的网眼内，分为红骨髓和黄骨髓两种。胎儿及婴幼儿全身的骨髓都是能制造血细胞的红骨髓。大约从 5 岁开始，长骨的骨髓腔中红骨髓内出现脂肪细胞，红骨髓逐渐被脂肪组织替代成为黄骨髓，失去造血功能。而成年人的红骨髓主要分布在扁骨、不规则骨和长骨两端的骨松质中，终生具有造血功能。当人体大量失血时，黄骨髓又会转变成红骨髓重新恢复造血功能。骨的成分主要包括无机盐和有机物。无机盐主要是钙、磷化合物，使骨坚硬；有机物主要有骨胶原等蛋白质，使骨有韧性和弹性。

出生时婴幼儿的髋骨是由髂骨、耻骨和坐骨组成(见图 2-5)，三块骨借软骨连接在一起，到 16 岁左右这三块骨之间的软骨才骨化形成一块髋骨。婴儿出生时颅骨缝分离，约于 3～4 月龄时闭合。颅骨的骨化尚未完成(见图 2-6)，有些骨的边缘并未连接起来，形成头顶前后两块没有骨质的囟门，称为前囟和后囟。出生时前囟为 1.5～2cm(对边中点连线长度)，在 1～1.5 岁时闭合。后囟出生时很小或已闭合，最迟于生后 6～8 周闭合，最晚在 2～4 个月闭合。正常婴儿坐位时，囟门略微凹陷。囟门的表面是头皮，下面是脑膜，脑膜覆盖着大脑并充盈大量脑脊液。脑脊液的压力随着心脏搏动、血压波动而变化，将手指轻放在囟门上，可以摸到与脉搏一致的跳动。颅骨随脑的发育而长大，脑发育不良时头围小、前囟小或关闭早；甲状腺功能减低时前囟关闭延迟；颅内压增高时前囟饱满，脱水时前囟凹陷。

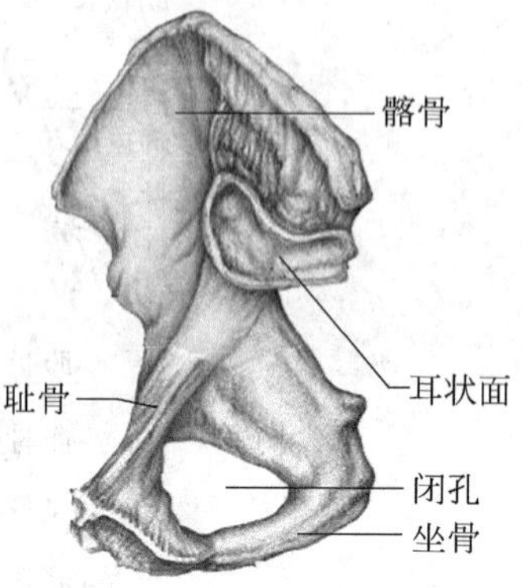

图 2-5　学前儿童髋骨的结构

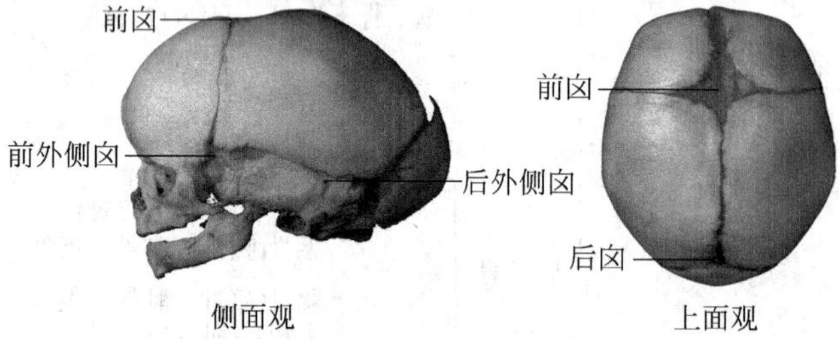

图 2-6　学前儿童颅骨的侧面观和上面观

2. 肌肉

肌肉可分为骨骼肌、平滑肌和心肌(见图 2-7)。骨骼肌又称随意肌，可以接收神经系统发出的指令而收缩、舒张，在人的意识支配下产生各种运动。肌肉内有大量血管，因为肌肉收缩时能挤压血管、促进血液循环，因此骨骼肌又为人体的“第二心脏”。平滑肌又称不随意肌，分布于内脏器官，不受意识支配。心肌只存在于心脏，可以自动、有节律地收缩、舒张，产生有节律的搏动，也属于不随意肌。新生儿的肌肉重量仅占体重的 1/5，随着年龄的增长，肌肉占体重的比例逐渐上升，至 5 岁时其比例达 30％左右。男性幼儿的肌肉含量比女性幼儿多，其肌肉力量也高于女性幼儿。肌肉的主要成分包括水和蛋白质等物质，年龄越小的婴幼儿，肌肉中的水分越多。男性幼儿肌肉的水分高于女性幼儿。

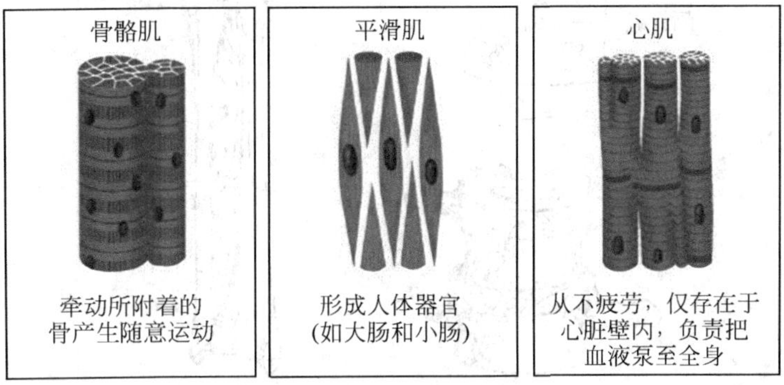

图 2-7 三种肌肉类型

根据骨骼肌的颜色可分为红肌纤维(又称为Ⅰ型)和白肌纤维(又称为Ⅱ型)两类。红肌纤维又称慢缩肌纤维，周围毛细血管丰富而呈现红色，故得名红肌。红肌纤维主要依靠有氧代谢产生的 ATP 供能，所以氧化能力强(红肌纤维比白肌纤维强 4 倍)。白肌纤维又称快缩肌纤维，肌纤维周围毛细血管少，主要依靠无氧酵解产生的 ATP 供能，所以反应速度快，收缩力量大。骨骼肌肌纤维类型与功能见表 2-1。

表 2-1 骨骼肌肌纤维类型与功能

分　　型	红肌纤维	白肌纤维
特征	毛细血管丰富而呈现红色	毛细血管较少而呈现浅红色
供能类型	有氧代谢为主	无氧代谢为主
氧化酶含量	较多	较少
收缩反应速度	慢但持续时间长	快但持续时间短
收缩力量	小而且不易疲劳	大而且易于疲劳

3. 骨连接

骨连接主要有 3 种形式。

(1) 无腔隙骨连接(见图 2-8)：在骨与骨之间的连接面上没有腔隙，包括纤维连接、软骨连接和骨性结合等类型。

① 纤维连接：如胫骨和腓骨之间借助韧带的连接；颅骨的骨与骨之间有人字缝，随年龄增长，骨缝逐渐骨化。

② 软骨连接：如胸骨与第一肋之间的软骨连接和椎间盘等。

③ 骨性结合：如各骶椎之间形成骨性结合。

(2) 有腔隙骨连接：在骨与骨的连接面上有明显的腔隙，成为肢体运动的枢纽。四肢骨之间及其与躯干骨之间的连接为此种类型，如肩关节、髋关节。

(3) 过渡型骨连接：介于上述两者之间的连接形式，连接面上有一

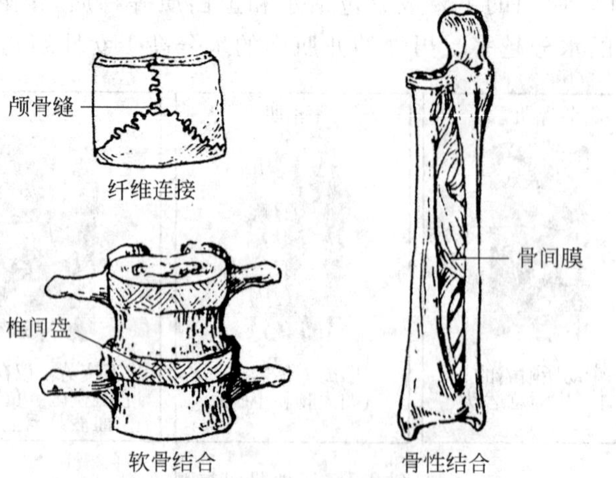

图 2-8　无腔隙骨连接

条很小且并未完全贯通的裂隙，活动性很小，如耻骨联合。

可以活动的骨连接称为关节（见图 2-9）。关节包括关节面、关节囊和关节腔。关节面包括关节头和关节窝，二者相互嵌合，表面有软骨，可减少活动时产生的摩擦和震动。包围着关节面的纤维组织叫关节囊，关节囊外有韧带，起固定和保护关节的作用。关节囊与关节面之间的间隙称关节腔，充满滑液，可以润滑关节。

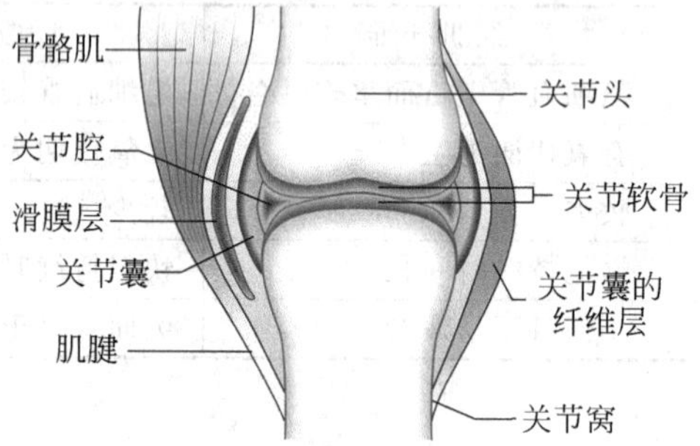

图 2-9　关节结构图

身体不同部位的关节结构不尽相同，所以活动范围及牢固程度也不同。如髋关节的关节窝很深，关节头呈球状，大部分嵌合在一起，因此牢固性很强而活动范围较小，使大腿的活动远不及上肢灵活，但能牢固支撑身体。上肢肩、肘、腕部关节因关节窝较浅，活动范围较大，可以内伸外展、旋转自如，但牢固性较差，受外力作用时，容易脱臼。关节的运动是指运动环节绕某一关节的运动轴所产生的各种运动。人体的运动复杂多样，但从运动解剖学角度，可以将各种运动简化为运动环节在 3 个基本面内绕 3 个基本轴的运动，具体为屈与伸、外展与内收、回旋和环转等 4 种基本运动（见图 2-10）。

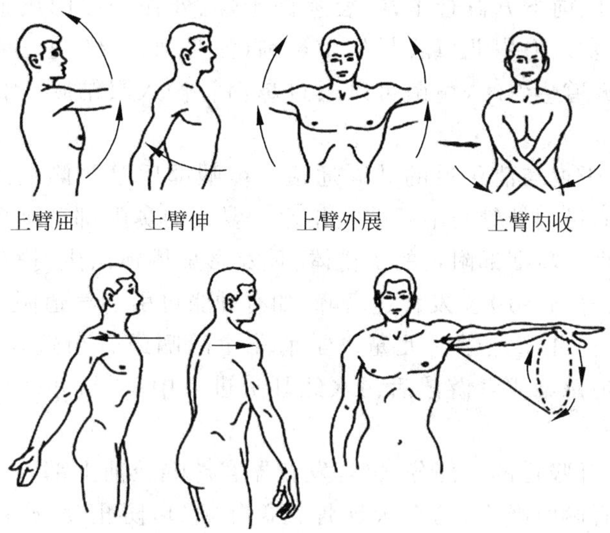

图 2-10 运动环节的各种运动

二、呼吸系统

机体在进行新陈代谢过程中，不断从外界吸入氧，并将代谢过程中所产生的二氧化碳排出体外，这一过程称为呼吸。呼吸系统由呼吸道和肺组成，呼吸道是气体进出肺的通道，包括鼻、咽、喉、气管和支气管；肺是气体交换的场所(见图 2-11)。学前儿童呼吸系统的特征是组织薄嫩，呼吸道黏膜容易受到损伤，在黏膜上有丰富的血管和淋巴管。

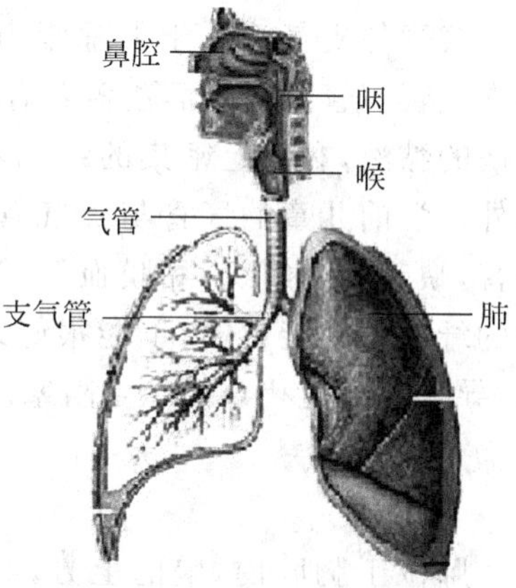

图 2-11 呼吸系统结构图

(一) 呼吸道

鼻、咽、喉属于上呼吸道，具有调节温度和清除异物的作用。鼻是上呼吸道的起始部分，前部有皮肤，上有鼻毛，其余部分覆盖着黏膜，分布着丰富的血管，可以温暖和湿润吸入的空气。黏膜能分泌黏液，空气进入鼻腔被鼻毛和鼻黏膜过滤、净化。鼻旁窦是鼻腔周围含气的空腔，发音时起共鸣作用。婴幼儿时期面部颅骨发育不够完全，鼻腔相对较小，没有鼻毛，直至 4 岁左右才开始形成鼻道，鼻黏膜柔嫩，血管丰富，易发生感染，引起鼻黏膜充血、肿胀，导致呼吸困难。学前儿童的鼻窦发育较差，副鼻窦炎常多见于 6 岁以后的学龄儿童。鼻中隔前下方血管丰富，容易因干燥、外伤等原因出血，称为“易出血区”，通常六七岁儿童容易发生鼻衄（流鼻血）。学前儿童鼻泪管较短，患上呼吸道感染时，病菌可以通过鼻泪管侵入眼结膜，引起泪囊炎、眼结膜炎症。

咽是呼吸道与消化道的共同通道。鼻咽部后壁两侧上方有一对咽鼓管开口，通过咽鼓管与中耳鼓室相通。婴儿的鼻咽部和咽腔相对较狭小，方向垂直。鼻咽部附近的扁桃体、舌及腭扁桃体出生时很小，至1岁末才逐渐发育，4～10岁发育达高峰，如有肿胀可引起气道阻塞。扁桃体炎常见于学前儿童及学龄儿童。学前儿童的咽鼓管粗短且直，成水平位，上呼吸道感染或者游泳后污水经耳道进入中耳，易并发中耳炎损伤听力。

喉既是呼吸道的一部分，也是发音器官。喉腔前上部有一块叶状的会厌软骨，吞咽时喉上升，会厌软骨就盖住喉口，防止食物进入呼吸道。学前儿童喉部的保护性反射机能尚不完善，吃食物时说笑容易将未嚼碎食物呛入呼吸道造成窒息。喉腔侧壁左右各有一条声带，两条声带之间的空隙叫声门裂。发音时声带拉紧，声门裂缩小，呼出的气流冲击声带使其振动而发出声音。学前儿童的喉部相对比成人长，黏膜柔嫩，富有血管和淋巴组织，软骨较软弱，声带短而薄，声门肌肉容易疲劳，如果不注意保护，声带容易受损造成声音嘶哑。由于喉腔、声门较狭小，容易引起喉部肿胀、喉头狭窄，易导致喉梗阻，甚至呼吸困难。

气管与支气管属于下呼吸道。气管上与喉相接，下被胸腔分为左、右支气管。管壁内表面覆盖着有纤毛的黏膜，能分泌黏住吸入的尘粒与病菌的黏液，黏膜上密集的纤毛不断向喉口方向摆动，经咳嗽将痰排出体外。学前儿童的气管与支气管较成年人狭窄，软骨柔软，肌肉发育不完善，缺乏弹力组织，黏膜血管丰富，但黏液腺分泌不足而较干燥，黏膜上的纤毛运动能力弱，不能很好地排出微生物及异物，因而容易引起感染，导致呼吸道狭窄而发生阻塞。

（二）肺

肺位于胸腔内，膈的上方，纵隔两侧，左、右各一。肺表面有脏胸膜被覆，光滑润泽，新生儿肺呈淡红色，随年龄增长，由于吸入空气中尘埃的沉积，颜色逐步变灰暗色乃至蓝黑色。胎儿和未曾呼吸过的新生儿肺内不含空气，比重大(1.045～1.056)，可沉于水底。学前儿童新陈代谢旺盛，机体需氧量相对比成人多，只能加快呼吸频率以满足需要，所以年龄越小，呼吸频率越快。因调节呼吸运动的神经中枢发育尚未完善，婴幼儿呼吸节律常不稳定。新生儿每分钟呼吸40～44次，1岁以内约每分钟30次，1～3岁约每分钟24次，4～7岁约每分钟22次。出生时肺泡数量约200万个，8岁时可增至1400万个，肺泡面积的增长比体表面积明显。新生儿肺容积为65～67mL,8岁时增加7倍。

呼吸的形式主要分成两大类：以胸廓运动为主完成的呼吸形式称为胸式呼吸,以横膈运动为主完成的呼吸形式称为腹式呼吸。婴儿时期呼吸肌不发达,肌张力较弱,故吸气时肺扩张有限,换气不够充分,以腹式呼吸为主;2岁时站立行走后,呼吸肌增强,学前儿童开始出现腹、胸混合式呼吸;9岁以后才逐步变成以胸式呼吸为主。学前儿童肺弹力组织发育较差,血管丰富,整个肺脏含血量多、含气量少,肺泡数量少,感染时容易导致黏液阻塞并引起肺不张、肺气肿及肺瘀血等。

三、脉管系统

脉管系统是人体内执行运输功能的封闭管道系统,由心血管系统和淋巴系统两部分组成。心血管系统循环流动着红色的血液,淋巴系统流动着无色的淋巴液,淋巴液最后汇入静脉再流入心血管系统。心血管系统由心脏和血管组成,血管包括动脉、静脉和毛细血管。淋巴系统由各级淋巴管、淋巴器官和散在的淋巴组织构成。

（一）心脏

心脏位于胸腔内,底部连接着主动脉,心尖偏左。心脏内部有四个腔,上面两个叫心房,下面两个叫心室;心脏左右两半互不相通。房室之间有单向开合的瓣膜,保证血液从心房流向心室而不会倒流。在神经体液调节下,血液沿心血管系统循环流动。机体消化、呼吸、泌尿等系统及皮肤通过体循环和肺循环实现营养物质的送达和代谢废物(液态和气态)的排出。内分泌腺及心脏自身所分泌的激素也借循环系统输送到相应器官以调节其生理功能。可分为肺循环和体循环,两种循环同步进行(见图2-12)。

1. 肺循环(又称小循环)

血液由右心室射入肺动脉,再经各级分支进入肺泡周围的毛细血管网,通过毛细血管壁和肺泡壁,血液与肺泡内的气体进行交换(排出二氧化碳、吸入氧气),最后血液经肺静脉流出肺,进入左心房。肺循环的特点是路径短,只通过肺,使静脉血变成含氧丰富的动脉血。

2. 体循环(又称大循环)

血液由左心室射入主动脉,经各级动脉分支最后送到身体各部的毛细血管。血液通过毛细血管壁与其周围的组织细胞进行物质和气体交换后,经各级静脉,最后汇入上、下腔静脉流回右心房。体循环的特点是路径长,流经范围广,以动脉血滋养全身各个器官,又将其代谢产物经静脉运回心脏。

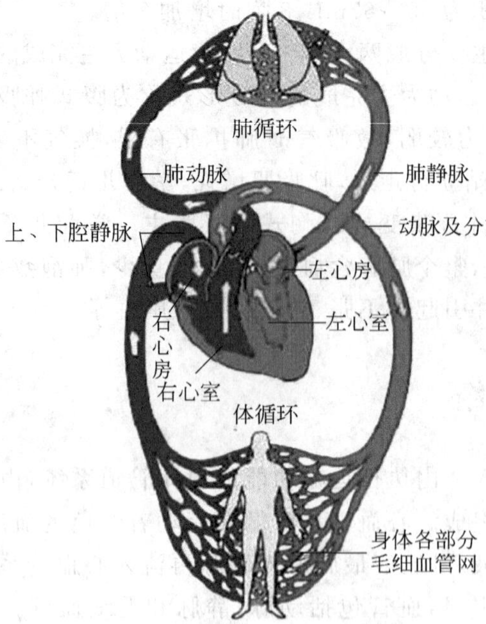

图 2-12　心脏结构及体循环、肺循环图

（二）血管

按比例学前儿童血管内径大于成年人，毛细血管非常丰富，年龄越小血管壁越薄，血管弹性越差。随着年龄的增长，血管壁逐渐加厚，弹性纤维加多，弹性增强。

1. 动脉

血管是血液循环的通道，分为动脉、静脉和毛细血管（见图 2-13）。动脉是血液从心脏流向全身的管道，由心脏发出，在行程中不断分支，最后移行为毛细血管。连接左心室的是主动脉，管壁很厚、富有弹性，管径较粗大。由于心室收缩的推动力及血管壁的弹性，主动脉内的血流速度很快。主动脉分出颈动脉、腹主动脉、冠状动脉等，再逐级分支，越分越细，管壁也越来越薄，血液流速逐渐减慢。

2. 静脉

静脉是血液流回心脏的管道，由毛细血管开始逐渐增厚汇合，管壁逐渐变厚。根据静脉管壁结构与管径大小分为大、中、小三级。与动脉相反，它是越来越粗，最粗大的是连接右心房的上、下腔静脉。经过物质交换后的血液由静脉进入右心房，再入肺进行气体交换。

3. 毛细血管

毛细血管是管径最细、分布最广的血管，由动脉逐级分支后形成。毛细血管管壁极薄，主要由一层内皮细胞组成，管径极小，一般为 6～

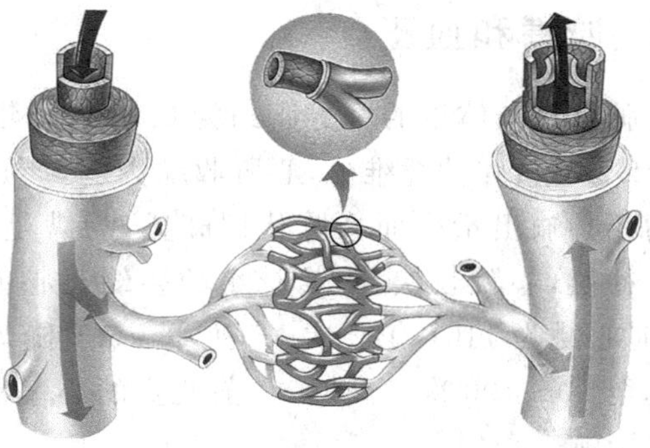

图 2-13 三种血管结构图

8μm。血液流经毛细血管时，速度极慢，使血液中的氧及养料能透出毛细血管壁输送给细胞的同时，细胞代谢的废物又透过管壁进入毛细血管再进入静脉。

（三）血液

学前儿童血容量相对成年人多(以每千克体重计)，新生儿约 85mL/kg，学前期 75～80mL/kg。血液存在于心脏和血管中，由血浆和血细胞组成。血浆为淡黄色、透明的液体，它是血细胞生存的环境，具有运送血细胞、养料、细胞和代谢废物等作用，血浆中的纤维蛋白酶原具有止血作用。血细胞分为红细胞、白细胞和血小板。

红细胞能把氧气输送到身体各部位，并把二氧化碳运送到肺。成熟的红细胞没有细胞核，呈双面凹陷的圆盘状，体积较小，数目很多。血红蛋白又叫血色素，是一种含铁的蛋白质，使血液呈红色。血红蛋白能与氧结合，把氧输送到组织中去，再与二氧化碳结合，把它输送到肺。新生儿每立方毫米血液中约有红细胞 500 万～700 万个，血红蛋白浓度在每 100mL 血液中为 15～22 克，以后逐渐减少，至出生后 2～3 月达最低水平，出现生理性贫血，刺激造血器官生成大量红细胞和血红蛋白。

白细胞体积较大，数目较少，学前儿童的白细胞由出生时每立方毫米血液中约 20 000 个逐渐下降至 4～5 岁时的 8000 个，以后达成年人水平(7000 个/立方毫米)。白细胞能吞噬病菌，当白细胞数量少于正常值时，机体抵抗力降低，容易感染疾病。临床上常用白细胞分类计数作为诊断不同疾病的指标。

血小板具有止血和凝血功能，皮肤上伤口出血时，血小板与血浆中的纤维蛋白原共同作用，凝成血块堵住伤口。伤口较大时，血小板可使血管收缩，减少出血。新生儿每立方毫米血液中约有血小板 10 万～30 万个，出生后 6 个月血小板计数与成年人相同，一般比较稳定，不受年龄影响。

（四）心率、脉搏和血压

学前儿童心脏重量与体重的百分比约为0.8%，成年人约为0.5%，心肌纤维相互交织较松，弹性纤维少，心脏收缩力弱，所以心输出的血液量少。由于婴幼儿心输出量少而新陈代谢旺盛，为满足身体需要，通过加快心脏收缩来补偿，心跳较快，年龄越小的婴幼儿心率越快。一般学前儿童1～2岁时心跳为110～120次/分钟，2～6岁随着心脏发育和心功能增加而下降至90～100次/分钟。学前儿童的心率易受情绪、运动、进食等内外因素影响。

心脏有节律地收缩舒张时，会引起主动脉的搏动并沿着动脉管壁传播，使身体其他部位的动脉管壁也跟着搏动，称为脉搏。脉搏可反映心脏和动脉的机能状况。血液流动时，对血管壁产生的侧压力称血压，一般指动脉压。心室收缩时产生的压力称收缩压，心室舒张时产生的压力称舒张压。学前儿童的血压低于成年人，年龄越小，血压越低，随着年龄增长血压逐渐升高。

（五）学前儿童淋巴系统的组成和功能

淋巴系统与人体的免疫功能密切相关，由淋巴管、淋巴结、脾脏和扁桃体组成。胸腺、骨髓、脾脏、淋巴结等淋巴器官生成的B细胞、T细胞和NK细胞具有消灭病菌的作用。学前儿童发育较快，身体的防御和保护功能显著增强。但婴幼儿淋巴结尚未发育成熟，结缔组织少，淋巴结被膜较薄，因此屏障作用较差，感染易于扩散，局部轻度感染可使淋巴结发炎、肿大甚至化脓。感染部位不同，淋巴结肿大的部位也不同。例如颌下淋巴结肿大，感染的部位常发生在咽和口腔部；颈部淋巴结肿大，感染常发生在鼻咽、口腔、腮腺、颈及面部皮肤。扁桃体在4～10岁发育达到高峰，此年龄阶段的儿童易患扁桃体炎。

四、消化系统

消化系统由消化道和消化腺组成（见图2-14）。消化道主要包括口腔、咽、食管、胃、小肠（十二指肠、空肠、回肠）和大肠（盲肠、结肠、直肠）等。口腔到十二指肠的管道又称上消化道，空肠以下的管道又称下消化道，习惯上把食管至肛门的部分称为胃肠道。消化腺主要包括肝、胰和三对唾液腺（腮腺、下颌下腺、舌下腺）。消化系统的主要功能是消化食物，即摄取和消化、吸收食物中的营养，为机体提供能量，构筑细胞和组织，最后排出食物残渣（粪便）。此外，口腔、咽等还与呼吸、发音和语言活动有关。

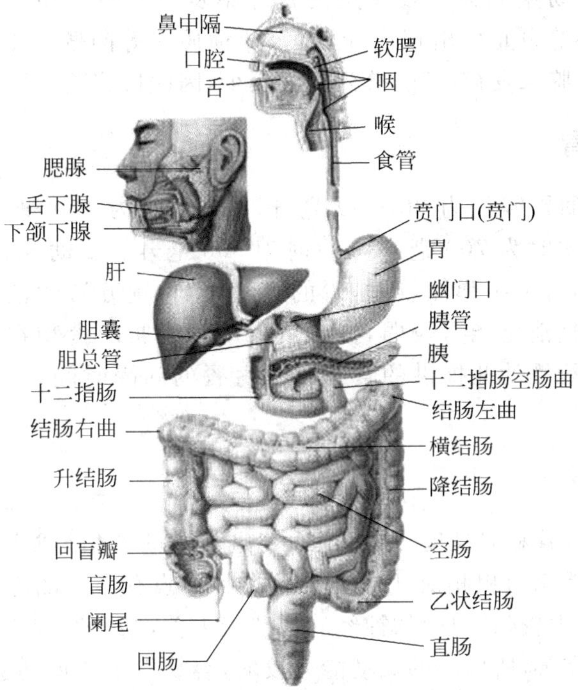

图 2-14　消化系统结构图

（一）口腔

学前儿童口腔内黏膜上血管丰富，容易受损。舌头上有味蕾、舌苔，幼年时舌系带较短，造成吐字不清。生后三四个月，唾液腺逐渐发育，分泌增多，唾液常流出口外，称为“生理性流涎”，随着生长可逐渐消失。出牙时个别学前儿童出现低热、流涎、睡眠不安、烦躁等反应。乳牙共20颗，一般于4～10个月开始萌出，最迟不应晚于1岁。2～2.5岁出齐20颗乳牙，乳牙萌出时间个体差异较大，与遗传、内分泌、食物性状有关（见图2-15）。6～7岁时开始换牙，乳牙脱落后第二次萌生的牙叫恒牙，按形态和功能的不同，牙齿从中间向两侧依次被分为尖牙、切牙和磨牙三种。6岁左右开始萌出第一颗恒牙即第1磨牙，7～8岁后乳牙按萌出顺序逐个脱落换之以恒牙。12岁左右萌出第2磨牙，第3磨牙一般在17～25岁或更晚时萌出（甚至终生不萌出），称智牙。恒牙一般20～30岁出齐，全部恒牙出齐共32颗。乳牙因牙釉质薄、牙

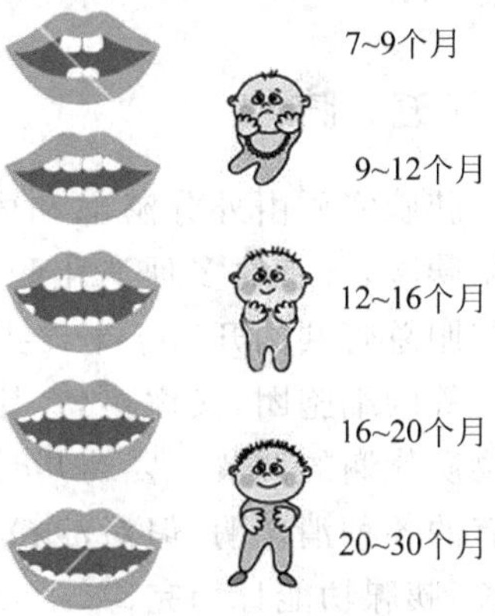

图 2-15　学前儿童乳牙萌出的顺序

本质较松脆，易生龋齿。较严重的营养不良、佝偻病、甲状腺功能减低症、先天愚型等患儿可出现出牙较迟、牙釉质差等问题。新生儿及小婴儿，由于唾液腺未发育成熟，分泌唾液较少，因此口腔较干燥。

（二）胃

新生儿的胃容积为30～50毫升，3个月时为100毫升，1岁时为250毫升，3岁时为700毫升，6岁时为900毫升。婴幼儿胃壁肌肉薄，胃黏膜薄嫩，胃组织弹性较差，胃的容量小，胃壁分泌的消化液和各种消化酶较少且消化能力较弱，富含蛋白质和脂肪的食物在胃中滞留的时间较长。给婴幼儿提供的食物以及每餐的间隔时间，应考虑到年龄特点。

（三）肠

婴幼儿肠管相对长度比成人长，超过身长的6倍(成人肠管仅为身长的4倍)，消化面积相对比成人大。小肠黏膜有丰富的毛细血管和淋巴管，吸收能力较强，但植物神经的调节能力差，肠壁肌肉组织和弹力纤维发育还不完善，所以肠的蠕动能力较弱，容易发生肠道功能紊乱，引起腹泻、粪中毒或便秘。小肠和大肠长度之比在不同的年龄有所不同，新生儿为6∶1，婴幼儿为5∶1，成人为4∶1。学前儿童的结肠壁薄，无明显的结肠带和脂肪垂，升结肠、直肠与腹后壁的固定较差，较易发生肠套叠和肠扭转。

（四）肝脏

婴幼儿肝脏相对比成年人大，新生儿肝脏重量为体重的4%，5岁时为3.3%，8岁时才发育完善。学前儿童肝功能不健全，肝脏分泌胆汁较少，对脂肪的消化能力较差，肝脏储存糖元较少，容易因饥饿发生低血糖，肝脏解毒能力较差。但学前儿童新陈代谢旺盛，肝细胞的再生能力强。

（五）胰腺

胰腺实质由外分泌部和内分泌部两部分组成。外分泌部的腺细胞分泌胰液，含有的多种消化酶对消化食物起重要作用，胰液流入胰腺管并与胆总管共同开口于十二指肠；内分泌部是指散在于外分泌部之间大小不等的细胞团，又称胰岛，其分泌的激素直接进入血液和淋巴，参与能源物质代谢的调节。婴幼儿时期胰腺富有血管和结缔组织，已具备成人所有的各种消化酶，但对淀粉类和脂肪类的消化能力较弱，随着年龄的增长，胰腺功能日趋完善。

五、泌尿系统

泌尿系统是人体代谢产物最重要的排泄途径，维持体内体液的恒定和酸碱平衡，由肾、输尿管、膀胱和尿道组成（见图 2-16）。在肾内形成尿液，再经输尿管运送至膀胱储存，新陈代谢过程中所产生的废物如尿素、尿酸、无机盐及多余的水分等代谢产物，以尿的形式排出体外。尿的质和量经常随着机体内环境的变化（如水、盐、电解质、尿素、尿酸、肌酐等）而发生变化。如果肾脏的功能发生障碍，代谢产物蓄积于体液中，则会影响机体新陈代谢的正常进行，严重时可出现尿毒症，危及生命。

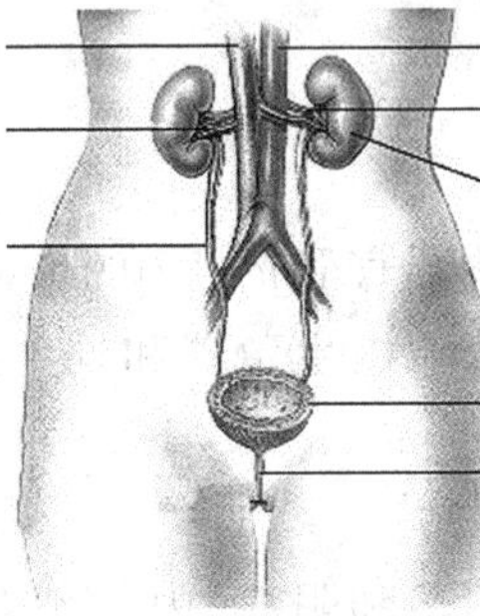

图 2-16 泌尿系统结构图

（一）肾

肾位于腹腔后部腰椎两侧，左右各一个，外形像蚕豆。新生儿两肾约重 25 克，以后逐渐增长至成人水平达 300 克。血液流经肾脏，大部分的水、所有的葡萄糖及部分无机盐被重新吸收入血，剩余少量水、无机盐和所有的废物。婴幼儿时期肾发育不完善，1 岁和 12～15 岁时发育最快，足月婴儿的肾脏已能发挥一定的生理功能，但肾功能较差，膀胱容量小，储尿功能差，尿的浓缩和稀释功能较弱，排泄毒物的功能也较差。大量水负荷时易出现水肿，疾病或应急状态时易出现肾功能紊乱或脱水现象。

（二）输尿管

学前儿童输尿管长而弯曲，可节律性蠕动，管壁的平滑肌层和弹性纤维发育不良，容易扩张、受压及扭曲，从而易梗阻造成尿潴留而诱发感染。

（三）膀胱

膀胱位于盆腔内，底部有通向尿道的开口。尿道开口处是环形括约肌，可控制尿道口，使尿液不外漏。当膀胱内储满尿液后，膀胱内壁的神经末梢将刺激传到大脑产生尿意,同时传入位于脊髓的排尿中枢使膀胱平滑肌收缩,尿道口括约肌舒张,尿液由尿道排出。学前儿童的膀胱储尿机能差,容量小,黏膜柔嫩,肌肉层及弹性纤维发育不良,而且神经系统对排尿的控制能力较弱,容易遗尿。年龄越小排尿次数越多。

(四)尿道

学前儿童尿道较短且生长速度缓慢,新生男婴尿道长5~6厘米,女婴尿道仅1厘米,尿道黏膜柔嫩,易受损伤,弹性组织发育较差。女婴尿道短且靠近肛门,易受细菌污染而发生上行性泌尿道感染,男婴尿道虽长但包皮积垢时也可引起细菌上行性尿道感染。

六、生殖系统

生殖系统可分为外生殖器官和内生殖器官。男、女性生殖器官的形态、结构虽然不同,但都可分为内生殖器和外生殖器两部分。

(一)男性生殖系统

男性外生殖器官包括阴茎和阴囊,内生殖器官包括睾丸、附睾、输精管、精囊、射精管和前列腺等。男性生殖系统可产生精子和分泌雄性激素。

(二)女性生殖系统

女性外生殖器官包括阴阜、大阴唇、小阴唇、阴蒂等,内生殖器官包括阴道、子宫、输卵管及卵巢。女性生殖系统可产生卵子和分泌雌性激素。

七、内分泌系统

内分泌系统由内分泌腺和内分泌组织构成,是神经系统以外另一个重要的调节系统(见图2-17)。内分泌腺可分泌激素,经血液循环到达身体的各个部位,控制和调节机体的新陈代谢、生长发育及生殖等生理过程。人体主要的内分泌腺有:脑垂体、松果体、甲状腺、甲状旁腺、肾上腺、胰腺、胸腺及性腺等。对学前儿童生长发育影响较大的内分泌腺主要有脑垂体和甲状腺。

脑垂体位于大脑底部,重量不足1克,出生时已充分发育,4岁前与青春期是生长最迅速的阶段。脑垂体受下丘脑的控制分泌各种促激素,支配甲状腺、肾上腺、性腺的活动,对儿童的生长、发育及成熟起着重要作用。生长激素可促进组织器官的生长,特别是骨骼的生长。有氧运动

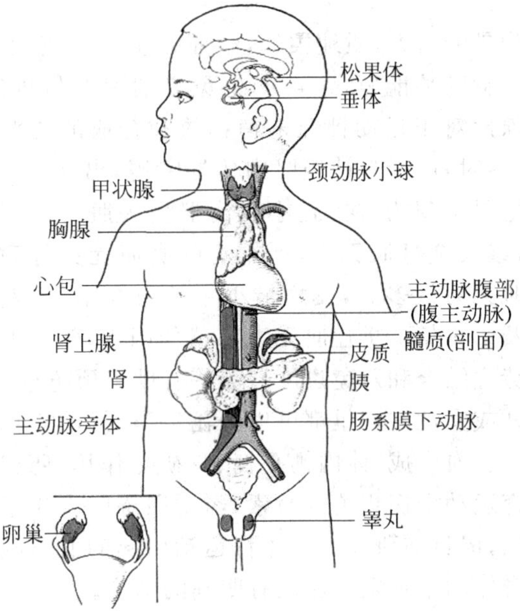

图 2-17 内分泌系统结构图

可以促进脑垂体分泌释放吗啡类激素β-内啡肽，其合成部位主要为下丘脑。β-内啡肽可以使人产生愉悦感，改善学前儿童的食欲，对于有心理疾病的学前儿童，经常参加体育锻炼可以降低焦虑、紧张的情绪，有效地缓解心理疾病的症状。

甲状腺位于颈前部，喉与气管的两侧，重 20～40 克。甲状腺能分泌甲状腺素，碘是合成甲状腺素的主要成分。甲状腺素可调节机体的新陈代谢，促进儿童的生长发育，调节营养物质与氧气在体内的代谢速度，促进骨骼与生殖器官的发育。

肾上腺的皮质主要分泌三种激素：糖皮质激素主要调节糖、蛋白质和脂肪的代谢；盐皮质激素主要调节水、电解质的代谢与平衡；性激素分泌量不大，作用不明显，但分泌功能异常时可出现男性女性化、女性男性化或男性性早熟。肾上腺的髓质分泌肾上腺素和去甲肾上腺素，与血压、血流、心率等变化有关，情绪激动时会大量分泌，所以属于应激性器官。

松果体位于丘脑下部，在学前儿童期比较发达，自 7 岁以后开始退化。松果体可影响机体的代谢活动、性腺的发育，分泌的褪黑激素具有加强中枢抑制、促进睡眠的功能。如果学前儿童期松果体发生异常，可出现性早熟或生殖器官发育过度。

胰腺中的胰岛分泌胰岛素和胰高血糖素，分别具有降血糖和升血糖的功能。胰岛素分泌不足时引起糖代谢障碍，出现糖尿病。尤其肥胖是诱发糖尿病的独立危险因素，控制学前儿童体重有助于预防和治疗糖尿病。

胸腺位于胸骨的后方，质地柔软，学前儿童时期较大，随着年龄增长逐渐萎缩变小。胸腺功能复杂，可产生免疫细胞参与机体的免疫反应。胸腺分泌的胸腺素对于运动神经末梢释放和合成的乙酰胆碱有抑制功能，当胸腺素过多时，可引起神经肌肉传导障碍，出现重症肌无力。新生儿重症肌无力主要表现为首先是小肌肉群失去肌力，例如上睑下垂，眼外肌麻痹，然后累及全身肌无力，严重者呼吸肌无力导致窒息死亡。学前儿童型重症肌无力最多见，发病最小年龄为 6 个月，发病年龄高峰在出生后第 2 年及第 3 年。重症肌无力有遗传因素，学前儿童保持心情愉快、合理饮食、劳逸结合和避免过度疲劳等有助于预防重症肌无力。

男性的睾丸或女性的卵巢都可以分泌睾酮，影响学前儿童的生长发育，包括肌肉生成、血生成、体内钙平衡、骨矿化作用、脂代谢、糖代谢等。睾酮也是与体育运动密切相关的激素，经常锻炼的少年运动员血睾酮水平高于普通学生，但目前研究对于体育运动引起的血睾酮水平波动是否能影响青少年身体的生长发育还没有明确的结论。

八、神经系统

人体各器官系统的功能在神经和体液的调节下相互联系、相互协调，使人体成为一个统一的整体，以适应内、外环境的变化。神经系统分为中枢神经系统和周围神经系统两部分(见图 2-18)。中枢神经系统包括脑和脊髓；周围神经系统包括脑神经和脊神经。

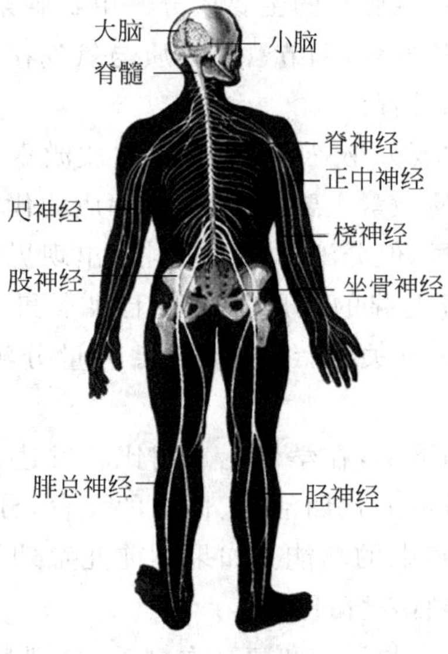

图 2-18　神经系统结构图

（一）脑

脑位于颅腔内，可分为大脑（端脑）、间脑、小脑、中脑、脑桥和延髓六个部分，通常把中脑、脑桥和延髓合称为脑干。大脑是中枢神经系统的最高级中枢，也是人类进行思维和意识活动的器官，左右两侧大脑半球由胼胝体相连而成。表面凹凸不平，凹陷处称为“沟”，隆起处称为“回”，“沟”与“回”大大增加了大脑的表面积。大脑的表面集中了大量神经元细胞体，2～3毫米厚，称为大脑皮层。大脑皮质的神经元能接受刺激，整合、处理信息，并以记忆的形式储存各种信息。大脑皮质以内是众多的神经纤维，使大脑两半球之间及大脑与脑的其他部分之间发生广泛联系。根据大脑皮质各部位主要机能的不同，可划分为许多功能区，如躯体运动、躯体感觉和语言等各种功能活动在大脑皮质上均有相应的最高中枢控制（见图2-19）。其中，身体各部在躯体运动区和躯体感觉区的局部定位关系呈倒置人形（头面部不倒）投影。间脑主要部分是背侧丘脑和下丘脑，参与感觉和对体温、摄食、生殖、水盐平衡、情绪活动和内分泌活动等的调节。小脑位于脑桥和延髓的后上方，其功能主要是协调躯体运动、调节肌紧张和维持身体平衡。

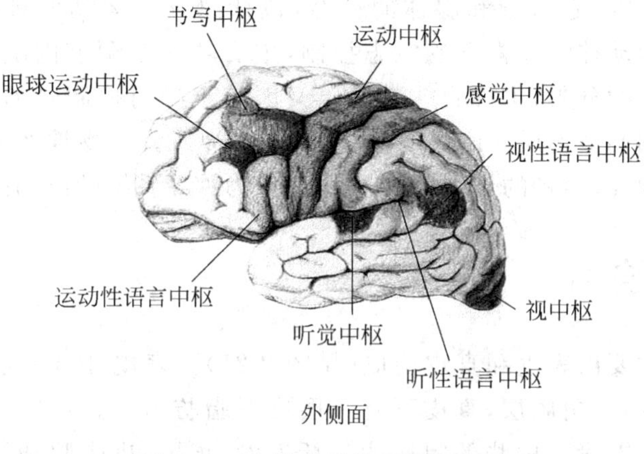

图2-19　大脑皮质的皮质分区图

婴幼儿时期脑的发育非常迅速，出生时平均脑重370克，出生后第一年脑发育特别迅速，6个月时已达700克左右，1岁时重约900克。从出生到7岁，脑重量增加近4倍，7岁左右达到1250克左右，基本接近成人（约1500克）。大脑皮质的形成从胎儿8周开始，主要是由神经元构成的一层灰质，出生前半年至出生后1年是脑细胞数目增长的重要阶段，以后脑细胞的数量不再增加，而是细胞体积的增大和功能的复杂化。婴幼儿大脑皮质功能的发育较形态发育缓慢，年龄越小，大脑发育越不成熟，形成的条件反射少、速度慢、较不稳定。随着年龄的增长，脑的机能也逐渐复杂、成熟和完善起来，为建立各种条件反射提供了生理基础。

学前儿童的大脑皮质发育尚未完善，兴奋占优势，抑制过程形成较慢。但兴奋持续时间较短，容易泛化，主要表现为对事物保持注意的时间不长，常随兴趣的改变而转移，动作缺乏准确性等。

（二）脊髓

脊髓位于椎管内，在脊髓的横切面上，可见脊髓的中央有一细管称中央管，中央管周围的蝶形结构称灰质，灰质周围的结构称白质。在脑和各级中枢的控制下具有传导功能和反射功能。脊髓可以传达脑的信息和完成反射活动，如膝反射、排便、排尿等。在正常情况下脊髓的反射活动是在脑的控制下进行的，当脊髓完全横断时，损伤平面以下的感觉和骨骼肌运动不能恢复，可表现为肌肉张力增高，腱反射亢进，不能随意控制排便、排尿反射等。

（三）神经

脑神经是指与脑相连的神经，共 12 对；脊神经是指与脊髓相连的神经，共 31 对。脑神经支配头部各器官的运动并接收外界信息，使人产生感觉和表情，而脊神经支配躯干和四肢的运动并感受刺激。内脏神经是指分布于内脏、心血管和腺体的神经，包括感觉和运动两种纤维成分。其中内脏运动神经通常不受意志控制，主要功能是调节内脏、心血管的运动和腺体的分泌，也称自主神经。又因其不参与控制骨骼肌运动，主要是控制和调节物质代谢活动，故又称植物神经。植物神经分交感神经和副交感神经，两者的作用相反。图 2-20 为神经系统的结构图。

九、皮肤

皮肤主要由表皮和真皮构成(见图 2-21)。表皮外有一层已死亡的表皮细胞，称为角质层，真皮下有一层皮下脂肪组织。真皮内有丰富的血管、神经、毛囊。皮肤的附属物包括毛发、指甲、皮脂腺和汗腺等。皮肤表皮内的黑色素细胞可吸收阳光中的紫外线，生成黑色素阻挡紫外线深入人体内，成为阻挡微生物的天然屏障，对机体起着保护作用。皮肤中有一种 7-脱氢胆固醇，可吸收紫外线转化成维生素 D。学前儿童的皮肤细嫩，表皮角质层较薄，较易脱落，真皮的结缔组织和弹性纤维发育较差，皮肤抵抗病菌感染能力较差，皮肤的保护功能较弱，对外界冲击、紫外线、细菌侵染等的抵抗力远不及成人，磕碰时容易受伤，容易发生皮肤感染，如脓疱疮、甲沟炎等。真皮较厚，具有一定的弹性和韧性，与皮下脂肪一起使皮肤能抵御、缓冲外力的摩擦、挤压和冲击。皮肤的感觉神经末梢丰富，可产生触觉、温度觉等，但对刺激的反应不够灵敏，容易造成皮肤损伤。皮肤还有代谢作用，通过出汗能排泄少量无机盐、废物和水。婴幼儿

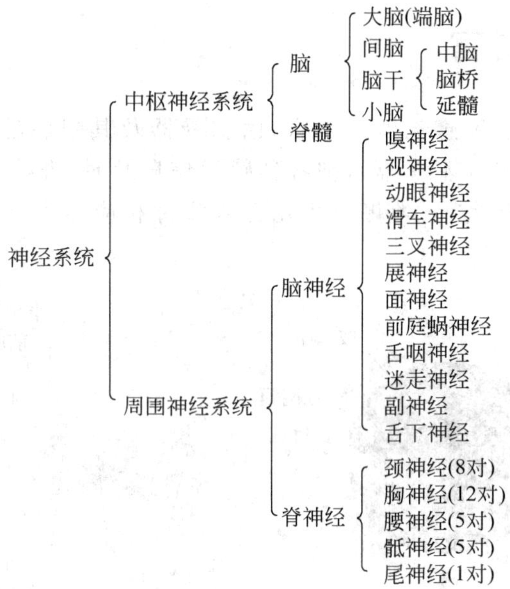

图 2-20　神经系统的组成图

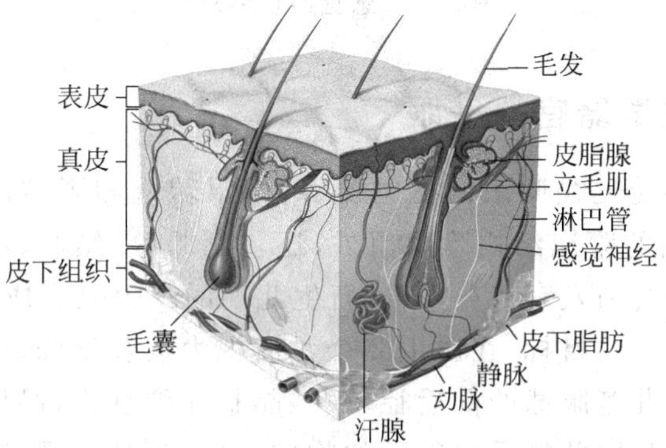

图 2-21　皮肤模式图

皮脂腺分泌的皮脂旺盛，可滋润皮肤和毛发，但易产生皮肤积垢。

皮肤感觉包括触觉、痛觉、温度觉等。新生儿的触觉已很敏感，尤其是前额、眼睑、嘴唇、手掌、足底等部位的触觉最敏感；出生时痛觉不敏感，但刺激后有痛觉泛化现象，6 个月后痛觉灵敏度才提高，痛觉定位逐步清晰。出生时对温度觉很灵敏，而且对冷刺激比热刺激更敏锐。皮肤能够调节体温，汗液蒸发可降低体温，皮下脂肪能保存体内热量，维持体温。学前儿童皮肤内的毛细血管网密集，流经皮肤的血液量相对比成人多，皮肤保温作用差，散热多而快。婴幼儿皮下脂肪 1 岁前发育很快，以后逐渐减少，3 岁后明显减少，到 8 岁时又开始增多。秋冬季学前儿童皮下脂肪少，皮肤保温差，所以往往不能较好地适应外界环境温度的突然变化，容易受凉或中暑，易生痱子和冻疮。

十、感觉器官

感觉器官也称感觉器或感官，由感受器及其附属器官组成，如眼、耳、鼻、舌、皮肤等。感觉器官把各种感觉信息及时、准确地报告给大脑，通过大脑的分析、综合、判断并发出命令指挥相应器官活动。图 2-22 为其结构图。

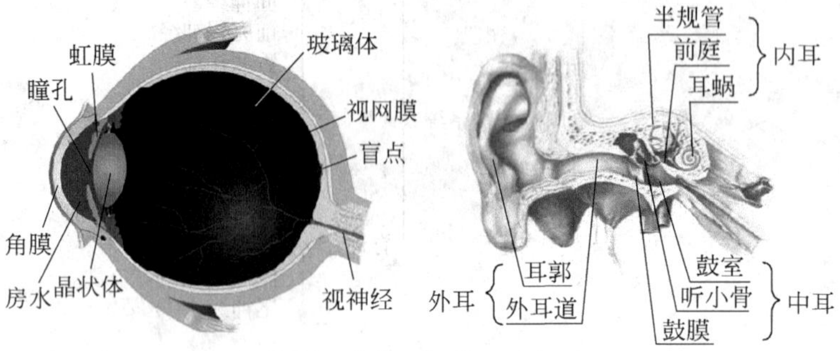

眼　　　　耳

图 2-22　感觉器官结构图

（一）视觉器官——眼

眼球是感受光线刺激的视觉器官，由眼球壁和眼球内折光物质组成。眼球周围的附属结构除眼肌外，还包括眼睑、结膜、泪腺、睫毛、眉等。从婴儿的视力发育特点来看，新生儿期的视力只有成人的 20%，可以注视和追踪活动目标，在出生 2 个月后视力逐步增强，已能注视周围的事物。学前儿童眼球的前后径较短，晶状体弹性大，晶体比成人更透明，调节能力强，因此能看清很近的物体，呈生理性远视，随着年龄增长视力逐步正常。特别是 3 岁以前是学前儿童视觉发育的敏感期，适宜的视觉刺激有益于促进视觉功能的正常发育。如果学前儿童形成不良的用眼习惯，长时间视物过近，则会使睫状肌过度紧张而疲劳，以致使晶状体变凸，形成真性近视。

学前儿童视力发育的过程是：1 个月内婴儿可以把视力集中于 8～15 厘米远的物体上，还能够用眼追随移动的物体；2 个月时婴儿视觉集中的现象就越来越明显，能区分颜色，但不能分辨深浅，当有物体很快地靠近眼前时，会出现眨眼等保护性反射，注视小手 5 秒以上。1 岁后在外界环境光线的不断刺激下，学前儿童的视力逐渐在发展，能看见细小的东西。1～3 岁孩子的视力发育已经可以判别事物的远近，视觉较为敏锐，喜欢观察，会借由眼睛来引导手去接触新事物，眼手协调更灵活，立体视觉的建立已接近完成，且视线跟得上快速移动的东西。4～5 岁时，视力大约为1.0，各种眼部生理反射已形成并趋于稳固。6～7岁时进入成人的视觉，立体视功能到9岁才可达到正常并看得清楚。

（二）听觉器官——耳

耳是听觉和平衡觉器官，分外耳、中耳和内耳三部分。内耳既有感音器官的耳蜗，又有维持身体姿势和平衡的前庭器。外耳和中耳是收集声波和传导声波的装置。

外耳包括耳郭和外耳道。耳郭主要由软骨和皮肤构成，能收集声波。学前儿童耳郭皮下组织很少，血液循环差，易发生冻疮。外耳道的外三分之一由软骨构成，软骨外的皮肤上有耳毛和能分泌耵聍的耵聍腺。外耳道是声波进入中耳的通道。学前儿童外耳道比较狭窄，皮下组织少，骨膜和软骨膜发育尚不完全，外耳道的损伤引起的炎性肿胀会导致剧烈疼痛。

中耳包括鼓膜、三块听小骨和咽鼓管开口。鼓膜是一块椭圆形的薄膜，介于外耳和中耳之间；三块听小骨外连鼓膜，内与耳蜗相连，可以把鼓膜振动传到耳蜗。中耳的空隙叫鼓室，鼓室有通向咽部的咽鼓管开口。吞咽时，空气从咽部进入中耳，使鼓膜两侧的气压相等，保证鼓膜正常振动。学前儿童的咽鼓管比成人的短，粗而平直，鼻及鼻咽部感染、患感冒等上呼吸道感染时，咽鼓管咽口及管腔黏膜充血、肿胀，致可病菌侵入中耳；在不洁的污水中游泳或游戏，因呛水或鼻腔进水后不适当的擤鼻等均可导致细菌沿咽鼓管侵入引发中耳炎，严重者会导致失聪或脑膜炎。胎儿30周左右听觉器官开始发育，出生时听力差；生后3～7日听觉已相当良好；1个月左右能区分言语声和环境发出的非言语声；3个月时头可转向声源，追随不同方位发出的声音；6个月可区别父母声音；8个月开始区别语言的意义；1～2岁能听懂简单的吩咐；4岁听觉发育完善。学前儿童的听毛丰富，因而听力敏锐，对噪声非常敏感，长期处在噪声环境中容易导致烦躁不安、听力下降。

内耳包括耳蜗、半规管和前庭。耳蜗内有数千根听觉神经纤维末梢，并充满淋巴液。声波使鼓膜振动并带动听小骨，听小骨振动引起耳蜗内液体的振动，听神经将振动转化为神经信号传送到大脑皮质听觉中枢形成听觉。半规管和前庭内有位觉感受器，人体运动时，特别是头部位置改变时，位觉感受器将刺激传到大脑形成位觉。

思考活动

1. 学前儿童神经系统结构有什么特点？

2. 学前儿童感觉器官的发育有什么特点？

扩展阅读

学前儿童脑的发育与营养保健

胎儿期、婴幼儿期是学前儿童的智能发育高峰期，也是智力发育的黄金时期，学前儿童时期是形成今后语言思维、学习认知、情感社会交往等各种能力的基础，给予充足的营养是保证脑正常发育的基础。此期营养不良会干扰脑细胞增殖，影响脑细胞数量。有研究表明胎儿期营养不良而死亡的小儿，脑细胞数可减少20%～40%。儿童的脑力发展取决于所摄食物营养素是否平衡。专家们指出，有8种营养物质对儿童脑力发育至关重要。

1. 脂肪

在大脑所需要的各种营养素中，脂肪排名第一位，充足的脂肪能加快脑功能发育速度，而食草类家畜的脂肪最易被儿童所吸收。磷脂（包括卵磷脂和脑磷脂）、糖脂等参与维持神经细胞的正常生理活动和大脑思维与记忆等智力活动。

2. 维生素C

人的智商高低，与血液中的维生素C含量密切相关。充足的维生素C能使儿童脑功能敏锐，故应常在草莓、金针菇、橘子和西红柿中摄取。

3. 常量微量元素锌、碘、钙

锌具有促进生长发育和改善记忆力的作用，缺乏可引起发育迟缓或停滞，智力低下；碘元素缺乏则造不出甲状腺素，影响大脑及神经系统发育，使生长停滞，身材矮小；足量的钙质能使大脑保持持续工作。

4. 蛋白质

脑细胞的主要成分是蛋白质，以牛磺酸与大脑发育的关系最为密切，具有促进神经系统生长发育、增殖分化，增强学习记忆的作用。蛋白质是保证大脑从事复杂智力活动的基本物质，故鸡蛋、鱼类、奶类、豆制品等富含蛋白质的食物必不可少。

5. 维生素B

含维生素B的物质可调节脑神经功能和起营养神经作用，并可预防精神障碍，故应多吃桃、谷类、芝麻、蘑菇等食物。

6. 维生素A

维生素A是促进大脑发育的物质，动物肝脏、胡萝卜、鱼子和奶油中维生素A的含量特别丰富。

7. 维生素E

富含维生素E的食物有花生、麦类、青豌豆和植物油等，此种物质能促进脑细胞增生，保持脑细胞的活力。

8. 糖

糖是脑细胞活动的基本能源。儿童摄取糖类，原则上应多吃淀粉类食物来转换获得，辅以枣、桂圆、蜂蜜等含糖食品，切忌过分地直接摄取砂糖及甜食。

资料来源：中华亲子网

中华亲子网资源库：

http://baobao.china.com/

专题小结

学前儿童身体各器官系统新陈代谢旺盛，生长迅速，无论从形态或内脏器官功能的特点上，都有十分显著的变化。学习了解学前儿童的解剖生理特点与卫生，对学前儿童的健康成长有重要作用。教师要根据学前儿童的解剖生理特点合理、科学地组织体育活动，从而有效地促进学前儿童生长发育和提高身体各方面的功能。

思考与练习

一、填空题

1. 运动系统由________、________和________构成。
2. 呼吸道包括________和________。
3. ________有节律地扩大和缩小，称为呼吸运动。
4. 泌尿系统包括________、________、________和________。

二、简答题

1. 根据学前儿童骨骼、关节和肌肉的特点，举例说明大人在带领孩子活动时，应该注意哪些问题。

2. 简述学前儿童呼吸运动的特点。

3. 如何促进学前儿童骨骼的生长？

4. 血液体循环如何进行？

三、论述题

1. 论述学前儿童循环系统的结构特点。

2. 论述学前儿童运动系统的结构。

3. 论述学前儿童神经系统的特点。

4. 论述学前儿童的内分泌系统组成。

第三章

学前儿童生长发育的规律与运动

人的一生要经过儿童、少年、青年、成年和老年的生长发育。学前儿童期是人生的重要阶段，运动对其身体、智力、创造力、情感、个性和社会适应性等的和谐发展具有积极作用。只有在认识学前儿童生长发育的一般规律，了解运动锻炼对其生长发育的影响后，才能有针对性地采取运动干预措施。

本章首先阐述了学前儿童生长发育的一般规律，其次介绍运动对幼儿身体健康、心理健康以及社会适应能力的影响，帮助大家把握幼儿生长发育的规律及其运动对幼儿生长发育的影响。

学完本章，你将能够：

1. 解释幼儿生长发育的含义、规律和影响幼儿生长发育的因素；

2. 掌握运动对幼儿身体健康、心理健康以及社会适应能力的影响；

3. 了解运动对促进幼儿生长发育的积极作用。

专题导读

随着优生优育观念逐渐进入每个家庭，幼儿的生长发育越来越引起家长们的重视。那么什么是幼儿的生长和发育呢？学前儿童生长发育有什么规律？学前儿童生长发育受哪些因素的影响？了解这些知识对促进学前儿童正常的生长发育具有重要的意义。

专题一 学前儿童生长发育规律概述

一、学前儿童生长发育的规律

学前儿童生长和发育是两个不同的概念。生长是指身体各器官、系统的长大和形态变化，是量的改变；发育是指细胞、组织和器官的分化完善与功能上的成熟，是质的改变。两者密切相关，生长是发育的物质基础，而发育成熟状况又反映在生长的量的变化上。人的体型、体力和健康奠定的关键时期正是学前儿童阶段。在诸多影响体质健康、增进形体发育、发展身体素质和健全身心的后天因素中，体育锻炼起着不容忽视的作用。学前儿童的体重、围度指标、身体机能和素质指标受后天体育锻炼的影响程度最大，其可塑性在50%～70%之间。通过对双生子的调查表明：积极参加体育活动和不参加体育活动的相比较他们的生长发育水平和体质状况有明显的差异，爱好运动的比不参加体力活动的身高、体重、肺活量都有明显的提高。

（一）生长发育的连续性和阶段性

学前儿童的生长发育是一个连续过程，由不同的发育阶段组成。在从卵细胞受精到人的发育成熟，长达20年左右的连续的过程中，量变和质变经常同时在进行着，但是各有一定的缓急阶段，当由不显著的、细小的量变到显著的质变时，即形成生长发育的不同阶段，如婴儿期、幼儿期、童年期、青春期和青年期。每一阶段都有其独特的区别于其他阶段的特点，前后阶段又相互衔接，前一阶段为后一阶段的发展打下基础，任何一个阶段的发育受到障碍都会对后一阶段的发育产生不良的影响。学前儿童的身体各个系统和器官的生长发育从不平衡向平衡发展。主要表现在，出生之初学前儿童的头部改变较多，占身体全长的1/4，成熟后只占全身的1/6；面部前额加宽加高，鼻子长大，嘴变宽，口唇变厚，下颚变大；骨骼的增长比肌肉增长快，四肢的增长又比躯干快。即从出生到成年，人体的头增加一倍，躯干增加两倍，上肢增加三倍，下肢增加四倍(见图 3-1、图 3-2)。因此，学前儿童在体形上显得高而不丰满，出现腿长、胳膊长、颈长的“三长”现象，手长脚大的现象显得很不协调。学前儿童发育先长腿，后长躯干，等到发育完全，下肢与躯干之间的差距会缩短，到成人时期才能逐渐达到比率上的协调。

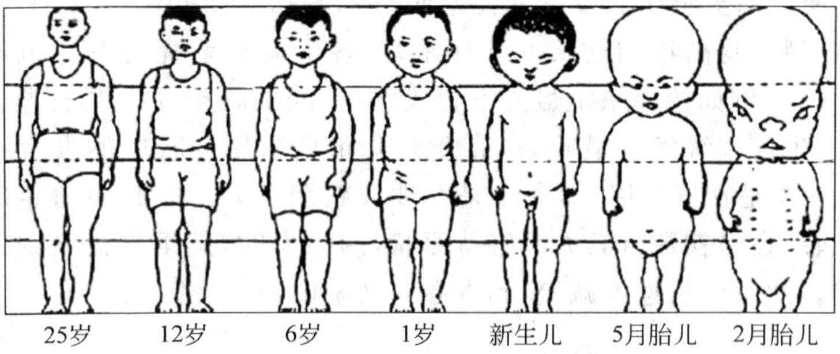

图 3-1 胎儿到成人身体各部分生长发育的比例

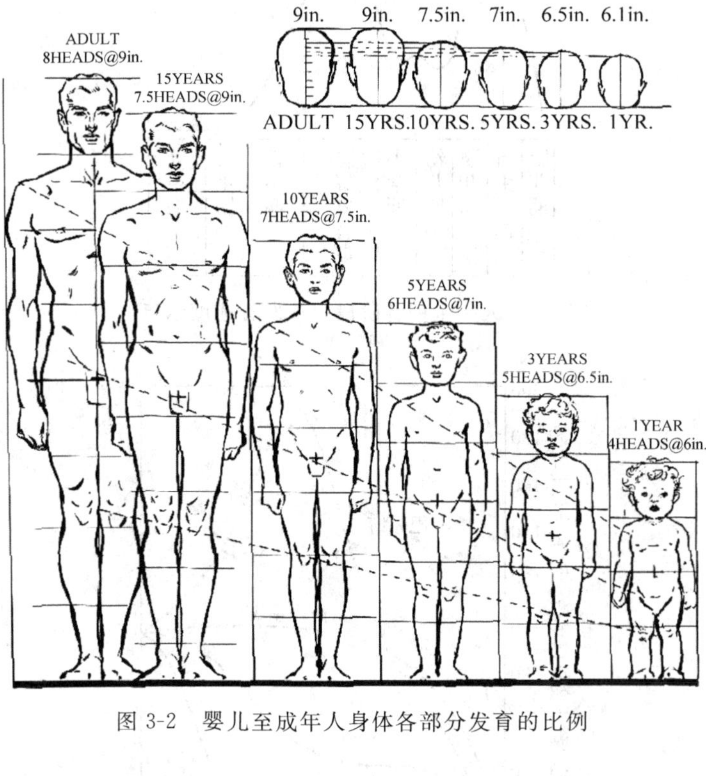

图 3-2 婴儿至成年人身体各部分发育的比例

(二) 生长发育的不均衡性

从胎儿到成人，人一生中有两次生长高峰期，整个生长期内个体的生长速度有时快、有时慢，生长发育速度曲线呈波浪式，具有不均衡性(见图 3-3)。先后出现两次生长突增高峰：第一次从胎儿 4 个月至出生后 1 年，即乳儿期，出生时体重一般为 3 千克，周岁时为 9 千克；出生时身长约为 50 厘米，周岁时约 75 厘米。第二次发生在青春发育早期，如少年期前，个体平均身高年增长约 3～5 厘米，进入少年期，平均每年增加 6～8 厘米，体重每年增加 5～6 千克。一般女孩比男孩早两年左右，女孩生长发育的突增期为 10～12 岁，以 11、12 岁为增长最高值年龄（身高年均增 5.9 厘米）；男孩生长发育的突增期为 12～14 岁，其中 12、13 岁为增长最高值年龄（身高年均增长 6.6 厘米）。各个器官系统的发育也不均衡（见图 3-4），例如神经系统最先发育成熟，神经细胞于 8 岁左右即告分化成熟，而生殖系统发育最晚，一直要到儿童期末尾。肌肉的发育有两个高峰：一个是在五岁以后，一个是在性成熟期以后。心脏在出生后由于负担减轻，在最初数月其大小维持原状，两三岁时，其重量猛增到出生时的 3 倍。此后生长速度减慢，到青春期又激增到 10 倍。

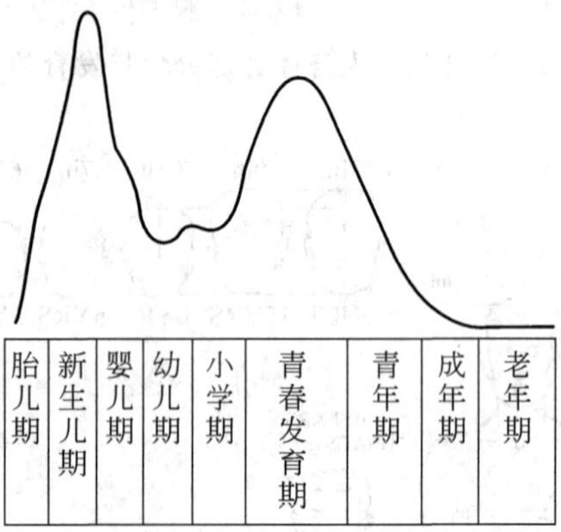

图 3-3　人一生中各阶段生长发育速度示意图

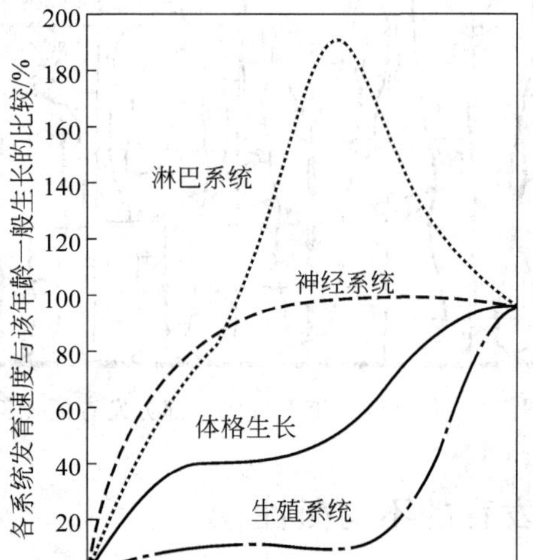

图 3-4　身体各组织和器官的生长模式

（三）生长发育的顺序性

学前儿童各器官功能的生长发育遵循由上到下、由近到远、由粗到细、由低级到高级、由简单到复杂的特定顺序。例如婴儿出生后先抬头，后挺胸，再会坐、立、行（由上到下）；先会控制肩和臂，再会控制手的活动（由近到远）；先会全掌抓握物品，再发展到手指捏取（由粗到细）；先会画直线，进而能画圆、图形（由简单到复杂）；先会看、听和感觉事物，再发展到记忆、思维、分析和判断（由低级到高级）。

（四）生长发育的相互关联性

神经系统和外界环境的相互作用影响着整个学前儿童的生长发育过程，各个系统的生长发育彼此密切相关联，某一器官的发育可以促进另一器官的发育。如学前儿童进行适宜的体育锻炼能促进儿童骨骼肌肉的发育，同时也能促进其心脏和呼吸器官机能的成熟，并有利于神经系统的发育。心血管系统、呼吸系统和神经系统的发育又为肌肉、骨骼的发育提供更有利的条件，从而促进儿童整个身体的健康。另外，学前儿童身体和心理的发育是密切联系的。一切生理的发育是心理发育的基础，而心理发育也同样影响生理功能。比如，情绪会影响生理机能的正常发挥，而生理上的缺陷又可引起心理上的不正常发展。

（五）生长发育的个体差异性

在正常的个体之间，生长发育存在着很大的差异，通常反映在生长速度、性别和成熟类型等方面。在个体之间，生长速度上的差异明显地反映在生长发育的各项指标上。以每年体重的增加幅度为例，在早期个体间差异可能并不很大，随着年龄的增加可出现离散现象。我国出生男婴平均体重3.27kg，半年后达到8kg，一岁时可以达到10kg，随后体重增加就趋缓，到了学龄期体重约为一岁时的两倍。学前儿童的生长发育虽按上述一般规律发展，但在一定范围内因受遗传、环境因素、运动锻炼、饮食等因素的影响而存在较大的个体差异。据我国有关儿童体格发育的调查资料，儿童的体重、身高、胸围、头围、坐高、臂围等各项发育指标的平均测量值，无论是城市或农村，都是男性儿童大于女性儿童。这种差异在儿童早期很小，随年龄的增长而渐趋明显。同年龄儿童的发育和成熟程度不尽相同，有的儿童较早地发育和成熟，有的儿童则较晚地发育和成熟。

二、影响学前儿童生长发育的因素

学前儿童生长发育的过程受到多种因素的影响，主要包括内在因素和外在因素两方面。了解学前儿童生长发育规律及内、外因素对其影响作用，可使我们根据不同年龄的发育特点，创造有利条件，防止不利因素，以促进学前儿童正常生长发育。

（一）内在因素/先天因素

1. 遗传

学前儿童生长发育的特征、潜力、趋向、限度等都受父母双方遗传因素的影响。种族、家族的遗传信息对学前儿童的生长发育影响包括如皮肤、头发的颜色、面型特征、身材高矮、性成熟的迟早以及对某些疾病的易感性均与遗传有关。

2. 性别

性别不同的学前儿童生长发育各有特点，一般女性平均身高（长）、体重较同年龄男孩为小，骨化中心出现较早，骨骼较轻，骨盆较宽，肩距较窄，皮下脂肪较发达，而肌肉却不如男性发达。因此在评价学前儿童生长发育时男女标准应分开。

3. 激素

学前儿童的生长发育主要是由各种激素调控，其中以生长激素、甲状腺素和性激素尤为重要。缺乏生长激素可导致身材矮小；甲状腺素缺乏时不仅造成矮小，还使脑发育产生障碍；性激素可促使骨骺提前骨化，影响长骨生长，可使最终身高相对矮小。

（二）外在因素/后天因素

1. 宫内发育

胎儿在宫内的发育受孕母生活环境、营养、情绪、疾病等各种因素的影响，宫内发育阻滞可影响学前儿童出生后的生长发育。例如妊娠早期如患病毒性感染可导致胎儿先天性畸形；母患严重营养不良可引起流产、早产和胎儿停止生长以及脑的发育迟缓；孕母接受药物、X 线照射、环境毒物污染和精神创伤等均可使胎儿发育受阻。不仅学前儿童的体格发育受影响，还会使身体免疫、内分泌、神经调节等功能紊乱，甚至影响智力、心理和社会能力的发展。

2. 营养和运动

合理的营养是学前儿童生长发育的物质基础，为保证学前儿童健康生长极为重要的因素，年龄越小受营养的影响越大。长期营养不足不仅影响体格发育，使身体免疫、内分泌、神经调节等功能紊乱，甚至影响智力、心理和社会能力的发展。运动可以促进学前儿童身体生长和营养素吸收，良好的居住环境或卫生条件（如阳光充足、空气新鲜、水源清洁等）能促进学前儿童生长发育，提高运动锻炼效果。

3. 疾病

疾病对学前儿童生长发育的影响作用十分明显，急性感染常使学前儿童的体重减轻，长期慢性疾病对小儿的体重、身高、心理行为等方面均可产生不良影响。尤其是内分泌疾病常引起骨骼生长和神经系统发育迟缓；先天性疾病如先天性心脏病、21-三体综合征、软骨发育不良等，对学前儿童的体格、精神和神经系统发育的影响更为明显。

扩展阅读

家庭环境与疾病对幼儿生长发育的影响

1. 幼儿被照料的方式对幼儿心理行为发展的影响

幼儿被照料的方式对他们的心理行为发展有重要影响。Beach(1954)曾经追踪观察过91名被收养在孤儿院里的幼儿，两年之后发现31人死亡、36人被领养。仍生活在孤儿院的21个孩子中，有5人仍不会走路，12人不能自己用勺吃饭，无一人大小便能自理。这些幼儿心理发育迟滞既不是因为缺乏适当的医疗条件或身患疾病，也不是因为营养不良，而是因为他们缺乏适当的心理照料。

2. 疾病对幼儿身体状况的影响

幼儿身体患病，尤其是神经系统的感染性疾病(如脑炎和脑膜炎)和颅脑肿瘤，如果诊断、治疗不及时或不恰当，都可能留下后遗症，患儿的智力功能可明显受损，行为发生异常变化。例如流行性脑脊髓膜炎可导致1/3患儿死亡，2/3患儿存活，但其中大约一半的患儿会留下终身的身体或心理残疾。

患慢性疾病的幼儿，容易出现发展和行为问题。患儿必须过着与同龄人不同的生活，在饮食、活动、医疗卫生和生活习惯等方面都有别于其他孩子。所有这些都会引起患儿的心理冲突、挫折和消极的情绪反应，乃至行为的改变，有时甚至可造成患儿性格的不良发展。

3. 父母的心理健康状况对幼儿心理行为发展的影响

父母是孩子的第一任教师，婴幼儿所习得的行为大多数来自父母。父母的心理健康水平，尤其是母亲的心理健康水平同孩子的心理行为发展密切相关。

心理健康的父母可以为其子女创造和睦的家庭关系和轻松愉快的家庭气氛，从而便可为其子女心理行为发展创造良好的条件。心理不健康的父母更可能对子女有不适当的期望和不良的教养。例如，父亲患有反社会型人格障碍，儿子患品行障碍的危险性便增大；酗酒父母养育的孩子容易出现较多的心理症状，结婚后婚姻关系不稳定。父母患有某些精神疾病，可增加对孩子身体和性虐待的危险性。经常受虐待的孩子易发生攻击行为和情感紊乱，社交技巧缺乏，难以同人建立起令人满意的关系。父母患抑郁症，则可能导

思考活动

1. 简述学前儿童发育的规律和特点。

2. 简述影响学前儿童生长发育的主要因素。

中国儿童与青少年心理健康网资源库：

http://qsxl. psych. ac. cn/

致对孩子的忽视。

资料来源：西南大学网络与继续教育学院(http://www.eduwest.com/)

专题小结

学前儿童的生长发育是由不明显的细小的量变到突然的质变的复杂过程，不仅表现为身高、体重的增加，还表现为全身各个器官的逐渐分化以及功能的逐渐成熟。了解学前儿童正常生长发育的主要影响因素后，可以遵循这些规律对学前儿童进行运动干预，通过运动促进学前儿童的健康成长。

专题二 运动与学前儿童身体健康

专题导读

学前儿童正处于生长发育期，身体的各个器官、系统的机能均未发育成熟，组织比较柔嫩，同时，这一时期又是生长发育迅速期和旺盛期。学前儿童身体发展包括身体形态、机能、体能、适应能力等方面，运动对学前儿童身体形态、身体机能和体能的发展都具有促进作用。此外，还可促进学前儿童身体适应能力的发展。接下来就一同来了解运动与学前儿童身体健康。

一、运动与学前儿童身体形态的发展

(一) 身体形态为运动行为提供基础

幼儿期的身体形态的发展遵循着头尾原则，即从头部开始，由上往下，最后到脚部，所以幼儿是呈头重脚轻的外形。婴儿期大脑已经开始发育，5～6岁是大脑发展的第一个加速期，幼儿期末已接近成人水平，这为正常的运动行为提供了神经基础，使幼儿能在运动行为定向阶段做到精确定向；而随后发育的肌肉群则提供实现的物质基础，让幼儿进入运动行为的后期阶段。

(二) 运动促进身体形态的发展

适量的运动对身体形态的影响是全方位的。运动能够有效刺激学前儿童的骨骼、关节、韧带、肌肉的发育。学前儿童的运动量增大，体力消耗大，胃肠的蠕动增加，可使其食欲增大，并加强对营养的吸收，所以其体重就会增加。同时为了补偿在水中消耗的能量，学前儿童体内生长激素水平就会升高，消化系统会主动加强消化、吸收功能，来摄取大量的养分，孩子的生长速度就会加速，体格也更健壮。此外，运动使得学前儿童肺活量增加，这对学前儿童胸廓的发育有良好的作用，其身体形态就更加协调。

二、运动与学前儿童身体机能的发展

学前儿童的身体机能是指学前儿童的整体及其组成的各器官、系统所表现的生命活动。例如肌肉力量、骨骼强度、心血管力量、大脑大小等器官的属性属于身体机能。身体机能得到发展，可以使呼吸肌的力量增强，胸廓运动的幅度加大，从而改善呼吸机能；使心肌力量增强，血管壁弹性增大，从而改善心血管机能。学前儿童期是身体成长十分迅速的时期，机体各部分的机能发育不成熟，以肌肉为例，学前儿童肌肉力量差，肌肉群的发育不平衡，表现为手脚动作比较笨拙，难以完成精细的动作。运动能够锻炼学前儿童全身的机能，使肌肉系统紧张度增加，肌纤维增粗，耐力和活动力增强。运动能让呼吸加快、加深，增加肺活量，促进呼吸肌发达，加速血液循环，心脏收缩力加强，改善心血管功能。另外，运动促使神经系统反应灵活、迅速并且使身体新陈代谢活跃，可改善消化功能，提高动作的协调性和节奏感。

三、运动与学前儿童体能的发展

体能是指从事身体活动时表现出的能力。在身体素质方面包括运动力量、速度、敏捷性、协调性、柔韧性、耐力等，还涉及走、跑、跳、投掷、攀爬等运动的技能。学前儿童体能的发展是促进其身体各系统正常发育的基础，其动作发育遵循以下规律。

（1）由上至下或由头至尾；

（2）由近到远；

（3）由不协调到协调，由泛化到集中；

（4）由粗动作到精细动作；

（5）先会正向动作，后有反面动作：如先会抓东西，后才能放下东西；先会向前走，然后才会向后退等。

运动发育的进程分大运动（包括平衡）和精细运动。大运动是指学前儿童的姿势或全身活动，例如抬头、翻身、坐、爬、站、走与跳等。精细运动主要是手指精细运动的发育，例如新生儿的握持反射（紧握拳）、摆弄小物体和捏敲等探索性动作。概括来说，学前儿童动作功能发展的顺序为：姿势摆位（主要发展时期 0～2 岁）、粗大动作（主要发展时期 2～4 岁）、精细动作（主要发展时期 4～8 岁）、技巧技能（主要发展时期 5 岁以后）。具体如表 3-1 所列。

表 3-1　学前儿童粗细动作的发育过程

年　龄	粗 细 动 作
新生儿	无规律、不协调动作，紧握拳（握持反射）
2 个月	直立位及仰卧位时能抬头
3 个月	仰卧位变为卧位，用于摸东西
4 个月	由成年人扶着髋部时能坐，可以在俯卧位时用两手支持抬起胸部，手能握持玩具
5 个月	由成年人扶腋下能站直，两手各握一玩具
6 个月	能独坐一会儿，用手摇玩具
7 个月	会翻身，自己独坐很久，将玩具从一手换入另一手
8 个月	会爬，会自己坐起来、躺下去，会扶着栏杆站起来，会拍手
9 个月	试着站，会从抽屉中取出玩具
10～11 个月	能独立站立片刻，扶椅或学步车能走几步，拇指、食指对指拿东西
12 个月	独走，弯腰拾东西，会将圆圈套在木棍上
15 个月	走得好，能蹲着玩，能叠一块积木
18 个月	能爬台阶，有目标地扔皮球
2 岁	能双脚跳，手的动作更准确，会用勺子吃饭
3 岁	能跑，会骑三轮车，会洗手、洗脸、脱或穿简单衣服
4 岁	能爬梯子，会穿鞋
5 岁	能单腿跳，会系鞋带
6～7 岁	参加简单劳动，如扫地、擦桌子、剪纸、泥塑、结绳等

注：洪黛玲等．儿科护理学．北京：北京大学医学出版社，2008

学前儿童进行各种运动可以为他们提供大量的知觉动作经验，促进姿势与动作的发展与成熟，并奠定未来生理成长与功能发展的基础。学前儿童体能训练的重点应放在基础姿势和粗动作的发展上，注重量而不要追求质，即保证运动的时间和适当的强度，不必要求多高的技能和技巧，达到提高体能及整体的身体素质就行了。在走、跑、跳、踢、蹬、投、抛、拍击、推拉、爬行等各种运动中发展学前儿童体能及动作的协调性，也可以借助运动或玩具器械，如小皮球、小足球、跳绳、皮筋、哑铃、呼啦圈、小三轮车等。需要注意的是，不论何种方式的运动都要遵守学前儿童体能发展的顺序。每一阶段的发展都在为下一阶段打基础，只有基础扎实了，身体素质才能循序渐进得到提高。

提示

可以参考关于“三浴”的学习内容，学会如何提高学前儿童对外界环境的适应能力。

四、运动与学前儿童身体适应能力的发展

学前儿童身体适应能力是指学前儿童身体适应生活、环境（如温度、气候变化或病毒等因素）的综合能力。学前儿童期是探索身边环境的一个重要时期，也是方位觉、空间觉、感知觉的发展。在探索环境的过程中，随着方位觉、空间觉、感知觉的发展，学前儿童的运动行为得到精确

化。而运动行为的发展，则扩大了学前儿童的探索范围，在探索环境的过程中，学前儿童会从中学习应该如何通过调节身体才能做到不受到伤害，学习控制环境、超越障碍，避免许多潜在的危险，从而也增强身体适应力。另一方面，运动通过增强身体的自我保护能力而增强身体适应力。运动可以促进学前儿童免疫系统的发展，增强身体抵抗力，从而增强身体适应力。

思考活动

1. 运动对学前儿童身体形态发展有什么影响？
2. 运动对学前儿童的体能有什么影响？

扩展阅读

德国重视改进幼儿体育活动机会和安全

德国学前教育界认为运动对儿童大有好处，比如爬、跳、跑等，儿童天生就喜欢运动。除了健康，运动对儿童的社会性和情感发展也有益。在游戏中，孩子们必须合作，通过讨论来找出一条合作的具体途径。他们必须遵守游戏规则；必须为他人着想、互相帮助。

慕尼黑大学教授 Rolf Oerte 博士指出："运动对儿童是非常重要的，对于知识的建构和感知觉的发展尤其如此。这一点会在以后的发展阶段中显现出来。"婴儿通过运动和感觉来认识环境，通过物体的起落了解世界。儿童认识到事情都是有前因后果的，并以不同的途径理解事物的内部联系。

随着活动范围的扩大，儿童的自信心不断加强。Rolf Oerte 博士说："运动不仅有助于身体的健康发展，还有助于自尊和自信的确立。儿童这种对自己身体运动的掌控能力可迁移到日常生活中去，使他们能在各种不同的情境中应付自如。身体动作也是社会交往的手段之一。但要考虑以下两个方面：一种是非正规的活动，儿童不受拘束，兴致盎然。这类活动很常见，对儿童的社会经验很重要。另一种是正规的活动，如角色游戏、建构游戏等，强调活动的计划性和同伴间的协调一致，也正变得越来越重要。好的活动应该能够促进儿童的精细动作发展，上述活动可以满足这种需要。"

运动也会潜伏危险，孩子们不得不从中学习保护自己。儿童如果缺乏与年龄相应的运动经验，那么发生事故的可能性就会大得多。运动经验有助于减少危险，儿童能从中获得处理危险的知识。Schweinfurt 幼儿园的 Karin Chaffner 说："孩子们活动得越多，就对自己的把握越大，也就越安全。"他们调查了鼓励运动与事故发生率之间的关系。实验时间共持续 8 周。实验组幼儿在运动方面受到鼓励，这些孩子不仅运动能力较强，而且事故发生率下降。而对照组则几乎没有什么变化。因此，鼓励参与多种形式的运动不仅

39 育儿频道网资源库：
http://baby.39.net/

不引发事故的根源，反而是降低事故发生率的有效方式之一。这一点在柔道运动中可以明显看出来：通过良好的身体控制可以有效地避免因摔跤导致的外伤。其实不仅局限于柔道运动，对儿童也一样。

奥古斯堡大学教授 Helmut Altenburger 博士认为："如果在童年缺乏运动刺激，那么他将会对运动持消极态度，而且对运动既没有热情亦无技能。这使他们长时间地坐着，器官和肌肉长期得不到有效的锻炼，以致体形变坏、运动能力低下，甚至使智力受损。无限制地沉溺于多媒体如电视、电脑和其他静态游戏之中，将减少儿童游戏和运动的时间，同时还会引发社会问题。"

"成人往往按照自己的需要安排孩子的闲暇时间，孩子几乎没有自由游戏的时间。越来越多的孩子们在孤独中成长，社会交往大大减少。单一的、不良的营养和习惯不仅不利于器官发育，还会导致肥胖。由此又进一步引发合作性和运动问题，从而有可能成为一个学业失败者。儿童渴望运动，运动是他们的基本需要。"家长有责任满足孩子的这一需要，并成为孩子的游戏伙伴。当孩子们全神贯注于游戏时的兴奋和喜悦是很重要的，家长应和孩子一起发现运动的乐趣。儿童在家庭生活中所扮演的角色也影响他们的运动行为。

在幼儿园的各项活动中，运动的意义现在被越来越多的人认识到。传统的"排排坐"式的幼儿园正被"运动型"幼儿园所取代。德国的幼儿园一般空间并不大，但是只需进行简单的改装，如增设攀爬墙、吊绳就可以满足孩子的运动需要。幼儿园应根据儿童的年龄特点和运动本身的特点提供相应的材料。通过精心的设计、组织和提供相应的器材就能给孩子创设良好的活动机会。比如在场地上设置各类活动器材，使孩子们可以进行各种练习。每个孩子都可以根据自己的能力和兴趣选择不同的游戏，在这里，所有的事情都是可能的、被允许的。

资料来源：中国早教网（http://www.zaojiao.com/）

专题小结

了解学前儿童的身体形态发展特点是保护其身心健康、促进生长发育的基础。通过减少和控制影响身体生长发育的消极因素，加强运动锻炼，挖掘学前儿童身体发育的潜力，可为成年期的健康奠定良好的基础，从而提高生命的质量。

专题三 运动与学前儿童心理健康

专题导读

学前儿童在3～4岁、4～5岁和5～6岁三个不同年龄时期，有各自不同的心理发展特点与表现。他们精力充沛，活泼好动，他们的认知、情感、意志等心理过程不断优化；他们的求知欲望，好学爱问，兴趣、爱好、学习动机等个性倾向性得到发展；他们的生活范围的扩大，能力、气质、性格不断优化，并开始形成初步的个性心理特征。运动不仅是学前儿童心理发展的动力，而且对学前儿童心理健康会产生重要的影响。接下来就一同来了解运动与学前儿童心理健康。

一、学前儿童心理发展的年龄特点

学前儿童心理发展的年龄特征是指儿童在每个年龄阶段中形成并表现出来的一般的、典型的、本质的心理特征。婴儿期以无意注意为主，如鲜艳的色彩、较大的声音等强烈的刺激都能成为小儿无意注意的对象，学前儿童在3～4岁、4～5岁和5～6岁三个不同年龄时期，有各自不同的心理发展特点与表现。随年龄增长、活动范围扩大及动作语言的发展，小儿的有意注意逐渐增多。但幼儿期和学龄前期小儿仍以无意注意为主。5～6岁后才能较好地控制其注意力，集中时间逐渐延长。11～12岁后儿童注意力的集中性和稳定性提高，注意的范围也不断扩大。

（一）3～4岁学前儿童的心理发展特征

3～4岁处于学前儿童期的初期阶段，也是幼儿园的小班年龄。这时期学前儿童在生活和活动上发生了重大的变化，他们的身体比以前更加结实、健壮，活动精力更加充沛，睡眠相对减少，动作的发展已经比较自如，能够进行各种游戏活动，语言能力已基本发展起来，能与别人进行初步的交流活动。学前儿童从只和亲人接触的小范围，扩大到有更多老师、同伴，生活范围的扩大，引起了学前儿童心理上的许多变化，使学前儿童的认识能力、生活能力以及人际交往能力得到了迅速发展。学前儿童的认识活动往往依靠动作和行动来进行；情绪很不稳定，很容易受外界环境的影响；模仿性很强，模仿是他们的主要学习方式，通过模仿他人来掌握和学习别人的经验，但这时的模仿学习往往从兴趣出发，无意注意占主导地位，注意力持续时间短，易分散，对成人的依赖性也很大。

（二）4～5岁学前儿童的心理发展特征

4～5岁是学前儿童中期，也是幼儿园的中班年龄。活泼好动是该年龄段学前儿童的天性，表现为能动、能说、能跑，活动量很大，对什么都感到好奇、新鲜，思维活跃，但自我控制能力还不强，所以，这个时期的孩子表现为活动积极性极高，时刻处于活动状态；具体形象思维是学前儿童思维的主要特点，主要依靠头脑中的表象进行形象的、具体的思维，从听故事到理解事物、从掌握数概念到解决问题都有一定的表现；已经能够在日常生活中遵守一定的行为规范和生活规则，如不在室内大喊大叫、追跑，不乱扔东西等，还有进餐、盥洗和午睡中的生活常规；学前儿童规则意识的建立，有助于学前儿童合作游戏的开展和游戏水平的提高，也有助于学前儿童社会性的发展，在进行集体活动时，能初步遵守集体活动规则，如认真听别人讲话、不随便插嘴、发言举手等规则；已经能够理解和遵守游戏规则，能够自己组织游戏，自己确定游戏主题。因此，中班学前儿童的活动内容和活动目标都可以在学前儿童的参与下共同制定，能够自己分工，安排角色，合作水平也开始提高；在共同的游戏中逐渐开始结成一定的同伴关系，初步学习与他人相处。

（三）5～6 岁学前儿童的心理发展特点

5～6 岁是学前儿童晚期，也是幼儿园的大班年龄。该阶段的学前儿童好奇心都很强，但不再满足于了解表面现象，而是想要知道事物的原因；有强烈的求知欲和认识事物的兴趣；认知水平有了很大的提高，非常喜欢智力活动，而且还具有较强的坚持性、强烈的求知欲，好问好学是这个时期学前儿童非常明显的特征；思维仍然是具体而形象的，但是初步的抽象逻辑思维也开始萌芽，已能够对事物进行分类，能对事物的关系做出判断并正确排出顺序，能初步掌握一些抽象的概念，如“困难”、“勇敢”、“左”、“右”等；能初步理解一些数概念，如知道“3”的实际含义；也能初步抽象概括地掌握类的含义，如能把各种车放在一起，作为同一类的事物来看待，已能够对事物做出简单的因果判断并能按类别识记事物；已出现了有意地自觉控制和调节自己心理活动的方法，在观察、注意、记忆或是思维、想象等认知活动中有自己的方法，并在解决问题的思维过程中懂得初步运用方法解决问题；已对事物有了自己比较稳定的态度，在情绪上也能够克制自己，也开始对自己的行为进行思考，有时对自己的行为产生顾虑，此时学前儿童的个性已经开始形成，但仍处于初步形成时期，其可塑性还相当大，环境和教育都对其发展产生极大的作用。

二、学前儿童心理健康的特征

《简明不列颠百科全书》指出：心理健康是指个体心理在本身及环境许可范围内，所能达到的最佳功能状态，但不是绝对的十全十美状态。有关专家认为，婴幼儿期是人一生中身心各方面发展最快的时期，也是人生转折点最集中、最多的时期。因此，这一时期最容易发生各种身心健康问题。

近年来国内外有不少教育工作者与心理卫生专家认为，心理健康的学前儿童有如下特点：智力发育正常，喜学爱问，情感丰富，情绪开朗；行为活泼而有一定的自我控制能力；合群、乐群，能适应集体生活，能与同伴友好相处。具体说来，他们在生活、学习、劳动以及与人相处等方面应有如下表现。

（一）智力正常，求知欲较强

学前儿童表现为爱说话，语言表达能力同年龄相符，无口吃情况；喜欢提问题并积极寻求解答；学习时或完成任何力所能及的任务时，注意力集中，记忆力正常；对生活中力所能及的事乐于自己认真地做，不过分依赖别人的帮助。

（二）要有良好的性格

学前儿童表现为能合群，不随便打人骂人，不妒忌同伴，爱与小同伴交往，对人有同情心和友好行为；在成人指导下，愿意为集体做力所能及的好事；诚实而不说谎，很少说不符合现实的话；不私自拿别人的东西或损坏别人的东西；做错事不隐瞒，肯承认错误。

（三）情绪愉快、稳定

学前儿童表现为情绪愉快、稳定，不经常发怒；生活起居正常，能按时入睡，睡眠安稳；基本上能听从成人的合理嘱咐，不过分的挑食、拣穿，不经常无理取闹。

（四）具备自尊心和自信心

学前儿童表现为对称赞感到高兴，对批评、指责感到羞愧，希望做受人欢迎的事，不愿做遭人责骂的事；不过分的畏难、胆怯等。

三、学前儿童心理保健的意义

3岁左右是儿童心理发展的重大转折期，此阶段学前儿童开始了初步的独立行走，言语迅速发展，思维的广度和深度有了一定的提高；自我意识进一步发展，独立性增强。此时的学前儿童心理发展水平还很低，处在这种冲突的环境中，就容易形成怯懦、自卑、固执、依赖和神经质等不良心理状态，甚至产生心理障碍。奥地利著名的心理学家弗洛伊德认为，学前儿童早期的经历非常重要，很多人的心理障碍与心理疾病都可以追溯到童年早期（特别是五岁以前）的遭遇。童年早期所经历的创伤或挫折若没有得到及时的解决，学前儿童就会痛苦，受到压抑，负性情绪潜藏于学前儿童的内心，形成无意识。随着学前儿童的成长，再次遇到挫折时，潜藏的负性情绪被现实所激活就会产生心理疾病。因此，重视学前儿童心理保健具有重要的意义。

四、学前儿童心理发展的影响因素

婴幼儿期心理发展的转折点最集中，也最容易出现心理健康问题。而婴幼儿期是人生心理发展的关键时期，这一时期婴幼儿的心理发展将会为日后的发展奠定最初的基础，此时出现的心理问题如不及时地给以矫治，不仅会影响婴幼儿对当时环境的适应，甚至会影响其未来对社会的适应。影响学前儿童心理健康的因素可以从以下几个方面考虑。

（一）健康的躯体

健康的躯体是学前儿童心理健康的生理基础。身体不健康会使儿童产生焦虑、忧虑、烦恼、抑郁等不良情绪，影响儿童情感、性格、意志和人际关系，形成不健康的心理。要使儿童的人格获得健全的发展，就必须使儿童有健康的身体。躯体的健康同先天的条件有关，后天的保护和锻炼亦十分重要。

（二）充分的抚爱

充分的抚爱包含着体贴、关心、爱护、依赖等，它能带给儿童满足与温暖，使儿童体会到生活充满幸福与光明，从而心情愉快、积极向上，并且会深切真挚地去爱别人。爱是促使儿童心理健康发展的动力。母爱是儿童身心健康发展的精神支柱。教师的爱对儿童一生的发展也有着不可估量的作用。不适当的母爱与师爱会对孩子的一生产生负面的影响。母爱不适当主要表现在溺爱上，对儿童一味迁就，缺乏严格要求，结果造成孩子骄横成性，散漫无羁，对父母及其他人漠不关心。教师对儿童爱得不够，往往是由于责任心不强，表现为对儿童冷淡或表示讨厌，或表现为偏爱资质聪明、容貌出众的儿童，嫌弃冷淡资质愚笨、容貌不佳的儿童，常使受宠儿童张扬跋扈，被冷落的孩子性格孤僻。

（三）充实的生活

学前儿童生活的内容应该是丰富的，有恰如其分的学习、劳动，有适当的游戏、娱乐。有的家长忙于工作，对儿童除了在吃穿上给予满足外，对孩子的其他方面很少关心；有的家长望子成才心切，过多安排孩子学习，致使孩子精神紧张，兴趣褊狭，生活能力差，影响人格的健全发展。在部分幼儿园和小学里，教师只关心儿童读书，不关心儿童个性发展，安排上缺乏游戏、娱乐，使孩子感到生活枯燥无味，从而对学习产生抵触情绪。

（四）平稳的环境

平稳的环境是指家庭、顺利学习的环境，必要的物质生活。比较平稳少曲折的环境，对儿童的心理冲击比较小，儿童容易适应，而不致产生心理不健康；反之，处于逆境中的儿童，往往会缺乏教育引导，而在心理上受不住冲击，出现反常心理。美国霍尔姆等人曾对5000余人进行社会生活对心理疾病的影响的调查研究，发现生活变动量大会出现较高心理发病率。例如，父母吵闹、离婚，教师责骂、体罚，由于贫困而受饥饿或失学等，都会促使儿童发生心理变态，产生紧张、焦虑、悲伤、恐惧、消极、自卑等心理。不过，处在逆境中的儿童，如果能加以正确引导，给予精神或物质的支持，培养他们以比较强的意志、正确的态度来对待挫折，那么儿童还是能够身心健康地成长的，甚至会成为生活中的强者。另外，高层楼房使孩子自由活动减少，不利于心理的健康发展，闹市区的噪声、交通紧张、空气污染也会间接影响学前儿童的心理健康。

（五）艺术的陶冶

艺术的陶冶促使儿童的人格获得健全、和谐的发展。音乐是形象化的具体刺激，儿童容易接受。创造和选择适合儿童特点的音乐来陶冶儿童，根据需要经常给儿童听欢乐、明快或安静、温和或坚定、有力的音乐，使儿童形成活泼、愉快、稳定、勇敢的性格。美术主要是造型和色彩的艺术。美术的具体形象性是最受儿童喜爱的，对于陶冶儿童情操、发展儿童智能有显著的效果。儿童可以在看看画画玩玩中发展智力、想象力和创造力。色彩能影响人的情绪：红色使人情绪亢奋，黄色使人喜悦，蓝色使人心胸开阔，灰色使人沉闷、忧郁。在儿童常处的环境中应少用灰、黑色。儿童文学也是儿童十分喜爱的艺术形式。它那引人入胜的内容、优美动听的语言，不仅使儿童增长知识、明辨是非、发展语言，还能培养他们对文学的兴趣。经常给儿童讲故事、念诗歌是促使儿童心理健康发展的重要条件。

五、运动对学前儿童心理发展的价值

（一）学前儿童心理发展与运动概述

学前儿童认知的发展包括学前儿童感知觉、记忆、注意、思维、想象和语言的发展。学前儿童心理是随着对活动方式调节水平的提高而不断向前发展的，真实的生活过程可以看作一个有机联系的连续发展的整体。儿童心理发展的因素可从三个大的范畴来考虑：①儿童主体的身心发展水平；②儿童活动所处的环境；③儿童在活动过程中的自我调节的平衡化机制。这些因素在平衡化的反馈机制的协调下构成了一个统一的整体，共同影响着儿童心理的发展。

运动是以身体为轴心的一种综合性的、多方面的和总体的活动，涉及认知、动机以及情感方面。运动在儿童早期发展与教育中具有重要地位。运动也许是所有心理活动中最无处不在、最普遍、最基本的活动。心理学家格塞尔和麦克格雷都把运动看做促进儿童各方面（如认知、社会和情感等）发展的最后的共同通路。齐默尔在格鲁佩提出的运动意义的基础上，进一步论述了运动对儿童发展的八大功能。

（1）个体功能：认识自己的身体并借此认识自身，区分身体的各种机能，形成自己的意愿。

（2）社会功能：与其他人共同做事、游戏、协商等。

（3）创造功能：独立完成某个动作或制作某个东西。

（4）表达功能：表达在活动中的感觉和感受，放松身体并尽情享受。

（5）感受功能：感受在活动中的各种感觉。

（6）探索功能：认识周围世界，掌握周围环境的特征并适应其要求。

（7）比较功能：和别人比较，相互估量、竞争，学会面对胜利或承受失败。

（8）调节功能：承受压力，了解体能的极限，提高绩效，适应自己或周围环境施加的各种压力。

以此来看，运动几乎涉及儿童发展的各个方面。

学前儿童在进行各种运动（游戏和体育活动）时，视觉、听觉、平衡觉、本体感觉等多个感官均参与工作，各种感觉信息不断地传入大脑皮层的各个中枢，从而活化、刺激了大脑细胞，学前儿童通过各种游戏或体育活动，开始认识世界，了解事物之间的关系，学习知识、技能。这不仅促进了学前儿童感知觉的发展，而且也使其有意注意得到发展，注意的集中性和分配能力增强；各种运动对学前儿童识记的有意性和积极性有很大的影响。同时，体育活动还可以提高学前儿童的血液循环机能，改善大脑的供氧量，使学前儿童的注意、记忆都得到大大增强。

（二）学前儿童心理发展特点与运动的价值

1. 学前儿童感知觉的发展特点与运动

感觉又包括视觉、听觉、嗅觉、味觉、触觉等外部感觉和平衡觉、痛觉等内部感觉；知觉包括空间知觉、时间知觉、运动知觉等。在学前儿童的认知活动中，感知觉占据重要地位。以感知和思维相比，感知在3～6岁儿童的认知活动中仍占优势。可以说，学前儿童是借助于形状、颜色、声音来认识世界，而不是依靠语言交往所获得的知识来认识。学前儿童的思维活动虽然已经有所发展，但其思维仍然紧紧依靠感知的形象。比如，在皮亚杰的守恒实验中，学前儿童对物体长短、大小，对液体容量的多少等的判断，往往根据直接感知的形象，而不是事物的本质。换句话说，学前儿童的思维常常受感知所左右。

观察作为一种有目的、有计划的感知活动，不仅构成了运动的前提条件，而且贯穿于运动的整个过程。一方面，细致的观察为儿童运动提供了丰富的感性知识，从而保证运动的顺利开展；另一方面，儿童在运动中无时无刻不在观察着周围的环境。运动中的观察包括对运动对象的观察和对运动环境的观察两方面。运动构成了发展儿童观察力的有效手段。

2. 学前儿童注意力的发展特点与运动

注意是指人的心理活动集中于一定的人或物，它包括有意注意和无意注意两种。有意注意是自觉的、有目的的注意，需要一定的努力才能做到。无意注意则是自发的，不需要任何努力的。譬如幼儿园教师教小朋友画画，这时就需要有意注意，小朋友要仔细地看，认真地画。突然窗外响起了鞭炮声，小朋友的注意会不约而同地转向窗外，这就是无意注意。正是这种无意注意干扰了有意注意，使老师的上课内容不能进行下去。在婴儿时期以无意注意为主，但随着年龄的增长、生活内容的丰富及活动范围的扩大，逐渐出现有意注意。学前儿童开始出现一种探究心理，有探察一切的愿望，喜欢东看看、西摸摸，只要是新鲜的东西，都会引起他们的注意。同时，由于言语的发展，开始能做到使自己的行为服从成人的要求，有意注意逐步发展。但这时有意注意的稳定性较差，易受外界因素的干扰而分散、转移。

3. 学前儿童记忆的发展特点与运动

记忆是指过去人们在生活实践中经历过的事物，在大脑中遗留的印迹。学前儿童由于活动的复杂化及第二信号系统的发展，记忆的范围进一步扩大。这个时期的学前儿童不但能记住一些直接的经验，而且还能记住一些间接的经验。主要表现在以下几个方面：①学前儿童前期小儿与婴幼儿期的小儿一样，记忆带有很大的无意性。小儿感兴趣的、印象鲜明强烈的事物比较容易记住。到了学前儿童中后期，有意记忆能力才逐步发展起来。②学前儿童的记忆多为机械识记，带有很大的直观性和形象性，而词的逻辑识记能力还很差。这些小儿常常只能机械地记住事物的一些外部特征。例如小儿背唐诗，只是将字一个个背下来，但并不理解诗的意义。在教育影响下，意义逻辑识记能力也在逐步发展。③学前儿童阶段识记的持久性有了进一步的发展，但记忆的精确性还是较差的。对简单熟悉的东西记得精确些，而对复杂的东西就有遗漏或歪曲。

有意记忆的发展是学前儿童记忆发展中最重要的质的飞跃。儿童在运动中表现出明显的有意回忆。这是由于大多数游戏或体育活动反映儿童亲身经历过的事件，因此需要儿童不断地追忆过去的事件，从而使运动顺利地进行，例如，在“娃娃家”游戏中，扮演妈妈的幼儿要不断地回忆妈妈在家庭中的日常行为,从而去模仿,去完成自己角色的扮演。可以说,学前儿童运动在一定程度上依赖于记忆的发展,同时运动在潜移默化中促进大脑皮层的生长发育,也推动了学前儿童记忆特别是有意记忆的发展。

4. 学前儿童思维、言语的发展特点与运动

思维是借助语言、表象和动作实现的对客观事物的概括和间接的反映。学前儿童的思维主要是凭借事物的具体形象或表象进行的。这种具体形象思维是与小儿知识经验的贫乏分不开。但是在整个学龄前期,其思维的特点又总是不断发展着。如4岁的学前儿童,还保留着相当大的直觉行动思维的成分,而5～6岁的学前儿童,抽象逻辑思维则开始有了一定的发展。学前儿童阶段的思维还具有以下特点:①以自我为中心,即小儿既不能理解他人的作用,也不能领会别人的观点。②思维是泛灵的,即小儿常把事物视为有生命的,如把玩偶看做小伙伴,而跟它讲话,玩游戏。③思维是不可逆的。学前儿童思维的发展,也改变着思维中语言和行动的关系。如4岁的学前儿童其动作主要是受视觉映象或表面调节的,语言还起不了很大作用,只是在做完了这个动作以后,才能在语言中把它反映出来。5岁幼儿往往是一边动作,一边言语,但言语的具体作用还很差。6岁的学前儿童就能在行动以前用言语表达他要做什么,如何做等,这时学前儿童的行动就带上了明显的目的性和计划性。

思维是运动中最重要的认知成分,运动为学前儿童提供了宽松的心理氛围,学前儿童的创造性思维只有在自由、轻松、愉快的气氛中才能产生。在各种体育活动中,幼儿能变换各种方式进行活动,通过做出不同的设想和行为,做出同一种思考和动作,这样就能扩大幼儿与体育活动中各对象间相互作用的范围,增加彼此间的相互作用及其接触频率,使思维得到充分的训练。学前儿童的神思遐想、奇异行为,不但不会受到教师的批评、指责,还能得到接纳、赞赏,而这又会成为一种信息反馈,强化学前儿童的创造性思维和行为。

5. 学前儿童想象的发展特点与运动

想象在人类生活中起着重要作用,从3～4岁开始,学前儿童就已有想象力了,但其想象力总的来说是贫乏的、简单的,缺乏明确的目的,以无意想象为主,有意想象和创造想象正在逐步发展,但不占主导地位。学前儿童的无意想象主题多变,不能把想象的事物跟现实的事物清楚地区分开来,想象具有特殊的夸大性;想象常常并不指向于某一预定的目的,而是以想象过程本身为满足;而有意想象是有意唤起的,但属于无实现意欲的想象;再造想象占主要地位,创造想象不断发展。5～6岁的学前儿童已能对大人提出的游戏主题通过自己的想象加以充实。

想象是对头脑中已有的表象进行加工改造,创造出新形象的过程。想象是儿童运动的核心认知成分,因为运动是儿童在想象情境下反映真实生活的行为，所以必须借助想象才能展开。

6. 学前儿童意志的发展特点与运动

意志是人们自觉地克服困难，实现预定目标的心理过程，培养儿童的积极意志与儿童发展创造性的思维活动、行为、个性及学习能力密切相关。新生儿无意志，到婴幼儿开始就会有意行动或抑制自己的某些行动，这时可以视为意志的萌芽；3 岁有表达意愿的词语，例如“我想”、“我要”等。学前儿童的年龄越小，如自觉性、坚持性、自制性等积极的意志就越弱，而如依赖性、顽固性、冲动性等消极的意志却越强。随着年龄增长和教育过程，学前儿童逐步学会服从别人或按自己的目标行事，减少受外界环境的干扰影响。

7. 情绪和情感的发展特点与运动

情绪属原始、简单的感情，它是人们从事某种活动时产生的兴奋心理状态，具有外显性、可观性和可控性。情感属较高级、复杂的情绪，它是人的需要是否得到满足时所产生的一种内心体验，持续时间长而不甚外显。情感是在情绪的基础上形成和发展的。学前儿童生活经历短暂并不足以形成明显情感，但早期生活中健康和良好的情绪体验对他们未来形成健康的情感至关重要。

新生儿对饥饿、不适、寒冷等会表现出不安、啼哭的消极情绪。出生至 2 个月时积极情绪增多，6～7 个月时还会产生与双亲的依恋、对陌生人的怯生情绪，8～10 个月时会对分离产生焦虑的情绪，具有强烈的不安。婴儿与亲人间的这种依恋感情是小儿社会性发展的最早表现，影响到未来成长后发展成为不善于与人相处和不能很好地面对现实的特征。随着年龄增长，学前儿童有意识控制自己情绪的能力增强，情绪逐步变得比较稳定。此阶段的情感日益分化为不同类型，例如产生信任感、安全感、荣誉感等。2 岁开始学前儿童的情感表现日渐丰富和复杂，如喜、怒，初步的爱、憎等，也会有一些不良的情绪、情感反应，如恐惧。学龄前期小儿已能有意识地控制自己情感的外部表现，如故意不哭等。

运动不但具有促进身体健康和调节神经-内分泌-免疫的功能，还可以使个体的情绪状态趋向稳定。学前儿童参加运动锻炼可以宣泄负面情绪和压力、增强自信心。随着运动时间的增长、次数的增加和体验愉快的时间增多，对学前儿童维持心理健康的水平要求越高，体育锻炼所产生的良好心理效应就会越强。

六、运动对学前儿童个性形成的价值

学前儿童在运动时往往会表现出不同的活动能力、性格、气质等个性特征。例如：有的学前儿童运动时容易兴奋，动作速度快但耐力差，准确性差；有的学前儿童反应迟缓，动作速度慢，不易激动；有的学前儿童运动中表现灵活，适应能力强，但坚持性差，情绪丰富多变，缺乏毅力、耐心；有的学前儿童对运动表现冷淡，教师叫他才被动地运动，运动时反应不灵活，容易慌张失措，沉默寡言等。

学前儿童运动包括各种游戏和体育活动。学前儿童在运动中伴随有复杂的心理活动，表现出鲜明的个性特征。学前儿童的各种运动，也使学前儿童在轻松、活泼、愉快的环境中通过身体动作去感知世界，表达自己的思想感情，培养各种能力，从而使其形成活泼、开朗、热情、大方的性格。因此，运动是学前儿童形成良好个性的重要活动。家长和教师可根据学前儿童表现出来的不同活动能力、性格、气质等个性特征，有目的、有计划、有针对性地选择不同的活动内容来促进学前儿童良好个性品质的形成。例如：对于活泼型学前儿童可以让他们多做平衡运动或需要意志伴随的体育游戏等；对于内向型学前儿童，可多做各种躲闪跑、跳跃运动以及需要大家协同配合完成任务的运动等。好动、好奇、好模仿、好冲动是学前儿童年龄阶段所具有的共性性格特征，运动能使学前儿童这些个性特征充分地形成和发展。

思考活动

1. 学前儿童心理发展的影响因素是什么？

2. 运动对学前儿童心理发展的价值是什么？

世界卫生组织网资源库：

http://www. who. int/zh/

扩展阅读

幼儿自我意识的发生和发展

所谓自我意识，是意识的一个方面、一种形式，即关于作为主体的自我的意识，特别是关于人我关系的意识，例如自我感觉、自我评价、自我监督、自尊心、自信心、自制力、独立性等。认识自己，把自己作为主体从客体中区别出来，这是人的个性特征的重要标志之一。同时，这也是人类意识区别于动物心理的重要标志之一。

在儿童生活的第一年，是谈不上什么自我意识的，他甚至还不知道自己身体的存在，在吸吮自己的手和小脚时，像吸吮自己以外别的东西一样。一些心理学家的意见认为：只有在儿童1岁末的时候，他才开始能把自己的动作和动作的对象区分开来，才能算是自我意识的最初表现；以后进一步能把自己这个主体和自己的动作区分开来。例如，儿童开始知道由于自己扔皮球，皮球就滚了；由于自己拉床单，小猫就给吓跑了。儿童从中认识了自己跟事物的关系，认识了自己的存在和自己的力量，这就使他产生了一种“自豪”之感。但是，这时的所谓自我意识，实质上只能算是一种自我感觉，还不是明确的自我意识。

自我意识的进一步形成是跟儿童(在跟周围的人的共同活动中)有关自我的词的掌握相联系的。开始是知道自己的名字。约在出生后第二年，儿童开始知道自己的名字。例如，成人叫他“宝宝”，他也学会把自己叫做“宝宝”，像叫在他以外的别的事物一样。此时，儿童开始认识自己的身体，认识自己身体的各部位，也意识到自己身体的感觉；他可以告诉你“这是宝宝的眼睛”，或“宝宝饿了”等。但是，这时儿童只是把名字理解为自己的信号，因此，在遇到叫同名的别的孩子的时候，他就感到有些困惑了。

以后是掌握代名词“我”。儿童从知道自己的名字过渡到掌握代名词“我”，这是一个新的阶段，同时，也是一个困难的任务。一般的，儿童是先掌握物主代名词“我的”，以后才掌握人称代名词“我”。

儿童约在两三岁的时候，才有可能在关于自己的表象的基础上，通过言语交际开始掌握这些代名词。掌握代名词比掌握名词困难得多。因为在言语交际中，代名词跟一般名词不同，它有明显的相对性。别人对你说“你”，而你自己对自己则说“我”；反过来也是一样。例如，别人问你：“你吃不吃？”你自己只能回答：“我吃”或“我不吃”，而不能回答“你吃”或“你不吃”。要学会这一点，就必须进行复杂的抽象和概括，就要把过去已经形成的用第三人称的名字（“宝宝”）那种简单的固定的联系打破，代之以新的具有灵活性的联系。

当儿童开始掌握“我”这个词的时候，在儿童自我意识的形成上，可以说是一个质的变化，即儿童开始从把自己当做客体转变为把自己当做一个主体的人来认识。从此，儿童的独立性开始大大增长起来，这在儿童常常说的“我自己来”这句话中获得明显的表现。

随着儿童把自己当做一个主体的人来认识，他们也就逐步学会了对自己的评价。首先是成人对儿童的行为的评价，例如成人说“乖”或“不乖”，“好”或“不好”。以后儿童也学会自己评价自己，而这就可能出现最初的道德判断。

资料来源：朱智贤．儿童心理学．北京：人民教育出版社，2009

专题小结

学前儿童的心理发展是从不成熟到成熟的过程，行为或心理活动模式受到环境的影响，在适应过程中日趋完善。只有了解和掌握学前儿童心理发展的一般规律及运动对心理健康的影响，才能够探索和认识心理异常的发生原因，并采取有针对性的预防保健和运动干预措施，保证学前儿童的心理健康发展。

专题导读

学前儿童运动中包含很强的社会交往成分，可以说游戏和体育运动是学前儿童进行社会交往的起点，为学前儿童提供了大量的发展社会适应能力的机会。学前儿童的社会适应能力取决于学前儿童主体性感受，这种具有参与性、主动性、独立性、创造性的主体精神在运动中是如何发展？运动是如何通过培养学前儿童的合作、交往能力和自信、勇敢的个性心理品质以及如何矫正学前儿童的不良个性来提高学前儿童的社会适应能力呢？接下来就一同来了解运动与学前儿童社会适应能力。

专题四 运动与学前儿童社会适应能力

社会适应能力是指人为了在社会上更好地生存而进行的心理上、生理上以及行为上的各种适应性的改变，与社会达到和谐状态的一种执行适应能力。社会适应能力是反馈一个人综合素质能力高低的间接表现，是人这个个体融入社会，接纳社会能力的表现。学前儿童社会适应能力是指学前儿童对新环境的适应能力、对陌生人的适应能力和对同伴交往的适应能力。著名幼教专家陈鹤琴先生非常强调对学前儿童进行做人的教育，即对学前儿童进行社会教育。学前儿童期是人生社会化的起始阶段，社会教育的核心是学前儿童社会化的发展，体育活动可以为学前儿童期教育任务提供途径，培养其形成积极乐观的生活态度、活泼开朗的性格和良好的行为品德，增强社会性，提高社会适应能力。

一、运动有利于培养学前儿童的主体性

学前儿童是发展的、能动的个体，而不是被动的接受者，他总是以主体的身份在与外部世界相互作用的各种活动中发展自己。也就是说，学前儿童是在他亲自参加的各种运动中不断建构以自身为主体的精神世界即主体精神。学前儿童的主体性，在教育教学活动具体的组织过程中表现为学前儿童对活动的参与性、主动性、独立性与创造性。运动为学前儿童提供了组织和活动于他们自己世界的机会，学前儿童开始把自己看做思想和根据某种思想来行动的人，他们也开始把老师看做能对他们的思想和行动提供帮助与支持的人。教师反过来也认识到，即使是很小的孩子也有一定的思想、愿望和能力，只有在一个能得到承认、支持和能获得自主活动机会的环境中，学前儿童才能富有情感地、热切地、创造性地从事各种活动。更为可贵的，这种具有参与性、主动性、独立性、创造性的主体精神将扩展到教育的其他领域，使学前儿童身心得到全面和谐的发展。

二、运动有利于提高学前儿童的合作及交往能力

学前儿童的交往是学前儿童生长发育和个性发展的基本需要，是学前儿童社会适应能力发展的保证。著名心理学家皮亚杰认为：产生于同伴关系中的合作与感情共鸣使儿童获得了关于社会的更广阔的认知视野。运动中包含很强的社会交往成分，可以说游戏和体育运动是学前儿童进行社会交往的起点，并为学前儿童提供了大量交往的机会。在运动中，学前儿童必然有同伴间及师生间的相互交流，他们一方面要表达自己的意愿、主张、态度；另一方面要理解他人的意愿、主张和态度，并做出回应。儿童在运动中形成了两种类型的交往关系：一种是现实的伙伴关系；另一种是游戏中的角色关系。无论哪种交往关系，都为儿童的社会适应能力发展创造了有利的条件。在运动中，学前儿童互相观察、教导、模仿、讨论、协商、合作，学习和锻炼着各种社交能力、社会行为，发展着适宜的情感、态度、自制力和多样的问题解决能力，掌握社会行为规范，从而帮助儿童在交往活动中形成一定的交往技能。

与同伴的交往使他们意识到积极的、富有成效的社会交往是通过与同伴的合作而获得的。运动能培养学前儿童团结合作的精神，增强其集体荣誉感：运动中的规则，不仅调剂着游戏者相互之间的关系，而且对于防止伤害事故，加强组织性、纪律性起着良好的影响。这样，在运动中儿童就逐渐发展了道德责任感及对成人角色的认识和对他人的关心，开始学会与他人合作。

运动活动中的团体协作可以提供解决社会问题的有价值的环境条件。贝恩(Bain)说，力量来自团体、组织和凝聚力。对他人的信任会在关键的时刻创造有利的条件，这在体育运动中特别是在集体项目运动中更为突出。学前儿童集体运动不仅发展了学前儿童的平衡能力、动作协调能力和耐力素质，更重要的是培养了他们的集体主义精神和团结协作精神。

三、运动与学前儿童的心理个性品质

各种运动为学前儿童个性的发展提供了有利的条件，它可以广泛地培养学前儿童的兴趣，提高学前儿童的各种能力。同时，还可以培养学前儿童勇敢、果断、自信、冷静等优秀的个性心理品质。另外，在活动过程中，随着学前儿童相互之间交往的加深，他们的气质类型也将得到充分体现。

（一）运动有利于学前儿童自我概念的形成

对学前儿童来讲，一种合作竞争，但又相互鼓励、彼此理解的运动环境，可以使他们不知不觉地接受审美、道德等社会价值观的传递，大大缩短了学前儿童课堂教学中社会空间和个人空间的距离。通过运动活动，有目的、有计划、有组织地发展学前儿童的智力和个性，有利于学前儿童自信心的培养，同时有利于增强学前儿童参与各项运动的主动性和积极性。而运动组织者如果鼓励学前儿童多结交新朋友，及时表扬在活动中主动与同伴交往的孩子；对一些在交往中遭到排斥的学前儿童，运用分析比较、说理移情、示范榜样、行为训练的方法，启发学前儿童调整自己的交往行为，尝试用商量、宽容、友好的方式进行交往，使孩子感受被同伴接纳、喜爱的快乐，那么，就可以更积极地引导学前儿童建立自信心、独立性。

把自己看成什么样的人，对自我的评价和对自己的印象称为自我概念，它将成为一个人的行为倾向，即个性的核心。对于学前儿童来说，身体运动的能力越强，就越成为他们一切行动或行为的基础。孩子能够做什么，不能够做什么，主要是由其身体运动的能力来决定的。因此，学前儿童对自己身体运动能力的确认，就有可能成为其“自我概念”的一个中心。例如：能勇敢而独立地走过较高、较窄平衡木的学前儿童，能比别人先学会跳绳的学前儿童，能比别人投中更多目标的学前儿童，他们往往会在教师的赞许声中以及同伴的羡慕的目光中感到自己很有能力，从而逐渐地形成肯定自我的概念，自信心得到增强，愿意在今后的活动中大胆地去尝试新的活动，甚至碰到困难或挫折时，也会充满自信地去尝试和克服。这种良好的体验，对学前儿童形成良好的自我价值感以至于形成良好的个性将会产生积极的影响。教师要在体育活动时多运用由易到难，或难易不同的活动环境，逐渐提高学前儿童身体活动的能力，让其体验到成功的快乐，让其感受到教师、同伴对他的肯定，以帮助他们形成和发展“自我概念”，促使自尊心、自信心、自强不息等良好个性的逐渐形成。

（二）运动有利于培养学前儿童勇敢、公正、进取的品质

在各种运动中可以发现，有些学前儿童能积极地反馈，但也有些学前儿童却表现出胆怯。而有针对性的运动设计和运动训练则可以为不同个性的学前儿童提供展示自己能力的场所，一些胆怯害羞的学前儿童，在那些活泼大方学前儿童的带动下和教师的鼓励与引导下，逐渐加入到运动活动中，由原来的害怕到勇敢地表现自己，运动以它独特的魅力，让学前儿童在活动中解放自己，锻炼了胆量。

体育运动具有严格的游戏规则，规则的公正是运动得以开展的前提

条件，公平的意识是从事体育运动的基本品质。道德行为表现在公平的品质之中，学前儿童体育运动可以在发展道德的环境下培养学前儿童公正的品质。

发现问题和解决问题是学前儿童运动活动的重要组成部分，运动的魅力正在于它对学前儿童构成的挑战性。通过运动过程学前儿童既可学会利用线索与策略，动手动脑解决问题，又可克服困难，锻炼意志，还可以发现和体现自己的能力，产生胜任感与成就感，更进一步利于学前儿童自信心与进取心的养成。

（三）运动还有利于矫正学前儿童的不良个性

学前儿童不仅乐于参与运动，而且多数学前儿童在运动中表现得积极主动、开朗活泼、友好善良。运动活动的情节对学前儿童极具吸引力，而运动规则又是一种学前儿童乐于接受的约束，同时各种运动中宽松的心理氛围和学前儿童对运动的专注也有利于缓解学前儿童的紧张和焦虑，如让他们用手击打拳击袋，让他们在草地上或柔软的垫子上翻滚，让他们用木棒用力击球等。

学前儿童阶段给予他们长期的、积极的情绪情感体验有利于他们身体和心理的正常发育和健康发展，运动则是增加学前儿童良好情感体验、消除不良情感发生和发展的最佳手段。学前儿童参加一定活动量的体育活动可以使他们体内过多的能量得到消耗，使他们产生满足和轻松的情感。

在运动中他们要克服很多困难和障碍，要面对胜利或失败，自我控制能力增强。运动能帮助学前儿童以他人的立场看自己，意识到自己和他人的关系，意识到自己在相互关系中的位置，而逐步摆脱以自我为中心的倾向。学前儿童的不良心理行为，可以得到矫正，良好的意志和人格可以得到培养。

思考活动

1. 运动可提高学前儿童社会适应能力表现在哪些方面？
2. 运动对学前儿童个性心理品质有什么影响？

扩展阅读

德国幼儿教育见闻

——自然和谐、生活化的幼儿教育

德国绝大多数幼儿园都属于“放养型”，而且是大小年龄混班，孩子想玩什么就玩什么。老师们往往是站在远处观察，即使孩子们玩得浑身沙泥，也不会去限制或斥责。在场的老师介绍说，老师要减少对孩子的提醒和指导，老师的首要任务是观察儿童，对孩子提出的打算提供支持，确保儿童的安全。德国人普遍认为，从小在幼儿园里摔摔打打，学习承受挫折，有利于自我意识和自我认知的发展。“随意教育”目前在德国的幼儿教育中成为流行趋势。这种教育非常强调孩子在游戏中学习的方式，注重孩子兴趣的培养，锻炼孩子在玩耍中的观察能力。如房间角落主题布置方式的情境教学，通过厨房玩具角、建筑角等情境的接触，增强孩子对周围环境的兴趣，直观地体验自然过程。孩子在熟悉各种玩具的使用过程中，获得集体生活中必须具备的技能。

1. 幼儿园的环境

走进德国的幼儿园，给人最强烈的感受是到了一个有一大群孩子的家庭里，安全卫生、舒适温馨而丰富多彩。幼儿在这里，干着自己喜欢干的事情，显得很愉快。德国幼儿园的门面一般都很小，通常都是两层楼的建筑，室外有大片的活动场地，有草地、沙地、石头地，但在中国常见的塑胶地我们却未见到。幼儿在户外活动的时候，活动量都很大，胆子也很大，爬高上梯，一点也不含糊。老师只是站在远处观察，不怎么干涉。活动室内墙上贴的、挂的都是幼儿自己的作品，看上去有些零乱，但对幼儿来讲很亲切。大盆的绿色植物随意放在橱柜上、桌子上，给活动室带来不少绿意和生机。活动室内游戏器材、活动材料一般都是定做的，比如娃娃家，玩具、橱柜都是木质结构，用清水漆漆成，很结实。在环境布置中，德国幼儿园的老师也考虑了不同年龄层次幼儿的需要。比如，他们将婴儿活动室内的日光灯管蒙上各种颜色的皱纸，灯光显得很柔和，这样就不会有过强的光线刺激婴儿。

2. 幼儿园内的混龄编班

在德国，“幼儿园”这个概念与我们的有所不同。德国幼儿园招收0～10岁的儿童，包括0～3岁的婴幼儿、3～6岁的幼儿和6～10岁的小学生。一个班内，各个年龄段的孩子都有。为了更好地开展活动，他们一般将年龄不同的孩子分成不同的组，每组由不同的老师负责。比如我们去的桃园幼儿园，招收6个月到10岁的幼儿，全园358名幼儿被分成8个班，每班都有5名学前班年龄段(5～6岁)的幼儿，由受过专业训练的学前班教师来负责。这些老师要定期碰头，研究上阶段的问题，并制定相应的对策。幼儿园里也招收上了小学的儿童，就像中国的“小饭桌”一样。中午小学生放学后，到幼儿园来用餐，下午放学后，到幼儿园来做作业，做完作业可以在幼儿园玩足球等游戏。桃园幼儿园每个班墙上都有一张表格，记录着每位小学生放学时间、所在学校、联系电话等，便于班上老师对他们进行管理。德国幼教工作者认为混龄编班有利于幼儿之间的互相学习以及发展幼儿的社会交往能力。他们认为：大小孩子在一起，大孩子会感到很骄傲，同时知道要去爱护小弟弟、小妹妹，而小孩子也可以向大孩子学到很多东西。

3. 教育活动的组织

德国幼教工作者认为对孩子们来讲最重要的是玩，通过玩来教他们，老师只是一个观察者、帮助者，要充分发挥孩子们的天性。这一点在德国幼儿园的实践中表现得尤为彻底。德国幼儿园是以小组和个别活动为主的，至于进行什么活动，幼儿自己决定，可以画画、听故事、可以去娃娃家，可以到户外玩，只要是幼儿园里能进行的活动，干什么都可以。德国幼儿园并不主张在幼儿园时代就教孩子学习写字或者算算术，幼教专家认为这样会破坏孩子上学时对学校的新鲜感，并且造成对学习的厌倦。但这并不意味着德国就不进行幼儿教育。柏林市有一部幼儿教育大纲，它对幼儿教育的目的、内容和必须掌握的知识有较为详细的规定，幼儿教育的宗旨是，注重幼儿的社会行为能力的发展，如培养孩子的独立思考能力、社会适应能力、互助合作能力；采用适合孩子心智发育的方法提高幼儿的学习能力。教育内容有6个方面。

(1) 身体素质，要求孩子经常在户外活动，保障孩子的身心建康。

(2) 语言交流，孩子要学会正确的语言表达，具备相互交流能力。

(3) 孩子要具备一定的绘画能力，通过绘画发展幼儿的想象力。

(4) 掌握一定的音乐知识，音乐能够影响孩子的心灵，缓解恐慌和紧张情绪。

(5) 具备基本的数学知识，学会数数、认识钟表、了解年月日和长方圆等概念。

(6) 掌握一定的科学与自然知识，懂得小鸟为什么会飞、电灯为什么能亮等常识。

资料来源：贺玮. 德国幼儿教育见闻. 早期教育，2002年第10期

专题小结

掌握学前儿童生长发育规律目标是促进学生把握学前儿童身心发展和社会适应能力发展的特点，及其运动对学前儿童身心发展的影响，提高运动组织者的教育意识，促进学前儿童的身心健康发展。

思考与练习

一、填空题

1. 学前儿童的________是指身体各器官、系统的长大和形态变化，是量的改变；________发育是指细胞、组织和器官的分化完善与功能上

的成熟，是质的改变。

2. 学前儿童的身体机能是指________。学前儿童的体能是指________。

3. 学前儿童的思维主要是凭借________。思维________、________、________的特点。

4. 学前儿童的主体性表现为学前儿童对活动的________、________、________、________。

二、简答题

1. 简述学前儿童生长发育的规律。

2. 简述学前儿童体能发展的顺序。

3. 简述4～5岁学前儿童的心理发展特征。

4. 简述运动对培养学前儿童的合作及交往能力的作用。

三、论述题

1. 影响学前儿童生长发育的因素有哪些？

2. 学前儿童身体机能的发展特点是什么？运动如何促进学前儿童身体机能发展？

3. 学前儿童心理发展的影响因素有哪些？

4. 运动如何促进学前儿童自我概念的形成和个性心理品质的发展？

第四章

学前儿童运动技能发展的理论与实践

运动技能是在体育运动特定的条件下表现出来的各种动作。人类的动作具有复杂性和多样性，动作发展贯穿人的发展始终。幼儿园阶段是学前儿童动作技能快速发展的阶段，顺利正常的运动技能发展可为学前儿童将来参加体育活动乃至社会活动奠定良好的基础。研究表明，运动技能发展落后的儿童，在入学后，由于经常遭受运动项目上的挫折，自信心和同伴关系会受到不良影响。可见，基本运动技能对学前儿童的成长是至关重要的。

本章首先阐述了学前儿童基本动作技能及综合性运动技能等是如何随着年龄及经验而变化的规律，讨论这些基本运动技能不同时期的发展目标、特点、要领、相关练习模式和注意事项；其次学习相关动作技能发展的宜和忌，帮助大家掌握学前儿童的动作技能发展顺序。

学完本章，你将能够：

1. 掌握学前儿童各种基本运动技能的发展目标、特点、要领、相关练习模式及注意事项；

2. 掌握学前儿童身体素质速度、力量、灵敏、平衡及柔韧等方面的能力发展的宜和忌。

专题导读

学前儿童阶段是基础运动技能迅速发展的重要阶段。美国“国家教育目标委员会”(National Education Goals Panel)提出了儿童发展准备的五领域模型：“身体健康与运动技能、社会与情感发展、学习方式、言语发展、认知发展与一般知识”，其中，身体健康与运动技能发展是儿童早期发展与学习的基础，它影响着儿童入学后学校适应的各方面的发展。运动技能发展不仅是个体发展的重要方面，而且与个体其他方面的发展也有重要的内在联系，是心理学、运动学的重要研究课题，也是医学治疗与康复的手段设计的重要基础。运动技能发展落后会影响儿童的社会性、情感和身体的发展。

专题一 学前儿童基础运动能力的发展

学前儿童的体育是个体一生中的动作技能启蒙阶段，也是快速发展期，学习体育的任务是：“促进身体生长发育，发展速度、耐力、力量、平衡和灵敏等身体素质；教会和改进学前儿童走跑跳投等基本动作，教给有关粗浅的知识，发展智力；发展勇敢、果断、积极向上、团结友爱等优良品质。”学习掌握符合生物力学原理的正确动作技能，促使学前儿童提高基本动作的质量，获得关于运动技术的基础知识和提高自我保护基本技能和体能，为将来进入学校学习体育等课程和促进养成终身体育良好习惯奠定基础。

运动技能学习以身体练习为手段，学前儿童能学会多种基本运动技术，在反复练习中获得更好的控制和精确度，在此时期学前儿童还习得对以后复杂运动技能发展的基础和必要的动作协调模式。Clark 和 Metcalfe 研究认为年龄并不是影响动作技能发展的最主要因素，因为个体动作技能的发展主要取决于个体经验，这更说明体育活动练习对其动作发展的积极作用。正值发育的学前儿童时期基本运动技能得到充分发展，为未来动作技能发展奠定了基础，也为在今后形成自己的运动方面的兴趣爱好奠定基础。

一、基本动作技能

基本动作技能是身体活动最基本的元素，包括行走、跑步、跳跃、投掷和踢等基本动作，它们是许多运动、竞技和身体组合动作的基础。

(一) 学前儿童行走技能的发展

行走是人类最重要的和最有意义的物种独特性之一，学前儿童的肌肉力量能够在重力作用下支持整个身体，并随着个体神经系统、肌肉与骨骼系统、感觉系统以及认知系统等的发展，在 9～15 个月之间可以独立行走。独立行走和自我进食的完成标志着个体进入基本的动作技能时期。行走是人类最基本活动方式，属于有氧运动，也是锻炼身体最简单、易行的好方法。行走时肌肉交替收缩和放松可以增加学前儿童的能量消耗。在正常走动时心率与氧摄取量间存在着正线性关系，即随着心率上升学前儿童的能量消耗比安静时可增加2～3倍。根据年龄特点和能力特点循序渐进逐步提高学前儿童的行走能力，可以有效促进学前儿童身体发育。学前儿童行走技能提高后还可以采用多种变化形式拓展走步技能，例如持物走、跨过低矮障碍物走、在平衡板上走、踮脚跟（提踵）前脚掌走、齐步走、静悄悄走等，使行走锻炼趣味化、游戏化，提高学前儿童控制身体的能力、动作的协调性、身体不同部位肌肉的力量、灵敏性和耐力素质等。

1. 发展行走技能的总目标

改进学前儿童的行走动作，掌握多种行走方法，发展行走能力，使学前儿童的行走自然和轻松，有合理而稳定的节奏；培养学前儿童良好的行走姿势和习惯，发展方位知觉、节奏知觉、速度知觉和调节步幅、步频的能力；培养学前儿童排队行走的能力，做到保持队形，与集体行走节拍一致；促进学前儿童身体的生长发育，提高各器官的机能，培养学前儿童注意力、模仿能力与创新能力，发展集体意识与观念。

2. 行走技能的发展特点

识别动作技能发展序列，也就是动作技能发展中个体掌握情况的时间上和年龄上的规律，可为指导者制定阶段练习目标提供依据，并在练习过程中准确判断学习者动作技能的获得度和有针对性地及时调整训练计划。

(1) 小班：学前儿童已能平稳、熟练地走步并能初步控制行走方向。但步幅小，速度不均匀，身体摆动摇晃不稳定，节奏性差，走时摆臂幅度小、上下肢配合不够协调，走不成直线，腰部转动不灵活，走步时好东张西望，注意力容易分散，排列走步时保持队形能力差。

(2) 中班：学前儿童步幅较稳定，上下肢配合协调，个人的行走姿态已形成。排队走步基本能保持队形，具有一定节奏性，但调节能力尚差，注意力仍容易分散，能掌握多种走步技能。

(3) 大班：走步自然放松、平衡协调性较好，能较好地调节步幅和走步节奏，初步形成个人行走特点，排队行走时能初步按照指挥节奏调节步幅、步频，并能较好地保持队形。

3. 行走技能的动作要领

自然放松，躯干正直，头正，挺胸，脚尖指向正前方，无外翻或八字脚，两眼平视，双臂放松，以肩为轴前后自然摆动，正前方抬腿，落地轻柔。配合信号节奏，走步合理而稳定，步频和步幅适中。身体重心稳定，不会上下或左右移动，占有最短的空间移动距离。图4-1为学前儿童走步动作示范。

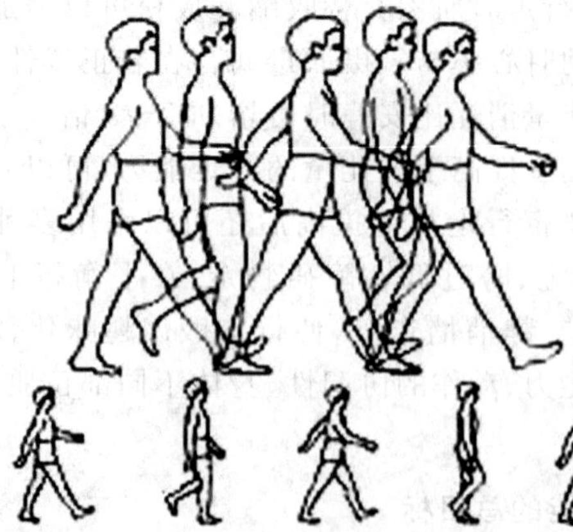

图 4-1　学前儿童走步动作示范图

4. 不同的行走技能练习方法

(1) 自然走。躯干正直，自然挺胸抬头，目视前方，以肩为轴双臂前后摆动，步幅大而均匀，落地时脚尖朝前方，落地轻而柔，尽量走成一条直线。注意学前儿童行走时要避免肩部紧张和手臂僵直，减少身体重心的起伏摇摆，以减缓疲劳和节省体力。

(2) 快步走。快步走既不同于散步，又不同于慢跑，要求有一定的步幅和步速，锻炼效果比自然走显著。快步走时身体要适度前倾 3°～5°，抬头，挺胸，两手臂在体侧自然摆动，两臂摆幅随步幅的变化而变化。双腿交换频率加快，步幅尽量稳定，摆动前迈腿的脚跟着地后迅速滚动至前脚掌，动作要柔和，后支撑脚离地，伴随呼吸有节奏地进行，同时要控制好身体的平衡，以人的重心投影点为准看步行轨迹尽可能成一条较直的线。步速要均匀，也可走成变速，但不要出现双脚腾空。可以在幼儿园中采用快走竞赛方式锻炼，以提高学前儿童速度能力和提高其行走练习的兴趣。

(3) 倒步走。倒步走的脚着地方法、维持平衡比正步走要难，能促使学前儿童消耗更多的氧和热量。而且倒步走时两腿交替向后迈步，增强了大腿后肌群和腰背部肌群的力量，可以增强使躯干直立的肌群的肌肉力量，有利于端正站姿；同时可以增强小脑功能，提高学前儿童的灵活性、协调性。倒步走时上体自然直立，不要抬头后仰，眼平视。要选择地面平坦、直道段长的安全地方进行。倒步走时，学前儿童对空间和知觉能力明显下降，容易发生各方向的跌倒，因此步速不要太快，要一步一个脚印地走，走稳了一步再走另一步。行走过程中低头两眼向后下方左顾右盼，掌握方向。在走步时为安全起见两脚交替迈步时，可不抬腿屈膝，前脚掌擦着地面向后交替倒退走即可。由于倒步走使人的注意力集中在步行的空间和动作调控上，所以可以发展学前儿童的平衡能力和协调能力。由于小班、中班学前儿童的此方面能力较弱，容易摔倒发生危险，因此，倒步走适宜大班学前儿童练习。

5. 行走练习的注意事项

在行走时，有些学前儿童抬腿过高，后蹬时蹬地角度过大而使重心起伏加大，形成步幅过小的状态，应纠正抬腿过高的动作，控制好身体重心；有些学前儿童肩部紧张、手臂僵硬容易发生肌肉疲劳，应强调动作自然和放松；踮脚跟（提踵）前脚掌走时小腿肌肉和脚掌关节负担较重，因此练习时间不宜太长，一般结合不同的行走练习方式以提高其趣味性。避免内外八字脚、脚掌落地过重、摆臂幅度过大致身体左右晃动等错误行走姿势。

（二）学前儿童跑步技能的发展

跑步是人最基本的快速位移方式，属于连续性、周期性动作。跑步和行走技术的区别在于跑步有双脚腾空阶段。学前儿童安静时心率平均 100 次/分钟左右，在慢速跑步时可以增加到 140～150 次/分钟左右，快速跑步时上升幅度更大。学前儿童跑步速度宜采用有氧代谢为主的跑速，锻炼强度稍大于行走，以免因运动强度过大对身体造成伤害。跑步技能是学前儿童参加竞技活动和游戏的基础运动技能，若没有掌握正确的跑步基本动作模式，那么他们完成其他组合运动模式将会大打折扣。跑步技能练习是发展学前儿童的速度和耐力最直接和有效的方法之一。

1. 发展跑步技能的总目标

掌握粗浅的跑步知识和发展跑步动作，提高跑步能力，做到动作协调，自然放松，有较稳定的节奏；发展学前儿童的方位、速度和节奏感，提高学前儿童的注意力、观察力、创新能力等；发展学前儿童竞赛和合作意识、抗挫折、勇敢、坚持等优良意识品质。

2. 跑步技能的发展特点

学前儿童的跑步动作是在行走动作基础上发展起来的，即由快步走时已可能出现双脚离地、身体腾空的小跑动作。1～3 岁的学前儿童已逐渐初步掌握跑的动作技能，但早期的跑并非规范的跑步动作，其蹬摆力量不足、腾空不明显、直臂摆动、控制方向能力差、速度不稳等，容易发生摔倒。随着年龄增长，学前儿童的跑步动作逐渐平衡协调，不同性别的学前儿童跑步能力有差异，通常男孩跑速、平衡性均稍高于女孩。Seefeldt 等人的研究表明，从跑的动作技能来看普遍男孩进入熟练跑步者阶段早于女孩。

（1）小班：学前儿童跑步动作仍保留较多的早期特点，高重心，步幅小而不均匀，步频大，跑步方向感差，跑步轨迹不直，跑步启动和制动较慢，扁平足落地，容易摔倒。双手处于“高位”用于平衡而非帮助前进，此姿势在学前儿童摔倒时有利于自我保护。

（2）中班：学前儿童的起跑、制动、转身和动作转换速度逐渐加快，此阶段跑步的稳定性明显提高，两手落回到体侧并逐渐与腿部动作协调增加跑步速度和效率，但还是全脚掌落地，跑的耐力差，对自身跑步调节的能力弱。速度意识和竞赛意识不强。

（3）大班：学前儿童能逐步掌握跑步的基本特点，跑步时轻松、有节律、动作较协调，可以看到腿部力量大大增强而更有效地跑步前进，腾空阶段较之前明显，步幅增大，控制跑步节奏的能力明显提高，手臂摆动有力协调，启动、制动、转动、躲闪等动作都较为灵活，竞赛意识增强，对胜负的情绪反应增强。

3. 跑步的动作要领

跑步周期可以分为脚着地的支撑时期和两脚离地的腾空时期。听到“预备”的口令时，两手四指卷握，拇指贴于食指第一关节和中指第二关节，拳心向内，一手在前稍高，拳与鼻子同高，另一手肘部稍向里合提到腰际，肘部弯曲90°，手与同侧腿的动作方向相反。听到“跑”的启动口令后，上体微向前倾，两腿微弯，同时，摆动腿利用后蹬腿的蹬力前迈，前脚掌着地或从脚跟过渡至脚趾，身体重心前移，双腿协调交换，短跑中整个跑步过程都不应全脚掌着地，中长跑可以从脚跟过渡至脚趾着地。上体保持正直，重心沿直线向前移动，尽量减少上下跳动和左右摇摆。如跑弧线或圆圈时上身要内倾。两臂屈肘前后自然摆动的幅度不超过90°，手的摆动与脚部蹬、抬、迈动作协调统一，这样既可以省力又可帮助加速，有利于提高步频和维持身体平衡，当感到疲劳时还可以利用加快两臂的摆动来带动下肢跑动。呼吸均匀并尽可能采用鼻子吸气，注意卫生，避免吸入灰尘。脚掌落地要保持脚尖向正前方的正确姿势，内、外八字脚或两脚落地位置过宽都会影响身体平衡和跑速。图4-2为学前儿童跑步动作示范。

图4-2　学前儿童跑步动作示范图

4. 不同的跑步技能练习方法

学前儿童在童年早期就学会跑的动作模式，但是需要提供更多的机会让他们练习跑的技能，体验多种不同形式的跑步练习，这将会为有效的动作技能发展提供一个坚实的基础。

(1) 慢跑。慢跑属于有氧运动，有氧运动的能量供应主要来自糖和脂肪的有氧氧化，尤其是中、低强度运动基本的燃料是脂肪，可以增加学前儿童肌肉对脂肪酸的摄取与利用。学前儿童慢跑的速度和距离都要控制，不宜过大和过长，以心率监控生理负荷量，运动强度应控制在最大心率的50%～60%，开始运动时心率还可稍低些。研究表明，学前儿童激烈运动时心率最高可达210次/分钟，但持续时间短，运动能力会很快下降，因此应以200次/分钟为学前儿童运动极限强度的临界限，从安全角度考虑学前儿童运动应严格控制，不宜进行大强度运动。慢跑时最低心率不宜低于130次/分钟，一般不超过170次/分钟，使运动安全并有效。长期慢跑练习可以使学前儿童增加肌肉中毛细血管的开放量，提高肌肉中有氧代谢酶的活性，改善心肺功能，提高氧运输系统的能力和肌肉利用氧的能力。

(2) 走跑交替。走跑交替是从步行逐渐向慢跑过渡的运动形式，先走后跑，走一段跑一段，走跑交替进行。然后再根据锻炼后体质增强的情况和身体的适应能力，逐渐增大运动量。先走一两分钟，再以每分钟100米的速度慢跑1分钟，然后再走，如此交替进行。可根据学前儿童年龄段设计走跑交替方案，例如开始练习时可在第一、二周走1分钟跑1分钟；第三、四周走1分钟跑2分钟。第五、六周走1分钟跑3分钟，交替进行。此练习符合学前儿童在运动量上逐渐加大原则，使学前儿童体能上有个良好的适应过程。

(3) 障碍跑。障碍跑是游戏化的跑步方式，可组合跑、跳、钻、爬、平衡等运动内容综合发展学前儿童的基本活动能力，锻炼学前儿童身体的灵活性、耐力素质和勇敢、机敏等品质。障碍的设置应根据学前儿童的体能和相关的各项运动技能水平来定。同时难度的设置应合理，年龄越小的学前儿童设置障碍难度应越小、数量越少及障碍设置间隔加大。

5. 跑步练习的注意事项

学前儿童跑步教学应以学习正确运动技能、形成正确姿势为主要目的，不应过分追求跑速和运动量，多注重以正确跑步姿势示范的跑步练习，合理安排跑步竞赛，因为成绩也能激励儿童，并使其对活动保持兴趣，但不应进行过多的快跑竞赛。个别学前儿童容易发生摆腿和脚落地方向不对，向前摆双膝时外撇或内拐，小腿向外撇、脚掌外翻使脚落地时成八字脚或步幅过大，应予以纠正，避免下肢骨发生“O”形或“X”形畸形腿。

跑步时学前儿童容易出现耸肩、摆臂僵硬及越过身体中线左右摆动、身体重心不稳左右摆动或前倾、后仰等错误动作。这是由于学前儿童在初学阶段大脑皮层兴奋泛化、腰腹肌耐力差、方向控制能力差所造成，可由教师口头提示和手把手给予学前儿童动作纠正，更有效的方法是进行不同练习方式的纠正，如身体后倾可通过跑上楼梯来纠正等。

跑和跳都是以发展下肢为主的练习，需要速度力量素质，可以在教学中搭配两类教材设计游戏练习，让学前儿童学会正确的动作姿势。在跑步前要指导学前儿童做好充分的身体准备，尤其是活动腿部的关节、韧带、肌肉等，以防拉伤、扭伤，跑步运动后要有整理、放松运动。由于学前儿童的心肺功能发展还不完善，限制了学前儿童的跑步能力，所以学前儿童跑步的距离不应太长，以免使其心脏受损。

（三）学前儿童跳跃技能的发展

跳跃属于田赛的技能之一，它是指运用人体自身的爆发性弹跳能力，主要是借助下肢力量，在上肢摆动等的协调下，使身体腾跃尽可能高的高度或跳跃尽可能远的远度。双腿跳技能男女学前儿童学会及进入熟练阶段的年龄区别不大，都在两岁左右；单腿跳则各阶段动作发展女孩早于男孩，女孩两岁半前学会，而男孩稍晚在两岁半以后学会。但是学前阶段跳跃技能还没有很好形成，为跳跃技能发展的重要时期。

1. 发展跳跃技能的总目标

掌握粗浅的跳跃知识和基础动作，发展与跳跃有关的肌肉力量与控制能力。由易到难的跳跃技能的学习掌握顺序为：从高处往下跳；往上跳；往前跳；跳过障碍物等。在学前阶段，学前儿童能初步掌握正确的起跳腾空和落地，学会双腿跳、单腿连续跳、助跑跨跳等动作；跳起时上、下肢协调用力，落地轻稳，有安全落地的缓冲意识。随着年龄的增长，学前儿童的跳跃动作日趋协调，能完成跳远、跳皮筋、跳绳等协调性、平衡性要求较高的跳跃动作。

2. 跳跃能力的发展特点

（1）小班：2～3岁是学前儿童跳跃能力发展的初级阶段，学前儿童基本采用蹬伸的方式使身体跃起，但膝盖蹲屈不明显，腿部肌肉力量弱，蹬伸不足，因此离地不多。起跳速度慢、不会摆臂或双臂摆幅很小，手、腿与展体动作不协调。落地时不能主动屈膝缓冲和保持身体平衡，容易发生损伤。

（2）中班：学前儿童的跳跃能力发展很快，蹬地动作较前充分有效，跳跃的高度、远度和连续跳的持续时间增长，下肢力量、腰腹力量和身体协调性发展较快，整个跳跃动作日趋协调。

（3）大班：学前儿童能熟练掌握纵跳、立定跳远、助跑跨跳、单/双脚跳等动作，能完成对时空和运动知觉能力、控制能力要求较为高的跳山羊、跳绳、跳皮筋等游戏。起跳角度的控制较合理，并懂得协调双臂和有效蹬伸，落地时能屈膝缓冲，具有一定的自我保护安全意识，关注个人的跳跃距离远近。

3. 跳跃的动作要领

跳可分为跳高和跳远，技术动作上稍微不同，但大体都分为四个阶段：准备、起跳、腾空和落地。其示意图如图 4-3 所示。

图 4-3 学前儿童跳跃动作示范图

(1) 准备：跳跃的准备动作可分为助跑和原地跳起两种。助跑可获得高的水平速度，为高效率的起跳创造有利条件。在助跑跳准备阶段，应该根据起跳点量好助跑距离，助跑的最后三步注意重心稍微下降，步幅减小，为起跳做准备。立定原地跳跃准备动作则是膝盖蹲屈手臂前后预摆。原地腾起的初速度是决定跳跃的高度或远度的最重要的因素，由身体能力和技术水平所决定。

(2) 起跳：起跳腿蹬伸是产生腾起初速度的主要动作。在起跳时，起跳腿/双腿快而有力地着地跳起后充分蹬伸及注意展髋、膝、踝三关节，上体稍前倾，同时还要摆臂、提肩、伸腰，摆动腿/双脚起跳动作与两臂向前上方摆动要协调配合，并可以借助摆臂提高跳的有效性。

(3) 腾空：利用内力的作用腾空支配身体跃起位移，跳高跳起的方向角度向上，而跳远的则是往前方腾跃，借助两臂的摆动提肩和伸展躯干，注意空中身体平衡的保持。腾空时，手臂从最初的高位手向下向后摆动，踏跳后起跳腿和摆动腿/双脚都尽量往上往前抬举。

(4) 落地：身体腾空后，由于重力作用上升速度会逐渐减慢，当上升速度减到零时身体随后开始下落。身体下落阶段要注意屈肘、屈膝、收腹团身缓冲，避免因着地的过大震动使身体受伤，还要注意保持身体平衡以免摔倒。跳远时为了增加跳跃的远度，落地前两腿可向前举起尽量延长腾空时间和使着地点远些。

4. 不同的跳跃练习方式

(1) 原地纵跳。两腿弯曲，并左右分开与肩同宽，上体稍前倾，两臂自然下垂于体侧，两膝微屈成稍蹲姿势，重心稍下沉落在两前脚掌，起跳前自然屈臂前后预摆两三次，提腰蹬伸向上跳起，以有力的摆臂配合提踵、伸膝动作，使身体腾空而起，两腿配合手臂摆动做屈伸往上带，落地时两腿弯曲缓冲。其示意图如图 4-4 所示。

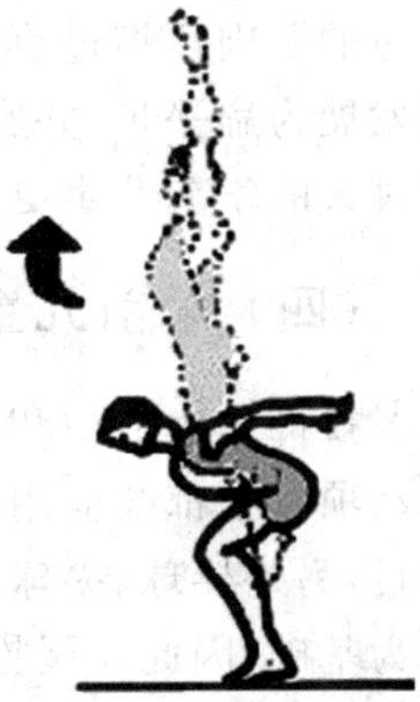

图 4-4 原地纵跳示意图

(2) 单脚跳摸高。与原地纵跳不同，本练习使用单腿起跳。跳跃时身体腾空而起待身体至最高点时，用手向上伸够触摸标志，以不断变化目标高度引起学前儿童持续触跳的兴致和有效提高其摸高跳跃能力，达到锻炼的目的。

(3) 跨跳。跨跳是助跑单脚起跳跨越障碍的一种跳跃练习。在运动场地间隔摆放纸盒、红旗等障碍物，学前儿童助跑在障碍物前跳起腾空并跃过，跳起时屈腿自然摆臂带动身体。教师可以指导学前儿童按照一定的顺序跨跳过不同的障碍物，也可以鼓励学前儿童寻找多种方法(如双脚起跳)跳过障碍物。锻炼学前儿童跨跳不同高度、不同宽度的障碍物，提高学前儿童跳跃能力，发展其协调性和平衡能力，克服其恐惧心理，培养勇敢、果断的意志品质和体育创新能力。但须切实注意学前儿童的安全。

(4) 双脚夹包跳。不同类型的跳跃练习可增加学前儿童的锻炼兴趣和有效发展其运动技能。双脚夹包跳可以发展学前儿童双脚向上跳的能力和起跳速度，可以增加学前儿童的竞争意识。双脚内侧夹紧沙包，跳起后摆臂屈腿将沙包向前方投掷，再由其他学前儿童接力。

5. 跳跃练习的注意事项

跳跃练习的场地应避免在硬地板上进行，可布置海绵坑或松软的沙坑作为落地缓冲区域。落地时不仅要注意安全，而且还要提醒学前儿童注意屈膝。因为跳跃落地时身体冲击力大，合理的落地动作可以减小冲力和增大缓冲时间，从而保护大脑及脏器免受伤害。

根据基本动作技能发展顺序(Seefeldt 等，1982)，跳跃教学应先教双脚跳，再单脚跳，然后加上助跑，在掌握基本动作的基础上再做综合的跳跃练习，如单脚交换跳、垫步连续跳、跑动跳绳、双脚夹包跳等复杂的跳跃动作。跳跃的距离、时间、次数都应该采用循序渐进原则，由易至难，采用游戏的方式可以增加学前儿童的兴趣，符合学前儿童的心理特点。

并不是所有的跳跃练习都有利于学前儿童的健康，单脚跳练习需要交替双脚进行，使双侧平衡发展。例如设计跳格子游戏时要均衡单双脚的交替次数，因为单脚跳时，学前儿童为保持躯干平衡会本能地使支撑足弓的肌肉负担过重，如果单脚跳次数过多，长期会导致足弓逐渐扁平而发展为扁平足，并影响学前儿童的体形，特别是对于身高发育较快、体重过大的学前儿童更为突出。

(四) 学前儿童投掷技能的发展

投掷是生活中和体育活动中的基本动作技能之一。在大多数体育运动项目中都会应用到投掷技术，最直接的如实心球、铅球、标枪等投掷项目，另外棒球、垒球、橄榄球、篮球、足球和板球等也是要求掌握投掷技能为基础，因此发展投掷技能对发展学前儿童更为复杂的专项运动能力尤为重要。投掷动作既需要大肌肉群参与工作，也要求手腕和手指等小肌肉群协调配合。进行投掷运动可以锻炼上肢、腰部、腹部、背部等全身肌肉的力量，同时对身体协调性、目测准确性、速度和空间知觉的发展起到良好促进作用。学前儿童在球类运动时常常会遇到投掷的身体练习，细分投掷的运动技术包括抛、接、传、递、拍、击等。而从出手位置分则分为下手、胸前和上手投掷。虽然拍球和滚球都不是典型的投掷动作，但借助球类等器具可以增加学前儿童运动模式和乐趣。

1. 发展投掷技能的总目标

学前儿童粗浅掌握投掷技能知识和投掷动作要领，提高投掷速度、方向感、准确度和投掷距离等方面能力。发展学前儿童的上肢的爆发力与力量，掌握正确合理的投掷技能，初步学会上下肢和躯干一起协调配合完成动作的技术。同时有利于培养学前儿童的观察力、思维能力和体育创新能力。

2. 投掷能力的发展特点

根据动作技能线性发展原则，学前儿童投掷能力随着年龄增长而提高，高效投掷动作的完成对上肢臂力、腰腹肌肉力量要求较高，同时对个体的爆发力也有一定的要求。学前儿童投掷动作的发展规律是从单独上肢用力到下肢与腰腹部肌肉群协调做功完成。Morris 等人研究发现 5 岁前男女投掷距离并无显著性差异，但之后整个学生时期，男生无论是投掷的距离、速度和准确度都优于女生，并随着年龄增长差距逐渐加大。在所有基本技能的动作技能中，投掷受性别差异影响最大。

（1）小班：学前儿童能做原地单手肩上投掷或双手下手投动作，但动作不协调，投掷时面向前方，上肢单独用力，不懂得下肢和躯干协调发力，手也没有后引，动作协调性差，多余动作较多，方向和出手角度概念模糊，力量小，投掷的距离短。

（2）中班：学前儿童投掷的准确度提高，基本动作比小班协调、有效，初步有侧身手臂肩上后引或双手持球引到脑后投掷，出手方向与角度较合理和稳定。向前上方投出球时，懂得采用手臂挥出、下肢蹬腿和腰腹协调用力增加出手速度和力量，但随意性仍较大。

（3）大班：已能熟练地掌握单手肩上、肩侧低手、双手头上、胸前腹前投掷等不同的投掷动作。准备时，单手投掷会用侧身对着出手方向并且手臂后移至脑后，而双手则可以前臂折叠靠近身体出手来增加出手速度和力量。全身协调用力，手挥出时下肢蹬跨、躯干扭转，投掷更有效，距离较远。但投掷的方向和出手角度尚未很稳定，学前儿童对于投准率已较为关注。

3. 投掷的动作要领

投掷动作包括蹬腿、转体、挺胸、转肩、挥臂、甩腕等用力顺序，借助上肢力量、腰腹力量和下肢蹬伸，使学前儿童全身各部分力量能充分发挥出来。在上肢用力时，身体要有支撑作用，出手前投掷臂伸直后引并上体侧转，向后倾斜身体幅度加大有利于提高出手的速度，配合瞄准方向的目标进行投掷。其示意图如图 4-5 所示。

图 4-5 学前儿童投掷动作示范图

4. 不同的投掷练习方式

(1) 滚球。主要练习学前儿童下手单手或双手投出滚地球动作。准备动作时两脚自然平行分立或前后分立，腿稍弯曲，重心再稍前倾。持球手及肘处自然弯曲，五指自然分开，根据球的走向用手臂、手腕和手指力量投出球，持球点在球的后下方。此练习难度较低，有利于学前儿童克服因手小和力量较弱的特点而影响完成投的动作。能强化学前儿童投掷动作的专门练习，发展手臂各部位的肌肉力量和手腕灵活性、准确性。适宜于各年龄段学前儿童练习。

(2) 传/接球。传球是在胸部及以上部位用双手(或单手)手心向上在身前托球，用摆臂抖腕的力量将球向前抛出，借助蹬地、伸臂动作，通过伸臂、抖腕、伸指的弹击力量来完成的传球的技术动作。可采用两个学前儿童面对面站立，互相对传的练习方式。接球时注意观察球的行进方向，主动迎球，两手伸出碰到球后手腕后仰，手指自然分开，拇指成“八”字形，接球后收回胸前并自然屈肘缓冲。此练习可以发展学前儿童的目测对同伴和来球位置的判断能力，以及上肢力量和传球的准确性。学前阶段男女的接球技能相差不大，甚至女孩动作发展优于男孩。其示范图见图 4-6。

图 4-6 学前儿童接球动作示范图

(3) 投准。练习时可以采用篮框架、纸盒、场地画圈等方法确定投掷目标，可以做单手或双手的，也可以做下手、胸前或上手等不同位置的投球、投物练习，将球、沙包等物体投向既定目标。此练习可以为将来学习篮球、排球、足球等运动项目打下基础，也可以发展学前儿童的肌肉力量、投掷的方位感和空间感。

5. 投掷练习的注意事项

在投掷活动中，应尽可能让学前儿童左右手轮流参与投掷练习，使身体两侧的肌肉协调发展。投掷的目标距离应由近到远，投掷目标由大到小，逐步到发展学前儿童的投准能力。投掷物的重量要适宜，不应采用重物。对于年龄小的学前儿童更要注意投掷物体积过大而抓握不稳的问题。投掷过程中应注意周围环境及其他学前儿童的安全，控制好传球的力量以免伤害发生。

（五）学前儿童踢技能的发展

踢是用脚击打的一种动作形式，很多运动项目都包含踢的技术，如足球、橄榄球、毽球和藤球等，踢都是该项目的主要技能。但是无论哪种与踢有关的项目，都要求有眼-足配合、平衡、感知能力的共同协调完成，才能达到高水平的熟练阶段。一般来说，男孩的踢技能发展要早于女孩。

1. 发展踢技能的总目标

学习掌握踢的基本技术和动作姿势，可发展眼-足协调、平衡和感知动作的能力，使学前儿童不仅掌握静止踢球和踢静止的球的简单动作，还能进一步掌握较为复杂的踢技能，如上步踢、助跑踢和移动传、接球等。踢技能练习对发展学前儿童方位知觉、节奏知觉、速度知觉和步幅、步频的调节能力起积极作用。

2. 踢能力的发展特点

踢动作要求支撑腿和踢球腿共同协调完成，踢球的技能也是由易到难发展。从踢球前的准备来说，学前儿童从最初静止原地站在球后面踢，到上步或助跑加速踢球发展；从踢的动作上来看，学前儿童开始是轻碰球的不完全踢动作，经过学习学会踢球腿后摆用力击球并有缓冲制动的完整动作发展。这个过程可见到学前儿童踢球的有效度及精准度一步步提高。踢动作练习既对增加下肢大肌肉群力量有良好促进作用，同时又能提高学前儿童腿、脚部的小肌肉群精细动作完成能力。

（1）小班：只会原地静止踢球和踢静止球，踢球前摆动腿没有后摆动作，只是脚尖碰球往前面送出，球踢出距离近，方向控制不稳。手臂自然下垂放在体侧，没有配合踢动作而协调摆动。没有明显的优势脚踢球习惯，两脚都可以用。

（2）中班：初步学会上步踢球，并可见学前儿童踢球的摆动腿有明显后摆动作然后击球，踢球的力量、距离等都有一定的进步。上步速度较慢，学前儿童明显地只是下肢发力而没有身体动作配合，手臂协调摆动也不明显。

(3) 大班：虽然助跑踢球动作还不是很连贯，但大班的学前儿童可以做到简单几步助跑并能衔接踢中球，学会脚内侧踢球。整个踢的动作自然、协调，流畅度提高，踢球力量上升，距离增加，双手有初步的协调摆动去维持身体平衡，并在助跑踢球后有缓冲的意识和动作。

3. 踢的动作要领

(1) 准备：上步或助跑，支撑腿落在球的后侧或者旁边的支撑点落脚，躯干微向后倾或正直(学前儿童的身体平衡能力较低，不要求身体后倾配合)，手臂外展平衡。

(2) 用力：踢球腿后摆，膝关节弯曲，由大腿带动小腿往前用力，接触到球后伸腿，小腿挥出的速度要快，往既定方向击球送出。此时保持身体稍微后倾，手臂保持外展以帮助身体平衡。

(3) 完成：由于踢球腿用力往前上方摆动，所以身体保持稍后倾以缓冲向前的冲力。手臂外展，并相对与踢球腿反向摆动。图 4-7 为学前儿童踢球动作示范。

图 4-7 学前儿童踢球动作示范图

4. 不同的踢练习方式

(1) 定点射门。主要训练学前儿童控球的方向感以提高踢动作的熟练度。可用两个旗杆或标志物作为球门，先让学前儿童在距离较近处定点射门，然后距离逐渐加大，球门区的范围也可从大到小逐渐缩小，对难度进行合理的把握，有利于提高学前儿童的练习兴趣。

(2) 两人传球。在学前儿童踢球的方向控制提高后，可进行两人一组的传球练习。两人一组相距 5 米，一人由脚内侧踢滚地球传给对方，另一人接球后回传。学前儿童控球技术还不成熟，可以分停球、回球两步完成。也可三人或多人一起进行传球练习。该练习主要发展学前儿童对球性的熟悉，包括接触球的力量、方向，掌握正确击球位置和站立位置判断能力的提高，为学前儿童参加足球竞赛活动打下基础。

(3) 踢凌空球。学前儿童自己抛球踢出，开始先双手持球将球从胸高处抛出下落，球下落的轨迹不要离身体太远，球落至踢球腿的前方离地面约 20 厘米时踢球腿快速抬起去击球。该练习可提高学前儿童对踢球时机把握的能力，满足学前儿童自我控制球、支配球的强烈愿望，提高其学习兴趣。

5. 踢的注意事项

学前儿童踢技能发展是存在一定的发展序列的，要注意进度。在踢球腿接触球的位置上应向学前儿童明确最佳击球点在球后的中下部位，如果击球点靠上，那么踢的球不会远，而太低的击球点也使球的方向往上。踢球时眼睛向下看球，头保持固定。

二、综合运动技能发展

综合运动能力练习项目是建立在多个基本动作技能基础上，把多种不同动作整合构成更为复杂、锻炼效果更明显和趣味性更强的运动技能练习模式。

（一）学前儿童攀、爬、钻技能的发展

爬行是学前儿童最早形成的身体移动方式，即使没有经过专门的学习，八九个月的婴儿也能完成简单的爬行动作，婴儿只有经过充分的爬行阶段才能为站立做好相应的准备。学会站立以后，1 岁半的婴儿已具备攀爬支架的能力，3 岁以后学前儿童在自然发展中还能掌握正面钻的动作。学前儿童的攀、爬、钻能力发展很快，直到六七岁的学前儿童仍然非常喜爱攀、爬、钻，其熟练程度和速度都会随着年龄和运动经验的增长而发展。学前儿童攀、爬、钻的活动可以增强四肢、腰腹、背部肌肉力量的发展和空间知觉、体位知觉能力，促进平衡能力、灵敏性、协调性等身体素质，是锻炼效果非常好的运动技能练习。

1. 发展攀、爬、钻技能的总目标

掌握攀、爬、钻的动作和技巧，能以正确的姿势完成各种难度的攀、爬、钻动作，提高学前儿童上肢、下肢和躯干等的肌肉力量及身体各部分的协调配合能力，发展其身体灵敏性、协调性、柔韧性等素质。在攀、爬、钻综合练习过程中有效提高学前儿童克服困难、克服恐惧心理并通过思考能自发想出合理的路线和方法的能力，从而培养学前儿童勇敢、自信、有毅力、独立性等意志品质。

2. 攀、爬、钻能力的发展特点

（1）小班：学前儿童能在攀登架上做攀、爬、钻的动作，并能做短暂的双臂悬垂动作。但是学前儿童的手、眼配合协调度尚欠缺，他们的肌肉力量也较弱，所以持续时间较短，容易发生疲劳，而且会出现恐惧心理。

（2）中班：学前儿童能在各种类型的攀爬设施上自由攀、爬、钻，神经系统的知觉能力和空间能力不断增强。

（3）大班：学前儿童能在各种类型的攀爬设施上完成各种手脚自由

交替的动作，在各种障碍物中灵活地运用攀、爬、钻技能，而且能完成对力量、协调性、灵敏性等身体素质要求较高的动作，具备体育创新能力，能克服恐惧心理。

3. 攀、爬、钻的动作要领

（1）攀：攀登动作包括向上和向下的攀登和攀爬。向上攀登动作需要上下肢配合，攀登肋木架时用两手先握住一格横木，然后两脚先后登上与身体高度适宜的另一格横木，然后同侧或异侧的手脚交替向上攀登。一般向上攀登时先移动手，然后再移动脚，而从肋木架下来时先移动脚，再移动手。鼓励学前儿童发挥主动性和创造性，培养其体育创新能力。

（2）爬：爬的动作强调上肢（肩、肘、手等）关节与下肢（膝、脚等）关节的相互协调配合。四肢着地，左右手和左右脚协调配合向前爬行。头稍抬起，眼向前看，遇到障碍物时要低头行进。

（3）钻：正面钻时，先屈膝、弯腰、低头，然后一条腿作为支撑，先过另一个腿和躯干，再过支撑腿；侧面钻时，身体向左或右转体90°，并弯曲身体向下位移，弯腰、低头、下蹲，左或右腿向障碍物下伸出，然后身体重心移到已过的左或右腿，侧身从障碍物下钻过，待全身都移到障碍物的另一侧才转正站立。如果是钻“洞”，要求身体长时间保持弯曲、低头，直至身体钻出洞口才直立。

4. 不同的攀、爬、钻练习方式

（1）攀爬障碍物。攀爬肋木架、台阶、跳箱等高结构器材时，一般采用双手握或按压器材等动作，手脚交替蹬上一定的高度，再用手脚用力使躯干位移，同时身体重心向上移动。这种简单的攀爬方法主要是发展学前儿童的四肢大肌肉群的力量和协调性。图4-8为学前儿童攀爬练习与体育活动场地示意图。

图4-8　学前儿童攀爬练习与体育活动场地

（2）钻爬。手、膝着地，左右手、左右膝及小腿配合用力向前爬行，头稍抬起，如遇“洞”等障碍物，则低头钻爬。双膝着地的异侧肢体同步向前发展的是学前儿童上、下肢的协调能力；双膝并行、收腹、双手同时向前支撑，双膝同时向双手并拢，发展的是学前儿童的上肢及躯干肌肉；双膝离地的异侧肢体同步向前手脚着地爬（猴子爬）发展的是学前儿童的协调性、灵活性、控制能力和四肢肌肉对身体的支撑能力。图4-9为学前儿童攀爬练习示范图。

图 4-9 学前儿童攀爬练习示范图

(3) 匍匐爬行。匍匐爬行包括正向和侧向匍匐,身体正面贴近地面,双臂屈于胸前,前臂支撑上体、抬头,爬行时两前臂依次向前扒地,结合异侧膝及小腿的屈蹬向前爬行,行进过程中臀部始终贴近地面。可以发展学前儿童的上下肢协调能力和肩部、背部、腰部肌肉力量。

5. 攀、爬、钻练习的注意事项

可采用多种形状的攀、爬、钻障碍物,如长方形、拱形、圆形、弯曲隧道等,以提高学前儿童参与的兴趣和身体灵活性。由于攀、爬、钻时四肢和躯干肌肉负荷较大,所以单一动作容易引起学前儿童肌肉疲劳,可把攀、爬、钻动作与跳跃、跑步等动作组合起来设计教学,可以避免局部疲劳,使身体得到全面锻炼。由于早期攀、爬、钻的学前儿童具有恐惧高结构器械的心理、肌肉力量较弱、注意力容易分散等原因,教师要做好安全保护工作。

(二) 学前儿童平衡技能发展的练习

平衡能力可以确保人体姿势、体位改变时身体重心的稳定性,人的一生其平衡能力经过了完善、稳定和减退的过程,从 3 岁开始学前儿童就具有一定的平衡能力,20～50 岁间处于稳定。平衡能力是维持身体姿势的能力,可以反映身体前庭器官、肌肉、肌腱、关节内的本体感受器功能以及经过视觉、体觉对外界刺激的协调能力。通过体育锻炼可以提高学前儿童的平衡能力,促进学前儿童的体能发展和生活适应能力。

1. 发展平衡技能的总目标

掌握粗浅的平衡知识和简单的平衡技能,发展平衡觉、本位觉和运动觉;能初步掌握走窄道或平衡木、单脚站立维持身体平衡的方法和要点。各种平衡技能是日常生活中必不可少的保护性实用技能,平衡技能的提高能有效避免或减轻偶发事件所引起的伤害。如滑倒、摔倒、跌下时,可采用滚动或滚翻动作保护自己、减少损伤。通过平衡技能练习还可培养学前儿童勇敢、顽强的意志,培养其自信、沉着的心理素质,提高学前儿童适应复杂环境的能力。

2. 平衡能力的发展特点

(1) 小班：学前儿童已有一定的平衡能力，能比较平稳地完成走步、跑步和跳跃动作。但在快跑、转弯、急停、跳跃落地和在不平坦的场地上奔跑时容易失去平衡而摔倒，在稍高的平衡木或摇晃器械上走动时害怕、紧张及稳定性差。

(2) 中班：学前儿童的平衡能力发展较快，经过学习能在平衡木上单脚站立、翻滚，但对于难度较高的动作平衡性不稳定。

(3) 大班：经过系统的学习，学前儿童的平衡性已较好，能学会对平衡力要求较高的动作，如进行滑冰、骑自行车等运动时可以控制身体重心，防止摔倒。女性学前儿童比男性学前儿童的平衡能力发展快而强。

3. 平衡的动作要领

平衡的动作有单脚站立、走窄道/平衡木、翻滚、旋转四种类型，其动作要领分述如下。

(1) 单脚站立：站立时支撑脚的全脚掌着地，单脚离地弯曲，下肢与身体用力绷直，立腰，提气。熟练后学前儿童再学着闭眼单脚站立，可先让学前儿童靠近手扶墙或树，双眼闭上，单脚站立，随后练习以双手侧平举保持平衡并单脚站立，对于平衡能力较差的学前儿童，可有选择性地练习。

(2) 走窄道/平衡木：从直立开始，两手叉腰或侧平举，先站立然后前行，先在矮木上进行，逐渐过渡到高木或平衡木，要根据学前儿童情况逐渐调整平衡木的高度和宽度以加大练习的难度(见图 4-10)。

(3) 翻滚：此阶段主要是学习前滚翻，动作要领是面对垫子成蹲撑姿势，两手团抱小腿，低头含胸，身体向前倒时腿用力蹬推，使头、颈、背、腰、臀依次落垫，当背着垫时，迅速屈小腿；当臀落垫时使上体与膝部靠紧，团身屈膝盘腿，两手抱小腿，向前滚动成蹲立(见图 4-10)。

(4) 旋转：以双脚交替为轴旋转时，要求上体直立，两臂自然张开、叉腰或上举，尽量使重心向垂直中线靠拢。

图 4-10　学前儿童平衡技能练习示范图

4. 不同的平衡能力练习方式

(1) 动力性平衡。动力性平衡练习包括翻滚、走平衡木、旋转、闭目直线前行等。翻滚分为前滚翻、后滚翻、团身或直体侧滚翻、侧手翻等动作。前滚翻是基本动作，也是一种自我保护的方法。因翻滚运动头部和身体可以依次接触到地面或软垫，可以产生旋转的感觉，使学前儿童在翻滚过程中体验到新奇的运动感。能有效促进学前儿童的身体动态平衡能力、空间感知能力以及定位、定向能力的发展。

(2) 静力性平衡。静力性平衡包括提踵练习、闭目直立、燕式平衡等。燕式平衡时由支撑腿站立、非支撑腿后举、两臂侧上举，上体前倾，两臂前举或经前绕至侧平举，抬头，支撑腿膝关节绷直，另一腿经后向上逐渐抬起，同时上体下压与地面平行，成后举腿高于头部的腹平衡。

5. 平衡能力练习的注意事项

动作技能学习由易到难，先分解或做辅助练习再进行完整动作学习，降低学习难度，以免学前儿童产生畏难的恐惧情绪。分解动作可以首先学习前后滚动的动作如团身前后滚动，再学习团身前滚翻；掌握团身前滚翻后，再要求两腿蹬地的团身前滚；在学前儿童熟悉掌握前滚翻的动作后，可尝试后滚翻和侧手翻动作，循序渐进，动作难度逐渐增加。注意练习时在软垫上进行，教师要做好保护工作。

闭目行走适合中班以上学前儿童练习，练习的距离不宜超过 5 米，可设计游戏进行。平衡练习要以动力性练习为主，静力性练习为辅，而且静力性练习的时间不宜过长，因为静力性收缩容易导致肌肉损伤和血液流动不畅。最好以动力性和静力性结合，快慢结合，用力和放松结合。

（三）学前儿童体操、队形和队列技能的发展

体操能力是指学前儿童学操、编操和做操的能力，包括掌握基本的体操知识、技能和相关的身体素质、心理素质。学前儿童做体操可以满足运动、模仿、审美、交往的需要。基本体操是组织学前儿童锻炼身体的常用方法和有效手段，它是在学前儿童学会各种基本体操动作的基础上按照一定的顺序和节奏组合编排成一套配有音乐、节奏或口令的系统性全身练习。体操包括举、屈、伸、绕环、内旋、外旋、振、内收、外展、蹲、摆动等基本动作。

1. 发展体操、队形和队列能力的总目标

学前儿童基本体操是从上下肢、躯干、头部等全面进行操化活动，具有动作组合简单、形式多样、节奏鲜明等特点，体操所配的音乐可以给学前儿童以美感，符合学前儿童的身心和动作发展特点。学前儿童体操能力的发展目标具有全面性，要求学前儿童掌握简单的体操、队形、队列知识和基本动作，发展力量、协调、平衡、柔韧等身体素质，提高学前儿童的知觉感、方位感、观察能力、记忆能力、学习能力、空间智能和创新能力，培养学前儿童遵守秩序的习惯和集体意识、协调合作意识以及审美能力、表现力。

2. 体操、队形和队列能力的发展特点

(1) 小班：学前儿童的动作准确性、节奏性、协调性、力度和速度都较差，掌握新动作时间较长，主要是以跟随、模仿教师动作为主。适宜设计动作变化较少、节奏鲜明、活泼有趣的简易体操动作、队形与队列变化。

(2)中班：学前儿童的体操动作准确性、节奏性、力度和速度有所提高，对体操、队形、队列动作的记忆能力增强。

(3) 大班：学前儿童做操的能力快速发展，能掌握较为复杂、精细的体操、队形、队列动作，动作准确性、节奏性、力度和速度提高较快，能伴随音乐、口令完成复杂的体操，并具有一定的体操动作创新能力，能在教师的引导下创新体操动作。

3. 不同的体操练习方式

(1) 手指操。手指操也属于健身操，它是指针对日常中的具体形象而设计的手指锻炼方法，可以锻炼学前儿童的小肌肉群，具有趣味性。科学研究发现，手的动作与人脑的发育有着极为密切和重要的关系，只有使左脑和右脑得到均衡的发展，才能让大脑变得更加聪明，手指操对语言、视觉、听觉、触觉等的发展也有极大的益处。手指对于人的健康起到了十分重要的作用，做手指操可以增强注意力、增强记忆力、快速入静、开发弱势脑、平衡左右脑、缓解脑疲劳、增强脑力、提高统合能力、增强节奏感和韵律感、增强想象力、提升创造力、增强形象思维和抽象思维能力、增强空间感和方位感、提高大脑思维速度、培养数理逻辑智能、强身健体及预防疾病。手指操动作简单易学，对场地要求不高，可单人练习也可多人一起进行，是学前儿童日常在家在园的良好锻炼方式。其示范图如图 4-11 所示。

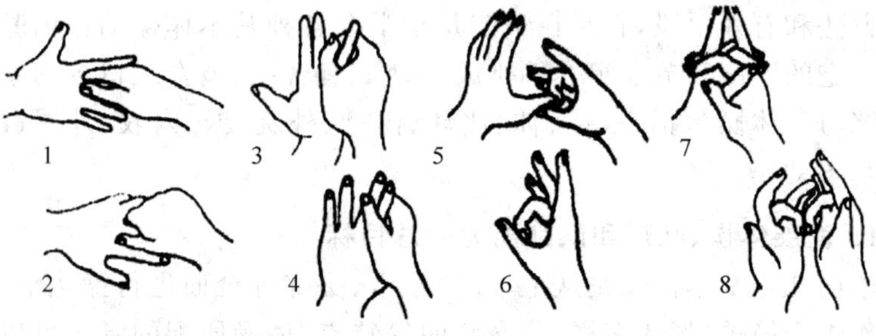

图 4-11 学前儿童手指操动作示范图

(2) 徒手体操。学前儿童徒手体操是指不拿任何器械的体操，在音乐伴奏或口令指挥下，合理连接体操基本动作组合成一套完整的体操练习，可分为广播操、韵律操、拍手操、健美操、武术操等。对手指也有一定要求的徒手体操可以配合手指操进行。徒手体操的基本动作可以来自武术动作、舞蹈动作、形体操动作和拍手动作等，根据不同年龄学前儿童的身体和心理特点组合动作设计全套徒手体操，可以锻炼学前儿童体能，激发学前儿童参与体操的兴趣和塑造良好的体形及姿势。例如武术操、行走姿态操、站立姿态操、拍击操等。

(3) 模仿操。模仿操是把日常生活中可见的各种活动、动物的动作、军事训练动作等挑选出来组成体操，可分为动物模仿操、劳动模仿操、生活模仿操、军事模仿操等。由于模仿操形象性强、趣味性高，对动作的精确性要求不高，学前儿童易于理解和学习，尤其适宜于小班的学前儿童学习。可以有针对性地发展学前儿童局部和整体肌肉群，提高学前儿童身体的协调性、节奏感和表现力，发展学前儿童的运动能力，促进动作协调。例如小兔子舞、小鸟飞翔等动物模仿操。

(4) 轻器械体操。轻器械体操是指在徒手体操的基础上手持轻器械的体操练习，具有节奏色彩明亮、声响和动作多变，易激发学前儿童兴趣的特点，可分为球操、哑铃操、小圈操、铃鼓操、纱巾操和花球操等手持轻器械操；还可以分为借助辅助轻器械的操，如垫上操、肋木操、芭蕾舞的扶杆操等(见图 4-12)。

图 4-12 学前儿童圈操示范图

(5) 队形和队列。学前儿童队形和队列是学前儿童按照教师的口令或音乐，进行队形和队列协同一致或有图形变化的动作体操练习(见图 4-13)。队列的内容有立正、稍息、向前看、原地踏步、齐步走、立定等。队形的内容有排成一路或多路纵队/横队、排成圆形或半圆形队伍、排成分散形或密集形队伍等，队形变化和过渡应自然，不要过多地重复相同的队形。变化队形的节拍一般在 4～8 拍中完成，可以结合基本动作进行队形变化。变换队形应该快速、敏捷、清晰。队形变换的次数增多、队形变化巧妙并在动态中完成动作，选用有快慢变化的音乐，可以给人以活泼、动感和提高表演效果。

4. 队列、队形练习的注意事项

在队列、队形练习中，教师要提前告知学前儿童注意活动空间范围、队形变化的参照标志，并给予口头提示，如场地的树木、攀爬架、地面标志或记号等，指导学前儿童探索空间位置和变化规律，提高记忆力及接

图 4-13　学前儿童队形和队列示范图

受指令后做出相应动作或改变的反应能力，学会看标志物进行位置转换。

（四）球类技巧的发展

在学会拍球、传接球的基本运动技能后，学前儿童可进一步通过球类技能锻炼提高其球类技术。学前儿童可学习的球类技术包括捕接、托球、踢球、扣球、拍球、曲线运球接力等能力。学前儿童的球类技能在掌握基本动作技能基础上，通过练习发展球类综合技能，这和机体约束、环境约束及相关的任务约束有关。其水平受教育环境的影响。

1. 球类技能的总目标

掌握粗浅的球类运动知识和发展玩球的基本技术动作，提高球类动作技能。初步学会拍球、传球、接球的要点，较熟练地掌握左右手移动拍球、胸前传球等动作，并能左右手分别连续拍球 10～30 次以上。根据近年提出的“全脑型体育模式”研究表明，运动设计注意动用到左、右两侧(手、脚等)共同协调发展的锻炼方式效果更为明显，有利于全面发展学前儿童的灵敏性、协调性等身体素质，提高身体的协调性和动作的准确性，发展方位感、速度感、力度和节奏知觉感，提高控制能力、注意力、判断力、模仿力和创新能力。同时，有利于培养学前儿童竞争、交往、与他人合作等优良意识品质。

2. 球类技能的发展特点

(1) 小班：以两手滚球、两手抛球、原地拍球和两手反弹球为主要练习内容。学前儿童能初步掌握拍球、双手接滚来的或从高处落下的、速度不快、方向位于正位的球。但是出手接球的时间掌握不准确，不能接困难球，如方向不正或速度较快的球，接球方向常常会判断错误。学前儿童能学会滚球、抛球、定位踢球，但是动作不准确、力量小、协调性差。

(2) 中班：以两手滚接球、抛接球、原地变化拍球、直线运球、原地踢球为主要练习内容。学前儿童能初步掌握双手胸前传接球、传接反弹球、踢滚动的球等较为复杂的玩球动作，玩球的力量、协调性、准确性都有很大的提高。

(3) 大班：以单手滚接球、各种抛接球、两手接反弹球、投准、曲线运球、踢慢速滚动球、跳起打击空中固定球为主要练习内容。学前儿童通过系统地学习玩球技术，已经能掌握较为复杂的运球、踢球、扣球、拍球、曲线运球接力等能力，投篮和踢球的正确率有所提高。

3. 不同的球类练习方式

球类活动是学前儿童最喜爱的一类活动，由于小球具有弹性和滚动性，通过捕接、托球、踢球、扣球、原地拍球、行进间拍球、曲线运球接力等基本球技活动和小球游戏活动可以引导学前儿童积极奔跑、灵活变向、主动发力，从而发展学前儿童走、跑、跳、投等各种基本动作技能，还能提高学前儿童手腕小肌肉群的控制能力、手眼协调能力、注意力和目测力等。多人组合玩耍时可以培养学前儿童竞争性、敢于拼搏等优良品质，这对学前儿童身心素质发展有积极的意义。其示意图见图 4-14。

图 4-14　学前儿童球类练习示范图

(五) 运动器械练习

学前儿童运动器械活动是指学前儿童在移动或固定的运动器械上锻炼身体的活动，也包括学前儿童手持轻器械锻炼身体的活动。

1. 运动器械练习的总目标

通过运动器械活动发展学前儿童的各种基本动作技能，增强其肌肉力量、耐力等身体素质，提高其身体平衡能力和协调性，使他们获得感知体验和运动经验。通过摇摆、颠簸类运动器械发展学前儿童的平衡素质，使他们不断克服胆怯、害怕、恐惧心理，增强自信心，培养勇敢、顽强、乐群、合作、互助等优良的意志品质和自觉遵守规则的良好习惯。

2. 运动器械的类型

一般幼儿园配备的运动器械可以分为三类(见表 4-1)。

表 4-1　运动器械的分类及其活动内容

分　类	运动器械的活动内容
固定性大型运动器械	在攀登架、肋木及滑梯上进行的攀、爬、钻、悬垂和支撑等活动；在滑梯、秋千、跷跷板、蹦蹦床、平衡木上进行的活动
移动性小型运动器械	推小车、骑小车、垫上翻滚等活动
小型、轻便的运动器械	球类、跳绳、跳皮筋、滚铁圈、踢毽子等活动

3. 运动器械练习的注意事项

教会学前儿童正确使用各种运动器械，并让学前儿童自由选择自己所喜欢的运动器械进行活动，鼓励学前儿童通过体验总结经验发展体育创新能力。教师在教学过程中要注意检查器械的安全性，组织学前儿童按顺序轮流上下器械，加强保护与帮助，防止伤害事故的发生。

（六）学前儿童律动舞蹈

律动舞蹈是指伴随有节奏的音乐进行的舞蹈，既是音乐活动的内容之一，又含有体育运动的元素，适合各年龄段的学前儿童。由于律动舞蹈具有随意性、趣味性而且运动负荷量较小，可作为学前儿童体育活动内容加入准备活动、整理活动环节。学前儿童神经中枢的发育及肢体动作的发展都还不完善，上肢与下肢动作的配合协调性及对动作的接受、掌握较差，律动舞蹈的动作应尽量简单、有趣。可以加入小碎步、小跑步、踵步、双脚一齐跳等基本动作，上肢在摇动的同时，下肢动作不要太大；也可以加入滚动步、进退步及小丁字步、连续跳等随意的舞步。编排的律动舞蹈可以配上欢快、活泼、节奏鲜明的曲子，同时不拘泥于固定的动作，教师应鼓励学前儿童随音乐自由舞动，培养他们的创新性。

在运动技能发展过程中，男孩和女孩感兴趣的活动类型不同，男孩更多地喜欢参与奔跑、追逐、跳、踢、投等全身大动作的活动，女孩则更为爱好从事手工、写、画等精细动作和韵律性运动活动。教师也可以根据性别差异的特点相应地安排不同的学前儿童活动。

思考活动

1. 学前儿童跑、跳、投的动作要点有哪些？
2. 学前儿童运动器械分类有哪些？

扩展阅读

运动技能的发展模式

对那些有兴趣了解动作发展的人来说，应如何才能认识儿童某个动作技能的发展模式呢？根据以往的研究，可通过两种基本渠道来逐渐认识：一是通过辨认动作技能发展的序列和阶段；二是通过识别动作技能发展的动态的系统范式。关于动作技能干预的文献显示，持续 8～12 周的干预可以带来基本动作技能发展的显著变化。一般来说，如果用 90～120 分钟教一项技能，有比较明显的效果。当然，年龄小的需要的时间要相对长一些。

生长和运动控制的早期发育遵循两种可预测的顺序。首先，从头部开始生长，最后扩大到手脚，而且，生长伴随着渐增的肌肉控制力。与此相关的是，从身体躯干开始出现生长和运动控制，最后延伸至肩膀和臀部、手臂和腿部、手脚、手指和脚趾。这些递增关系可以解释新生儿为什么不能转移目光和张开嘴巴，而只能挥臂和蹬腿。婴儿1岁以内，控制力会延伸至颈部，使婴儿能够有娴熟的头部动作，最后，控制力会延伸至手脚，使婴儿能够有良好的动作协调和运动力。

中国幼儿体操网资源库：

http://www.youerticao.org.cn/

婴儿开始会做一些重复的动作，不仅有助于他们培养肌肉和神经的控制力，而且有助于他们了解各种物体。这些重复动作在脑海里的表征是婴儿早期知识的主要来源。接近1周岁的时候，婴儿开始到处走动，他们会抓住时机做出一些有目的性的行为举止，渴望深入了解这个世界，这样可以促进他们的认知能力的发展。婴儿1岁以内的姿势控制力遵循一种可预测的顺序：到1～2个月龄时出现头部控制力；到3～4个月龄时，婴儿能够以各种方式翻身；到5个月龄时，婴儿能够不靠支撑物坐立；到6～8个月龄时，婴儿能够不靠支撑物站立；到11～13个月龄时，大部分婴儿都能够独立站着。婴儿的运动力能够反映出更广泛的个体差异，不过，大部分婴儿到6～8个月龄时就能够爬行，到9～10个月龄时就能够扶着支撑物走路，到12～14个月龄时就能够独立走路。

幼儿期会出现一些先进的运动和操作技能，如：体育技能、跳舞技能和操作各种机器(如自行车、溜冰鞋、电脑)的技能，这些技能最终会推动大脑一些特殊部位的发育。这些技能往往会涉及与同龄人的互动，从而促进运动发育形成更广泛的社会发展和情绪调节。关于各种“跳舞运动”节目的研究揭示了运动的许多好处，包括：改善个人身份管理、改善情绪调节、加强人际关系，甚至基于对韵律和拍子模式的了解，能够帮助幼儿对数学和逻辑概念的理解。幼儿会从许多音乐和舞蹈中找到乐趣，从而促进他们最佳的运动发育和社会发展。

资料来源：育儿网(http://www.ci123.com/)

专题小结

运动技能有重要缺陷的儿童更可能被需要这些技能的活动所排除掉，更可能有同伴交往、自尊和身体健康等方面的问题。可见，掌握学前儿童基本运动技能发展及身体素质锻炼的原则，进而制订科学可行、趣味性强的发展计划，对促进学前儿童健康成长具有重要的意义。

专题导读

学前儿童身体素质的发展水平是在各种身体的基本活动中表现出来的，学前儿童运动能力是学前儿童身体素质发展水平的外部表现。提高学前儿童的身体素质是完成体育活动的基础。学前儿童的身体素质包括哪几方面？进行身体素质锻炼时应采用哪些方法和注意哪些事项呢？了解有关身体素质发展的知识，可以帮助学前儿童综合提高体育活动的能力，促进体能、体质和体格的发展。

专题二 学前儿童身体素质的发展

身体素质通常指的是人体在运动中表现出来的速度、力量、灵敏、平衡及柔韧等方面的能力。机体身体素质的优劣与遗传有关，但与后天的营养和体育锻炼的关系更为密切，通过正确的方法和适当的锻炼，可以从各个方面提高身体素质水平。

一、力量素质

（一）力量素质概述

肌肉力量是指肌肉收缩时对抗阻力的能力；肌耐力是指肌肉持续对抗阻力所能维持的时间。肌肉力量是决定运动成绩的重要素质之一。肌肉力量性练习主要有采用器械或抗自身体重的各种练习，例如手持轻器械做各种推、举练习，发展上肢、肩带及躯干的肌肉力量，做弯举、蹲起、转腰等练习，发展腰背肌肉、髋部肌肉、上下肢肌肉的力量；还可以徒手做力量练习，例如利用自身重量做立定跳远、仰卧起坐、纵跳等练习，发展上下肢、躯干肌肉的力量。脊柱的伸肌、脊柱的屈肌和髋关节周围的肌肉、两腿股骨附着的肌肉、两臂的伸肌、胸大肌等五大肌群是人体总力量最大相关肌肉群。练习时要按照先练大肌肉群、后练小肌肉群、全身不同肌肉群交替进行训练的原则。国民体质监测中学前儿童的力量素质指标包括：双脚连续跳反映下肢主要肌群的爆发力和弹跳力；坐位体前屈反映学前儿童的腰背部肌肉的最大伸展力和柔韧性；网球掷远反映学前儿童的上肢力量；立定跳远反映学前儿童的下肢力量。

跑步、跳远等运动都与下肢爆发力能力有关。爆发力是指在最短时间内收缩肌肉使身体或器械移动到尽量远距离的能力，包括肌肉收缩速度与肌肉力量两方面的素质，与人体无氧代谢能力有关，主要消耗的能源物质是磷酸原（ATP-CP）。变换负荷与速度能够锻炼爆发力，因此可以采用跳跃障碍物的游戏锻炼学前儿童肌肉的肌力和肌耐力，跳跃的障碍物之间的距离、障碍物的高度可以逐渐增加。学前儿童力量训练应以动力性和克服自身重量的练习的小强度练习为主，遵循逐步增加的原则，不能操之过急，并掌握力量性练习的间隔时间与选择趣味性强的练习方式。

（二）发展学前儿童力量素质的宜与忌

经常参加力量素质练习可以加快全身血液循环，改善肌肉和骨骼系统的营养，适量的锻炼还可增加对骨端骺板的刺激，加速骨细胞的增殖，促进骨骼长长和长粗。此外，运动能促进学前儿童脑垂体分泌生长激素，加速生长发育。要根据学前儿童的身体状况和年龄特点合理安排力量素质练习的运动量，时间不宜过长，但内容可以多样，可把跑、跳、投掷、体操等基本动作和游戏结合进行，可以激发学前儿童的锻炼热情，养成良好的锻炼习惯。力量素质练习分为动力性力量练习和静力性力量练习。

1. 动力性力量练习

动力性力量练习法是肌肉收缩和放松交替进行的负重练习方法。如单杠引体向上、仰卧推举、俯卧撑、负重跳等，进行这种练习可使肌肉、神经之间的调节更协调。

学前儿童的肌肉、骨骼含水分较多，含蛋白质和无机盐较少，肌肉的力量和耐力比较差，弹性较大，学前儿童经常做负重过大的器械力量练习会限制骨骼和肌肉的生长发育，导致骨骼变形和骨骺提前钙化等后果，影响学前儿童的身高和体形。从学前儿童心血管功能的特点看，学前儿童心脏体积相对较小，心脏收缩力较弱而且心率较成年人快，血管壁弹性好，血管口径相对成年人大，外周阻力小，所以学前儿童的血压值相对偏低，心脏容易疲劳。学前儿童慎做的运动有拔河、掰手腕、极限运动、碰碰车等对心脏、四肢骨骼、关节、肌肉刺激剧烈的运动项目。

2. 静力性力量练习

静力性耐力力量练习是指肌肉收缩时肌肉长度未发生变化，而是维持某一特定位置的肌肉力量练习，在整个动作过程中肢体不会产生明显位置移动，特点是主要改变肌肉张力的变化特点来发展力量素质。肌肉极限或次极限负荷的静力性收缩与动力性收缩相比，静力性力量练习能够动员更多的肌纤维参与工作，因此静力性练习能有效发展最大力量和静力性耐力。静力性力量练习方法一般不会引起急性肌肉拉伤现象，但肌肉工作时处于无氧条件下，能量储备会迅速消耗，从而迅速出现疲劳。在长时间的静力训练中，由于血液循环条件不良和憋气等，易引起血压升高，可能出现危险，学前儿童禁止使用。

与静力性力量练习相比，动力性练习可以持续更长时间。因此，学前儿童力量训练应以动力性和克服自身重量的练习为主，严格控制单次静力性力量练习的时间和重量，以免产生不良影响。学前儿童忌做的运动有体操中的长时间支撑平衡动作、武术中的马步站、倒立及摔跤中双方的僵持阶段、手持哑铃做侧举动作等支撑性运动项目。

但无论是静力性或动力性的负重力量练习，都时常会伴有憋气。憋气容易阻碍静脉血回流到心脏，使心脏发生空虚性收缩，停止憋气后静脉内滞留的血液会急速流入心脏而使心脏充盈过度，对心脏产生过强的刺激。另外，过早的负重力量练习可能使心壁肌肉过早增厚而限制心脏容积的增加，因此不利于心脏和肺功能的正常发育。因此，学前儿童不宜进行负重力量练习。

二、耐力素质

（一）耐力素质概述

耐力素质是指人体在长时间工作或运动时克服机体疲劳的能力，它是反映人体健康水平或体质强弱的一个重要标志，主要包括发展有氧耐力和无氧耐力。有氧耐力是指长时间进行有氧供能的工作能力；无氧耐力是指缺氧状态下，长时间对肌肉收缩供能的工作能力。学前儿童的耐力素质与心肺功能有关，主要是要逐步提高学前儿童有氧代谢能力来发展有氧耐力。可以采用逐渐延长学前儿童各种身体运动的时间，逐渐增大运动的密度和强度的方法锻炼他们的耐力素质。

（二）发展耐力素质的宜与忌

学前儿童不宜进行长跑、负重跑等耐力性力量练习，因为长跑和负重跑对学前儿童身体各关节的冲击力度很大，对关节处的骨骺发育不利，可能会导致骨骺提前骨化，使学前儿童停止长高。尤其是在坚硬的柏油马路上跑步对关节的冲击力更大，骨骺容易出现疲劳导致疲劳性骨折。如果在运动中学前儿童呼吸急促，没有规律，上气不接下气，说明他们从有氧代谢状态开始进入无氧代谢状态了。此时教师必须及时地控制和调节学前儿童的活动量，逐渐使其呼吸平稳、有规律。良好的心肺功能是提高学前儿童耐力素质的重要保证，应该通过各种适宜的身体活动来增强其心肺系统的功能，提高其耐力素质，从而为其耐力素质的培养奠定必要的基础。例如教学前儿童学会深呼吸的方法，加强学前儿童呼吸的深度，提高学前儿童的肺活量；组织学前儿童进行短途步行和慢跑等都能增强学前儿童心肺耐力。

三、速度素质

（一）速度素质概述

速度是指人体在一定时间内身体发生位移的能力或进行快速运动

的能力。按其在运动中的表现可以分为反应速度、动作速度和周期性运动的位移速度三种形式。各种快速反应练习、折返跑、上坡跑、下坡跑、跑楼梯、顺风跑、各种球类项目等都可以发展速度素质。评价锻炼效果的主要指标有行进间跑、视动反应时、听动反应时等。

（二）发展学前儿童速度素质的宜与忌

速度素质包括移动速度和反应速度。在特定方向上快速移动的能力称为移动速度，以单位时间里位移的距离作为衡量的标准。移动速度可以通过增加动作频率实现，提高动作频率的途径有：一是提高中枢神经系统兴奋抑制转换的速度；二是增强肌肉的收缩力量与放松能力。发展动作频率的基本步伐练习有原地快频率移动、直线交叉步跑、左右侧交叉步跑、各种方向的滑步。移动中的各种跑练习有侧身跑、变向跑、后退跑、急起急停、折线跑、变速跑等。国民体质监测中学前儿童速度素质测试采用10米折返跑，此外，还有听口令的起跑、变向或变频率反应速度，例如按节拍器或击掌的节奏快速助跑，听口令的变向跑等，都可以作为不同形式的速度练习。但要注意学前儿童跑的速度和距离的控制，反复过量的疾跑容易导致因过劳而引起的受伤，一次练习中次数过多的起跑练习也容易造成学前儿童关节和肌肉的损伤，教师要注意合理安排。

四、柔韧素质

（一）柔韧素质概述

柔韧素质指的是关节和肌肉伸展至最大活动范围的能力，体现了身体各个关节活动的伸展性和弹性。身体弯曲、扭转和伸展范围受关节活动范围的影响，良好的柔韧性可使肢体活动范围大，动作灵活、合理，运动技能也易于提高。此外，良好的柔韧性可对肌肉、肌腱和韧带起到良好保护作用，使练习者不易拉伤，动作效果更舒展、优美和协调。学前儿童期是发展柔韧性的重要时期，柔韧素质发展的敏感期为5～10岁，所以在此期间应加强相关的练习，以为此后乃至终身的良好柔韧素质打下坚实的基础。一般来说，女性学前儿童的柔韧性优于男性。国民体质监测中柔韧素质检测指标为坐位体前屈，是受试者在静止状态下躯干、腰和髋关节可能达到的最大活动幅度，可以评价受试者的关节、肌肉和韧带的伸展性和弹性。发展柔韧性的运动类型主要有：各种拉伸关节练习、舒展躯干的运动、广播体操、器械体操、武术、舞蹈及各种健美操等。评价锻炼效果的指标主要有：坐位或立位体前屈、旋肩测试、俯卧背伸测验等。

（二）发展学前儿童柔韧素质的宜与忌

柔韧素质的练习起效慢，肌肉、韧带等的柔韧性练习应做到循序渐进，逐步提高要求。由于停止训练便有所消退，因此应持之以恒。每天坚持让学前儿童进行徒手操练习，也是发展学前儿童柔韧素质一种有效的途径。设计一套以拉伸为主要动作的学前儿童徒手操能使学前儿童全身各部位的肌肉都参与柔韧性练习，使其肌肉得到适当的、有益的刺激和锻炼。如进行头颈部位的活动、上肢伸展和胸部扩展的活动、腰腹背部的活动、下肢的活动及全身协调的活动等，能发展学前儿童身体不同部位肌肉的柔韧性，经常进行柔韧素质锻炼能使学前儿童的肌肉质量更高，动作更协调、高效。

柔韧练习主要是运用各种科学的方法，拉长人体肌肉、韧带的长度。完成每个方向的伸展练习之后都应做相反方向的练习，以促进被拉伸肌肉的血液循环，从而有助于伸展肌群的放松和恢复。例如压腿之后做几次屈膝练习，体前屈练习之后做几次挺腹挺颈的动作，下完腰后做几次体前屈或团身抱膝动作等。在进行柔韧练习前，可做一些热身活动，以减少肌肉的黏滞性。在做柔韧练习的过程中，不易用力过猛，特别是在被动练习时，施加的外力要循序渐进，否则非常容易出现肌肉拉伤现象。外界温度过低会增加肌肉的黏滞性，当环境温度在13℃时有利于柔韧性练习，因为肌肉在这个温度下伸展能力较强。温度过高、肌肉紧张或无力都会影响其伸展能力。一天中的任何时间都可以安排柔韧性练习，早晨柔韧性会明显地降低，所以此时可做一些强度不大的“拉韧带”的练习，而在每天10:00～18:00时之间身体表现出良好的柔韧性，可进行一些强度较大的柔韧性练习。

力量练习可发展肌肉的收缩能力，柔韧练习可发展肌肉的伸展能力，力量结合柔韧的练习对提高肌肉质量最为有效，即既能达到力量和柔韧的同时增长，又能保证关节灵活性的稳固。因此柔韧素质和力量素质练习最好同步进行，既提高肌力又不影响柔韧性。

五、协调素质

（一）协调素质概述

协调性是指机体受多个系统影响而自组织地获得并产生了功能上特殊的肌肉群协同的能力。表现为肌肉群的发力时机、动作方向及速度恰当，平衡、稳定且有节律性，机体内部及机体与运动时外部环境之间良好的协同状态。身体的协调性既受柔韧性的影响，也受神经系统对骨骼肌调节的影响，特别是对抗肌放松、紧张的协调，协调性改善可以保证动作幅度加大，动作准确性大大提高。基本上所有运动技术的完成都与协调性有关，同时，完整的动作技能练习，如跳远、投掷、接/拍球、跳绳、体操练习等都是锻炼协调性的良好运动方式。

（二）发展学前儿童协调素质的宜与忌

学前儿童神经系统功能不稳定，抑制过程占优势，兴奋与抑制过程在大脑皮质容易扩散，神经系统活动的集中能力较弱，动作不协调，容易出现多余动作，因此可采用带转向的跳跃动作发展学前儿童的协调素质。例如在跳跃的过程中有转身动作的“十字跳”、前后跳、转向跳、手脚反向动作等可以提高动作的灵敏性、加快动作的速度。还可以采用球类项目锻炼协调素质，如站蹲撑立接球、坐蹲立接球、翻滚接球、站立抛接球等。学前儿童不宜做连续深蹲跳，因为深蹲跳练习使下肢承受的力量大，每次跳对膝关节的冲击力相当于自身体重的3倍，对于骨骼发育过程尚未完成的学前儿童来说，容易造成其提前骨化和韧带、膝关节半月板损伤。

六、灵敏素质

（一）灵敏素质概述

灵敏性是多种运动技能、神经反应和身体素质在运动中的综合表现，它是指人体迅速改变体位、转换动作和随机应变的能力。从学前儿童开始学走路到六七岁期间，平衡器官得到充分发展。从7～12岁，灵敏素质稳定提高，13～15岁为青春期，身高增长较快，灵敏素质相对有所下降，以后随年龄增长又稳定提高直到成人阶段。灵敏素质是在中枢神经系统的指挥下各种身体素质的综合表现，因为神经反应决定了反应速度的快慢、判断是否准确、应答动作是否及时，它在不同程度上体现了力量、速度、耐力、柔韧等素质。各素质协同配合是完成应答动作的基础，灵敏素质的综合性主要表现在：①通过力量特别是爆发力量控制身体的加速或减速；②通过速度，特别是爆发速度，控制身体移动、躲闪、变换方向的快慢；③通过柔韧保证持久的工作能力。

学前儿童的神经系统是人体发育最早、最快的系统，因此学前儿童时期的动作速度、平衡能力、节奏感等方面都具有很大的发展潜力，抓住这一关键时期进行灵敏素质练习易于发展灵敏素质。由身体多环节、多部位、多肌肉群同步参加的练习都可以发展灵敏性素质，例如在跑、跳中做迅速改变方向的各种跑、躲闪练习，听信号快速起动、急停练习，快速连续通过障碍物、变换方向的追逐性游戏，节奏很强的集体配合项目等。评价锻炼效果的主要指标有折返跑、象限跳、模仿运动等。

（二）发展学前儿童灵敏素质的宜与忌

灵敏素质的高低是在大脑皮质分析综合能力高度发展的情况下才能体现，在力量、速度、耐力、柔韧、协调性、节奏等多种素质和技能基础上才能得到充分的发展和提高。这些素质和技能又取决于神经系统的灵活性和可塑性，以及已建立的动作技能的储备数量。经过反复动作练习并使技术动作熟练化、自动化，使学前儿童大脑神经过程兴奋和抑制的转化能力加强，就能提高大脑神经过程的灵活性，从而在任何环境中都能把技术动作熟练地表现出来。学前儿童动作技术越熟练，其运用也显得越灵活，越富有创造力，表现灵敏素质也就越高，反复练习动作可以提高和巩固灵敏素质。在进行灵敏素质练习时，学前儿童容易产生紧张和害怕的心理状态，而在心理紧张时会导致反应迟钝，动作的协调性下降，影响练习的效果，教师应及时给予指导和鼓励学前儿童克服困难。

七、平衡素质

（一）平衡素质概述

平衡素质是指人体在运动或失去平衡时能够在大脑调控下通过视觉、本体感觉调节肌肉收缩而恢复平衡和保持平衡的能力。前庭的功能对大脑整体功能起着重要的作用，学前儿童时期的前庭平衡能力差，在进行各种活动时容易摔倒。通过缩小支撑面，提高身体重心控制能力的动作练习都可以发展和提高学前儿童的平衡性，例如走平衡木游戏、闭目提踵练习、燕式平衡等。评价锻炼效果的主要指标有闭目直线走、跑步急停等。

（二）发展学前儿童平衡素质的宜与忌

采用旋转性运动（如旋转木马、旋转椅子等）、摇晃性运动（如秋千、吊床、跷跷板等）、跳跃性运动（如蹦床、翻滚、垫上运动等）、速度感、位置感、距离感变化的运动（如滑板、脚踏车等）练习可以给予学前儿童前庭器官各种不同程度的刺激，发展学前儿童的平衡素质。在练习中，被动型的旋转、摇晃的速度以 25～30 次/分钟的频率为宜。由于对前庭刺激的持久耐受力有很大的个体性差异，有的学前儿童会表现出恐惧不安，对于有特殊反应的学前儿童要特别注意，可以适当降低器械的高度，靠近地面进行缓慢的、安全的旋转、摇晃。许多大城市的社区内安放的公益性健身器材通常只适用于成年人，学前儿童使用时容易发生意外事故。

学前儿童不宜玩碰碰车和滑板车，因为他们的肌肉、韧带、骨质和结缔组织等均未发育成熟，非常脆弱，在玩碰碰车时产生的强烈震动容易造成学前儿童扭伤和碰伤。学前儿童的身体正处于发育的关键时期，长期玩滑板车会使腿部肌肉过分发达，影响身体的形体和身高。此外，玩滑板车时腰部、膝盖、脚踝承受身体重量过大，支撑部位的关节容易受伤。

思考活动

1. 学前儿童身体素质包括哪几种？

2. 如何发展学前儿童的平衡素质？

中国幼儿教育网资源库：

http://www.jy135.com/

扩展阅读

幼儿运动技能的发展

幼儿期的运动技能主要表现为两大方面。

(1) 手部的精细运动技能。

(2) 全身性的身体运动技能。

这与前面所划分的细微型运动技能与粗放型运动技能相对应。幼儿的身体运动技能发展得较快，而手指和手腕等小肌肉发展较慢，需要较长时间才能学会恰当地控制手的动作。不少幼儿要进入小学后才能协调手腕和手指的动作。所以，幼儿运动技能的发展有一定的顺序与进程，前一个动作往往是为发展下一个动作打基础、做准备的。运动技能的发展是幼儿身体发育的一个重要的指标，显示出幼儿身体机能发展得是否理想。

一般来说，不同时期的幼儿应完成如下一些基本的活动。

(1) 3～4 岁的幼儿：能用交替步下楼梯；能单脚跳着走；能从 15～25cm 的高度往下跳；能双脚立定跳远；能灵活投球；会翻跟头。

(2) 4～5 岁的幼儿：两脚能轮换着轻轻地跳着走；能短时间闭目单脚站立；能从 30cm 的高处跳下来。

(3) 5～6 岁的幼儿：能助跑跳过不少于 50cm 的宽度；能绕弯跑步；能单脚跳着走；能接球。

从上述动作的发展中可以看到，幼儿的运动技能随年龄的增长而提高，身体活动的速度、灵活性、柔韧性、目测力、平衡能力、力量和耐力等也有不同程度的提高。这实际上是与幼儿不断的游戏、练习等实际活动密切相关的。

资料来源：http://yifeng.jxedu.gov.cn/read.php? id=3643::668788

专题小结

任何一种身体运动或动作都需要有多种身体素质作为基础才能完成，身体素质的强弱是衡量学前儿童体质状况的重要标志之一。因此，要发展学前儿童的基础运动能力必须重视学前儿童身体素质的培养和提高。

思考与练习

一、填空题

1. 学前儿童体育要注重教学内容的________，让学前儿童在游戏中学习，在活动中体验。小班学前儿童体育课一般以________为主，中班、大班体育课则可以增加动作难度以________和________结合的综合课为主。

2. 平衡是指人体在________或________时身体能够在大脑调控下通过视觉和本体感觉调节身体而________和________的能力。平衡的动作训练有________、________、________和________四种类型。

3. 运动技能学习是以________为手段，学前儿童能学会多种________，在反复练习中获得更好的________和________，在此时期学前儿童还习得对以后________的基础和必要的________。

二、简答题

1. 什么是运动技能？

2. 什么是协调性？协调性的练习有哪些？

3. 简述发展学前儿童平衡素质的运动方式。

三、论述题

1. 论述学前儿童动作技能学习的目的和意义。

2. 论述学前儿童身体素质锻炼的主要内容。

3. 论述学前儿童身体素质锻炼的方法及其注意事项。

第五章

学前儿童的科学运动

体育活动能促进身体生长发育，发展身体素质，提高基本活动能力和运动技能，但必须根据学前儿童年龄特点和身心发展规律，运用形式多样的活动方法，结合科学的运动监测手段和方法，才能达到活动目的，收到良好的锻炼效果。体育活动过程中的安全问题本身又是直接影响学前儿童身体正常发育、身心全面发展的关键因素之一。

本章首先阐述了科学指导学前儿童进行体育锻炼的原理，其次介绍了学前儿童科学运动的目标、原则、内容、途径和方法，并进一步介绍学前儿童运动是需要注意的安全事项。帮助幼儿教育工作者科学监控学前儿童的运动锻炼，以更好地发挥体育锻炼的效果。

学完本章，你将能够：

1. 了解学前儿童体育教学的基本原则、规律及主要特点；

2. 认识学前儿童科学运动的目标和原则，掌握科学运动的实施及监控方法；

3. 熟悉学前儿童运动的安全问题，懂得合理组织和安排学前儿童的科学运动的方法。

专题导读

运动一定要科学合理地安排、监控，并配合膳食营养，才能真正发挥其促进健康的作用，并不是所有的运动都能促进健康。怎样的运动才是科学合理的？学前儿童如何科学运动才能提高运动锻炼的效果？科学实用的监控手段有哪些？本节将综合应用运动人体科学的相关研究成果，为学前儿童运动的科学化提供参考。

专题一 学前儿童的科学运动与监控

一、学前儿童科学运动实施遵循的原则

运动时身体肌群可划分为小肌肉群和大肌肉群的活动。小肌肉群运动主要是指尖的动作、眼和手的协调动作等局部的运动，手指的伸屈和拿筷子的方法等；大肌肉群运动就是指走、跑、跳、投、攀登、上举等活动，完成这些动作要动用大肌肉群，也称为全身运动。开展学前儿童体育，主要是大肌肉群运动。从运动速度和正确性来看，学前儿童运动能力主要是指小肌肉群活动的运动能力，但是学前儿童喜爱的游戏多半属于大肌肉运动。针对学前儿童的身心特点，概括学前儿童科学运动过程中须遵循的体育运动原则包括：全面发展原则、循序渐进原则、连续性与多样性原则、保护性原则、量力而行原则、适量性原则。

（一）全面发展原则

全面发展原则是指在安排学前儿童运动的形式和内容时，应做到多样化、综合化，使学前儿童身体的各器官系统、身体素质都得到全面发展。避免出现形态上的不对称、畸形，技能上的不稳定，基本身体素质不全面。

（二）循序渐进原则

循序渐进原则是指学前儿童运动负荷的安排应由小到大；动作由少到多、由易到难；循序渐进地逐步提高要求，避免学前儿童因不适造成运动损伤和过度疲劳。

（三）连续性与多样性原则

学前儿童必须坚持经常反复进行运动，才能不断发展动作、增强体质和心理意志品质，提高社会适应能力。同时注意要灵活运用多种多样

的内容和组织形式来开展运动，这些形式的运动相互补充、相互配合，才能达到强身健体的目标。

（四）保护性原则

保护性原则是指在运动过程中，要加强对学前儿童的保护和安全监督。学前儿童进行运动的场地、器械、用具均应安全、适用、卫生，活动前做好准备运动和活动后放松运动，在运动中注意保护学前儿童完成各种动作，或守护在活动现场，防止意外事故的发生。

（五）量力而行原则

量力而行原则是指在组织学前儿童运动时，应合理地安排和调节运动量。一般来说，运动的相对密度应大一些，强度小一些为宜。安排运动量时，既要考虑到学前儿童的身体承受能力，也要考虑到其心理负荷。特别要注意照顾体弱、有病的学前儿童，对他们不宜安排过大的运动量。

（六）适量性原则

适量性原则即指学前儿童的体育活动应该保证适宜的活动量。活动量，也称运动量或运动负荷，指进行身体运动时，人体所承受的生理负荷量。它反映了运动过程中身体生理机能的变化状况。适量的身体运动，能使学前儿童的机体承受适宜的生理负荷，有利于促进学前儿童正常的生长发育，增强各器官系统的适应性，提高机体的功能。若活动量过小，运动对身体的刺激也就较小，达不到锻炼和增强体质的作用。而若活动量过大，运动的刺激超出了学前儿童身体所能承受的限度和范围，反而会有害于学前儿童的身体健康。因此，合理、科学地安排和调整学前儿童的活动量，是组织学前儿童体育活动的关键因素。

二、学前儿童运动科学监控的内容

（一）学前儿童运动负荷的科学监控

运动负荷又称运动量或生理负荷，它是指人做练习时所承受的生理负担量。心理负荷则指人做练习时所承受的心理负担量，它一般包括认知、情绪、意志三方面的负荷。在学前儿童体育教学中，负荷过小效果差，达不到锻炼的目的；负荷过大则超过身体所承受的限度，因此必须有计划、有步骤逐步增加运动量，做到由易到难，由慢到快，由简单到复杂，使学前儿童有一个逐步适应的过程才能收到较好的教学效果。

合理地安排和调节幼儿园体育课的生理和心理负荷是对教师体育教学的一项基本要求，二者是否适宜还是评价体育教学和体育活动锻炼效果的一项重要指标。首先必须了解制约生理负荷和心理负荷的因素，然后再综合各因素找出科学的调节策略。

1. 影响学前儿童运动负荷和心理负荷的因素

(1) 运动强度

运动强度是指单位时间内，人在运动时的生理负荷量，常用心跳频率来表示。如学前儿童20米速跑，跑后即刻心率可达180次/分钟，慢跑1分钟做徒手操一套，心率在140次/分钟左右，显然前者强度大，后者小。在学前儿童体育活动中，较大强度的项目有跑、跳、攀登等，而走、钻、爬、投掷等动作的运动强度则相对较小。

(2) 活动时间

活动时间包括学前儿童连续活动的总时间和练习时间、间歇时间，其中，学前儿童的练习密度(学前儿童做练习的时间与课的总时间的比例)是否合适较大地影响着学前儿童的运动负荷和心理负荷。如果一节课，学前儿童总是处于大强度的运动之中，那么，他们的运动量就偏大而且易产生厌烦和畏惧心理。

(3) 活动项目

不同的活动项目对学前儿童身体的影响也不同。例如跑和跳跃的活动，对下肢肌肉的负担较大，对循环、呼吸系统的负荷也较大；而投掷的活动，对下肢、躯干部位肌肉的负担较大，但对循环、呼吸系统的影响不大。学前儿童做直体滚动时，前庭分析器所受的刺激和意志负荷均较大，而运动负荷却不大。障碍跑时，不仅全身运动负荷很大，而且认识和意志负荷也较大。连续立定跳远，运动负荷较大而心理负荷却较小。在平衡木上走、跑、过障碍、滚球、拍球时，学前儿童的心理负荷都很大。学前儿童参加感兴趣的体育活动，一般两种负荷均较大。

(4) 练习数量

练习数量是指练习的次数、距离的总和，它们与学前儿童的运动负荷一般成正比。影响练习数量大小的因素有活动数量、活动时间、活动强度、活动密度。活动数量是指动作练习的次数、距离等。例如，连续跳跃的次数越多，跑步的距离越长，其活动量也就相对越大。活动时间是指练习持续的时间以及活动的总时间。例如，体育游戏活动的时间越长，活动量相对就越大。活动强度是指完成身体运动所用力量的大小和机体紧张的程度。例如，快跑时肌肉需要更加用力地收缩(即用力蹬地、用力摆臂)，而且肌肉收缩与放松的交替要快(即速度要快)，这时，所用的力量就大，机体的紧张程度就高。如果与一般速度的步行相比较，那么快跑的强度要大得多。活动的强度大小，可以通过测定单位时间内的生理负荷量来衡量，即测定此项活动后的即刻心率。如学前儿童玩追逐跑的游戏，心率可达170次/分钟左右，而走步后的心率只有120～130次/分钟。很明显，前者强度大，后者强度小。强度越大，就意味着活动量相对越大。

活动密度，也称运动密度或练习密度，它是指幼儿在一次体育活动中各种运动所用时间的综合与该次课的总时间的比例，科学的、适宜的体育课活动密度是促进幼儿身心正常发育的前提条件。幼儿运动密度与青少年体育课练习密度的不同点是幼儿的一切身体活动都计为有效运动密度。例如走、慢跑、返回队列、调整队形时的原地踏步等动作所需的时间均计算在活动密度中。而在学校体育中，上述活动并不计入青少年的练习密度中，只能算是合理间歇。一般幼儿适宜的运动密度为40%～60%，练习密度要随幼儿年龄而增加。练习密度与能量消耗成正比，要注意活动密度只有结合活动的负荷和时间才有意义。练习密度的测定方法如下。

第一，从幼儿开始动作练习到动作练习结束，以秒表计时；

第二，将每次活动时间相加累积就是实际练习时间；

第三，实际练习时间再除以该次课总时间得出的就是练习密度(%)。

其公式为

$$练习密度=\frac{身体实际练习的时间之和}{活动总时间}\times 100\%$$

(5) 练习质量

练习质量是指练习的正确规格和要求。对练习质量的要求越高，学前儿童需付出的心理负荷则越大。一般说，认认真真地做、动作达到规定的要求，比松松散散、敷衍了事地做要承受的运动负荷大。例如，做腹背运动时，尽可能向前弯腰，将手指向下触；跳跃时，用力蹬地起跳等。但动作质量的高低与运动负荷的大小之间并不完全是成正比关系的。例如走平衡木，如果动作熟练，走起来就会觉得省力、轻松；若动作不熟练，肌肉的多余动作多，机体处于紧张状态，人体就会感到疲乏，因此活动量反而觉得大些。

(6) 教师的教学内容、教法和组织措施

教师组织体育课内容的难易是否合适、是否具有趣味性，组织措施是否得当，讲解示范是否正确形象、生动规范等都会较大程度地影响学前儿童的运动和心理负荷。如过多的排队调换队形，分组太少而导致学前儿童长时间地轮番等待，均易使学前儿童产生烦躁情绪，甚至注意的分散，从而影响教学任务的较好完成。

(7) 学前儿童的个别差异

学前儿童的身体机能水平和心理特点具有个别差异。在幼儿园体育活动中，往往相同的练习对不同的学前儿童会产生不同的影响。如以同样的速度速跑完20米，有的学前儿童心率达180次/分钟，有的仅为168次/分钟；同做一个游戏，有的学前儿童兴致勃勃，有的却感到索然无味。

此外，教师的教态、教具、环境、气候等因素都会在一定程度上影响学前儿童的生理负荷和心理负荷。

2. 合理调节学前儿童运动负荷和心理负荷的策略

合理安排每节课的教材和确定课的任务。这就要求教师课前的备课要做到心中有数，在安排教材内容时，应合理搭配不同性质、不同负荷、适宜数量的教材。运动量大和运动量小的练习交替安排，如强度较小的走平衡木或窄道、投掷、钻宜与强度较大的跑、跳跃、攀登、爬、滚翻等内容组合。教师要合理安排学前儿童体育课的密度，尤其是学前儿童的练习密度。确定任务时新教的知识、技能不宜太多太难，且必须富有趣味性。

合理调节负荷节奏。教师要根据人体生理机能活动变化规律和心理变化规律、教材特点、学前儿童的实际以及器械、气候等合理确定课的运动负荷和心理负荷曲线。对运动负荷总的要求是从逐步上升到一定程度，保持一段相对平稳，然后再逐步下降到相对安静。但由于影响生理负荷的各种因素是复杂多样的，因而每节课的运动负荷曲线就要视具体的教学内容和学前儿童的实际而合理确定。一般有标准型、双峰型、前高后低型、前低后高型等模式。标准型是指运动量由小到大逐渐上升到相当的水平，持续一定的时间再逐渐下降。双峰型指一节课中学前儿童出现两种负荷较高的练习。前高后低型主要指课的基本部分的前半部分运动量较大，后半部分较小，运动量由大变小。前低后高型则正好相反，运动量由小变大，如课前半部分为新授教材——投掷，后半部分为复习教材——连续立定跳远。但不管采用哪一种模式，运动负荷总的调节策略应是高低结合，动静交替。如课的基本部分的前半部分是集中练习立定跳远，孩子初步掌握动作后，可结合快速奔跑加两次立定跳远约1.5分钟，后半部分就可安排运动强度较小的由走组成的平衡游戏“熊和石头人”。

心理负荷的曲线较复杂，由于学前儿童活泼好动，通常心理负荷过渡的时间要滞后于生理负荷（见图5-1）。一般来说，体育活动中学前儿童的认识负荷不应太大，且需有积极愉快的情绪伴随，让其在快乐中动脑筋。学前儿童的意志负荷也不应太大，应让学前儿童通过一定的努力就能完成任务，从而体验到成功的喜悦，增强自信心，培养活泼开朗的性格。这就要求教师在安排教材时充分考虑学前儿童心理发展的特征，所选的内容难易适当，富有兴趣性和直观性。同时还应循序渐进，由易到难，注意个别差异因材施教。由于学前儿童十分喜欢游戏，孩子在游戏中的认识负荷、情绪负荷、意志负荷都较高，因此，在体育教学中教师应多采用生动有趣、针对性强的体育游戏和道具，再结合教师生动形象的讲解、示范，来调动学前儿童活动的积极性，提高学前儿童锻炼的效果。一般来讲，基本部分的前半部分应抓住学前儿童头脑较清醒的时机安排新的较难的教材，以增大学前儿童的认识负荷，而后半部分则宜安排认识负荷较小的带复习性质的教材。而情绪负荷，基本部分的前半部分不应过大，以避免因学前儿童情绪过度兴奋而影响新教材的学习掌握，在后半部分可安排适当的内容以让学前儿童的情绪负荷达到高潮。对于意志负荷，学习新教材和较难教材时应先大后小，学习较易教材或复习旧教材时则可是先小后大。总之，对心理负荷的调节，教师应处理好学前儿童认识负荷的紧张与松弛，情绪活动的兴奋、欢快和平静，意志努力程度的变化，方能取得较好效果。

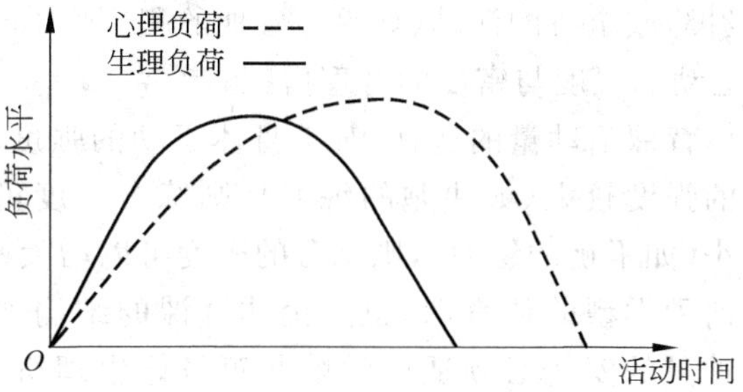

图 5-1　学前儿童生理、心理负荷变化特点

由于体育课是以直接的身体练习为基本手段，因此，教师在领导学前儿童的体育课时应精讲，让学前儿童多练，应使学前儿童的练习密度在课的总密度中占最大的比例(一般学前儿童在体育课中的练习密度在40％～60％较为适宜)。还应讲练结合。为了加大学前儿童的运动负荷和练习密度，可多采用同时练习法、鱼贯练习法、循环练习法等方法。还可增加学前儿童练习的次数，扩大其活动范围，增加障碍物，提高练习难度。反之，如学前儿童的运动负荷和心理负荷已较大，则应通过缩短其练习的时间和距离，变同时练习为分组轮流练习或相互观摩，改变练习的内容，缩小活动的范围，减少障碍物等手段来降低学前儿童的运动量和心理负荷。

在各个年龄班，尤其是小班，教师应尽量多地采用游戏的形式来组织体育课，但所选的体育游戏或游戏形式绝不仅是娱乐性的，而应是针对性强，为体育教学服务。由于中大班学前儿童对活动结果已变得十分关心，因此，在中大班可多采用竞赛法，以激发学前儿童练习的积极性，提高练习的效果，还可培养学前儿童的积极进取精神和集体责任感、荣誉感。

组织措施也是影响学前儿童运动负荷和心理负荷的重要因素，因此，教师应精心设计，使一切组织措施都紧紧围绕教学目的任务。教师要充分利用时间，合理组织和调动队伍，避免让学前儿童过多排队等待和变换队形，竞赛性游戏应分组较多，以增加学前儿童活动的机会和激发其参与意识，避免学前儿童因等待时间太长而产生厌烦情绪和注意的分散。为了有效利用时间，应尽量避免采用让学前儿童纯静止休息的方法，而应巧妙地把教师的讲解、示范、交代任务、评价、学前儿童分组观摩等时间同时作为学前儿童的休息时间。

3. 体育课活动量安排的注意事项

（1）注意上肢活动与下肢活动的有机结合

在一节体育课中，身体的动作部位的选择应考虑到上肢与下肢的结合。例如，如果选择了跳跃的练习，就不要再选择跑的活动，因为它们都属于腿部的动作，否则学前儿童腿部的负荷就会过大，而最好是选择上肢的活动（如投掷）或全身的活动（如手膝着地的爬）。

（2）注意运动的强度与密度的合理搭配

为了保证体育课活动量的适宜，对于身体运动的强度和密度应综合考虑。若运动的强度较大（如快跑的练习），则练习密度可以小一些；若运动的强度较小（如平衡的练习），则练习的密度可以增大些。

无论采取何种类型的体育课，也无论体育课的结构如何变化，学前儿童体育课活动量的安排必须适应学前儿童身体生理机能活动变化的规律与特点，活动量应由小到大再到小。不同时间、不同目的的体育活动，对活动量大小的要求也是不同的。一般来说，较适合于学前儿童的活动量的特点是：

① 活动的强度不大而练习密度较大，活动的时间不宜过长。

② 强调活动的节奏性，即掌握激与缓、动与静的结合。

③ 根据科研资料以及学前儿童体育活动的实践，适合于学前儿童的体育课活动量的参考数据如表 5-1 所示。

表 5-1　学前儿童适宜体育课活动量

项　　目	最　佳　值
课前心率与课后心率之差	40～50 次/分钟
课上的平均心率	140～170 次/分钟
心率恢复时间	5 分钟以内
练习密度	40%～60%

（3）注意季节的特点

学前儿童体育课活动量的安排还应该考虑季节的特点。例如，在冬季，活动量可以安排大一些，可选择跑或跳的练习，这样就能使学前儿童在户外进行活动时不觉得太冷。而在夏季，由于天气较热，身体稍加运动就会大汗淋漓，这时体育课的活动量就应该安排小一些，可以多选择钻或投掷的练习。

提示

一般来说，测试安静脉搏采用桡动脉测量法，测试运动后脉搏采用颈动脉测量法。

（二）学前儿童活动量的测定方法

活动量的测定，实质上就是生理负荷量的测定。常用的测定方法有生理指标测定法和观察法两种。

1. 生理指标测定法

生理指标测定法要求在体育活动前、活动中、活动后分别对受测者测定和检查若干项生理指标。需要测查的生理指标有心率、血压、尿蛋白、血红蛋白和心电图等。这些能较客观、准确地反映人在身体运动过程中生理机能的变化状况。但由于这种测定比较复杂且为有创性测试，需要专门的仪器设备和专业人员，不宜采用，在幼儿园实践中，只对其中的心率进行测定还是切实可行的。

对学前儿童进行心率测定(即脉搏测查)的方法是：选择体质状况处于中等水平的学前儿童一名，分别在活动前、活动中和活动后测定其心率的变化情况。以食指、中指和无名指的指端触压受试者手腕部的桡动脉，也可以测量颈动脉，即心率(见图 5-2)。有可能的话，最好是多测定几名学前儿童，根据这几名学前儿童心率的变化情况，全面、综合地分析此次活动的活动量情况。具体的测查项目是：

(1) 活动前的心率；

(2) 较大活动量后的心率；

(3) 活动后的心率；

(4) 活动后心率恢复到活动前心率所需要的恢复时间。

然后，对所得的数据进行统计处理，如：①活动前和活动后心率之差；②活动过程中的最高心率；③恢复时间。

对学前儿童进行心率测查，主要是检查教师在组织学前儿童活动的过程中，掌握和控制活动量的情况，以及了解此项活动对学前儿童身体所产生的负荷大小情况。

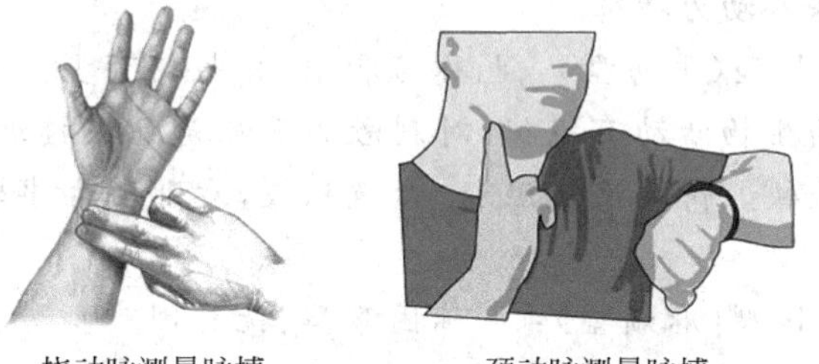

桡动脉测量脉搏　　颈动脉测量脉搏

图 5-2　桡动脉和颈动脉测量心率

2. 观察法

教师在组织学前儿童开展活动时，为了掌握并控制学前儿童的活动量，最常用也是最简便易行的方法就是观察法。这种方法可以普遍运用，并且具有一定的科学性，主要是观察学前儿童在活动过程中的呼吸状况。若学前儿童的呼吸虽急促但仍较有规律，表明此活动量尚合适；若发现学前儿童的呼吸无规律，出现紊乱，上气不接下气，则说明活动量过大，需及时进行调整。表 5-2、表 5-3 分别为学前儿童生理负荷与心理负荷评价参考表。

表 5-2　学前儿童体育活动生理负荷评价参考表

指　标	项目	等　级		
		轻度疲劳	中度疲劳	非常疲劳
生理负荷	面色	稍红	相当红	非常红或苍白
	汗量	不多	较多	大量出汗
	呼吸	中速	较快、加深	急促、节律紊乱
	精神	愉快	略有倦意	疲乏

注：修改自许卓娅. 学前儿童体育. 江苏：南京师范大学出版社，2003

表 5-3　学前儿童体育活动心理负荷评价参考表

指　标	项目	等　级				
		一级	二级	三级	四级	五级
心理负荷	注意	很集中	集中	一般	不太集中	分散
	情绪	很高涨	高涨	一般	不太高涨	低落
	意志	很努力	努力	一般	不太努力	疲沓

注：修改自许卓娅. 学前儿童体育. 江苏：南京师范大学出版社，2003

扩展阅读

幼儿气质的类型与表现方式

1. 幼儿气质类型

幼儿气质可分为 E 型、D 型、S 型、IE 型和 ID 型 5 类，并具有其各自的基本动力特征。

(1) E 型（平易型）：也称随和型、容易抚育型。其基本动力特征表现为生物活动有规律，对刺激的反应是积极接近，对环境的改变适应较快。情绪反应温和，心境积极，看到陌生事物能愉快面对和接受。

(2) D 型（麻烦型）：也称困难型、抚育困难型。其基本动力特征表现为生物活动无规律，成人难以掌握他们的饥饿和大小便规律。对新刺激的反应是消极、退缩、回避，环境改变后不能适应或适应较慢，情绪反应强烈且常为消极反应，遇到困难后情绪反应强烈，心境消极。

(3) S 型（发动缓慢型）：也称缓动型。其基本动力特征表现为对新刺激反应不强烈且常为消极反应（如回避），活动水平低，反复接触后方可缓慢适应。与 D 型不同的是，这类儿童无论是积极反应还是消极反应都很温和，生活规律仅有轻度紊乱，心境消极。

(4) IE 型（中间偏易型）。介于 E 型、D 型和 ID 型三者之间，并偏 E 型的气质类型和基本动力特征表现形式。

思考活动

1. 学前儿童实施科学运动需要遵循哪些原则？

2. 运动对学前儿童生理负荷和心理负荷有何影响？

香港特别行政区卫生署中央健康教育组网资源库：

http://www.cheu.gov.hk/b5/resources/index.htm

(5) ID型(中间偏麻烦型):介于E型、D型和IE型三者之间,并偏D型的气质类型和基本动力特征表现形式。

根据1997年全国3~7岁幼儿气质类型的调查,我国正常幼儿的气质类型分布为E型37%、D型7%、S型6%、IE型41%和ID型9%,可见目前我国幼儿气质类型以IE型和E型为主。

2. 幼儿气质的表现方式

幼儿不同气质类型在具体的体育活动中常有不同的表现方式和强弱度,表现方式主要体现在活动水平、节律性、趋避性、适应性、反应强度、情绪本质、坚持性、注意力分散度和反应阈几个方面。幼儿不同气质类型在具体的行为表现方式上存在着多样性的特点,因此在开展幼儿体育教育过程中,应根据幼儿气质类型进行气质特征的适当引导和干预有其必要性。

资料来源:太平洋亲子网(http://www.pcbaby.com.cn/)

专题小结

遵循学前儿童的身心发展变化规律,科学合理的运动才能真正发挥其促进学前儿童健康的作用。幼儿教师应掌握科学运动的原则和监控方法,合理安排学前儿童的体育教学,在体育活动中发展学前儿童的基本动作技能,促进其身心健康和谐发展。

专题二 学前儿童的运动安全

专题导读

运动安全是保护学前儿童健康、科学运动、预防运动性损伤发生的重要内容。每次体育活动前都应该做好充分的准备工作,在活动过程中要向学前儿童提出活动的具体注意事项。儿童运动的安全注意事项有哪些?如何做好安全措施?幼儿教师熟悉学前儿童运动安全的理论知识,有助于在体育锻炼中有针对性地做好运动安全工作。

室内和户外体育活动都是深受学前儿童喜爱的活动。在体育活动中,常常会出现学前儿童在奔跑时突然摔倒、练习抛接技能时物体落到自己或同伴的身上……有的甚至导致身体伤害。这是由于学前儿童缺乏运动经验和自我保护意识造成的。确保学前儿童的运动安全是提高运动锻炼效果的前提条件。为保证学前儿童安全运动,教师在组织体育活动时要引导学前儿童学会简单、常用的自我保护方法和常识,让他们从小培养自我保护的安全意识,使安全自护内化为学前儿童潜在的行为需求。

一、运动场地及体育器械的安全管理

1. 定期检查

幼儿园的后勤人员应定期全面检查户外运动场地和运动器材的安全性，如发现场地、器材的险情要及时维修、更换，例如大型运动器械发生歪、倒、铁钉暴露、木头腐烂等，对有损坏的器材一时不能解决的应加以警示或封存。另外，定期检查幼儿的活动场地，及时清理场地内的碎石子等，而且活动场地不堆放杂物。由于幼儿园放学后，家长会带着孩子在幼儿园的室外玩耍运动器械，户外的大型运动器材应标明安全使用方法并有安全标志。区域活动时教师应提醒学前儿童游戏规则，并切实负起监督责任。

2. 运动前检查

各班教师负责日常体育活动前对室内或室外的活动场地、大型运动器械的安全隐患都要进行检查，如发现器械螺丝松动、场地凹凸不平等问题时，应及时上报修理。

3. 运动后整理

结束体育活动后，教师应及时收拾、整理运动器械，及时清理地面杂物，消除下次活动的安全隐患。

二、学前儿童运动中的安全

（一）教师安全教育与保护

教师讲解动作要领、体育器材的使用方法及活动规则时要重点突出、形象具体，对于小班幼儿，应采用直接示范讲解的方法帮助其全面理解、掌握有关动作的技能技巧和安全注意事项，尤其是讲授自我保护的要领时，教师的示范更要做到层次规范、要点清楚。学前儿童的骨骼、肌肉、关节以及控制和协调运动的神经系统尚未发育完善，运动的感知觉较差，动作的协调性差，反应不够灵敏，平衡能力低，加上学前儿童好动，认知水平低，缺乏运动经验，安全观念淡薄，对各种新颖的动作和运动器材又极富好奇心，都想尝试，如看到皮球就用脚踩上去，看到荡桥就想走等，这样极易发生学前儿童的安全事故。为此，教师在组织开展体育活动时，应通过各种教育手段，使学前儿童逐渐认识自己身体的主要器官及其功能，知道体育活动应如何规范地进行，器械应怎么玩，什么动作不能做，如果做了会怎么样等。当学前儿童在体育活动中出现危险动作时，教师要及时进行说服教育和保护，使学前儿童逐渐形成安全活动的意识和行为。坚持日常性原则，即指学前儿童体育活动的时间应合理地安排在学前儿童每日的生活中。

从身体锻炼的特点看，只有经常地、坚持不断地参加体育运动，才能促进学前儿童机体的生长发育，提高学前儿童机体的适应能力和机能活动能力，尤其是学前儿童身体素质的培养，必须合理地安排在日常的生活中进行，这样才能达到良好的锻炼效果。动作技能形成的规律也表明，经常的运动与练习，有助于提高动作的熟练程度和技能水平。学前儿童还具有好活动的特点，如果每日都能适时地参加一些身体运动，便能满足学前儿童的需要，激发学前儿童的愉快情绪，使学前儿童活泼开朗、精力充沛，这对学前儿童心理的健康很有益处。另一方面，注意学前儿童一日生活中动与静的安排。为了保证学前儿童身心的健康，避免神经细胞过于疲劳，应注意学前儿童动的活动与静的活动交替安排，这可以起到积极休息的作用，其主要依据是大脑皮层镶嵌式活动的原则。因此，在学前儿童较安静的活动之后，尤其是在智力活动以后，应安排一些体育活动，使学前儿童的生活有节奏、有规律。

（二）学前儿童体育活动的自我保护

自我保护能力是一个人在社会中保存个体生命的最基本的能力，是孩子独立生活的可靠保障，它有助于孩子尽早摆脱成人的庇护，成为一个独立自主的有生存能力的个体。学前儿童体育活动的自我保护意识和行为，一方面通过教师安全教育和帮助；另一方面还须通过学前儿童自身参与体育活动，从中学习和积累各种科学合理的开展体育活动方法及经验。如：按常规拿取运动器材并做到不争抢；用合理的方法玩各种运动器材；会在体育活动过程中不碰撞同伴；当自己的身体将要被碰撞时会避让等。要摒弃那些为避免出现学前儿童体育活动中的安全事故而采取的不正确的方法，在运动时可以给学前儿童穿着必要的运动护具，如护膝、护腕、护踝等（见图 5-3）。只有重视和完善教师对学前儿童体育活动中的安全教育和保护，培养学前儿童的自我保护能力，才能避免和减少学前儿童体育活动中的不安全行为。

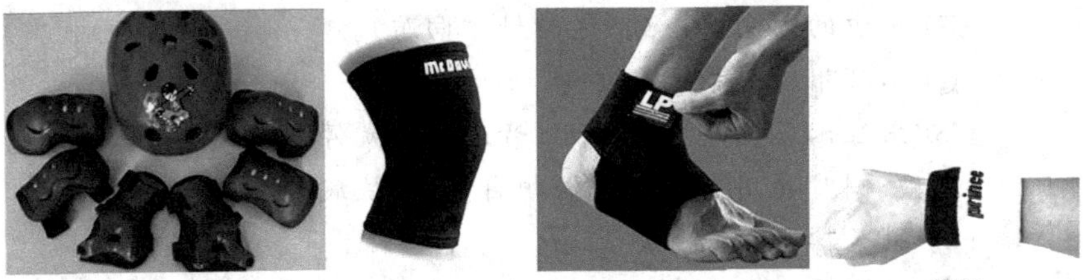

轮滑/滑板/自行车护具　护膝　护踝　护腕

图 5-3　各种类型的运动护具

在学前儿童体育活动过程中，坚持做到在以下方面进行自我保护：包括充分做好准备和放松活动、规范运动动作、营造良好的运动环境、重视安全教育与保护帮助、教会学前儿童进行力所能及的自我保护等。准备活动的作用首先是人为地通过肌肉的活动，克服各种机能（特别是植物性神经系统的机能）活动的惰性，从而缩短进入工作状态的时间，使机体进入正式活动时发挥较大的工作效率。运动中，肌肉毛细血管大量开放，肌肉高度紧张。如果激烈运动后立即静止不动，肌肉内淤积的血液就不能及时流回心脏，肌肉僵硬，疲劳不易消除。因此，运动后还要做一些放松活动，使运动慢慢缓和下来，或通过按摩挤压肌肉和穴位，这样可以使肌肉得到充分的放松和休息。人体的动作必须符合其解剖结构的特点，否则容易出现运动损伤，学前儿童的骨骼、肌肉、韧带等本来就不完善，如果运动时动作再不规范，则无疑是雪上加霜。

（三）建立体育活动规则

在体育活动中，规则是每个学前儿童安全参加体育活动的保障，它是以安全、有序、公平为目的而确立的。例如滑滑梯是学前儿童最喜欢的游戏之一，由于好奇心驱动，在玩耍中很多学前儿童都喜欢根据自己的愿望尝试一些新的游戏方法，例如逆行而上，或者反着滑。教师要引导学前儿童了解可能存在的危险因素，这样可以为学前儿童日后独立进行游戏活动提供必要的安全知识。教师设计每次体育活动环节时都应重视规则的建立，在活动实施过程中应引导学前儿童了解体育规则的重要性，从小培养遵守体育规则的意识。这既是学前儿童安全参与体育活动的保障，也是学前儿童上小学后更快适应小学体育课教学与体育活动开展的需要。

思考活动

1. 学前儿童自我保护包括哪些方面？
2. 如何做好学前儿童运动中的安全措施？

扩展阅读

幼儿体能游戏课程安全守则

一般在每节课程前体能老师都会叮咛幼儿一些安全事项，以确保体能课程进行中的安全，每节课必须有基本的安全叮咛。

① 跑步的方向要一致（逆时针方向跑）。

② 不可推、打、摸、抓、追等。

③ 用音乐或哨子控制幼儿（音乐停人就停等）。

④ 跌倒时要用双手撑地保护自己，赶快爬起来。

⑤ 鞋子掉了要到旁边穿等。

⑥ 游戏进行的方向（如右去左回等）。

⑦ 体能课的服装（女生不可穿裙子）。

⑧ 身体如有不适请告知老师。

1. 徒手游戏安全守则

(1) 注意周遭环境的安全性.尽量以空旷无障碍且平坦的场地

为活动场地，可避免擦、撞、碰、骨折等意外的发生；

(2) 适当的衣着；

(3) 理想的室内温度和湿度；

(4) 活动内容的设计必须配合幼儿发育的步调，不宜急躁或太过剧烈，以防幼儿身心无法负荷；

(5) 与幼儿游戏时动作必须小而轻巧，口吻应精细而温和；

(6) 与幼儿游戏时力度、角度与姿势很重要；

(7) 游戏时间要适当；

(8) 注意游戏后沐浴；

(9) 适量的水分补充；

(10) 充分的休息。

2. 球类游戏安全守则

(1) 事先了解活动性质、规则与内容；

(2) 尽量避免在烈日下进行活动；

(3) 慎选活动场所；

(4) 运动时请着轻便衣服；

(5) 注意幼儿的平衡感；

(6) 依幼儿身体状况调整活动内容；

(7) 准备饮水；

(8) 游戏运动后注意清洁。

3. 垫上游戏安全守则

(1) 请先告知做简易热身操；

(2) 衣着要轻便；

(3) 注意四周是否有障碍物；

(4) 年纪较小幼儿要有大人在一旁协助与指导；

(5) 进行前滚翻时特别注意颈部安全；

(6) 避免幼儿头部着地；

(7) 幼儿如有身体不适应立即停止活动。

资料来源：http://happysweetpapa.nidbox.com/diary/read/94615

香港特别行政区卫生署幼营喜动校园网资源库：

http://www.startsmart.gov.hk/tc/others.asp?MenuID=20

专题小结

学前儿童的天性是活泼好动，但运动能力欠缺，缺乏生活经验，对突发事件不能做出准确判断。幼儿教师应在教学和活动过程中渗透相关知识，使学前儿童在体育锻炼中知道如何选择在安全的环境中运动和游戏，学会初步的自我保护能力等，可以有助于提高学前儿童体育运动中的安全防范能力，获得在室内、室外环境里安全进行体育活动的基本技能。

专题导读

学前儿童时期是学前儿童独立性、自主性极易形成的时期，采用形式多样的体育活动可以给学前儿童提供足够的自由空间发展体育能力，有利于培养学前儿童的竞争意识、社会性、独立性和自主性。学前儿童体育活动的组织形式有哪些呢？什么是"三浴"锻炼？教师在开展各种组织形式的体育活动时要注意哪些事项呢？了解这些内容，将有助于提高教师教育的实践能力，提高学前儿童锻炼的成效。

专题三 学前儿童体育活动的组织形式

学前儿童体育活动的组织形式多种多样，实现体育锻炼与一日活动的整合可使体育贯穿于学前儿童"健康、语言、科学、艺术和社会"五大领域的活动，有利于确保学前儿童每日有充足的运动量和身心全面发展。

一、早操

晨间体育活动和早操活动是幼儿园一日生活的开始，可使学前儿童精神饱满，情绪愉快，为参加接下来的一天活动做好准备。早操内容包括三方面：①走步变换队形站；②徒手体操或轻器械操；③操后的韵律活动或区域性体育活动。在空气清新的早晨进行早操活动可以加学前儿童深呼吸，加速血液循环，促进新陈代谢，还能使全身各肌肉群活动起来，使学前儿童机体进入活动状态。冬季早操可以提高学前儿童对外界气温变化的适应能力，发展学前儿童力量、柔韧性和灵敏性等身体素质，培养学前儿童的集体意识，还能培养学前儿童克服困难条件、抗寒的意志品质。

为确保早操的锻炼效果，早操的总时间要控制在10～15分钟。不同年龄班的时间安排和运动强度不同，小班为8～10分钟，中班为10～12分钟，大班为12～15分钟，运动负荷强度符合曲线升降、先高后低的变化原则。一般早操在早餐前进行。不要让学前儿童面对着太阳光做操，以免学前儿童的眼睛直对强光感到不适。选择的伴奏音乐要活泼、节奏感强，音量不要过大，以免学前儿童的听力受损，确保轻器械的卫生，不提供被污染或有尖锐棱角的器械给学前儿童使用，不要在坚硬、不卫生的场地做地面动作。

二、室内体育活动

室内体育活动是指在室内开展的各种体育活动的总称。在室内进行体育活动可以不受气候不利条件的干扰，保证学前儿童日常体育活动的正常开展，与户外体育活动互为补充。室内体育活动的内容既可以是钻、爬、投掷等大肌肉活动，也可以是活动手指、脚趾等的小肌肉活动；组织形式可以是集体活动、小组活动，也可以是自由分散的创造性活动。要合理利用室内的地板、桌椅、过道、上下楼梯、平房屋檐下等地方开展体育游戏活动。例如在宽敞的音体室、班内活动室等大空间里可移动范围较大，可以让学前儿童进行走、跑、爬行等活动；在楼道、阳台等可移动范围不大的小空间，则开展占用空间相对较小的投准、纵跳、力量素质练习等活动；在有序摆放桌椅的教室，适宜开展平衡、钻、爬、侧滚等活动；在有序摆放的床铺，适宜开展平衡、手臂支撑等活动。

开展室内体育活动时要重视运动卫生工作，注意打开窗户保持室内空气流通，保持场地、玩具、器械的清洁。教师要根据不同年龄班学前儿童的特点引导他们了解一些基本的体育运动卫生知识，细心观察并进行保护和口头提示，避免学前儿童碰撞受伤。

三、户外体育活动

户外体育活动是指在户外开展的、以教师指导的集体活动或分散活动形式。户外体育活动能使学前儿童充分利用户外阳光、空气、水等自然因素锻炼身体，培养学前儿童参与体育活动的兴趣，促进个体社会化，对发展学前儿童独立性、主动性、积极性和创造性等都有良好的促进作用。户外体育活动的形式多种多样，包括体操类活动、基本动作学习、借助器械活动、利用环境的活动，如轮滑运动、足球运动、远足活动以及水上、冰上活动等。

（一）轮滑运动

轮滑运动又称为滚轴溜冰或滑旱冰，它是指穿着带滚轮的特制鞋在坚硬的场地上滑行的运动，学前儿童从 4 岁左右可以学习轮滑（见图 5-4）。轮滑是一项全身性的运动，根据要求可以做快速的冲刺练习速度，也可做慢速的滑行练习有氧耐力。轮滑可以促进学前儿童心脑血管系统和呼吸系统机能的改善和代谢作用的加强，增强臂、腿、腰、腹等各处肌肉的力量和身体各个关节的灵活性，特别是训练学前儿童的神经系统，对于提高身体平衡性、协调性、灵活性有很大的帮助。可以锻炼学前儿童的胆量、体能和耐力，发展其自信心、友好竞争精神和坚强的意志。

（二）水上、冰上、雪上活动

游泳是孩子们夏天最喜爱的活动，既可增强学前儿童的体质和体能、丰富夏日的体育活动，又能促进学前儿童间的交往。根据学前儿童活泼好动的特点，把游泳的基本动作、技能寓于游戏中可以让学前儿童

图 5-4　学前儿童轮滑运动

在玩耍中学习游泳或者运动技术。不同年龄班学前儿童应采取不同的形式学习，例如小班的重点是让学前儿童喜欢水上游戏，初步学习水中行走、水中呼吸；中班则初步学习呼吸、浮体、打水、蛙腿作为重点；而大班则初步学习蛙泳、仰泳的技能。在水中使用轻器械，可以增加运动的趣味性和降低发生伤病的概率。

参加滑冰、滑雪等运动项目可以让学前儿童享受冰、雪带来的奇妙感受，冰上自行车、冰上陀螺、冰上曲棍球等丰富的冰上项目让学前儿童体验到冰上运动带来的快乐。学前儿童走出教室、走向大自然，在大自然的阳光下进行活动不仅增强了学前儿童体质和提高了耐寒能力，也为学前儿童冰雪运动的发展提供了坚实的基础（见图 5-5）。

图 5-5　学前儿童冰上、雪上运动

（三）远足活动

远足活动是一项以锻炼身体耐力、磨炼意志品质为目的的、富有健身价值和教育意义的活动，能有效地增强学前儿童体质、磨炼意志、增长知识和陶冶情操。远足活动以徒步旅行为主要形式，在学前儿童的各种动作发展中走步是最基本的动作。体育学习的地点不再限于教室、幼儿园，而是指向更广阔的自然空间，通过参观、游览、散步等一系列远足活动让学前儿童和身边环境亲密接触、亲身体验，了解风景名胜、人文景观、自然景观等。远足活动可培养学前儿童热爱大自然、保护环境、合作谦让的社会性情感，丰富学前儿童的感性知识，提高他们的言语表达能力、观察周围事物变化的能力。

开展远足活动，要遵循从实际出发、因地因时制宜的原则，根据不同年龄班学前儿童的身心特点，周密计划，合理安排，量力而行。特别要重视师生的安全教育，采取有效的安全措施，确保学前儿童安全。在开展远足活动时，还可以利用各种条件和时机，对学前儿童进行热爱自然、热爱家乡、热爱祖国、爱护公物、吃苦耐劳和团结互助等方面的思想品德教育。

（四）幼儿运动会

幼儿运动会是指在幼儿园日常体育教学活动之外的各种体育比赛活动，设有开幕式、表演项目、竞赛项目、颁奖仪式等环节，可以激发学前儿童参与体育活动的兴趣、增强学前儿童的竞争意识，使其获得成功体验。幼儿运动会的基本形式有多种，从组织形式上分为全园幼儿运动会、亲子运动会、主题性运动会等。运动会适宜安排在春季或秋季进行，要根据学前儿童身心特点设计比赛游戏，例如小班设计有一定情节的、表演性质的比赛，强调学前儿童的参与，注重培养兴趣；中班适合设计有基本动作要求的、趣味性的比赛项目；大班适合组织具有竞争性、挑战性的比赛，以充分展现大班学前儿童体育学习的效果，如动作的准确性、灵活性、协调性，体现速度与力量。

运动会既面向全体学前儿童，又要考虑学前儿童的个体差异，使学前儿童树立"积极参与体育锻炼，终身锻炼"的体育思想。安排运动会要注意检查场地、运动器械和天气状况，比赛时注意学前儿童的运动负荷和运动强度，保证学前儿童在安全的情况下进行比赛，教师及保健医生要仔细观察学前儿童的身体情况并做好应急准备。

四、利用自然因素进行体育锻炼

学前儿童的器官正处在生长发育阶段，利用自然界的日光、空气、水等自然因素的锻炼是增进学前儿童健康的积极措施，人们通常把这种锻炼称为"三浴"锻炼，即日光浴、空气浴和水浴。"三浴"锻炼的作用机制主要是学前儿童在与空气、阳光、水的接触中增强呼吸道黏膜、皮肤及神经系统对寒冷刺激的适应能力，使机体对这种刺激的非条件反射和条件反射性反应更迅速、灵活、准确，加上一定量的运动和游戏，可达到增加学前儿童肺活量，促进血液循环，增进食欲，锻炼神经肌肉的协调性，改善体温调节的功能，从而增强学前儿童机体对经常变化的外界环境的适应能力，增加学前儿童机体的耐受力和对疾病的抵抗力。《幼儿园教育指导纲要（试行）》和《幼儿园工作规程》中明确指出："幼儿园应为幼儿提供丰富的活动环境"、"幼儿户外活动时间在正常情况下不得少于两小时，寄宿制幼儿园不得少于三小时"。其目的在于强调每天要保证幼儿有一定的时间在户外进行各种活动，以接受阳光、空气、水等自然因素的锻炼。锻炼要循序渐进，一般先进行空气浴，适应后再做日光浴、水浴。在进行锻炼前，应由医生为儿童做详细的身体检查，在医生的指导下进行。

（一）日光浴

1. 日光浴概述

日光浴是指按照一定要求让阳光直接照晒人体皮肤，利用阳光进行身体锻炼的方法。学前儿童皮肤内血管丰富，皮肤是人体感觉痛、温、触、压等刺激的感受器，皮肤中大量的神经末梢可以感知外界的各种刺激，还有防御、排泄、调节体温和吸收功能。日光中含有紫外线和红外线，红外线的温热可深入加热人身体内部，使深层组织的血管扩张，促进血液循环，使心跳强而有力，呼吸加深，摄氧量增加，全身新陈代谢旺盛。紫外线具有很强的杀菌能力，可使一般病菌在阳光直射数十分钟后死亡；它能刺激体内造血机能，使血液中的红血球数量增加，亦可促使皮肤内的7-胆脱氢固醇转变为维生素D，而维生素D又能促进钙、磷的吸收，预防和治疗佝偻病；它还能使人体获得健康的黝黑色，增厚皮肤表皮，使其对外界机械的、化学的和温度变化的抵抗能力提高，增强皮肤的屏障作用。

2. 日光浴的方法

宜采取散射光和反射光，以免日光照射过强，场地选择清洁平坦、干燥、空气新鲜而又能避开大风的地方，夏季可在树荫下进行，冬季可直接在阳光下活动。日光浴开始以前，应进行10天左右的空气浴，进行日光浴时，身体的大部分应暴露在日光下，照射的时间由3分钟延长至15分钟，一般以上午10:00时左右，或下午3:00～6:00时，气温在24～26℃为宜。

安排在饭后一小时左右为宜，晒太阳时尽量让孩子少穿衣服、身体大部直接接触阳光。学前儿童躺在床上或竹席上，可先晒背部，然后是两侧及胸腹部交替照射，使全身均匀地接受日光照射。应用凉帽遮住头部，避免过热，并注意保护眼睛。日光浴后，应休息3～5分钟，用28℃左右的水冲淋，喝些开水和饮料，不能立即进餐。

3. 注意事项

空腹和饭后1小时内，以及患传染疾病和心脏疾病的学前儿童，不宜进行日光浴锻炼，如果发现学前儿童出汗过多，精神萎靡，头晕头痛，心跳加快，要暂停锻炼，让学前儿童立即回到阴凉处休息，喝少量糖水。当户外的气温超过30℃时，不宜做直晒的日光浴。

（二）空气浴

1. 空气浴概述

空气浴是指利用气温与皮肤之间的温度差异，对人体给予刺激，使体温调节机能适应外界温度的变化，以提高其机能活动能力，增进健康的锻炼过程。空气浴能促进呼吸功能、血液循环，增强神经系统的功能，以及能提高抗寒能力，预防感冒。

2. 空气浴的方法

学前儿童最适宜的气温平均为20～22℃，空气浴一般先从室内锻炼开始，时间由2～3分钟，逐渐增加到1～2小时。习惯于室内降温后，可到室外进行。或从温暖的春夏季节开始，逐渐过渡到冬季，冬季可在室内进行，夏季每日一次，冬季隔日一次。锻炼场所应选择在自然绿化、无阳光直射、空气新鲜的地方。专门进行空气浴时，学前儿童应穿短衣短裤，夏季可只穿短裤，并结合适当的体育锻炼。同时根据空气的温度对不同体质的学前儿童实施冷空气浴(6～14℃)、凉空气浴(15～20℃)、温空气浴(21～30℃)及热空气浴(30℃以上)。对于学前儿童，一般在10～30℃内进行空气浴。

3. 注意事项

应选择早晨和上午，从温暖季节的热空气浴开始，逐步向寒冷季节的冷空气浴过渡，风速不超过7米/秒钟，相对湿度为60%～70%比较妥当。要注意气温变化，大风、大雾或严寒等应暂时停止，学前儿童有不适或患病时也应停止。冬季更应与体力活动结合起来，气温低时，运动量要相应加大。

（三）水浴

1. 水浴概述

水浴是指利用水的温度、机械作用和化学作用来锻炼身体。水温有冷、温、热三种，因此水浴也可分为冷水浴、温水浴、热水浴三类，其锻炼方式主要有擦浴、淋浴和泳浴三种。冷水浴能促进有机体新陈代谢，尤其是能改善皮肤的血液循环，加强对皮肤组织的营养供应，使皮脂腺分泌增加，因而皮肤变得柔软润滑、富有弹性，抵抗能力强，不易患皮肤病。同时，还可减少脂肪堆积和血管内胆固醇的沉积，有助于防止动脉硬化。温水浴有助于消除疲劳和机体康复；热水浴除有助于消除疲劳外，还可减轻体重。热水浴能清洁皮肤上的污垢，使汗腺保持通畅，提高皮肤的代谢功能和抗病能力，促进代谢，降低肌肉张力，解除肌肉痉挛，使肌肉放松，消除疲劳；同时，还可以提高神经系统的兴奋性，导致血管扩张，促进血液循环，改善组织和器官的营养状态。

2. 水浴的方法

可设计专门的水浴场所，如小型游泳池、冲淋设备等，这种游泳池可设计在顶层，可用葡萄藤、爬山虎等绿色植物进行遮阳，避免阳光直射对学前儿童的皮肤造成伤害。为了符合学前儿童的心理特点，可将滑梯、攀爬等器材安置在游泳池中，增加水浴锻炼时的乐趣。

3. 注意事项

游泳是一种综合性的锻炼，它结合了水、空气和日光三种自然因素，刺激作用较强。在进行室外游泳或水浴时，应选择天气晴朗、没有风的日子，下水前先经受一定的日光照射和冷水的刺激，时间由5分钟逐渐长到15分钟左右，这一活动，一定要由成人带领，在水质较好、水温较高的浅水区中进行，要细心察看每个儿童的反应，严密注意安全。离水后，要迅速擦干身体，穿好衣服，稍做一些缓步跑或跳跃等整理活动。

五、民族、民间传统体育活动

我国民族传统体育是中华民族悠久的宝贵文化遗产，民族传统体育活动是具有浓郁民族意蕴的体育形式，不仅内容丰富多彩，而且形式多样。在学前儿童体育活动中积极开展民族传统体育活动，把民族传统的体育活动融入学前儿童的体育活动中去，不但可以引导学前儿童感受祖国文化的丰富与优秀，培育和弘扬民族精神，也可以发展学前儿童审美能力和创新能力，促使学前儿童各方面素质和个性发展，丰富学前儿童体育活动内容。民间体育游戏是由民间创编并在民间代代相传的为人们所喜闻乐见的游戏活动，具有浓厚的地方色彩、地域性特点和很强趣味性的养生、健身和娱乐体育活动。应积极挖掘有益的民间体育游戏，吸引学前儿童主动参加。

（一）民族传统体育游戏活动

民族传统体育游戏就其历史发展及其运动的主体功能而言，可划分为三大类：对抗类民族传统体育运动，如武术、举重、摔跤；休闲娱乐类民族传统体育运动，如荡秋千、球戏、龙舟戏等；养生健身类民族传统体育运动，如导引、太极等。

（二）民间地域性体育游戏活动

各民族留传的民间体育游戏的种类繁多，富有兴趣性，操作形式简单，不仅可以有效促进学前儿童动作及运动技能的发展，增强学前儿童体能，开发学前儿童智力，还能培养学前儿童的机智、勇敢、坚忍、顽强的性格。例如珍珠球、跳绳、爬竹竿、打陀螺、抛铁环、踢毽子、舞龙等。

六、探索性体育活动

探索性身体活动的提出在我国教育改革的背景下具有重要的意义，当前我国提倡建设创新型国家的决策，全面实行“创造力教育”是培养创新型人才、建设创新型国家的前提。创新型人才是指具有创新精神和创新能力的人才，通常表现出灵活、开放、好奇的个性，具有精力充沛、注意力集中、坚持不懈、想象力丰富以及富于冒险精神等特征。探索性身体活动为学前儿童提供了更多自由的、创造性的进行身体活动的机会，弥补了传统体育教学活动的不足，使学前儿童能够在其中体验到自主探索和创造性实现自己想法的乐趣。

（一）自身探索性体育活动

学前儿童自由探索自己身体各部位的移动方式，例如在旋转中感知自己身体某部位所在的空间位置，创造性地进行不同方式的跳跃、爬行或直线、曲线移动。在集体活动中，采用自己未知的方式与他人共同造型，自行设计或模仿设计新动作。

（二）自身与外界环境的探索性体育活动

学前儿童在不同环境或运动器械玩耍时，教师应鼓励他们自由探索各种自己未知的或与众不同的运动方法，例如用各种方法从滑梯或攀登架等固定运动器械上钻进钻出，或用不同方式玩耍铁圈、跳绳等。

（三）自身与音乐的探索性体育活动

学前儿童伴随音乐进行走、跑、跳跃等基本动作或体操，根据音乐进行律动设计动作组合，自主表达某种情绪。可以在教师主导下带领学前儿童在体育活动中创造性地进行。

思考活动

1. 学前儿童的“三浴”要注意哪些问题？

2. 学前儿童户外体育活动有哪些组织形式？

扩展阅读

学前儿童不宜进行的九种运动

儿童保健专家指出，过早地让幼儿从事某些健体运动不仅不利于幼儿身体的锻炼，反而容易造成伤害。人在过量运动时，为防止能量进一步消耗，人会感觉极度疲劳，浑身无力，大脑反应减慢，如果长时间过量运动，会使大脑机能受损，尤其是幼儿，过量运动极易出现注意力不集中、失眠、健忘，甚至缺氧等现象。针对少年儿童身体发育特点，跳绳、弹跳、跳皮筋、拍小皮球、踢小足球、打小篮球、游泳等体育运动既有助于增加少年儿童的身高，又不会伤害身体。另外，对于尚未发育成熟的儿童，一次运动时间最好不要超过一个小时，间隔十几分钟，休息一会儿后再运动。一天的运动量不能过大，以运动后孩子不感到疲劳为限。

学前儿童不宜进行以下九种运动。

1. 拔河

拔河可能让幼儿“伤心”、“伤筋”。从生理学角度来讲，儿童心脏正在发育中，植物神经对心脏调节功能尚不完善，当肢体负荷量增加时，主要是依靠提高心率来增加供血量。拔河需屏气用力，有

亲亲宝贝网资源库：

http://www. qbaobei. com/

时一次憋气长达十几秒钟，当由憋气突然变成开口呼气时，静脉血流也会突然涌向心房，损伤幼儿柔薄的心房壁。对250名5～6岁的儿童在拔河比赛的研究表明，发现心率均高，赛后1小时有30%的儿童心率未能恢复正常。除了对心脏造成影响外，拔河还可能伤到幼儿的"筋骨"。儿童时期身体的肌肉主要为纵向生长，固定关节的力量很弱，骨骼弹性大而硬度小，拔河时极易引起关节脱臼和软组织损伤，抑制骨骼的生长，严重的还会引起肢体变形，影响儿童体形健美。另外，拔河是一项对抗性较强的运动，幼儿争强好胜，集体荣誉感强，比赛中往往难以控制保护自己，极易发生损伤。

2. 力量训练

儿童生长发育时都是先长身高，后长体重，而且他们的肌肉力量弱，极易疲劳。也就是说，身体发育以骨骼生长为主，还没有进入肌肉生长的高峰期。如果这个时候让幼儿过早进行肌肉负重的力量锻炼，一是会让幼儿局部肌肉过分强壮，影响身体各部分匀称发育；二是会使肌肉过早受刺激变发达，给心脏等器官造成较重的负担；另外，还可能使局部肌肉僵硬，失去正常弹性。因此，不要让幼儿进行引体向上、俯卧撑、仰卧起坐等力量练习。

3. 长跑、负重跑

长跑、负重跑属于典型的撞击运动，对人体各关节的冲击力度很高。幼儿经常进行长跑锻炼，对关节处的骨骺发育不利。尤其是在坚硬的马路上进行冬季长跑时，对关节冲击力更大，骨骺容易出现炎症，从而影响幼儿长个子。长跑也是一项心脏负荷运动，儿童过早进行长跑，会使心肌壁厚度增加，限制心腔扩张，影响心肺功能发育。另外，儿童时期体内水分占的比重相对较大，蛋白质及无机物的含量少，肌肉力量薄弱，若参加能量消耗大的长跑运动，会使营养入不敷出，妨碍正常的生长发育。另外，捆绑着沙袋进行负重跑，幼儿的跑姿容易变形，错误动作容易导致运动损伤。

4. 掰手腕

学前儿童四肢各关节的关节囊比较松弛，坚固性较差，掰手腕容易发生扭伤。另外，如同拔河一样，屏气是掰手腕时的必然现象，这样会使胸腔内压力急剧上升，静脉血向心脏回流受阻，而后，静脉内滞留的大量血液会猛烈地冲入心房，对心壁产生过强的刺激。如果长时间用一臂练习掰手腕，可能造成两侧肢体发育不均衡。

5. 极限运动

极限运动专家认为，少年儿童的体育锻炼，一要遵循儿童自身身体生长发育的规律；二要考虑儿童少年身体的解剖生理特点。幼儿处于生长发育期，器官各方面还没有成熟，自然很难承受极具"挑战性"的极限运动，而且很容易造成损伤，比如超过儿童身体自身承受能力几倍的大运动量，就有可能导致儿童肌肉因长期处于极度疲劳状，造成肌肉疲劳损伤，容易留下运动损伤后遗症。另外，正处于生长发育的幼儿，关节中的软骨还没有完全长成，长时间过度磨损膝盖软骨，日后容易形成关节炎。研究表明，儿童时期的膝盖损伤成年后患关节炎的可能性会增加三四倍。

6. 兔子跳

在做兔子跳运动时，人体重心所承受的重量相当于自身体重的3倍，每跳一次膝盖骨所承受的冲击力相当于自身体重的三分之一，这样对骨化过程尚未完成的孩子来讲，很容易造成韧带和膝关节半月板损伤。

7. 倒立

尽管儿童的眼压调节功能较强，但如果经常进行倒立或每次倒立时间过长，会损害眼睛对眼压的调节。

8. 滑板车

8岁以下儿童不宜玩滑板车。儿童身体正处于发育的关键时期，如果长期玩滑板车，会出现腿部肌肉过分发达，影响身体的全面发展，甚至影响身高发育。此外，玩滑板车时腰部、膝盖、脚踝需要用力支撑身体，这些部位非常容易受伤，所以一定要做好防护，最好有父母陪护，并且找平坦宽敞的非交通区域玩耍。

9. 小区健身器材

公共健身器材对安全要求很高。例如目前最普及的“太空漫步器”，按照其两脚间规格，明显是只适合成人使用的，而有关警示上只对运动的形式、健康禁忌做了规定，对于使用者年龄并没有特别限制。而很多青少年也把这些器材当成了玩具。目前儿童使用健身器材不当引起伤害不断增多，甚至出现了重伤、残疾的现象。过早从事某一专项体育运动对未成年儿童也是一种伤害，其中包括：疲劳性骨折、月经失调、疲劳过度、饮食功能失调以及情感压抑等问题。因此，专家认为父母应当鼓励儿童参加多种体育活动，而不要希望孩子在少年时代就创造某些体育项目的奇迹。

资料来源：亲亲宝贝网(http://www.qbaobei.com/)

专题小结

年幼学前儿童在体育锻炼中首要的任务是发展基本的运动技能，这些动作技能是将来运动游戏和终身身体活动的基础。熟练掌握这些技能，可提高学前儿童将来自如地应对日常生活中的活动的能力，他们也更有可能像成人一样找到他们将一直会参加的活动。体育运动课程的设置，既要把关注点放在学前儿童动作技能的学习上，又要因地制宜地创设各种有趣的运动环境，开展形式多样、富有趣味的活动，吸引学前儿童主动参与，让学前儿童体验运动的快乐，从而促使他们肢体和基本运动能力的全面发展。

思考与练习

一、填空题

1. 学前体育教学的基本原则包括________、________、________、________、________等原则。

2. 学前体育教学活动中的两个基本而主要规律是________、________。

3. 影响幼儿运动负荷和心理负荷的因素包括________、________、________、________、________等。

4. 幼儿体育运动过程中常用的负荷监控方法包括________、________等。

二、简答题

1. 幼儿体育活动的目标是什么？

2. 幼儿科学运动的原则是什么？

3. 学前儿童体育活动的内容和手段是什么？

4. 幼儿体育运动中有哪些卫生保健方面需注意的问题？

三、论述题

1. 在理解幼儿体育教学的基本原则和规律的基础上，在体育教学过程中要注意什么？

2. 如何监控幼儿体育教学过程的生理负荷和心理负荷？

3. 根据幼儿身体各系统的发育特点，谈谈在运动过程中的卫生问题。

4. 如何设计一节幼儿体育教学课？

第六章 学前儿童的运动营养

运动中的营养问题作为新兴的课题，已经与运动生理学和运动生物化学融为一体，积累了大量的基础知识，使我们认识到，人体最佳的健康状态与强度适中的运动、良好的营养习惯是密不可分的，三者之间相互影响，相互交织在一起。我国对于学前儿童的运动营养问题鲜有研究，积累的数据资料有限，这就更加需要幼儿教师掌握运动营养学基础知识，与学前儿童膳食实际情况相结合，以保证学前儿童的身心健康。

本章首先介绍了人体内的能量代谢系统，强调了平衡膳食的目标是使人体能量摄入与消耗保持平衡；其次分别讨论了各种营养素在人体内的作用以及运动时的需求量；最后整合了运动营养学和运动生理学的基础知识，对正常学前儿童运动营养膳食要点进行总结，对学前儿童常见的营养不良状况进行了分析并提出合理化意见。

学完本章，你将能够：

1. 分析出某项运动中的能量提供方式及主要食物来源；
2. 根据不同能量需求制订学前儿童平衡膳食食谱；
3. 分析目前某学前儿童食谱中存在的问题并给出合理化建议；
4. 掌握预防学前儿童肥胖症和佝偻病的膳食方法，对相关工作进行指导。

专题导读

我们不仅需了解运动与体内糖、蛋白质、脂肪的能量代谢特点，还要懂得关于学前儿童营养学的基础知识。营养是维持正常生理和健康的最根本的物质，营养摄入不均衡不但会严重影响学前儿童的健康水平，还会对其心理、行为的发育产生不良影响，营养不良和营养过剩的学前儿童常有性格、社会交往、适应能力障碍、语言发育迟缓等问题。那么，什么是营养素？营养素与健康又有什么关系？本专题将逐一介绍。

专题一 学前儿童营养学基础知识

营养是指人体摄取、消化、吸收和利用食物中的营养成分，并以之维持生长发育、组织更新和良好健康状态的动态过程。营养物质是学前儿童生长发育的物质基础，营养供应充足，则幼儿生长发育良好；反之，则会导致生长发育迟缓或出现营养缺乏的多种疾病。卫生部委托中国营养学会组织专家制订的《中国居民膳食指南（2007）》包含学前儿童膳食制定的膳食指引，为学前儿童的营养提供了最基本、科学的健康膳食信息（见图 6-1）。食物当中含有多种营养素，具有构成机体组织、供给能量、调节生理机能等作用的物质，主要可分为供能营养素和非供能营养素。

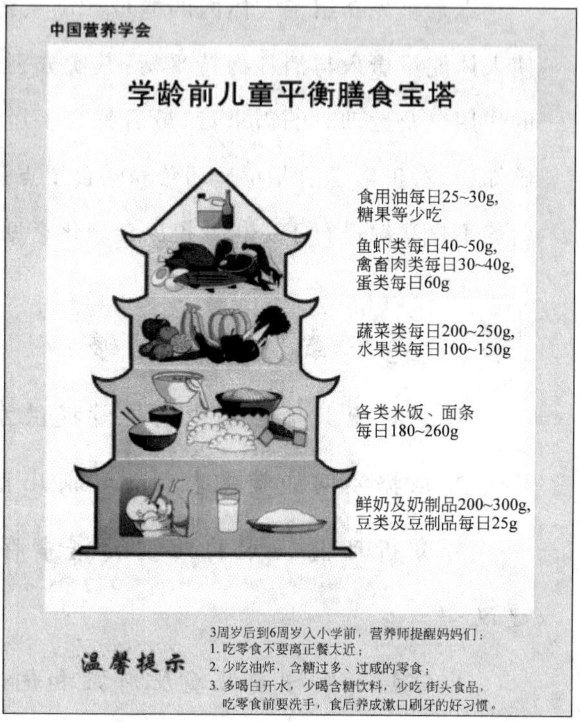

图 6-1 学前儿童平衡膳食宝塔

一、供能营养素

在休息和体力活动中，碳水化合物、脂类和蛋白质除了作为生物燃料发挥作用外，还维持着有机体结构和功能的完整性。这一大类营养素称为供能营养素。

（一）碳水化合物

碳水化合物是一类由碳、氢、氧所组成的有机分子的总称，也称为糖。尽管一提到糖，人们仅会想到食用糖，但是糖类还包括其他种类，根据结构主要分为单糖、双糖、寡糖和多糖。所有的活细胞都包括碳水化合物。除了乳糖和少数来自动物的糖原外，植物是人类膳食中碳水化合物的主要来源。

1. 碳水化合物的分类

（1）单糖和双糖类

单糖类包括葡萄糖、果糖和半乳糖，双糖类包括蔗糖（葡萄糖＋果糖）、乳糖（葡萄糖＋半乳糖）和麦芽糖（葡萄糖＋葡萄糖），双糖会被相应的消化酶消化为单糖。

（2）寡糖

寡糖是由3～9个单糖残基结合而成。主要膳食来源是蔬菜，特别是豆科植物的种子。

（3）多糖

多糖分为植物性和动物性两种类型。淀粉和纤维素代表了两种常见的植物性多糖。

① 淀粉：淀粉是植物中碳水化合物的储存形式，也是植物性多糖的最常见的形式。在种子、谷物以及制作面食中含有大量的淀粉，豌豆、蚕豆、土豆和红薯中也含有大量淀粉。在这些植物中，淀粉是作为一种能量储存以备植物日后利用。淀粉酶可以将长长的葡萄糖链分解成麦芽糖，然后进一步将麦芽糖分解成葡萄糖分子，以使其能被吸收进血液中。淀粉的结构主要有两种：多糖和支链淀粉。因为二者的结构不同，被消化的速度也不同，支链淀粉可以更快地被消化吸收。

② 纤维素：未被认识的“营养素”。分类上属于非淀粉结构的多糖，是地球上最丰富的有机分子，大量存在于谷物、蔬菜和水果等植物性食物中。纤维性物质能够抵抗人类消化酶的水解作用，但是仍会有小部分可以经肠道内的细菌发酵后被吸收参与代谢过程。直到20世纪70年代，纤维素才开始被视为一种营养物质，而不再仅仅是一种简单粗粮。纤维素能够保持水分，增强胃肠道功能，并有效控制血胆固醇，预防心血

管疾病和肥胖症的发生。

2. 食物中糖的功能特征

甜食大多含有单糖和双糖，这些糖的甜度依次为果糖＞蔗糖＞葡萄糖＞乳糖，但是除了甜度以外，蔗糖和谷物糖浆对食物还有丰富口感和增加黏度的作用。此外，糖在食品加工中还可作为增稠剂、稳定剂、发酵剂和乳化剂。另外，糖还可以为食物着色，使食物看起来色香俱佳。淀粉可以增加食品的黏稠度和密度，树胶等非淀粉多糖则作为增稠剂、稳定剂和胶化剂在食品加工中得到广泛应用。舌尖上的味蕾可以识别不同的糖，甚至可以识别某些非糖类物质。糖甜度的改变以每克为基本单位，例如，果糖的甜度无论在酸性或寒冷条件下都几乎是蔗糖的两倍；蔗糖比葡萄糖甜 30%，而乳糖的甜度还不到蔗糖的一半。由于甜度的差异，有些糖能够改善很多食物的适口性，从而增进进食的感受。

3. 膳食碳水化合物推荐摄入量

碳水化合物丰富的来源包括谷物食品、饼干、糖果、面包和蛋糕，水果和蔬菜中含有大量的水分，碳水化合物含量很少。在全球范围，碳水化合物代表着最普遍的能量来源。对于一般运动量的人来说，碳水化合物的供应量应为每日总能量的 60%左右（400～600g），营养膳食碳水化合物的来源包括谷物、水果和蔬菜，但是越来越多的孩子并不会这么吃，而是以双糖的形式摄入碳水化合物，主要是蔗糖。蔗糖是过度发酵的碳水化合物，摄入过多会引发龋齿，还可能增加罹患糖尿病、肥胖症和冠心病的几率。可用果糖代替蔗糖，果糖的甜度可以达到蔗糖的 80%，这就提供了相同的甜度却能减少热量。此外，果糖不会刺激胰腺分泌胰岛素，从而有助于稳定血糖水平。

血糖通常被调控在一个较窄的范围内。每日摄入足够量的碳水化合物可维持身体相对有限的糖原储备。在安静时和运动期间，糖原分解维持正常血糖水平，通常为 100mg/dL（5.5mmol/L）。长时间高强度运动中肝糖原耗竭，血糖浓度降到正常水平之下，发生低血糖症（血糖＜4.5mmol/L），症状有虚弱、饥饿感和头晕，导致脑内运动中枢的疲劳，持续严重的低血糖甚至会产生不可逆的脑损伤。当低血糖时，吃一些可以被快速吸收的糖可以有效缓解这些症状。

（二）脂类

脂类包括简单脂类、复合脂类和衍生脂类三种。

1. 简单脂类

简单脂类，即一般人们所知道的脂肪。虽然食物中的脂肪一直以来名声都很坏，但它却是一种很重要的营养成分。脂肪是每个细胞膜的组成部分。人体内 90%的脂肪分布在皮下为身体保温，而且它还能在皮肤表面形成一层保护膜，防止水分渗透。摄入体内的脂肪是以甘油三酯的形式被小肠吸收的，其中含有两种对人体相当重要的脂肪酸——亚油酸和亚麻酸。这两种脂肪酸与其他种类脂肪酸合成一种有机化合物，可以起到控制血液凝固、防止发炎和免疫的作用。

食用油(100%的脂肪)、黄油和人造黄油(都含 80%的脂肪)中含有丰富的脂肪。另外，在燕麦片、全粒谷物、坚果、花生酱、植物种子、蛋黄、全脂牛奶、酸奶和奶酪中也含有丰富的脂肪。在制作蛋糕和饼干时也会加入一些脂肪。

食物中的脂肪主要有三种：饱和脂肪和不饱和脂肪，还有一种叫做反式脂肪。

(1) 饱和脂肪

饱和脂肪一般被认为是有害的脂肪，因为它会凝结成脂肪团块阻塞动脉通道和增加血液黏稠性引发心血管疾病。“饱和”是有机化学的术语，意思是每一个脂肪酸分子里的氢原子都达到饱和状态，并不是指食物中的脂肪饱和。饱和脂肪在室温下呈固态，主要存在于动物产品中，如牛肉、羊肉、猪肉、全脂牛奶、奶油和奶酪等。

(2) 不饱和脂肪

不饱和脂肪被视为有利于身体健康而不会引发疾病的一类脂肪。植物来源的脂肪酸通常是不饱和的，而且在室温下呈液态。橄榄油、花生油、菜籽油及豆油等主要含有单不饱和脂肪，葵花子和玉米油主要多含有不饱和脂肪。如果将液态氢加入到植物油中就得到氢化油，这是一种饱和脂肪，最常见的氢化脂肪包括猪油代用品和人造黄油。

(3) 反式脂肪

反式脂肪其实是一种不饱和脂肪，但是很像饱和脂肪，会堵塞血管损害动脉壁的弹性和功能。在反刍类动物体内含有天然的反式脂肪，所以牛肉、羊肉、全脂牛奶、奶酪中含有反式脂肪。用人造黄油和氢化植物油制造的商业烘烤食物以及深度油炸的食品多含有反式脂肪。因此食用过多以油炸食物为主的快餐对身体健康不利。

2. 复合脂类

复合脂类即磷脂，是一个甘油三酯分子与其他化学物质结合组成的，约占人体总脂肪含量的 10%，大部分在肝脏合成，是组成细胞膜的重要组成部分，另外在血液凝固过程中发挥重要的作用，并保持神经纤维髓鞘的完整性。卵磷脂是食物中分布最广泛的磷脂来源，这些食物主要是动物肝脏、蛋黄、小麦胚芽、坚果和大豆。其他的复合脂类包括糖脂和水溶性脂蛋白。脂蛋白提供了血液中脂质运输的主要途径。

3. 衍生脂类

衍生脂类来自简单脂类和复合脂类。胆固醇是最有名的衍生脂类，仅存在于动物组织中。胆固醇为人体合成类固醇类化合物(胆盐、维生素 D、性激素和肾上腺皮质激素等)提供了骨架。胆固醇可以从膳食中获得(外源性胆固醇)，也可以通过自身细胞合成(内源性胆固醇)。蛋黄、红肉、动物的脏器(肝脏、肾脏和脑)、贝类、奶制品(全脂牛奶、奶酪、黄油)都含有较多的胆固醇。植物来源的食品中不含胆固醇。长期食用富含胆固醇的食物会增加罹患心血管疾病的风险，因此，要注意控制每日摄入的胆固醇量。

4. 膳食脂类推荐摄入量

最适宜的脂肪摄入量尚无严格的标准。为了追求身体健康和最佳的运动表现，谨慎的做法是适量摄入所有的脂类，以植物来源的脂类为主，多食用鱼肉这种含有不饱和脂肪的食物。15mL 的植物油大约可以为人体提供 2500kcal 的热量，因此要注意控制植物油的用量，将来自脂肪的能量减少到总能量摄入的 30%以下。

（三）蛋白质

1. 蛋白质的分类及食物来源

蛋白质的结构与碳水化合物和脂类的结构相似，100 个以上的氨基酸结合形成蛋白质。人体无法合成 8 种氨基酸，因此必须从食物中摄取。异亮氨酸、亮氨酸、赖氨酸、甲硫氨酸(又称蛋氨酸)、苯丙氨酸、苏氨酸、色氨酸和缬氨酸这 8 种成为必需氨基酸。另外，学前儿童合成精氨酸的能力较差，也要通过食物来补充。动物和植物合成的蛋白质含有人体所需的氨基酸，而且两种来源的蛋白质不存在本质上的差异。完全蛋白质(或称高质量蛋白质)，是指含有所有必需氨基酸的食物，在比例和总量上均能满足氮平衡和组织生长修复的需要。完全蛋白质的来源包括鸡蛋、牛奶、肉类、鱼类和禽类，这其中鸡蛋的蛋白质质量是最高的。目前，膳食蛋白质几乎三分之二来源于动物，如果过度地依赖动物源性蛋白质会摄入较多的胆固醇和饱和脂肪酸，所以可以通过进食多种植物性食物(谷类、水果和蔬菜)来补充必需氨基酸。通过加工分离的大豆蛋白质(大豆分离蛋白)其质量甚至能比得上某些动物蛋白。

2. 蛋白质的功能

血浆、内脏组织和肌肉代表了体内蛋白质的三种主要去处。蛋白质在体内没有“储存库”，所有的蛋白质参与构成组织结构或在代谢、转运以及激素系统中作为重要成分出现。蛋白质大约占体重的 12%～15%。其中 65%分布在骨骼肌中。这个数值会随着运动量的增加而升高。蛋白质在调节体液酸碱平衡时也发挥了重要作用。

3. 膳食蛋白质推荐摄入量

学前儿童生长发育旺盛，作为原材料的蛋白质需求量比成人要多。每日每千克体重的需求量为3.5～4g，占每日总能量摄入的12%～14%。尚无研究表明经常从事体力活动的儿童比爱静的同龄人需要更多的蛋白质来达到最佳的发育状态，因此只要摄入多样化的平衡膳食，就不需要再额外摄入蛋白质和氨基酸补充剂了。

二、非供能营养素

（一）维生素

维生素是一类没有特定的化学结构，不能直接提供营养能量，但是在新陈代谢中发挥着重要作用的辅助营养元素。目前，已有13种不同的维生素被分离、鉴定、分类及合成，并且已经确定了这些维生素的推荐膳食供给量。维生素分为脂溶性的和水溶性的。脂溶性的维生素包括维生素A、维生素D、维生素E和维生素K。水溶性的维生素包括维生素C和B族维生素：维生素B_1（硫胺素）、维生素B_2（核黄素）、维生素B_3（烟酸、尼克酸）、维生素B_5（泛酸）、维生素B_6（吡多醇）、维生素B_9（叶酸）、维生素B_{12}（钴胺素）。除了维生素D外，人体自身不能合成维生素，必须依靠膳食或补充剂来供给这些维生素。维生素在体内重复参与新陈代谢，因此经常运动的人对维生素的需要并不会高于不运动的人。许多食物含有丰富的维生素。植物的根和叶通过光合作用合成维生素。维生素的食物来源和在体内的主要功能见附录B。

脂溶性维生素溶解并储存在体内的脂肪组织中，无须每天摄入。维生素K存量最少，主要在肝脏中储存。维生素A和维生素D储存于肝脏中，维生素E分布在全身脂肪组织中。膳食脂肪为脂溶性维生素提供了来源，除非长期食用无脂膳食，否则无须特别补充。脂溶性维生素摄入过多引发中毒反应的剂量比水溶性维生素要小得多，儿童尤为敏感。过量摄入维生素D可导致钙沉积和智力下降；而大量的维生素A蓄积会导致儿童易怒、骨周围软肿胀、体重下降以及皮肤干燥瘙痒；长期过量摄入维生素D可能导致肾脏损伤。

水溶性维生素主要作为辅酶直接参与体内的化学反应，主要分布于体液中，在任何组织中没有明显的储存。如果这些维生素摄入量长期低于推荐摄入量的50%，28天内会出现边缘性缺乏。通常，即使过量摄入水溶性维生素也会随着尿液排出而失效，所以过量症状并不明显。在蔬果中含有大量的水溶性维生素，所以，虽然水溶性维生素在体内无储存易流失，但是只要保持平衡的膳食，每日三餐都有新鲜的蔬果，还是可以满足需要的，不会造成长期性的维生素缺乏。

（二）矿物质

构成生命基础的必需矿物质有 7 种主要矿物质（每日需要量＞100mg）和 14 种少量或微量矿物质（每日需要量＜100mg）。与维生素一样，过量摄入矿物质对身体无任何益处反而会产生毒性作用。矿物质参与构成人体的结构和生成化学物质，对人体的新陈代谢起到了重要的调节作用。自然界中含有大量的矿物质，主要在河流、湖泊和海洋的水中，上层土壤和地表中。因此食用植物的根茎和动物组织是摄取矿物质的主要方法，通常在动物的肉和组织中含有更多的矿物质（只有镁更多地存在于植物中）。在附录 B 中列举了各种矿物质的来源和作用。

膳食中的矿物质在体内吸收和利用的差异很大。比如，菠菜中含有大量的钙，但最终只有 5%的钙被吸收。小肠吸收膳食中的铁的效率也仅有 5%～10%。主要受到以下几方面的影响。

(1) 首先是食物类型，小肠更容易吸收动物性食物中的矿物质，而植物性食物中含有大量人体无法消化和利用的纤维素，因此不易吸收植物性食物中的矿物质。

(2) 矿物质之间的竞争，因为各种矿物质分子大小相近，在肠道吸收时就相互竞争，如果一种矿物质过量消耗，就会妨碍另一种矿物质的吸收。

(3) 各种维生素与矿物质之间的作用也会影响矿物质的生物利用率，维生素 D 有助于钙的吸收，而维生素 C 可帮助铁吸收。

（三）水

水大约占到学前儿童体重的 60%左右，在体内分为两种：一种是细胞内液，存在于全身各细胞内；另一种是细胞外液，包括血液和细胞间的液体。平均 62%的总体液是细胞内液，38%的是细胞外液，但是这个比例不是恒定不变的。长期运动的人肌肉量增加，肌肉含水量也增加，从而细胞内液增多。而在单次大强度运动中，大量出汗主要使血液量减少。

1. 水的作用

水是一种重要的营养素，是体内物质运输和化学反应的介质；水参与形成黏液保护身体重要器官的表面，防止活动中受损；水通过使身体膨胀维持人体结构和形状；最重要的是在环境气温改变或运动使身体大量产热时，水可以使体内温度保持相对恒定。

2. 水平衡：摄入与排出

(1) 水的摄入

3 岁左右的学前儿童每日所需水量是 100～140mL/kg 体重，如果体力活动较多，则需水量成倍增加。体内的水主要来自三个方面。

① 首先是直接饮用的液体。学前儿童应该根据体重来确定饮水量，应该达到每日需水量的一半。

② 其次是食物中的水。水果、蔬菜、奶类和汤汁类食物中含有大量的水分，而油脂、肉干、巧克力和饼干含水量较低。

③ 最后是身体代谢产生的水。当食物转化为能量时，会分解出二氧化碳和水，这称为代谢水。100g 碳水化合物、蛋白质和脂肪完全氧化分解后分别可产生 55g、100g 和 107g 的代谢水。

(2) 水的排出

体内的水分通过以下途径丢失。

① 尿液。肾每排出 1g 代谢废物就要 15mL 水，运动时新陈代谢加快会加速脱水。

② 通过皮肤丢失。每天会有大约 350mL 水分渗透到皮肤表面蒸发，称为非显性出汗。而在气温高的环境下或运动时，皮肤表面蒸发的水分会成倍增加，即普通意义上的出汗。

③ 呼出的水。运动时通气量增大，空气需要增湿，增加了水分的丢失。

④ 粪便中的水。粪便中约 70%是水，因此排便会带走 100mL 左右的水。如果腹泻或呕吐，水丢失会大幅增加。

(3) 水与运动

运动会使身体发生剧烈的能量转化，在这过程中产生了大量的热量，为了防止体温过高，身体就需要散热机制。对于人体来讲，最有效的散热方式是出汗，出汗量是与运动强度成正比的。出汗会引起血液中的水分丢失，水分丢失达到体重的 2%～3%时，血浆容量开始下降，使血管收缩影响到循环功能，降低运动能力和体温调节功能；达到 8%时身体进入脱水状态；脱水非常严重时，身体就会停止排汗来维持血液容量，这种情况下体温急剧上升，易发生中暑。

汗液是一种混合液体，包括水、钠、钾和氯化物。因此在运动时补液的意义不仅是维持水平衡，很重要的还要维持身体的电解质平衡。一般来说，在运动中补液可以按照下面的计划进行：运动前的 15 分钟饮用 300mL 的液体，为身体预留水分；运动期间每隔半小时左右饮用 100mL 的液体；在运动结束后，通过称体重的方法确定身体丢失的水分量来补充，方法很简单，减少 0.1kg 体重代表脱水 100mL，如果运动后体重减轻 0.3kg，那么饮用 300mL 液体就可以了。

补水的形式有多种，具体包括以下几种。

① 水。任何一种水都可以起到补液降低体温的效果，适合控制体重的人群饮用，如果气温很高或者运动很激烈，可加入少量的盐。

② 运动饮料。运动饮料指添加了钾、钠、钙、镁等电解质成分和少量

糖、维生素等成分的饮料。因为人在运动时会大量出汗，随着汗水的流失，身体里的水分和盐分也会大量流失，而这时应饮用含有适量糖和电解质的运动饮料，其成分能迅速被身体吸收，解口渴更解“体渴”，使身体达到平衡的状态。

③ 能量饮料。含有咖啡因，可以提神。咖啡因会加重身体脱水，不适合学前儿童运动时饮用。

④ 碳酸饮料。含有碳酸气会引起腹胀，还含有较多的糖，会增加体内钙质的流失，不建议学前儿童饮用。

（四）膳食纤维

膳食纤维是指不易被消化的非淀粉多糖，不能给机体提供能量，主要来自植物的细胞壁，包含纤维素、半纤维素、树脂、果胶及木质素等。摄入足够的膳食纤维可以清洁消化壁和增强消化功能，纤维同时可稀释和加速食物中的致癌物质和有毒物质的移除，保护脆弱的消化道和预防心血管疾病、癌症、糖尿病以及其他疾病。纤维有很强的吸水能力，可减缓消化速度和最快速排泄胆固醇，所以可让血液中的血糖和胆固醇控制在最理想的水平，也可以使肠道中粪便的体积增大，加快其转运速度，减少其中有害物质接触肠壁的时间。植物性食物中含有数量不等的各类膳食纤维，例如谷类、水果、蔬菜、豆类等，而加工谷类、果蔬类以及薯类食品时，加工程度增加会使膳食纤维量减少。

扩展阅读

学前儿童的营养与膳食

学前儿童较易出现饮食无规律、挑食、偏食、乱吃零食等问题，微量元素如铁、锌及维生素的缺乏是这一时期常见的营养问题。在农村，蛋白质能量摄入不足仍是较突出现象；城市儿童则因能量摄入过多、运动减少而造成超重或肥胖问题日趋严重。怎样合理安排学前儿童的膳食？

1. 多样食物合理搭配

每日膳食应由适宜数量的谷类、乳类、肉类、蔬菜和水果组成，合理搭配；多选用新鲜食物，少用半成品或熟食；品种丰富多样化且营养全面平衡。早餐的食物应多样化，提供的能量应占全天总能量的25%～30%；早餐的食物量应相当于全天食物量的1/4～1/3。谷类食物在人体能很快转化成葡萄糖，有利于维持血糖稳定，保证学习时大脑活动所需的能量，所以，谷类食物是早餐不可缺少的。合理的早餐组成还应包括牛奶或豆浆，加上鸡蛋或豆制品及瘦肉等富含蛋白质的食物，使食物在胃内保留较久，保证整个上午精力充沛。

提示

1970年以前的营养学中并未提及膳食纤维，但膳食纤维是健康饮食不可缺少的，摄取足够的纤维可以预防心血管疾病、消化道疾病、癌症、糖尿病以及其他疾病。高膳食纤维饮食可减缓消化速度、增加饱腹感和最快速排泄胆固醇，所以可让血液中的血糖和胆固醇控制在最理想的水平。

思考活动

1. 脂类包括哪几种？
2. 非供能营养素包括哪几种？

南方食品医药网资源库：

http: //www.southfp.com/Chinese/magazine/mnews3.asp

另外，水果和蔬菜的摄入很必要，否则要达到一天的推荐量往往很不容易。

2. 专门烹调，易于消化

结合学龄前儿童咀嚼消化功能较弱的特点，其食物要专门制作，多采用蒸、炖、煮等方式，质地细软易消化；注意色香味形的搭配；尽量减少调味品的使用，养成清淡的饮食习惯。

3. 制定合理的膳食制度

有规律进餐，定时定量；应适当增加餐次，以一日"3餐2点制"为宜，各餐能量和营养素的分配比例合适。

4. 培养健康的饮食习惯

逐步培养儿童不偏食、不挑食、少吃零食的习惯；进餐细嚼慢咽，不暴饮暴食，口味清淡，控制精制糖的摄入。为其一生建立健康膳食模式奠定坚实的基础。

5. 养成经常参加运动锻炼的习惯

加强户外运动，保持健康体重，预防肥胖——儿童青少年每天进行充足的户外运动，能增强体质和耐力，提高机体各部位的柔韧性和协调性。保持健康体重，预防肥胖。户外运动还能接受一定量的紫外线照射，有利于体内维生素D合成，保证骨骼的健康发育。

学龄前儿童的膳食营养供给量须高于婴幼儿。中国营养学会提出的膳食营养素参考摄入量见表6-1。

表6-1 学前儿童膳食营养素参考摄入量

年龄/岁	能量/kcal 男	能量/kcal 女	蛋白质/g	脂肪总能量/%	钙/mg	磷/mg	镁/mg	铁/mg	锌/mg
3～4	1350	1300	45	30～35	600	450	100	12	9
4～5	1450	1400	50	30～35	800	500	150	12	12
5～6	1600	1500	55	30～35	800	500	150	12	12
6～7	1700	1600	55	30～35	800	500	150	12	12

年龄/岁	碘/μg	硒/μg	铜/mg	铬/μg	VA/μgRE	VD/μg	VE/mgα-TE	VB_1/mg
3～4	50	20	0.8	20	400	10	4	0.6
4～7	90	25	1.0	30	500	10	5	0.7

年龄/岁	VB_2/mg	VB_6/mg	VB_{12}/μg	烟酸/mgNE	泛酸/mg	叶酸/μgDFE	生物素/μg	胆碱/mg
3～4	0.6	0.5	0.9	6	2	150	8	200
4～7	0.7	0.6	1.2	7	3	200	12	250

资料来源：中国营养学会原理事长、教授顾景范.《中国居民膳食指南及平衡膳食宝塔》解读.

专题小结

碳水化合物、蛋白质、脂类、矿物质、维生素、水、膳食纤维这七大营养素的供给是保证学前儿童正常生长发育的重要物质基础。了解各种营养素对学前儿童健康的作用,有助于学前儿童教师采用合理膳食维护学前儿童身体健康、预防疾病和提高身体免疫力。

专题导读

合理的营养是维持健康的基本保障,科学的运动结合合理的营养是提高运动效果不可或缺的重要元素。碳水化合物可以提供能量,以糖原的形式储存在肝脏和肌肉中,也容易转化成脂肪储存在脂肪组织中吗? 学前儿童教师了解运动时能量代谢的特点,熟悉学前儿童运动营养的基础知识,可以在体育锻炼中有针对性地做好营养卫生保健工作,增强体育锻炼的效果。

专题二 运动与能量代谢

一、能量代谢

严格地讲,人体自身是无法产生能量的。人体只能从摄入的营养素中获得能量并最终转化成机体自身的化学能量储存起来,这种转化能力对人体的运动能力有显著的影响。能量转化随着运动量的增加而增加。糖、脂肪、蛋白质这三种营养物质,经消化、吸收进入血液后,被运输到各组织细胞。在细胞内,这些营养物质经过合成代谢释放出能量,为各种生命活动提供动力。在人体的新陈代谢过程中,物质的变化与能量的供应密切相关。通常把人体代谢各种物质时所发生的能量储存、转化和利用的过程称为能量代谢。

(一)人体能量的来源

人体能量的主要来源是食物中的糖、脂肪和蛋白质这三大营养素的氧化分解,所释放的能量,50%以上转化为热能,通过体表散发,其余的在细胞内以化学能的形式储存。

糖在人体内是以葡萄糖聚合体即糖原的形式储存的。通常人体肌肉内糖原含量为300~400g,骨骼肌和心肌的肌浆中含有大量的糖原储备。肝脏中也含有糖原,摄取食物经肠胃吸收后,在肝脏中可储存90~110g糖原,肝糖原可以被释放进入血液循环以维持血糖浓度。

脂肪主要在白色脂肪组织中以甘油三酯的形式储存。甘油三酯要首先被脂肪酶分解成游离的脂肪酸(FFA)进入血液,才能供肌肉组织利用。骨骼肌中也含有一定量的甘油三酯，通过脂解作用可以用作运动中的能量。体内脂肪的储量远高于糖的储量，其储存的能量远远超过了任何运动的需要。

蛋白质是体内重要的功能性分子，比如作为结构蛋白、酶、受体、收缩蛋白等，过量摄入的蛋白质和糖最终都是以脂肪的形式储存在体内。在运动中，蛋白质分解只能提供很少的能量，主要是在糖原的利用过程中起到辅助作用。

（二）体内能量的转化和利用

必要时，通过分解细胞内储存的一种高能量化合物——三磷酸腺苷（ATP）来提供能量，这是生理活动（如肌肉收缩、神经传导或细胞内外的物质转运）可以直接利用的能量。细胞中只储存了少量的 ATP，因此运动时要根据消耗量不断重新合成。在人体运动中，ATP 的合成是体内能量代谢的关键（见图 6-2）。

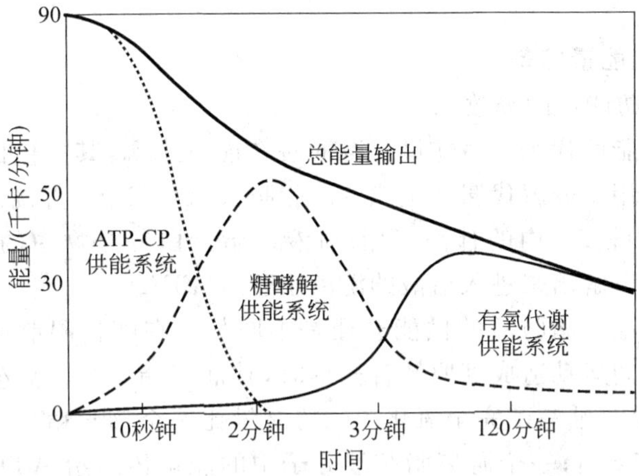

图 6-2 运动时骨骼肌三大供能系统的关系图

1. 合成 ATP 的途径

（1）ATP-CP 供能系统

ATP-CP 供能系统可以为 6～8 秒钟的剧烈运动（比如百米的前半程）提供足够多的能量。磷酸肌酸（CP）是一种高能量分子，分解后可以迅速地转化成 ATP。这个过程不需要氧气参与，属于无氧运动。但是 CP 的储备很快就会被消耗掉，储备的过程是在运动间歇的放松时段完成的，在放松的肌肉中，CP 的含量是 ATP 的 4 倍以上。

（2）糖酵解供能系统

分解肌肉和肝脏中储存的糖原后得到大量的葡萄糖，是人体运动最有效的能量来源。葡萄糖的分解分为两个阶段：第一个阶段包括一系列的化学反应，总称为糖酵解。该反应发生在细胞质中，能量传递过程不需要氧的参与，每个葡萄糖分子仅产生两个 ATP 分子。糖酵解供能系统对于持续 90 秒钟以上的大强度运动最为重要(代表性的运动有：长跑的最后冲刺阶段，百米游泳)。在该系统中，如果运动很剧烈，对能量的需求量超过氧供应量时会出现一种副产品——乳酸，过多的乳酸堆积会引发肌肉疲劳，运动能力降低。但是不能把乳酸看做一种代谢废物，在肝内糖异生作用下，乳酸可转变为一种能量来源。

(3) 有氧代谢供能系统

可以把葡萄糖完全分解为水和二氧化碳，产生的能量在任何持续超过两分钟的运动中都是最重要的。其有效运行需要足够多的氧气，通过一系列氧化磷酸化反应，每个葡萄糖分子最终生成 32 个 ATP 分子。虽然氧并没有直接参与到 ATP 的生成过程中，但是与化学反应释放出的氢离子结合生成水，在很大程度上决定了 ATP 产生的能力，进而决定了人体完成高强度、长时间运动的能力。

这三个供能系统同时工作，参与程度会因运动的持续时间和强度而改变。

2. 最大能量储备

(1) 脂肪能量的释放

储存的脂肪代表了身体最丰富的潜在能量来源，其提供的能量几乎是无限的。用于分解代谢产生能量的脂肪来源有三个：直接储存在肌肉(慢肌纤维中较多)内的甘油三酯；血液内脂蛋白复合物中的甘油三酯；脂肪组织中分解出来进入血液的游离脂肪酸(FFA)。

甘油三酯和脂肪酸的供能途径是不同的。在膳食限制碳水化合物摄入或长时间运动造成糖原储备耗尽时，甘油三酯参与糖异生反应为人体供能，每个甘油三酯完全氧化产生的能量比一个葡萄糖分子氧化产生的 ATP 多 12 倍；一个游离脂肪酸分子中的能量传递给 ATP 的过程称为脂肪酸氧化(β-氧化)，这一反应只有在氧和氢结合时才能进行，在无氧的条件下会终止。另外，人体虽然不能将脂肪酸转化为葡萄糖，但是甘油三酯可以为肝糖原的合成提供底物，为体内维持血糖水平提供了重要的备用途径。脂肪作用是在长时间大强度运动将糖原耗尽时作为恢复的主要能源。持久的运动训练可以帮助肌肉更有效地利用脂肪，从而减少对葡萄糖的需求，提高耐力。

(2) 蛋白质能量的释放

蛋白质中的氨基酸有时也可以作为一种能量，在持久运动中当葡萄糖的储量很低时，就会消耗氨基酸。亮氨酸、谷氨酰胺、天冬氨酸等支链氨基酸在肝脏和肌肉内脱氨基转化成容易进入能量释放途径的形式，再通过转氨作用生成非必需氨基酸和丙酮酸参与葡萄糖的有氧代谢和脂肪酸合成的过程。

二、能量代谢的测试方法

（一）食物能量的测定

1. 卡——能量测定单位

在营养学术语中，1 卡是指将 1kg(1L)的水温度升高 1℃所需的热量。因此，1 卡更准确地讲，应该是 1 千克卡(kilogram calorie)或 1 千卡(kcal)，而 1 卡表示将 1g 水的温度升高 1℃所需的热量。例如，如果某食物含有的热量为 500kcal，那么表示该食物的化学结构含有的能量可以使 500L 的水温升高 1℃。表示能量的国际标准单位是焦或千焦耳(kJ)，这是以英国科学家的名字命名的，千卡乘以 4.184 即为千焦耳的数值。

2. 食物总能量值

实验室基于直接测热法的原理，测量食物完全燃烧时释放的热量。燃烧热是指某一种食物完全燃烧所释放出的热量，代表了食物的总能量值，与燃烧途径无关。三大营养素的平均燃烧热为糖类 4.2kcal/g、脂肪 9.4kcal/g、蛋白质 5.65kcal/g。这说明脂类在完全燃烧时释放的热量，每克比蛋白质高 65%，比碳水化合物高 120%，因此含脂丰富的食物的能量更多。在理论上，如果将一个人每日饮用的 250mL 全脂牛奶换成脱脂牛奶，营养成分几乎一样，但是每年减少摄入的总热量相当于 3 公斤的体脂，饱和脂肪酸和胆固醇的摄入量也会显著降低。

3. 食物的净能量值

在实验室中测定的食物燃烧热(总能量值)与身体实际所能利用的食物净能量值是不同的。蛋白质就是很好的例子，因为机体不能氧化蛋白质中所有的氮，蛋白质在体内的燃烧热只有 4.6kcal/g。而碳水化合物和脂肪因为不含氮，在机体内释放的热能与实验室中测定的值是相同的。

消化效率也会影响宏量营养素最终产生的能量值。膳食纤维会降低食物的消化效率，使食物通过肠道的速度加快而减少吸收时间。

4. 膳食的能量值

阿特沃特(Atwater)通用系数如下。

碳水化合物：4kcal/g

脂肪：9kcal/g

蛋白质：4kcal/g

目前，营养学界常用阿特沃特通用系数来计算膳食能量值，这一系数准确地估算了食用常见食物的净代谢能。计算方法是利用阿特沃特通用系数乘以食物成分和重量来计算的。比如一份 100g 的巧克力冰淇淋，根据实验室分析，含有 3%蛋白质，18%脂肪，23%碳水化合物，剩下的56%为水，那么根据这些成分值乘以通用系数，则可知：3g蛋白质含有12kcal(3×4kcal/g)热量，18g脂肪含有162kcal(18×9kcal/g)热量，23g碳水化合物含有92kcal(23×4kcal/g)热量，100g巧克力冰淇淋的总热量为266kcal。相似的计算热值方法可用来估算其他任何食物的能量值。在附录C中列举了部分常见的食物原材料的能量值，其实际能量值根据制备烹调方法的不同而变化。比如，使用含脂肪多的调味料会增加能量，而减少分量或使用无能量的替代品则会降低能量值。

（二）人体能量的消耗及测定方法

1. 人体能量消耗

（1）基础代谢和睡眠状况加上觉醒时的能量消耗占总能量消耗的60%以上

人体的基础状态是指在室温20～25℃，空腹（禁食12小时）、清醒而且极其安静的状态。对于每个个体，机体在清醒状态时需要一定能量来维持最基本的生理活动。单位时间内的基础代谢称为基础代谢率(BMR)，通常以kJ/(m^2·h)表示。随着年龄的增长基础代谢率逐步降低，男性普遍比女性的代谢率高。体温每升高1℃，基础代谢率一般要增加13%左右。

（2）摄取食物的生热影响

摄入食物后用于消化吸收和同化营养素的能量称为食物诱导的生热作用，通常在进餐后的1小时达到最大值，取决于食物的种类和数量。进食后的小强度运动（比如放松的散步）可以增加人体对摄入食物的正常生热反应，从这个角度讲“饭后百步走”可以增加能量消耗，防止脂肪堆积。

（3）运动和恢复期间的能量消耗

这完全取决于运动的强度、持续时间和类型。强度越大、持续时间越长，消耗的能量也越多。

另外，处于生长发育旺盛期的儿童和少年每日所需的能量要比成年人更多。气候也可影响每日能量消耗，气温较高不仅增加基础代谢率还会在运动时增加额外的代谢负担，因此气温越高能量消耗越大。

2. 能量消耗的测定方法

根据人体在一定时间内所散发总热量加上对外做功折合的热量，就可测算出人体在同一时间内消耗的能量值。有直接和间接两种测量方法。直接测热法是在密闭的空间内收集人体产生的所有能量进行测定，对实验室条件要求很高，现已被间接测热法所代替。间接测热法是通过测量人体耗氧量和二氧化碳排出量推算出能量消耗。碳水化合物、脂肪和蛋白质的结构不同，含有不同数目的碳、氢、氧原子，最终氧化分解成二氧化碳和水时需要的氧气量也不相同，释放出的热量值也不同。

（1）能量代谢测定的术语

食物的氧热当量：食物在氧化时，消耗 1L 氧气所产生的热量。三种营养物质的氧热当量参照表 6-2。氧热当量是根据耗氧量推算产热量的基础。

表 6-2　三种营养物质氧化时的几种数据

营养物质	耗 O_2 量/(L/g)	CO_2 产量/(L/g)	氧热当量/(kJ/L)	呼吸商(RQ)
糖	0.83	0.83	20.9	1.00
脂肪	0.95	0.76	18.8	0.80
蛋白质	2.03	1.43	19.6	0.71

注：王维群.营养学[M].北京：高等教育出版社，2001

呼吸商(RQ)：氧化某种营养物质时，同一时间内 CO_2 的产生量与 O_2 的消耗量的比值，即 $RQ=CO_2/O_2$。三大营养物质的 RQ 列在表 6-2 中。糖的呼吸商为 1.00，脂肪的呼吸商为 0.71，蛋白质分子结构复杂，呼吸商为 0.80，混合膳食所测定的呼吸商约为 0.82。由于一般情况下，蛋白质并不是主要的功能物质，因此蛋白质的产热量可以忽略不计，糖和脂肪混合氧化时的呼吸商称为非蛋白呼吸商。

（2）能量消耗的简化计算

正常膳食的情况下，混合膳食呼吸商即为非蛋白呼吸商，约 0.82，而相对应的氧热当量为 20.195kJ，耗氧量与氧热当量二者相乘即得出该时间内人体消耗能量值。

$$产热量=耗氧量(L)\times 20.195kJ$$

人体在单位时间内的产热量称为能量代谢率，一般以单位时间内每平方米体表面积的产热量作为能量代谢水平的标准，学前儿童处于生长发育旺盛期，体温较高，能量消耗大，而体表面积较成人小，所以学前儿童的能量代谢水平较成人高很多。

（3）代谢当量(MET)

在运动中，人们常用摄氧量来评价运动强度。1MET 代表当一个成年人静坐状态下平均摄氧量约 250mL/min，能量消耗约为 151kJ/(m^2·h)。那么 2MET 的运动就等于每分钟摄氧量为 500mL，以此类推。

三、运动与平衡营养膳食

（一）能量平衡等式

人体功能遵循热力学法则。热力学第一定律阐明能量既不能产生，也不能消失，只能从一种形式转化成为另一种形式。得出能量平衡等式：

能量储备变化=能量摄入一能量输出

20世纪中叶开始，人们通过一系列的实验证实了这一理论，认识到每日摄入食物所提供的能量与消耗的能量应当是相等的。目前社会存在的普遍状况是摄入过量而不是营养不良。如果从食物中获得总能量超过每日能量消耗，多余的能量会以脂肪形式堆积。比如额外的增加3500kcal的热量，会在体内储存0.45kg体脂。

（二）良好饮食的原则

对于运动的人体来说，合理膳食的重点是多样、平衡和适量。选择多样化的食物包含各种必需的营养素，每餐中尽量由谷物、肉类、蔬菜和水果搭配而成，这样还可以增加进餐时的乐趣；平衡膳食意味着各类营养素之间的摄入比例要得当，保证足够三大营养素摄入量的基础上还要注意微量元素的补充，比如，如果不常喝牛奶，就要增加其他食物来补充钙，防止钙缺乏；适度膳食要求根据每日的能量消耗来合理计划，保持不会过多地摄入能量，防止肥胖，维持身体的健康状态。

（三）《中国居民膳食指南》简介

《中国居民膳食指南》是中国营养学会受卫生部委托根据营养学原理，紧密结合我国居民膳食消费和营养状况的实际情况，特别是最近的全国居民营养与健康调查的数据及资料而制定的，是指导广大居民实践平衡膳食，获得合理营养的科学文件。其目的是帮助我国居民合理选择食物，并进行适量的身体活动，以改善人们的营养和健康状况，减少或预防慢性疾病的发生，提高国民的健康素质。最新版《中国居民膳食指南(2007)》继承和发展了《中国居民膳食指南(1997)》的主要内容，主体包括一般人群膳食指南、特定人群膳食指南和平衡膳食宝塔三部分。一般人群膳食指南适合于6岁以上的正常人群；在特定人群中专门提到了婴幼儿和学龄前儿童的膳食营养问题，2007版在以前的基础之上根据现阶段社会发展状况进行了增补；平衡膳食宝塔直观展示了每日应摄入的食物种类、合理数量及适宜的体力活动量，另外，在膳食宝塔的使用说明中还增加了食物同类互换的品种以及各类食物量化的图片，为居民合理调配膳食提供了可操作性指导。

思考活动

1. 运动的能量代谢涉及哪几个系统？
2. 运动与平衡膳食要注意什么问题？

扩展阅读

《中国居民膳食指南暨平衡膳食宝塔》解读

——学龄前儿童膳食指南

中国居民平衡膳食宝塔简介：

为了帮助人们在日常生活中实践《中国居民膳食指南(2007)》

的主要内容，专家委员会对1997年的《中国居民平衡膳食宝塔》（简称“膳食宝塔”）进行了修订，以直观地告诉居民每日应摄入的食物种类、合理数量及适宜的身体活动量。

1. 膳食宝塔的结构

膳食宝塔共分五层，包含我们每天应吃的主要食物种类。膳食宝塔各层位置和面积不同，这在一定程度上反映出各类食物在膳食中的地位和应占的比重。谷类食物位居底层；蔬菜和水果居第二层；鱼、禽、肉、蛋等动物性食物位于第三层；奶类和豆类食物合居第四层；第五层塔顶是烹调油和食盐。

2. 中国婴幼儿及学龄前儿童膳食指南

学龄前儿童已开始摄入食物，故其膳食指南基本上和成人一样，不过其侧重点仍有所不同。共提出8条：①食物多样，谷类为主；②多吃新鲜蔬菜和水果；③经常吃适量的鱼禽蛋瘦肉；④每天饮奶，常吃大豆及其制品；⑤膳食清淡少盐，正确选择零食，少喝含糖高的饮料；⑥食量与体力活动要平衡，保证正常体重增长；⑦不挑食、不偏食，培养良好饮食习惯；⑧吃清洁卫生、未变质的食物。

和成人的膳食指南比较，为了适应学龄前儿童的生长发育特点，少了粗细搭配、多吃薯类、减少烹调用油、三餐分配合理、足量饮水5点，增加了培养良好饮食习惯这一条。其他几条虽然相同，但对于这一阶段的儿童来说，更有其重点。以下分四点解读。

（1）保证获得充足的优质蛋白质、不饱和脂肪酸、维生素和钙铁锌碘——虽然每日饮奶吃豆及其制品和常吃适量的鱼禽蛋瘦肉两条和成人指南一样，但其重要性更加突出。动物性食物是优质蛋白质的良好来源，其氨基酸组成更适合人体生长发育的需要。大豆也含丰富的优质蛋白质，与谷类同时食用可弥补谷类赖氨酸的不足，即互补作用。

学龄前儿童因神经系统的发育故脂肪所占总能量的百分比是30%～35%，其中主要应供给不饱和脂肪酸，故没有特别强调植物油的限制。鱼类特别是海产鱼所含的ω-3不饱和脂肪酸更是神经系统发育所需的。动物肝脏含维生素A极丰富，还富含维生素B_2、叶酸等，应给予一定量。

缺铁性贫血是我国普遍存在的营养缺乏病，对婴幼儿脑发育和智能发育更加重要。植物性食物所含的铁吸收率仅为3%左右，而动物性食物所含的铁，其吸收率一般在10%或以上。故瘦肉、肝脏、动物血是铁的良好来源。膳食中的维生素C可促进铁吸收。学龄前儿童每日平均骨骼钙储留量为100～150毫克，钙的适宜摄入量为每日800毫克。奶及奶制品除含优质蛋白质、维生素A、核黄素外，还是钙的良好来源，不仅含钙量高，而且吸收利用率也高，所以应鼓励每日饮奶300～600毫升，保证学龄前儿童钙摄入量达到适宜水平。大豆含钙也很丰富，可同时食用。我国部分儿童存在边缘性锌缺乏。学龄前儿童锌的推荐摄入量为每日12毫克，最好的食物来源是贝类食物，如牡蛎、扇贝等，利用率也较高。肝脏、蘑菇、坚果和豆类含锌也不少。红肉与蛋类也含一定量的锌。学龄前碘的推荐摄入量为每日50微克，含碘较高的食物主要是海产品，如海带、紫菜、海鱼虾、海贝类。虽然普遍使用碘盐烹调食物，但学龄前儿童摄入的盐不多，故每周应至少吃一次海产品。

(2) 正确选择零食，少喝含糖饮料，经常进行户外活动，保证体重正常增长。学龄前儿童胃容量小，肝脏中糖原储存少，又活泼好动，容易饥饿，故不能按成人指南中的“三餐合理”要求，而以“三餐加点”为宜，即在早餐提供的30%总能量中包括上午10点的点心，午餐提供的40%总能量中包括下午3点的点心，晚餐提供的30%总能量中有时包括晚上8点的少量水果、牛奶等。三餐以外的这些食物和饮料称为零食。零食用以补充能量和营养素的不足，对学龄前儿童是重要的，但要合理选用营养丰富的食品，如乳制品、鲜鱼虾、肉制品、鸡蛋、豆制品、新鲜蔬菜水果及坚果等，少选用油炸食品、糖果、甜点、含糖饮料。学龄前儿童新陈代谢旺盛，活动量大，故水分需量也较大，建议每日饮白开水1000～1500毫升。过多饮用高糖和碳酸饮料不仅会影响食欲，还可使儿童容易发生龋齿，而且会造成过多能量摄入，引起超重和肥胖。

(3) 膳食要求柔软清淡、易消化，逐渐适应固体食物及多样化——学龄前儿童也需要由多种食物组成的平衡膳食，以满足各种营养素需要，原则上与成人一样，但由于消化器官仍在发育过程中，乳牙刚刚萌生，咀嚼能力仍较弱，因此，对于固体食物需要有一个适应过程。不强调过多膳食纤维，所以在指南中没有提粗细搭配和多吃薯类。在选择零食时，尽量不吃油炸、熏烤等不易消化的食品。但毕竟与幼儿不同，只要注意到了松软，仍须逐渐采取固体食物，以锻炼其咀嚼吞咽能力。学龄前儿童右侧支气管比较垂直，因此要尽量避免给他们吃花生米等坚果和干豆，以防止异物呛入气管，酿成意外。

(4) 培养良好的饮食行为和习惯——学龄前儿童是培养良好饮食习惯的关键阶段。要求做到定时、定点、定量用餐；饭前不吃糖果、不喝饮料等零食；饭前洗手，饭后漱口，吃饭前不做剧烈运动；自

中国营养学会网资源库：

http://www.cnsoc.org/cn/index.asp

己使用筷匙，增加进食的兴趣和建立自信；细嚼慢咽，但也不能拖延时间，最好能在30分钟内吃完；不要吃一口饭喝一口水或吃汤泡饭，这样容易稀释消化液，影响消化吸收；不挑食、不偏食，在许可范围内允许选择食物。

下图列举了建议的各种食物摄入量，并强调了足量饮水和增加身体活动的重要性（见图6-3）。

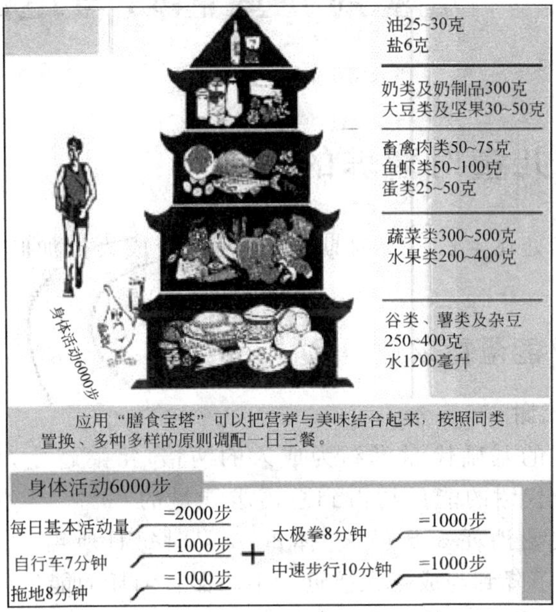

图6-3 中国居民膳食宝塔

资料来源：中国营养学会网站。

专题小结

在运动过程中，糖、脂肪和蛋白质可以在体内氧化供能。其中运动中最直接和最迅速消耗的能源物质是三磷酸腺苷（ATP），它在人体内储存量极少，ATP-CP系统维持时间仅为6～8秒钟；糖酵解供能可以维持2～3分钟；3分钟以上的运动能量供应主要依赖有氧代谢供能系统。学前儿童进行剧烈运动时主要依靠ATP-CP系统的无氧代谢供能，在中、低强度运动时主要依靠糖和脂肪的有氧代谢供能，各供能系统参加供能的比例不同，只有各系统之间协调配合才能确保运动的能量供应，使肌肉活动得以顺利进行。

专题导读

运动营养学是营养学的一个分支，也是运动人体科学的重要组成部分，它是建立在营养学、生物化学、运动生物化学等生命科学基础之上的一门学科，具有重要的应用价值。运动锻炼期间的营养补充有助于学前儿童运动后的促进身体恢复、健康水平及提高运动能力和锻炼效果。如何安排好运动与进食的关系？运动前如何通过膳食提高运动能力？运动后如何通过膳食促进身体恢复？学前儿童营养不良的相关疾病有哪些？下面将作详细介绍。

专题三 学前儿童膳食与运动营养

一、学前儿童对营养的需求

学前儿童处在生长发育时期，新陈代谢较成人更加旺盛，对营养素的需求更多。

（一）总能量需求

1. 基础代谢

学前儿童的基础代谢率约为成人的两倍，年龄越小，代谢率越高。学前儿童基础代谢的能量约占到总需求能量的60%。2岁学前儿童平均每日基础代谢消耗50kcal/kg体重，6岁时每日所需为45kcal/kg体重，12岁以后下降到与成年人接近。不同器官消耗的能量所占比例也因年龄而异，学前儿童时期脑代谢占基础代谢的1/3，而成年人只占1/4；肌肉基础代谢消耗的能量在学前儿童期占8%，在成年人约占30%。

2. 体力活动

因为大部分学前儿童在满周岁后已学会跑走跳，这部分能量消耗的个体差异很大，好动的学前儿童比喜静的学前儿童消耗的能量多2～3倍。体力活动耗能是维持能量平衡的主要因素，如果运动过少，造成能量在体内堆积，易引发学前儿童肥胖。

3. 生长所需

学前儿童期生长发育的程度虽较婴儿期有所下降，但是每日仍有5kcal/kg。

4. 食物的生热效应

学前儿童的消化系统发育尚不完备，应多食用易消化的细碎软烂食物，生热效应消耗的能量占总能量的5%～6%。

5. 排泄的消耗

学前儿童摄入的食物不能完全消化吸收，部分可以产生能量的食物未消化吸收便排出体外，此项损失占总能量值10%左右。

中国营养学会推荐的学前儿童每日热量供给量应为每公斤体重100kcal(1～3岁),90kcal(4～6岁)。总能量长期供给不足,会造成发育迟缓、营养不良,如果长期供给过多,则会造成肥胖。

(二)营养素的需求

1. 供能营养素

2岁以上的学前儿童每日每千克体重对三大营养素的需求量为：碳水化合物需要10g,脂肪需要4g,蛋白质需要2～4g。应注意膳食平衡,保持比例在碳水化合物为55%～65%,脂肪为25%～35%,蛋白质为15%左右。

2. 非供能营养素

维生素和矿物质的需求量在《中国居民膳食指南》中有明确的规定。一般来说,多样化的平衡膳食完全可以满足学前儿童对维生素和矿物质的需求,无须额外补充。按体重来计算学前儿童每日的需水量,1岁时为150mL/kg,年龄每增长3岁减去25mL。

二、学前儿童膳食的合理配置和饮食卫生

学前儿童已经进入幼童期或学龄前期,其身体生长发育也比较迅速,四肢增长较快,头围已经接近成人,乳牙开始脱落,恒牙开始萌生,消化系统已经发育成熟,代谢旺盛,对营养物质特别是蛋白质和水以及能量的需求比成人相对较大,因此,日常饮食中应注意各种营养物质的供给和合理搭配,多提供富含蛋白质、钙、铁和维生素的食物,以满足学前儿童生长发育的需要。《中国居民膳食指南(2007)》特别为学前儿童和学龄前儿童制定了膳食指南。

(一)学前儿童的膳食指南

1. 每天饮奶

学前儿童每日应摄入一定量的奶制品,根据年龄需要选择摄入鲜奶(即消毒奶)、奶粉(全脂奶粉、脱脂奶粉、婴儿配方奶粉)、炼乳(淡炼乳、甜炼乳)、酸奶、通过发酵获得的食品(奶酪和奶油)以及对奶进行干燥或者提炼后获得的高浓度制品(比如奶粉等)等。不同的奶制品它们的营养价值和风味与加工方法有很大关系。

2. 养成不挑食、不偏食的良好饮食习惯

1～2岁的学前儿童特别需要呵护。孩子的身体发育迅速,需要吸取许多营养物质,但是他们的肠胃还不够成熟,消化能力也不强,例如胃的容量只有250mL左右,牙齿也正在长,咀嚼能力有限,故应增加餐次,供给富有营养的食物,食物的加工要细又不占太多空间。每日供给奶或相

应的奶制品不少于350mL，也注意供给蛋和蛋制品、半肥瘦的禽畜类、肝类、加工好的豆类及切细的蔬菜类。有条件的地方，每周给孩子吃一些动物血和海产品类食物。要引导和教育孩子自己进食，每日4～5餐，进餐应该有规律。吃饭时应培养孩子集中精神进食，暂停其他活动。应让孩子每日有一定量的户外活动。

3～5岁的孩子有的进入幼儿园，他们活动能力也要大一些，除了上面照顾学前儿童的原则外，食物的分量要增加，并且逐步让孩子进食一些粗粮类食物，引导孩子有良好而又卫生的饮食习惯。一部分餐次可以零食的方式提供，例如在午睡后，可以食用小量有营养的食物和汤水。

应该定时测量孩子的身高和体重，并做记录，以了解孩子发育的进度，并注意孩子的血色素是否正常。应该避免在幼年出现过胖，如果有这种倾向，应在指导下做适当的调整，着重在改变不合适的饮食行为。

成人食物和儿童食物是有区别的，例如酒类绝不是孩子的食物，成人认为可用的“补品”，也不宜列入孩子的食谱。平衡膳食就是对孩子有益的滋补食物。在有条件的地方，可以让孩子与小朋友共同进食，以相互促进食欲。

（二）学前儿童食物的选择

学前儿童的食物选择，已经不再是以奶类食品为主，而是过渡到以谷类食品为主，食物种类与成人食物种类逐渐接近，选择时要尽量多样，营养搭配要保持平衡。

1. 谷类

粗制面粉、大米是每日基本的食物。每日200～250g谷类主食能为孩子提供55%～60%的能量，约一半的维生素B_1和盐酸，如果每周有2～3餐以豆类（大豆、红豆或绿豆）和燕麦等替代部分大米和面粉，将有利于蛋白质、B族维生素的补充。高脂食物如炸土豆片、高糖和高热量的风味小吃和点心应加以控制。

2. 动物性食物

动物性食物含优质蛋白质以及一些维生素和矿物质，是保证学前儿童生长发育必需的食物，但动物性食物的摄入要适量。

(1) 肉类

适量的鱼、禽、红肉等食物主要是提供优质蛋白质、维生素和矿物质，尤其鱼肉软滑细嫩易于消化，而且鱼类脂肪中含有DHA（二十二碳六烯酸），有利于学前儿童脑的发育；三种肉类每日供给总量约100～125g，各种肉类可交替食用。

(2) 蛋类

可提供优质易于消化的蛋白质、维生素A、维生素B_2以及有利于学前儿童脑发育的卵磷脂，每日供给1个。

(3) 奶类及其制品

可提供优质易于消化的蛋白质、维生素 A、维生素 B_2 及丰富优质的钙。

3. 大豆及其制品

大豆蛋白含有丰富的赖氨酸，是优质的蛋白质。大豆脂肪含有必需脂肪酸亚油酸和 α-亚麻酸，能在体内分别合成花生四烯酸和 DHA，促进神经组织的发育，提高学前儿童的学习和训练成绩。因此，若每日至少食用相当于 15～20g 大豆的制品，可以提供约 6～10g 的优质蛋白质。尤其在较贫困的地区，应充分利用大豆资源来解决学前儿童的蛋白质供给问题。

4. 蔬菜和水果类

蔬菜和水果是维生素、矿物质和膳食纤维的主要来源。每日供给量约 150～200g，可供选择的蔬菜包括绿叶类蔬菜、西蓝花和菜花、芹菜、胡萝卜、黄瓜、番茄和豌豆等，水果的种类不限。

5. 烹饪用的油和糖

根据我国的饮食习惯，40% 的膳食脂肪来源于烹调油，要注意选用的烹调油应是植物油，可以为学前儿童提供身体所需的亚油酸和亚麻酸等不饱和脂肪酸，可选择的油包括大豆油、玉米油或芥菜籽油，每日人均摄入量约 15g。关于食糖(精制糖、蔗糖)对健康的影响尚有争议。有较多证据表明，减少学前儿童每日糖的摄入量，可有效降低学前儿童患龋齿和肥胖的危险。考虑到我国的饮食习惯，学前儿童每日摄入糖量应控制在 10～15g，包括直接食用糖和饮用含糖饮料。

(三) 膳食安排

由于学前儿童正处于生长发育的阶段，需要充足的营养，应注意选用含钙丰富牛奶、虾皮、鱼类、芝麻酱等食物，可每日在三餐中选择其一添加到饭食中。膳食安排的总原则是营养均衡和适合学前儿童的生理和心理发育的特点。首先，膳食中要含有学前儿童生长发育所需的一切营养元素，而且各类营养的比例应为：蛋白质 15%，脂肪 25%～35%，碳水化合物 55%～65%，动物性及豆类提供的蛋白质至少要占蛋白质总摄入量的 50%；其次，一日三餐的间隔时间及食量分配要合理安排，一般来说，两餐之间的时间以 3.5 小时为宜，早、午餐的食量要充足，晚餐要较清淡，各餐占总热量的比例分别为：早餐 20%～25%，午餐 30%～35%，晚餐 10%～15%。

每日食物构成推荐种类及数量可参照以下原则。

(1) 每日三餐加一次点心，食品种类丰富多样，膳食搭配平衡合理，营养充足全面。

(2) 以谷类食物为主，米饭、馒头、花卷、粥、面包、包子等是蛋白质和热量的主要来源。

(3) 多吃蔬菜、水果和薯类，它们是维生素、纤维素的重要来源。

(4) 每天吃奶类或奶类制品、豆类或豆制品，可补充钙质和优质蛋白质。

(5) 经常吃适量的鱼、禽、瘦肉和蛋。肉类食品以易嚼烂为宜，这些都可以为学前儿童补充优质的蛋白质。

(6) 可以让学前儿童多吃包子、饺子、馅饼类的食物，这些食品含有面、菜、肉和油，是较为营养丰富的食物。

（四）良好饮食习惯的培养

学前儿童开始具有一定的独立性活动，模仿能力强，兴趣增加，易出现饮食无规律、吃零食过多、食物过量等问题。当儿童受冷受热，有疾病或情绪不安定时，其消化功能易受影响，可能会造成厌食、偏食等不良饮食习惯。所以要特别注意培养儿童良好的饮食习惯，不挑食，不偏食。

学前儿童是培养良好饮食行为和习惯的最重要和最关键阶段。帮助学前儿童养成良好的饮食习惯，需要特别注意以下几方面。

(1) 合理安排饮食，一日三餐加 1～2 次点心，定时、定点、定量用餐；

(2) 饭前不吃糖果、不饮碳酸饮料；

(3) 饭前洗手，饭后漱口，吃饭前不做剧烈运动；

(4) 养成自己吃饭的习惯，让孩子自己使用筷、匙，既可增加孩子进食的兴趣，又可培养孩子的自信心和独立能力；

(5) 吃饭时专心，不边看电视或边玩边吃；

(6) 吃饭应细嚼慢咽，但也不能拖延时间，最好能在 30 分钟内吃完；

(7) 不要一次给孩子盛太多的饭菜，先少盛，吃完后再添，以免养成剩菜、剩饭的习惯；

(8) 不要吃一口饭喝一口水或经常吃汤泡饭，这样容易稀释消化液，影响消化与吸收；

(9) 不挑食、不偏食，在许可范围内允许孩子选择食物；

(10) 不宜用食物作为奖励，避免诱导孩子对某种食物产生偏好。家长和看护人应以身作则、言传身教，帮助孩子从小养成良好的饮食习惯和行为。

良好饮食习惯的形成有赖于父母和幼儿园教师的共同培养。学前儿童对外界好奇，注意力易分散，对食物不感兴趣。家长或看护人不应过分焦急，更不能采用威逼利诱等方式，防止养成拒食的不良习惯。还应注意的是，此时学前儿童右侧支气管比较垂直，因此要尽量避免给他们吃花生米、干豆类食物等，以防造成异物塞入气管。此期的儿童 20 颗乳牙已出齐，饮食要供给充足的钙、维生素 D 等营养素。要教育孩子注意口腔卫生，少吃糖果等甜食，饭后漱口，睡前刷牙，预防龋齿。

三、学前儿童运动营养原则

研究表明，进行规律运动的儿童通过均衡的膳食就可以促进营养素的吸收，营养对运动效果有着很大的影响，运动造成的能量消耗，可以在运动结束后通过合理的营养膳食进行补充。运动时，体内会发生一系列的变化：中枢神经系统活动紧张，内分泌机能提高，酶系统活跃，新陈代谢旺盛，单位时间内的能量消耗加大，体内的糖、脂肪被分解供能，蛋白质代谢更新加快，大量的维生素、无机盐参与分解代谢而加大了丢失量。这些变化，使机体对各种营养物质的需求量大为增多。如果缺乏合理营养保证，消耗得不到补充，机体处于一种“亏损”状态。久而久之，对健康不利，会引起运动者生理机能及运动能力下降，出现乏力疲劳甚至疾病状态。幼儿如果能保证日常各种营养素的需要，一般运动情况下不需要特别增加营养素的摄入，但如果运动量较大，则要特别注意额外补充蛋白质、运动饮料（保证水分和无机盐摄入）。常在室外运动的幼儿，还要注意钙的补充。以下问题值得关注。

（一）运动与食量

运动增加了人体能量消耗，使学前儿童不自觉地增加食量来增加能量摄入。这时，如果注意保持规律地运动、相对恒定的运动量和选择营养丰富脂肪较低的食物，就可以维持能量出入的最佳状态，既能满足学前儿童生长发育和日常活动的能量需要，也不会导致体重超重或肥胖。

（二）运动中的体温调控

学前儿童比成人更容易体温过高，他们出汗的速率低，皮肤表层散热的能力不如成人，同等强度的运动会产生更多热量，而且体表面积与身体质量之比大于成人，因此，即使是经常喝水，学前儿童中暑的风险仍比成人高。而且，学前儿童运动中，大多数时候并没有注意补水。应该提倡在运动的间歇多次少饮，既能有效防止中暑还可避免胃胀引起的腹部不适感。

（三）不同运动项目的合理营养与平衡膳食

对于学前儿童来说，理想的膳食应该是既可以提供足够的必需营养素维持机体的生长发育，又不会有过多的能量摄入。随着神经系统和运动系统的发育，学前儿童从满周开始运动量大增，很多甚至开始了各种专业训练，比如练习体操或舞蹈，轮滑，游泳，网球等。每天参加活动的学前儿童的膳食必须考虑到活动的强度以及特定训练对能量的需求量，包括个体饮食偏好。没有哪一种膳食可以起到最优化身体健康和运动表现的作用，我们应该根据膳食营养指南来制订详细计划评估食物摄入量。下面分不同运动项目来讨论学前儿童在大运动量之后如何补充营养来维持和恢复体能。

1. 耐力运动

泛指任何长时间中等强度的运动(比如去郊游、长跑)，这类运动可以锻炼学前儿童的耐力，是消耗能量和水分较多的运动项目。有研究资料显示，在耐力运动中消耗的能量有一半是来自糖原分解提供的能量，通过运动之前多摄入碳水化合物来增加糖原储备可以有效延长运动时间，推迟疲劳的出现，因此每日活动量较大且持续时间较长的学前儿童可以增加1/4～1/3的饭量来增加体内能量的储备。另外，在运动过程中，多次少量地补充糖也可以提高耐力能力，在不给胃肠造成负担的前提下果糖或葡萄糖均可。学前儿童在长时间运动后会出大量的汗，丢失大量水分，及时补充水分以及随水分流失的微量营养素在耐力运动中显得尤为重要。在强度较大，持续时间超过1小时的运动中，可以选择运动饮料，它为学前儿童提供水分的同时还补充了少量糖、随汗液挥发的水溶性维生素和矿物质，饮用时遵循多次少量，以免一次性喝太多引起腹痛。运动结束之后，体内更新能量的速率大幅提升，此时应摄入足够多的碳水化合物帮助身体恢复糖原储备，并且大量喝水帮助身体排出代谢废物。

2. 体操

舞蹈与体操训练是一样的，虽然运动的总时间长，但实际上是不断重复数段大强度、高难度的组合动作，每段动作的时间一般不超过90秒钟，因此归结为无氧运动。体操和舞蹈运动主要是以磷酸肌酸和碳水化合物来供能的，很难动用到脂肪，为了保持身体的轻盈和灵活，学前儿童经常在教练和家长的指导下单纯地减少饭量，普遍存在着能量缺乏、钙铁和维生素缺乏等现象。长期的营养缺乏会影响生长发育，易引发骨疲劳和缺铁性贫血。所以，进行体操或舞蹈训练的学前儿童在膳食上应该注意的是要保证充足的碳水化合物摄入，适当地减少脂肪的摄入，必要时要服用营养补充剂来补充钙、铁和维生素B族。

3. 游泳

游泳是一项高强度的耐力性运动，对能量补充的需求很大，但是学前儿童游泳很少会达到竞技训练的运动量，所以只要维持一般的平衡膳食就可满足身体需要，而且在游泳运动后往往会出现激发食欲的现象，食量的增加也可以帮助补充体内耗费的糖原。

4. 持拍运动

持拍运动是一种娱乐性活动，可以为孩子提供更多乐趣，在全世界都很普及，另有研究发现，学前儿童在3～4岁开始打乒乓球可以有效地预防近视。一般来说，持拍运动属于间歇运动，包括上下肢肌肉参与相对短时间的爆发性活动。通过测定心率和最大摄氧量可知，这些运动可以算是中等强度的有氧运动，但是包含多种运动形式，既有短距离折返跑，还要依赖感觉与肢体运动的配合，中枢神经的高度激发会消耗大量的血糖，因此为避免出现低血糖，要特别强调糖的补充。另外，运动中也会大量出汗，特别是在很热的天气或闷热的体育馆内，及时补液就成为另一个需要关注的问题。鉴于学前儿童期只是进行小运动量的娱乐性活动，所以只要在运动间歇补充含糖分的运动饮料即可。

5. 参加比赛

即使没有进行专门练习体育项目或去幼儿园，学前儿童还是有机会参加运动会或体质测试等活动。在运动前两天就应该开始食用富含碳水化合物、脂肪含量低的食物，这样可以快速消化最大化糖原储备。在比赛过程中，如果持续时间很长，每隔一小时就要补充运动饮料。而在比赛后为了快速恢复应该立即食用50g左右的碳水化合物。

四、学前儿童常见营养不良相关疾病

（一）肥胖学前儿童体育锻炼的合理营养安排

儿童肥胖按病因可分为两类，即单纯性和继发性肥胖，后者主要是由于各种疾病导致机体代谢紊乱而出现的，约占到儿童肥胖总发病人数的1%，只是很少的一部分，约95%～97%的肥胖儿童没有明显的内分泌、代谢性疾病，而是与生活方式密切相关，它以过度营养、运动不足、行为偏差为特征，属全身脂肪组织普遍过度增生、堆积的单纯性肥胖症。近些年来，随着患病率的迅速升高及全世界范围内的流行趋势，据统计，在我国经济发达的城市，十年间肥胖儿童增长了4～6倍。学前儿童肥胖不仅到成人后易患心脑血管疾病和糖尿病等，在学前儿童期也会严重影响到身体生长发育，已经成为危害我国儿童健康的主要公共卫生问题。

儿童一旦出现肥胖，治疗是相当困难的，即使治愈了复发的几率也很大，所以预防是最有效的方法。学前儿童的饮食和生活方式还未形成永久性的习惯，因此是预防肥胖的最佳时期。因为学前儿童尚处于生长发育阶段，因此营养界一致认为不能使用节食和药物的方法来减肥。养成良好的运动习惯和生活方式，多进行户外活动；避免过度喂养和过度进食，适当控制体重增长速度，培养健康的饮食习惯。对于超重或肥胖的学前儿童，在膳食上应注意以下几点。

(1) 控制食物总热量。参照学前儿童每日热量所需制订饮食计划，防止过度喂食,保证身体生长发育所需的碳水化合物和蛋白质即可。

(2) 合理选择食物。根据膳食宝塔的比例合理搭配,尽量选择油脂少、易消化的食品,比如瘦肉、鱼类、低脂牛奶等,每日食用油的用量控制在15g以内。减少快餐,杜绝油炸食品。

(3) 每日规律的三餐,不吃零食,运动中补液选择含糖少的饮料,减少额外的热量摄入。

(4) 减慢进食的速度。进食过快容易吃下更多的食物,让孩子培养成细嚼慢咽的习惯,不仅能有效控制进食量还可保护肠胃。

(二) 维生素D缺乏症学前儿童体育锻炼的合理营养安排

维生素D参与体内钙磷的吸收和储存,体内若缺少维生素D,则不能促进钙在肠道的吸收,钙也不会沉积到骨骼上,在临床上表现为缺钙的症状。成长中的孩子比成人需要更多的钙,体内维生素D不足会引发小儿佝偻病,严重影响到骨和牙齿的发育。目前科学的预防佝偻病的方法是同时补充维生素D和钙,多进行户外活动。

维生素D在天然食物中较少存在,在海洋鱼类中含量较多。维生素D的重要来源是身体受到紫外线照射后,由体内的胆固醇转化而来的。因此,婴幼儿从出生开始可以每日服用鱼肝油补充400IU(国际单位)维生素D,两周岁后户外活动增加就无须再补充。维生素D是脂溶性维生素,摄入过量会引发腹泻,所以要控制用量。

多种食物中都含有钙,其中在奶及奶产品、绿叶菜和海产品中尤为丰富,一般来说,如果每日膳食合理搭配无须再另外补充钙的营养品。另外,人体对钙的吸收还受磷的影响,最利于婴幼儿吸收钙的钙磷比是1.5∶1,我国的膳食属于高磷膳食,所以在补钙时要特别留意选择含钙高、含磷较少的食物,高钙磷比的食物主要是奶和奶制品,其次是虾皮、海带、豆制品等,而肉类含磷较多,含钙少,不适宜作为补钙食物。

思考活动

1. 学前儿童可以选择哪几类食物?

2. 不同运动项目的合理营养与平衡膳食要注意什么问题?

扩展阅读

学前儿童运动的营养饮食推荐

很多的幼儿早早地开始了各种体育活动:有的幼儿从小开始练习体操或舞蹈,有的幼儿练习轮滑,有的幼儿还会参加短网的培训……这样大的运动量之后,应当怎样补充营养呢?幼儿参加幼儿园或者学校的运动会或者偶尔去爬山、郊游等,这样运动量突增之时,幼儿又该怎样维持和恢复体能呢?大运动量幼儿的饮食运动会促进幼儿的消化吸收功能,让他们吸收钙、铁等矿物质的能力更强,骨骼密度比同龄人高;运动也会提高幼儿分解脂肪的功能,让他们胃口良好，摄入高蛋白食物之后不会发胖，身体脂肪比例比同龄人低。

一、饮食关键点：荤素搭配、营养平衡

对于那些平日运动量比较大的幼儿来说，他们需要更结实的骨骼和肌肉，来应付那些难度高、强度大的体育动作。因此，这些幼儿并不需要刻意地补充蛋白质营养品，只需要按照他们的胃口，吃荤素搭配、营养平衡的饭菜，每天再保证一两杯奶，就可以获得足够的营养元素。总的来说，运动量较大的幼儿需要比普通孩子增加1/4～1/3的饭量。练习体操或者舞蹈的幼儿需要保持身体的轻盈和灵活，因而要少吃一些油腻的食物和甜食，可以增加豆类、蛋类和奶类来供应蛋白质。

国家体育总局运动医学研究所运动营养研究中心网资源库：

http://sports-nutrition.cn/oldsite/index.htm

二、推荐营养餐

1. 日常运动的饮食

运动需要消耗大量的能量，而脂肪和葡萄糖变成能量需要B族维生素的帮助，特别是维生素B_1、B_2，尼克酸的消耗也很大。所以最需要补充的营养素是水溶性维生素，特别是维生素B族。B族维生素对大脑活动也非常重要，所以如果不能得到及时供应，运动之后幼儿的学习和思维能力也会下降。补充B族维生素的最好方法就是多吃粗粮和豆类，再适当吃点肉补充铁就可以了。

训练经常会大量出汗，减少了尿量，容易使体内废物堆积，所以在运动前、运动中和运动后，幼儿都需要少量多次地补水，而且不能等到口渴才开始补充。大量喝水会妨碍运动，还可能因为突然降低血液中的矿物质浓度而引起不适感觉。这套食谱可提供大量的钾、钙、淀粉、蛋白质、维生素B族和维生素C（见表6-3）。

表6-3 学前儿童日常运动的食谱

名称	食　谱
早餐	蜂蜜水，奶黄包，牛奶燕麦粥，猕猴桃
午餐	馒头，玉米粥，煎鳕鱼柳，萝卜青豆炒肉丁，麻酱油麦菜
饮料	1杯绿豆清汤加一小勺蜂蜜混匀即成蜂蜜豆汤（蜂蜜是最好的甜味来源，因为其中含有果糖和葡萄糖，吸收快，能最有效地维持能量供应）
晚餐	大麦米饭，咖喱鸡（鸡块、胡萝卜、洋葱、马铃薯），奶酪烤甜玉米（奶酪、甜玉米粒、胡萝卜丁、豌豆丁），豆腐汤（青菜、紫菜、豆腐）
零食	酸奶2小杯

2. 比赛的饮食

即便没有专门练习体育项目，无论是在幼儿园还是在小学，孩子都会有机会参加运动会、长跑等活动，饮食关键点在于保证糖原

储存丰富。为了获得良好的运动成绩,在运动会开始两天之前家长就要给幼儿进行“饮食备战”。适当多吃一些淀粉类主食,对于提高运动成绩很有帮助。多吃主食,才能让体内的糖原储备丰富,比赛时体能才能有保证。

必须补充的营养物质主食要首选粗粮和豆子,人体供应最快的能量“现金”就是血液中的血糖。粗粮和豆子中的淀粉消化比较慢,不会引起血糖浓度的大起大落,能一直维持比较高的血糖浓度,其中的维生素 B 可促进能量代谢,让幼儿劲头十足。比赛前 10～15 分钟要补充糖较好,例如巧克力等,如果在比赛前半小时到一小时吃糖,运动的时候反而感觉更没力气。这份比赛食谱可提供大量的钾、淀粉、维生素 B 族和维生素 C(见表 6-4)。

表 6-4 学前儿童比赛的食谱

名称	食 谱
早餐	蜂蜜水,橄榄油烤全麦面包,牛奶,香蕉
午餐	红豆饭,番茄虾仁,香菇炒油菜,凉拌绿菜花
饮料	淡蜂蜜茶水(一杯淡茶水加一小勺蜂蜜)
晚餐	米饭,青椒萝卜,肉丝,青豆角,凉拌小白菜,虾仁冬瓜汤
零食	杏干和葡萄干

3. 远足的饮食

郊游是一种长时间的中强度运动,会消耗较多的脂肪和水分。幼儿远足时出汗可不是一个小问题。汗水并非纯水,其中含有蛋白质、氨基酸、水溶性维生素和多种矿物质。蛋白质不会因为一天的损耗而发生缺乏,然而电解质平衡需要及时维护。郊游食品,应当选择富含矿物质和 B 族维生素的食品,提供足够的蛋白质,提供适量的盐分,还有充足的水分。所以饮食关键点是及时补充汗水中失去的营养物质。

盒装牛奶、低糖豆浆是很好的郊游饮料,它们含有蛋白质、能量,也富含 B 族维生素和矿物质,既解饿又解渴,能迅速恢复体能。蔬菜、海藻能及时消除疲劳,郊游后幼儿肌肉酸胀、血乳酸水平升高,为了及时消除疲劳,晚餐应当优先选择蔬菜、海藻等“碱性食品”,以维持血液的酸碱平衡,还要吃些粗粮和豆类,补充 B 族维生素。在郊游的时候,要减少营养价值不高的甜味食品,如饼干、甜饮料等。如果要选择甜饮料,则应以添加了 B 族维生素和矿物质的功能饮料为主。这份远足食谱可保证酸碱平衡,提供足够的蛋白质、维生素 B 族和维生素 C(见表 6-5)。

表 6-5 学前儿童远足的食谱

名 称	食 谱
早餐	蜂蜜水，面包，奶酪片，牛奶，草莓
午餐(野外餐)	盒装豆浆，面包，茶叶蛋，番茄，黄瓜，橘子
饮料	含 B 族维生素的功能饮料(注意不能含咖啡因)
晚餐	八宝粥，玉米馒头，蒜蓉空心菜，海带蘑菇胡萝卜炖肉，凉拌莴笋
零食	开心果和牛肉干

资料来源：整理自太平洋亲子网(http://www.pcbaby.com.cn/)

专题小结

健康的体魄是提高运动能力的前提条件，合理的营养有助于提高运动能力。学前儿童教师在指导学前儿童进行日常体育锻炼时需要注意根据运动时能量代谢的特点和规律进行合理营养补充，使学前儿童初步了解运动与营养的重要性以及如何更好地做到平衡膳食，避免由于营养摄入不合理影响健康和运动能力。

思考与练习

一、填空题

1. 在人体运动中，ATP 的合成是体内能量代谢的关键，能量供应系统有________系统、________系统和________系统。

2. 七大营养素有________、________、________、________、无机盐、水和膳食纤维。

3. 食物中的脂肪主要有三种：________和________，还有一种叫做________的脂肪也很常见。

4. 维生素 D 参与体内________的吸收和储存，缺少维生素 D，不能促进________吸收，会引发________病，严重影响到骨和牙齿的发育。目前科学的预防佝偻病的方法是同时补充维生素 D 和________，多进行________。

二、简答题

1. 简述三大能量系统的组成及其特点。

2. 简述营养素的组成及其主要功能。

3. 简述磷酸原系统供能的特点。

4. 举例主要的补水形式。

三、论述题

1. 论述学前儿童运动营养的原则。

2. 叙述运动时三大供能系统之间的相互关系。

3. 阐述维生素D缺乏症幼儿及肥胖儿运动营养安排的内容。

4. 如何培养学前儿童良好的饮食行为和习惯?

第七章

学前儿童的运动卫生保健

运动是学前儿童的基本需求之一,同时它也是一把“双刃剑”,过度和不当的运动不仅无法带来健康,还会导致伤害。只有遵循学前儿童身体机能的生理规律,注意运动卫生保健,科学地进行锻炼,才能有效地促进学前儿童身体发育,增强体质,提高身体机能和运动水平。幼儿教师要树立较强的运动卫生保健意识,重视学前儿童运动卫生保健工作,通过科学的运动努力使幼儿朝着健康的目标发展。

本章首先阐述了学前儿童各器官系统运动卫生保健的基础知识,然后介绍了指导学前儿童运动和心理卫生保健的方法,最后介绍了体弱儿、肥胖儿和学前特殊儿童的体育活动保健的基础知识。

学完本章，你将能够：

1. 懂得学前儿童运动卫生保健的基础知识；

2. 掌握指导学前儿童运动卫生保健的方法；

3. 了解体弱儿、肥胖儿和学前特殊儿童的体育活动保健的基础知识。

专题导读

体育活动是幼儿园体育的主要内容，学前儿童阶段是学前儿童基础运动技能迅速发展和提高的重要阶段，发展学前儿童基础运动能力是促进幼儿生长发育、发展身体素质、提高基本活动能力和运动技能水平的重要途径。学前儿童各系统的运动卫生保健内容是什么？学前儿童心理保健的知识有哪些？了解这些内容，可有助于幼儿教师以科学的、系统的、有规律的方法指导学前儿童体育锻炼，促进身心和谐发展。

专题一 学前儿童运动生理与心理卫生保健

一、学前儿童各系统的运动卫生保健

（一）学前儿童运动系统的运动卫生保健

1. 骨骼

骨组织由有机物和无机物组成，赋予骨骼弹性的有机物（主要是蛋白质）和赋予骨骼硬度的无机物（主要是钙盐）两者的比例决定了骨骼的物理性质。学前儿童骨组织中有机物与无机物含量的比例约为1∶1，因此骨骼的弹性大、硬度小，容易因不正确的姿势或者其他原因导致骨骼变形或骨折。学前儿童骨组织的再生能力较强，骨折后愈合的速度较快，但骨骼变形后若不及时矫正，则会影响成年以后的身体形态和身高。骨折的发生发展是一种由量变到质变的累积性损伤过程，避免骨的疲劳、损伤是预防骨折的关键，因此学前儿童开展运动锻炼要循序渐进。骨的疲劳、损伤不仅与负荷量有关，还与负荷后的重复次数和频率有密切关系。如果负荷量、重复次数和频率过度，超过了骨的重建速度，将会产生骨的慢性损伤，例如疲劳性骨膜炎容易发展成为疲劳性骨折。骨骼的硬度和生长发育与钙质含量有关，人体对奶和奶制品中的钙吸收率较高，运动期间应注意在饮食中加强钙质补充。

学前儿童骨的长长依靠软骨内成骨实现，早期骨骺与骨干之间保留着一定厚度的骺软骨，骺软骨细胞继续分裂增殖使骨长长。至25岁左右，骺软骨骨化成骺线，骨就不再生长了。学前儿童生长期骺软骨的细胞十分活跃，经常进行适宜的体育锻炼，可促进骺软骨的增殖与分裂，有益于身高的增长。例如学前儿童学习舞蹈时，长期练习半立脚尖动作，脚的第一跖骨受力加大容易增粗，第一跖骨比没有学习舞蹈的学前儿童较为粗大。学前儿童时期不宜进行负重练习，因为长时间持重物容易造成骺软骨提前骨化，使长骨不能长长，成年后身材矮小。

学前儿童进行剧烈的运动之后，必须有足够的休息和营养补充，以保证骨的重建和恢复。因为运动刺激的效应需要在运动后的休息期间完成，如果不注意休息和营养补充，又对骨长期施加压力，会导致骨的萎缩，只有适宜的压力刺激和充足的营养才能保证骨的正常生长发育。外伤和过度训练都会引起骺软骨提前愈合，骨化过程提早会影响学前儿童未来的身高，因此学前儿童不宜持久进行长时间、大强度的体育活动。骨骺炎是由于骨骺的血液循环障碍，导致软骨组织变性、坏死或骨生长发育不良的疾病，又称骨软骨炎，多发于少年儿童，男多于女，下肢多于上肢，易发部位为股骨头、肱骨小头、胫骨粗隆、跟骨结节等。骨骺炎多由于局部负荷过度或慢性劳损累积而成，应注意控制学前儿童的运动量。

学前儿童长期坚持体育锻炼可以给骨施加负荷，增加钙盐的吸收，使骨密度增大，骨径变粗，骨小梁增粗而且排列更加有规律，其抗压力、抗张力、抗弯曲、抗拉伸和抗扭转等力学性能加强，骨骼的坚硬度增加则不容易发生骨折。同时运动可加强骨膜的血液循环，改善了骨的营养，加强骨的新陈代谢，骨中的矿物质含量和骨密度增加，使骨的形态结构和骨量发生良性变化。体育运动的效果具有可复性，即当体育运动停止后，对骨的刺激作用也会逐渐消失，因此学前儿童应保持长期运动锻炼和配合充足的营养以加强和巩固效果。

在胎儿期，脊柱有向后凸的胸曲和骶曲，这两个弯曲是由于胎儿弓身于子宫内形成的，但尚未完全定型，其生理意义在于扩大胸腔和盆腔的容积。出生后 3 个月的婴儿学会抬头形成颈部的颈曲，有助于支持抬头；6 个月的婴儿学会坐时出现胸部的脊柱后凸形成定型的胸曲；1 岁左右学前儿童学会行走时腰部的脊柱出现向前凸的腰曲，有助于身体重心后移，四个生理弯曲具有缓冲震动和维持身体平衡的作用。当学前儿童体位不正、学前期维生素 D 缺乏、常患呼吸道疾病以及坐姿不正等都很容易引起脊柱弯曲变形（见图 7-1）。骨盆倾斜度的异常容易造成脊柱生理弯曲的改变，导致人体形态异常，例如塌腰、凸肚、翘臀等，使腰肌和腰椎负荷加重，引起腰痛、下背痛等一系列病症。跳跃、后踢腿、左右倾、拧等舞蹈动作都会累及腰骶关节，若学前儿童不能保持正确姿势或运动时间过长极易导致脊柱劳损，影响身体的体形。

学前儿童的骨盆尚未定型，由髂骨、坐骨和耻骨构成的髋骨要到 16 岁左右才会完全骨化，踢腿动作可以促进髋骨的发育，但应注意运动量的安排和运动保健。因为髋骨在未骨化之前，组成髋骨的三块骨之间的骨连接还很不牢固，可塑性较大，容易在外力作用下发生位移或不正常的接合。而且学前儿童运动时要避免从高处往硬的地面上跳跃，防止髋骨出现不正常的愈合。在跳跃落地时，尤其要注意保持正确的落地姿势，否则会引起大腿骨与髋骨的冲撞，影响骨盆发育，特别是女性儿童尤其要注意，以免影响成年后的生育。学前儿童的腕骨、指骨和掌骨随年龄的增长而逐渐骨化，大约10～13岁左右才全部骨化完全，女性幼儿一般比男性幼儿早两年。由于手部骨化未完全，学前儿童的腕部力量不足，完成手的精细动作、发挥力量较为困难，不宜长时间持重物或持重物运动。

从事体育锻炼的项目不同，对学前儿童各部分骨的影响也不同。经常从事跑、跳等以下肢活动为主的运动对下肢骨的影响较大；而从事持重物、投掷等以上肢活动为主的运动对上肢骨和胸廓容积的影响较大。学前儿童骨骼缺乏维生素D、钙或者长时间过度运动都容易导致下肢出现“O”形腿和“X”形腿（见图7-1）。故幼年时应特别注意良好姿态的培养，如坐姿、站姿要挺拔。安排体育活动时要考虑多样化、对称性，全面锻炼学前儿童的身体，养成良好的身体姿态，负重不要超过自身体重的八分之一，更不能长时间单侧负重或运动过度，以防骨骼发育畸形（见图7-1），防止单侧肢体过分发达。不良体态如驼背、严重脊柱侧弯等会使胸廓畸形，可严重影响学前儿童的心肺发育，易患呼吸系统疾病。体态不良的学前儿童也容易产生自卑感，影响健全人格的形成。学前儿童不宜穿过于紧身的衣服和过小的鞋，以免影响血液循环和足弓的正常发育，另外宽松和适度的衣服、鞋还可以避免意外伤害。

提示

紫外线不能通过玻璃窗，所以缺乏户外活动的婴幼儿会由于内源性维生素D生成不足导致佝偻病，大气污染如烟雾、尘埃亦会吸收部分紫外线，冬季日照短、紫外线较弱，容易造成维生素D缺乏。

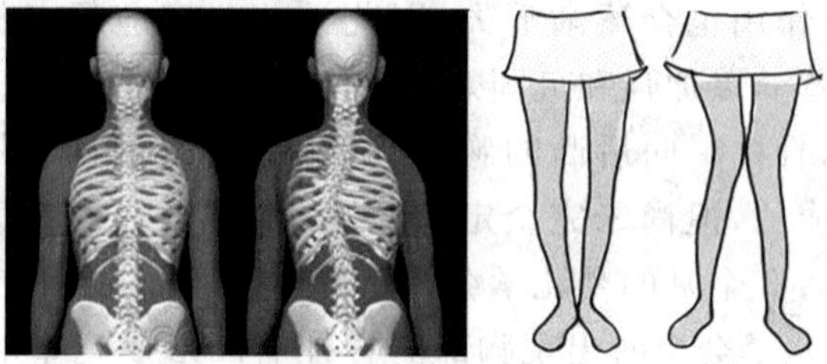

正常脊柱　变形脊柱　“O”形腿　“X”形腿

图7-1　脊柱和下肢发育情况对比图

2. 肌肉

学前儿童上、下肢肌肉的发育较早，长高时期的肌肉以增加长度为主，长体重时期的肌肉以肌纤维增粗为主。大肌肉群发育较早，小肌肉群发育较晚，3～4岁时上下肢活动已较为协调，但是手部小肌肉群的发育较迟，至5～7岁时才能完成较为精细的动作。肌肉收缩产生的力量来源于肌肉中蛋白质、葡萄糖等储备的能量，学前儿童的肌肉较柔软，肌纤维较细，蛋白质、脂肪、糖及无机盐较少，能量储备较差，所以学前儿童肌肉收缩力较差，易疲劳，但因学前儿童新陈代谢旺盛，肌肉易恢复。

经常参加运动锻炼，可使学前儿童肌肉丰满，能源储备充足，力量增强。学前儿童进行短时间的支撑、悬垂等静力性力量活动，可以使学前儿童肌肉、韧带和关节得到一定的锻炼，但不宜长时间进行，以免对生长发育产生不利的影响。避免进行不适当的臂力练习：臂力练习不少方法是以静力练习为主的，如拉皮筋、弹簧等，学前儿童绝不能采用这些方法。这种静力憋气的练习对学前儿童的心肺发育和功能没有益处，但可采用其他动力性的方法适当训练学前儿童的臂力。

由于学前儿童身体的各部位、各器官系统的机能、各种身体素质和基本活动能力尚未发展完善，教师在教学过程中应该注意设计和选择最佳教学程序和运动量，从学前儿童对所学事物的掌握、变换和迁移能力的角度考虑安排循序渐进的教学过程，从而强化学习的效果。例如在一般情况下对学前儿童的肌肉锻炼顺序应该是从大肌肉群训练在先、小肌肉群训练在后，多关节运动在前、单关节运动在后。原因是学前儿童的大肌肉群生长先于小肌肉群，而且小肌肉群在活动过程中容易疲劳，会在一定程度上影响其他肌肉群乃至全身整体活动能力。此外，在活动单一肌群时，大强度练习在前、小强度练习在后(见图 7-2)。

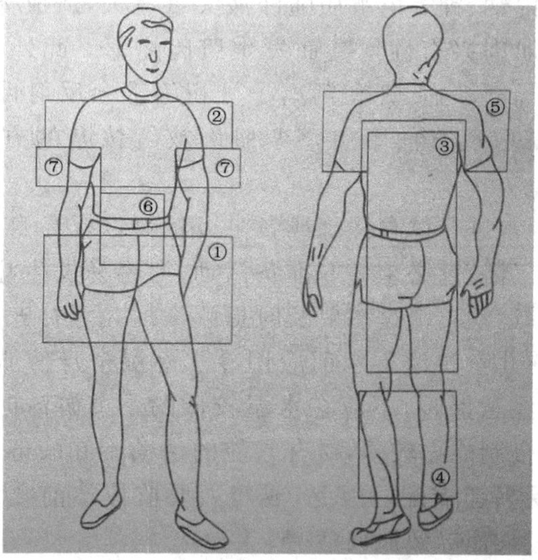

图 7-2 学前儿童主要肌群练习顺序

(①大腿和髋部；②胸和上臂；③背部和大腿后部；④小腿和踝；⑤肩带和上臂后面；⑥腹部；⑦上臂前面)

资料来源：王健，何玉秀.健康体适能[M].北京：高等教育出版社，2010

骨骼肌具有伸展性、弹性和黏滞性等物理特性。骨骼肌在施加外力时可以被拉长的特性叫伸展性；当外力去掉后又会恢复到原来的长度，这种性质叫弹性。适当提高肌肉的伸展性和弹性，可增大动作幅度、增强关节柔韧性。骨骼肌的黏滞性是由肌肉内部胶状物造成的，使肌肉收缩时产生阻力。黏滞性与温度的变化关系密切，温度越低黏滞性越大；温度越高黏滞性越小。准备活动可提高肌肉温度降低黏滞性，减少损伤。肌肉主动强烈收缩或被动过度拉长所造成的肌肉微损伤、肌肉部分撕裂或完全断裂称为肌肉拉伤。由于学前儿童肌肉弹性、伸展性和力量较差，在疲劳和过度负重时肌肉的机能下降、协调性降低、力量减弱、错误技术动作或运动时学前儿童注意力不集中等,尤其是在冬季气温过低、湿度过大时,学前儿童的肌肉黏滞性增高、场地或器械的质量不良、运动的开始阶段学前儿童肌肉的生理机能尚未达到适应运动所需的状态,在这些情况下都容易拉伤肌肉,教师应特别注意指导学前儿童做好准备活动。平时防止肌肉拉伤的有效措施是注意加强屈肌和易伤部位肌肉的力量和柔韧性练习,使屈肌群和伸肌群的力量达到相对平衡,合理安排学前儿童的运动量,纠正和改进动作技术上的缺点等。

肌肉痉挛是指肌肉不自主地强直收缩。在寒冷环境中进行体育运动,若没有做准备活动或准备活动不充分,身体突然受到寒冷刺激,通过神经系统传至肌肉,使肌肉兴奋性增高,造成肌肉强直性收缩,会发生肌肉痉挛。例如学前儿童在进行户外长时间的冷空气浴或者游泳时受到冷水刺激都可能发生肌肉痉挛。在炎热环境下进行运动时,特别是长时间剧烈运动,体内钠、钾等电解质随汗液大量流失,造成体内电解质平衡紊乱,容易引起肌肉兴奋性增高而发生肌肉痉挛。此外,剧烈运动造成肌肉收缩失调、局部缺血、钾和钙离子堆积等都会反射性地引起肌肉痉挛。通常可以采取反方向牵引痉挛肌肉或者按摩的方法缓解痉挛的肌肉。

学前儿童经常进行体育锻炼或者“三浴”可以提高身体对寒冷、高温的适应能力。“三浴”前必须做好准备活动,对容易发生痉挛的肌肉适度按摩放松。夏季运动出汗过多要及时提醒学前儿童补充水、盐和维生素等电解质。学前儿童游泳下水前应用冷水淋湿全身使肌体适应冷水的刺激,冬季运动注意保暖,不应在水温较低的季节游泳时间过长。学前儿童活泼好动,自制能力较差,对有兴趣的活动不知疲倦,活动的自觉性和持久性往往受兴趣支配。因此,成年人要监控学前儿童的运动时间,避免运动时间过长而导致肌肉疲劳。

3. 关节

学前儿童的关节窝较浅,周围韧带较松,关节周围附着的肌肉力量较小。因此,关节的活动性及伸展性较强,但牢固性较差。在较强外力作用下,容易脱臼,失去运动能力,尤其是肘关节和肩关节,脱臼时常伴有关节囊撕裂及韧带损伤。例如投掷动作太过用力、投掷过程忽遇阻力、倒立时以手撑地、摔跤和角力等身体接触的技击运动都容易造成肩关节脱臼。在学前儿童做体操、投掷、游泳等要求肩关节反复活动的动作技术时,最容易发生肩周损伤。肩周损伤是指肩周肌腱或合并肩峰下滑囊的损伤性炎症,学前儿童的肩关节较为柔弱,在突然猛力牵拉或过度活动时容易因肌肉的反复牵拉使肌腱、滑囊发生微细损伤。因此,学前儿童在做体操的转肩、持重物、投掷出手动作时,要掌握正确的动作技术,不宜突然用力或过度后伸,以免引起肩周损伤。学前儿童不应进行拔河、角力等活动,由于拔河时双方牵拉的力量很大,容易造成学前儿童的腕骨关节、肩关节等损伤或脱臼。不要让学前儿童玩“斗鸡”的游戏：学前儿童关节不够稳固，在游戏过程中猛烈的碰撞很容易使其膝关节受伤。另外，成年人应注意不要用力牵拉学前儿童的手臂以防肩关节脱臼（例如牵着幼儿行走时、帮助幼儿脱衣服时都有可能因过度牵扯幼儿的上肢导致脱臼），平时应加强关节周围肌肉的锻炼以巩固关节预防脱臼。

新生儿由于足底脂肪较厚因此呈现“扁平足”，属正常的生理现象，到3～6岁时足弓才发育好。但是如果婴儿在出生后数月内就有很高的足弓反而是不良的信号，预示着可能会有神经或肌肉方面的问题，例如脑瘫儿早期症状就有因肌张力过高导致高足弓（见图7-3）。正常的足弓可以缓冲行走时身体所产生的震荡、保护足底的血管和神经免受压迫。足弓的形成依赖足底韧带和肌肉的弹性牵拉，学前儿童足骨发育未完善，足底的肌肉、韧带柔软而力量较弱，如果长时间站立、过度运动或身体过于肥胖会造成足弓塌陷，容易发生扁平足（见图7-3），出现足底麻木或疼痛，妨碍跑、跳或行走，使学前儿童成年后的运动能力下降。适宜的运动锻炼可以增强学前儿童足底肌肉、韧带的力量，促进足弓的正常发育。因为在跑步或跳跃时，足跟不着地，两侧前足也不同时着地，两足肌肉的收缩，此起彼落，既紧张又协调，韧带劳损可能性更少，故适度的跑跳对足弓有益而无害。但前提是学前儿童的足弓正常，已失去弹性的足弓或足弓已经塌陷的学前儿童不适宜进行过多的跑、跳动作。运动时学前儿童应穿着具有中等高度的后跟和足弓托高度适中的运动鞋为宜。

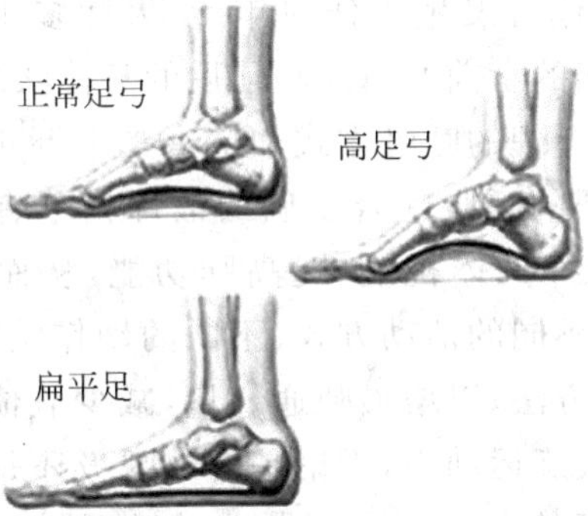

图7-3 三种足弓形态图

（二）学前儿童呼吸系统的运动卫生保健

参加体育活动时肌体对氧的需求量增加，由于学前儿童肺功能较弱，肺回缩力与胸廓回缩力较小，肺缓冲气量不足，容易出现换气不足，通常以较快呼吸频率来满足运动时身体对氧的需求。学前儿童经常进行体育锻炼，可使呼吸器官的构造和机能发生良好的变化，主要是骨性胸廓和呼吸肌增强。运动可使胸围加大，既增加了从肺内与外界的气体交换量，又为肺内容纳更多的气体提供了空间。运动还能促使学前儿童的呼吸肌生长和肌肉力量增强，由于膈肌的收缩和放松能力提高，肺活量也增大，特别是经常进行上肢活动的学前儿童肺活量增大尤为显著。同时肺通气量也相应增大，使肺泡的弹性和通透性加大，更有利于进行气体交换，组织对氧的利用率也提高，表现为呼吸差加大（呼吸差即深吸气时与深呼气时的胸围之差）；安静时呼吸频率缓慢。有目的地锻炼上肢，可以促使学前儿童肺部参与呼吸运动的肺泡增多，有效地促进学前儿童肺泡的生长发育，提高肺脏壁的弹性，使呼吸肌逐渐增加，进而增大肺活量和肺通气量。

学前儿童进行体育活动时可以加强呼吸深度，注意以鼻呼吸为主，以口呼吸为辅，避免在尘土飞扬的环境中运动。运动虽然是诱发哮喘的独立危险因素，但适量参加体育活动，对哮喘病学前儿童的肺部是一个很好的锻炼，可以有助于哮喘病的康复，尤其是游泳。游泳时学前儿童所处的环境比较湿润，有助于改善呼吸，而且运动时呼吸规律、运动节奏适中，身体在水中受到的压力比较小，运动中不容易接触到各种灰尘，可避免抗原刺激。此外，也可以选择慢跑、跳绳等运动量适中的运动。运动性哮喘是支气管哮喘的一种特殊表现类型，又称为“运动诱发性哮喘”，即在剧烈运动开始后6～10分钟、待运动停止后2～10分钟出现胸闷、气短、呼吸困难、喘息，肺部可闻及明显的哮鸣音。哮喘发作在0.5～1小时之内可逐渐缓解，少数严重患者可持续2～3小时。极个别的上述哮喘症状可出现在运动后4～13小时，称为“运动诱发的迟发哮喘反应”。运动性哮喘发作可发生于任何年龄，男性多于女性。成年人应特别注意观察有该疾病的学前儿童运动前后的身体状况。

在锻炼运动中，合理的呼吸方式和节奏是掌握正确锻炼技术不可缺少的因素。因为合理的呼吸配合正确的锻炼技术有利于保持体内环境的基本恒定、充分发挥人体机能、提高肺功能，从而提高锻炼效果。因此，在运动中应根据不同的活动方式、不同的动作结构和技术要求，采取相应的、合理的呼吸方法，以增加肺通气量，减少氧债，加强代谢能力，推迟疲劳的出现。在锻炼运动中，不论是胸式呼吸还是腹式呼吸都存在着呼吸频率与呼吸深度的合理配合问题。对于不同的锻炼练习项目和练习时间，呼吸必须随技术动作的不同要求进行调整，以保证动作质量。

2～8岁的学前儿童开始出现腹、胸混合式呼吸；9岁以后才逐步变成以胸式呼吸为主。学前儿童进行周期性的运动要特别注意呼吸的节奏，富有节奏的呼吸配合动作将会使运动更加轻松和协调，更有利于提高运动效果。如周期性的跑步运动，长跑宜采用2～4个单步一吸气、2～4个单步一呼气的方法进行练习；短跑常采用“憋气”与断续性急促呼吸相结合，即每“憋气”2～12个单步（或更多）后，作一次1秒钟以内完成的急促的深呼吸。学前儿童进行非周期性的运动要特别注意呼吸的时相要与技术动作的配合，根据技术动作的特点考虑吸气与呼气的时相协调，应以人体关节运动的解剖学特征与技术动作的结构特点为依据。一般在完成两臂上举、外展、扩胸、提肩、展体或反弓动作时，采用吸气比较有利；在完成两臂内收、内旋、收胸、塌肩、屈体或团身动作等时，用呼气比较顺当。但有例外时，例如持运动器械下蹲起立展体时，改为呼气较好。

学前儿童常见运动中腹痛的原因之一是呼吸肌痉挛或功能紊乱，可能是由于运动中不注意呼吸节律与动作的协调所致，不注意加深呼吸以致呼吸肌活动紊乱、呼吸急促而表浅、呼吸肌收缩不协调、呼吸过于频繁等因素，都会使呼吸肌发生痉挛或细微损伤。另外，准备活动不够，运动速度和强度增加过快，心肺功能赶不上肌肉工作的需要导致呼吸肌缺氧，不但容易发生呼吸肌痉挛也会加剧疼痛程度，其疼痛性质多为锐痛，学前儿童往往不会做深呼吸，疼痛部位常见于季肋部和下胸部。

合理的憋气可以增加机体力量、利于肌肉发力，在成年人的举重等项目中经常应用，但是学前儿童应避免过多憋气、持重物的力量练习，例如拔河、掰手腕、举重、拉皮筋或拉力器等活动。因为憋气时胸腔压力升高，导致胸内压和腹内压骤然上升，使静脉血液回流不畅，引起回心血量减少，心输出量明显下降，不利心脏和肺的工作和生长发育。

（三）学前儿童脉管系统的运动卫生保健

脉管系统是贯穿机体多个系统的中枢环节，消化系统、泌尿系统、呼吸系统等物质代谢系统功能的发挥都要依靠脉管系统实现（见图 7-4）。体育运动对心血管系统的影响主要包括对心和血管的影响。运动可使学前儿童心肌组织中毛细血管数量增多，心脏毛细血管出现大量吻合，弯曲度增大，心肌窦样管扩张，心肌毛细血管内皮和心腔心内膜内皮发生适应性改变，心肌的微循环功能改善。体育运动可以改变毛细血管在器官内的分布和数量。例如，使骨骼肌、心肌和脑组织内的毛细血管内皮细胞中微饮小泡增多，管腔面微绒毛结构增多，毛细血管开放数量以及新生数量增多，口径增大，容积和表面积增大，行程迂曲，分支吻合增多，改善器官的血供，心肌细胞与毛细血管最大氧气弥散距离减小，有利于细胞的氧气和能量供应，进而增强器官的功能。学前儿童时期血管较柔软、弹性好。随着年龄的增长，如果不注意饮食，血管壁出现粥样物质沉积而导致逐渐硬化，血管腔变得狭窄，同时血管壁失去弹性，影响心脏或身体其他部分的血液供应，甚至会出现血栓，造成冠心病或脑梗塞等严重疾病。根据美国和日本的研究，认为心脑血管疾病发展过程从儿童甚至幼儿时期就开始了，不同的人进展的速度和程度不一致，预防措施应该从婴幼儿开始，注意婴幼儿的科学饮食（摄取低脂肪、低胆固醇、低钠食物），让婴幼儿适当地进行体育锻炼等都有助于预防动脉硬化的发生。

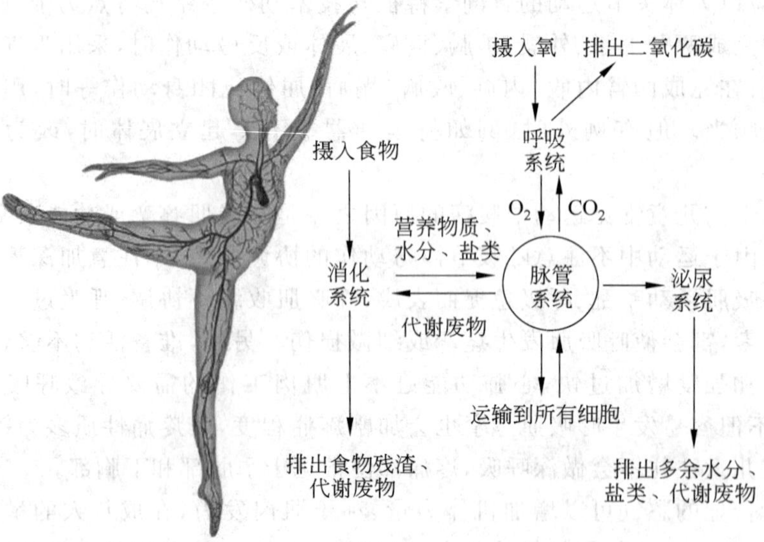

图 7-4　学前儿童运动的物质代谢结构图

学前儿童进行适合其年龄特点的体育锻炼，可以促进血液循环，增强造血机能，提高心脏的工作能力，增加每搏输出量。学前儿童每天应有充足的体育活动时间，动静交替，劳逸结合，但对不同年龄、不同体质的学前儿童应安排不同时间、不同强度的活动。运动前做好准备活动，结束时做整理活动，尤其在比较剧烈的运动后不宜立即停止。因为运动时，心脏向骨骼肌输送大量血液，如果立即停止运动，血液仍留存在肌肉中，静脉回流减少，使血液输出量减少，血压降低，可造成脑暂时缺血，引起恶心、呕吐、面色苍白、心慌甚至晕倒等后果。心率受神经系统的支配，兴奋和抑制都会影响学前儿童的心跳次数，所以要保持学前儿童情绪愉快，不过分激动或压抑。

体育运动对淋巴系统的影响，目前主要是从免疫系统的角度，集中反映在对免疫细胞，特别是在淋巴细胞、胸腺细胞及脾细胞形态、亚型及功能的影响等方面。研究表明，急性短时中等强度运动可激活免疫系统并提高免疫功能；长时间的耐力运动或长期的过度训练会抑制免疫功能，引起各种感染性疾病尤其是流行性感冒以及上呼吸道感染等发生率急剧增加。例如运动会过量激活 T 细胞，以控制运动后因自身抗原暴露或释放所造成的自身免疫损害，而 T 细胞过度激活会影响其他亚型 T 细胞、NK 细胞和巨噬细胞功能，结果导致训练后免疫抑制。

自然杀伤细胞(NK 细胞)是一类不同于 T、B 淋巴细胞，具有直接杀伤靶细胞效应的特殊淋巴细胞系。大量研究表明，运动强度、运动时间是 NK 细胞活性的重要调节因素，运动强度愈大，NK 细胞的变化就愈明显。中等强度和持续几分钟的短时间高强度运动就能促使外周血 NK 细胞升高，尤其是 CD16 阳性细胞。运动结束后外周血中的 NK 细胞浓度回落，甚至低于运动前安静值。研究表明，运动者体脂百分比与运动时 NK 细胞的激活程度呈负相关，提示肥胖可能会削弱机体免疫机能。因此，学前儿童的体育锻炼应注意控制运动负荷量，以免导致神经—内分泌—免疫调节功能的紊乱、免疫抑制细胞的激活、免疫抑制因子的产生等肌体免疫功能抑制。

肝脾瘀血是运动性腹痛的原因之一，疼痛部位在肝脾区，疼痛性质多为钝痛、胀痛或牵扯性痛。其发生原因可能与心血管系统的血流动力学障碍和肝脏功能因剧烈运动而减弱有关。若准备活动不充分或开始运动速度过快、强度过大，以致内脏器官还未克服惰性就承担了过分的负荷，特别是学前儿童的心血管系统还未充分动员或心肌力量较差，心脏搏动不充分影响心腔内血液的排空和静脉血回流心脏，会使血液郁积在脾脏内，容易导致肝脾瘀血。因此，学前儿童参加体育活动必须有充足的准备活动，以充分调动肌体各器官功能。

（四）学前儿童消化系统的运动卫生保健

长期适量的体育运动可对学前儿童的消化系统的功能产生良好效应。首先，运动时呼吸加深加快，心肺功能的整体加强可以相应地促进消化器官的血液循环，保证消化器官的氧气、营养物质供给和运输。其次，膈肌大幅度的升降活动以及腹肌的收缩和舒张活动，对胃肠起到节律性的按摩作用，消化系统的血液循环得到改善，也能增强胃肠的蠕动和消化功能。最后，中枢神经系统兴奋和抑制的协调状态有利于对消化系统调节机能的改善，而良好愉悦的心情又能提高学前儿童的食欲，有助于刺激消化液分泌，提高消化酶的活性。另外，低强度的体育锻炼对预防学前儿童消化道疾病具有潜在的益处，例如体育锻炼可加速肠道运送，减少肠黏膜与致癌物的接触；通过促进胆囊运动，增加胰岛素、缩胆囊素的分泌；体育锻炼使结肠动力增加，防止肠套叠和肠扭转；胃肠道机械撞击增多以及腹肌收缩力量增强导致结肠压力增加，这些均可减少便秘的发生。

运动时学前儿童体内物质能量消耗较多，运动后必须靠加强消化、吸收活动来补充。这时消化腺分泌消化液增多，消化管道的蠕动加强，提高了学前儿童胃肠道的消化和吸收功能。但饭前、饭后不应安排学前儿童进行剧烈运动，因为运动时血液重新分配，大量血液集中在四肢的肌肉内以应对肌体的需求，流经消化系统的血液会减少，对消化系统的消化和吸收功能会产生不良影响。而且当肌体运动加强时交感神经兴奋，使心跳加快、呼吸加强、消化活动受抑制。胃肠血管收缩、消化管和消化腺的平滑肌紧张度降低、胆囊收缩抑制，使胃肠道的血液供应锐减，蠕动减弱，消化液分泌减少，消化功能受到抑制。由于学前儿童的植物神经灵敏性差，兴奋和抑制的转换较慢，即使停止运动，消化系统功能也不能立即恢复到运动前水平。所以学前儿童参加体育活动后常会感到食欲下降，此时进餐不仅影响食欲，也不利于进餐后的消化，甚至容易患胃肠道疾病。一般剧烈运动后至少要休息30～45分钟再进食为宜。学前儿童饭前应在室内较安静地活动，饭后宜轻微活动，如散步，1.5～2小时后方可进行体育活动，运动前不宜吃得过饱或摄入过多水分。

剧烈、过量或违背体育卫生要求的体育活动作会对学前儿童的消化系统产生不良影响。学前儿童常见运动性腹痛的原因还有胃肠道痉挛或功能紊乱，其发生的原因可能是剧烈运动使胃肠道缺血、缺氧或瘀血而致。运动时胃壁、肠壁和肠系膜上的神经受牵扯、胃肠道的肌肉发生痉挛，会产生钝痛、胀痛甚至绞痛。运动前饮食过量及空腹运动都可能引起胃肠道疼痛，一般疼痛部位在上腹部。吃了易产气或难消化的食物，如豆类、薯类、韭菜、牛肉等，会增加肠蠕动或肠痉挛，其疼痛部位多在肚脐周围。滞留的宿便刺激也会引起肠痉挛，疼痛部位多在左下腹。

由于学前儿童的消化系统各器官较为柔嫩，运动疲劳或运动后没有充分的休息，可使胃排空延迟，胃黏液分泌减少而破坏胃黏膜的防御机制，剧烈运动还会使胃黏膜缺血，导致胃黏膜出血、糜烂的发生。学前儿童进行长时间大强度的耐力运动（如中长跑等）时，常见恶心、呕吐、反胃、腹痛、腹泻、便意等运动性胃肠综合征的表现，造成厌食和消化功能紊乱，这可能是大运动量的运动导致胃肠道血流急剧减少、胃排空减慢、胃肠受到强烈的机械震荡损伤等引起的，也可能是因为剧烈运动导致胃肠道菌群结构失稳。

肝脏是人体最大的实质性脏器，体积较大，固定性较差，且肝脏血运丰富，本身质地柔软脆弱，缺少弹性。肝脏虽大部分被肋覆盖但位置表浅，这些结构特点使得肝脏极易在外界暴力作用下破裂出血。尤其在对抗性较强的体育运动中，如足球、对抗性游戏等体育活动，肝脏可因强烈的震荡、牵拉、扭转而破裂，也可因骨折的肋骨断端刺伤肝脏造成破裂。肝脏破裂后因腹腔大出血可引起失血性休克，严重的还会危及生命；同时较慢的内出血因其较隐蔽，又常导致发现较晚而延缓救治时机。因此，在易发生损伤的、有身体接触碰撞性活动中，教师要提醒学前儿童避免激烈撞击，在胸腹部挫伤发生后，要注意观察学前儿童的体征症状，避免忽视内脏损伤的可能。

（五）学前儿童泌尿系统的运动卫生保健

经常从事体育锻炼可提高学前儿童泌尿系统的功能和作用。在体育锻炼时，运动器官和一些内脏器官都紧张地进行工作，这时新陈代谢更加旺盛，体内产生的废物就更多，肾脏排泄代谢废物增加，如尿素、乳酸等。为了保持身体内环境恒定，肾脏会加紧排泄乳酸、酮体等影响体内环境恒定的物质，从而保证运动能力。在短时间体育活动之后，学前儿童的尿量会有所增加。这是因为流经肾脏的血液增多,肾小球内血压上升提高了向肾小体内滤尿机能的缘故。但在长时间运动后,尿量却减少了。因为运动时间越长,流向肌肉内的血液越多,相对来说,流经肾脏的血液较少,因而滤出的尿量自然也就少了,而且运动时大量水分还会通过皮肤的汗液挥发排泄出去。此时机体为了保持体内水分和盐分,肾脏又会增加对水分和盐分的重吸收,以减轻体内缺盐,就造成排尿减少。

运动不仅能造成尿量增减,也会引起尿中成分的变化。在运动后,尿中可能会含有数量不同蛋白质、血细胞或葡萄糖等。由于长时间跑、跳时身体震动可使肾脏下垂,肾静脉压增高,肾脏缺氧缺血,同时血液中乳酸含量增高,通透性增加,导致红细胞渗出。运动时腰部的猛烈屈伸或蜷缩体位都可使肾脏受到挤压或脚落地时的震动使膀胱后壁与膀胱底部相互触碰,导致肾脏或膀胱出血,形成运动性血尿。所以学前儿童完成跑步、跳跃、踢腿等动作技术时要注意控制运动负荷量和保持正确动作,例如从高处往低跳跃时要注意屈膝缓冲地面的震动。

直立性剧烈运动容易引起运动性血红蛋白尿,例如长时间跑步等,运动强度越大发生的可能性越大。短时间大强度的一次性练习后,可使肾小管上皮小泡增多,从而提高了肾小管对低分子蛋白质的重吸收作用。但是不同时间大强度运动对肾结构有着不同程度的影响,长时间大强度的一次性练习后,肾小球毛细血管出现扩张和充血等变化,从而导致肾小体滤过膜的通透性提高,出现尿蛋白等情况。学前儿童跑步姿势不正确或运动场地条件不良也会引起运动性血红蛋白尿,跑步时由于足底受到较大的撞击力,流经足底血管中的红细胞受破坏会释放血红蛋白随尿排出。因此学前儿童应避免步伐较重或步幅过大,避免在马路、硬水泥地操场上奔跑。由于身体发育还不成熟,学前儿童应该以适当的运动为好,一般不宜进行过大、过强的运动,改变不良的动作姿势,采用弹性较好和较厚的鞋垫,选择适宜的运动场所,以免产生运动性血红蛋白尿。

(六)学前儿童生殖系统的运动卫生保健

一般情况下,男性婴儿的睾丸出生后会自腹膜后腰部开始下降入阴囊内,1～10 岁时睾丸生长缓慢,其附属物相对较大,运动突然用力过猛时容易引起提睾肌剧烈收缩而使睾丸扭转,血液被阻流,睾丸便会处于缺血状态。最明显的表现就是阴囊睾丸会有剧烈的疼痛而且疼感逐渐加重,上抬起睾丸时会加重疼痛。这种疼痛会由腹股沟向下腹部放射,重症时会觉得恶心、呕吐,阴囊肿大。男性学前儿童在身体碰撞性运动中容易引起睾丸挫伤,会因剧烈疼痛而引起休克。在进行体育运动时应注意正常姿势动作不要损伤生殖系统器官,运动过度或者过劳会影响全身发育,也会影响生殖系统的发育。运动后容易出大汗,在潮湿的环境中容易滋生细菌导致生殖器官感染，尤其是学前女童。因此，学前儿童宜穿着质地柔软、棉质、透气、容易吸汗的内裤，运动后最好尽快洗澡更换干净的衣裤，避免生殖系统长湿疹或感染炎症。

（七）学前儿童内分泌系统的运动卫生保健

经常参与户外运动或者在光线充足的条件下进行活动，可以调动学前儿童的情绪，增强兴奋性，消除不良情绪。松果体所分泌的调控人体情绪的褪黑激素在每天光照充足的时候分泌减少，因此在没有其他疾病影响的情况下，可以安排学前儿童在光照充足的时间段进行锻炼。尽量不要安排在睡前进行剧烈运动，以免引起神经中枢过于兴奋而影响学前儿童的睡眠质量，达不到运动的效果。

研究证明，中等强度、持续时间大于15分钟的运动能使血浆生长激素的浓度大幅度增加。但是生长激素在肝脏内分解的半衰期最长是30分钟。因此，由体育锻炼所造成的生长激素水平增高的持续时间通常并不足以促进生长，只有长期坚持规律的运动锻炼才具有促进学前儿童生长发育的作用。夜间学前儿童在黑暗的环境中睡眠时垂体分泌的生长激素最多，在日间进行运动锻炼后要保持其充足的睡眠时间，尤其是在光线较弱或黑暗的房间睡眠，可以增强运动的效果。

学前儿童运动时可能会发生血糖降低，主要是由于长时间的剧烈运动消耗体内大量血糖；其次是运动前或运动时饥饿会导致体内肝糖原储备不足而又没有及时补充糖的消耗；此外，如果赛前过于紧张或患病（如胰岛疾病、严重肝病）等都可能使运动时发生低血糖，甚至出现“低血糖休克”。当肌体出现低血糖时，由于脑细胞储糖量很少，所以首先会影响神经系统，继而才引起体内多个器官的功能降低。学前儿童进行运动时，教师应注意观察他们在运动中的情况，如果出现强烈的饥饿感、疲乏无力、心慌、头晕、皮肤苍白及出冷汗、手足颤抖、步态不稳甚至昏倒等情况应及时处理。预防低血糖的方法是运动前适量补充含糖食物或饮料，饮料的糖浓度以2.5%为宜，并注意早餐的质和量。

（八）学前儿童神经系统的运动卫生保健

神经元是神经系统形态和功能的基本单位，体育运动对神经系统的影响主要体现于神经元结构和功能的变化。多种运动形式的刺激可使神经元细胞的胞核、胞体、核仁明显增大，核质比增大。核仁增大说明形成核糖体的能力增强，蛋白合成能力也增强，为神经元形态结构的改变、功能的增强提供了足够的蛋白质。适量的运动负荷能使脊髓前角运动神经元的线粒体数量增加，嵴多而质密。这说明运动可提高神经元线粒体储能、供能的能力。多形式的运动可使输入大脑皮质及其他中枢神经结构的信息增加，诱导并促使新的树突棘产生，而新的树突棘的形成又加快了中枢神经系统内信息传递核整合的速度，从而改善了中枢神经系统的功能。

学前儿童出生时，由于神经纤维的髓鞘化不全，对外界刺激反应较慢且易于泛化。神经系统较脆弱，脑细胞容易疲劳，同时对缺氧十分敏感，耐受力也差。六岁左右反应日益精确，应采用各种积极手段促进其发展。学前儿童大脑皮质的兴奋与抑制过程的强度不均衡，兴奋过程占优势。安排学前儿童进行丰富的活动及适当的体育锻炼，可以使脑的兴奋与抑制过程合理交替，避免神经系统过度紧张，可消除疲劳，使头脑清醒，思维敏捷。学前儿童随着神经系统机能的改善，肌体内各器官系统尤其是运动系统的控制和调节能力也可得到不断提高和完善。特别是适合学前儿童年龄特点的体育锻炼能促进脑的发育，提高神经系统反应的灵敏性和准确性，改善神经过程的灵活性与平衡性，增强神经系统的功能。

体育运动是发展和保持神经系统功能的有效手段，身体各部分在大脑皮层躯体运动中枢的投影呈倒置的人形(头面部不倒置)，各部分代表区的大小与该部分运动的精细程度有关(见图 7-5)。学前儿童参加体育运动对保持和促进脑健康有明显的效果，经常参加运动锻炼的学前儿童，其智力和反应力明显高于未参加锻炼或极少参加运动的同龄孩子。这是因为运动可促使心脑血管更具有弹性，脑血液循环也更加通畅，脑血液循环量比一般人高出两倍，使大脑组织获得更充足的氧气和营养物质，从而改善中枢神经的营养状况，使大脑活动更自如、思维更敏捷。适宜的体育运动有利于神经系统功能的正常运行，过度的体育运动将会导致神经系统组织内超微结构的损伤，甚至引起组织细胞的过早衰亡。

大脑左右两个半球的功能并不对称，大脑左半球是语言优势半球，里面有语言中枢，并擅长逻辑思维，而音乐、美术和空间知觉辨认系统在右半球，一般人都是左半球功能优于右半球(见图 7-6)。为使大脑两半球均衡发展，应使学前儿童的动作多样化，如两手同时做手指操、攀爬及各种学前儿童基本体操等。由于右脑的活动会使左半球的活动受到某种抑制，运动可以抑制右脑而激活左脑的功能，可有效预防和治疗神经紧张、失眠、烦躁及忧郁等症状，改善不良情绪，使学前儿童精神欢愉。对于有睡眠障碍的学前儿童，运动锻炼具有辅助治疗神经衰弱的作用。注意睡前 1～2 小时要禁止运动锻炼，可做一些轻松的活动，例如听节奏舒缓的音乐，使身体自然进入活动放松的睡眠状态。

运动会对神经系统产生一种特殊的刺激作用，它能抑制已处于紧张或疲劳状态的大脑左半球皮质思维等运动区的兴奋性，有利于提高学前儿童大脑右半球的功能，调节学前儿童的脑血流速度，使植物神经紧张性降低，发放的冲动频率减少，从而提高中枢神经系统的兴奋与抑制的调节能力。所以运动是一种积极的休息方式，有助于消除大脑疲劳。研

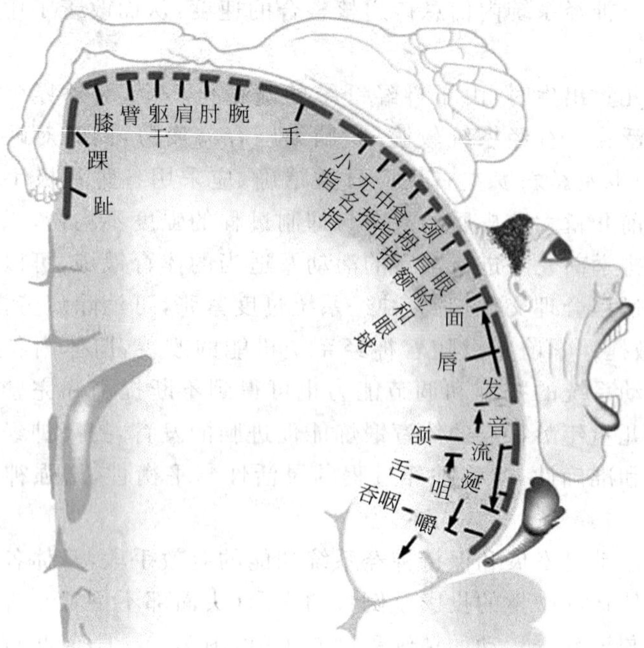

图 7-5　大脑皮层的运动中枢与身体各部分肌肉定位关系投影图

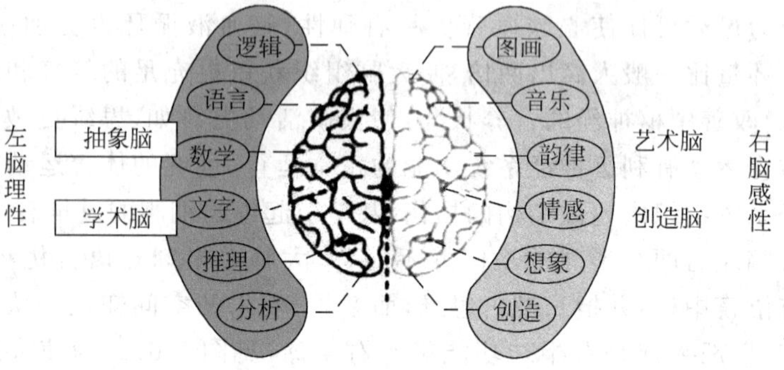

图 7-6　左右脑分工理论

究表明，一般需要 20 分钟才能消除疲劳，而用运动方式则只需 5 分钟即可。适量运动时运动中枢兴奋，可有效快速地抑制思维中枢，使其得到积极的休息。尤其是学前儿童进行静态的智力学习后再进行运动能使大脑的紧张状态得到缓解，有助于消除其心理疲劳，促使大脑思维功能的合理应用，促使学习效率提高。学前儿童进行脑力活动后可做徒手体操或手指操，有意识地让左手、右手多重复几个动作，以刺激右脑。

学前儿童疾跑运动后不宜突然站立不动，原因是下肢肌肉内的毛细血管和静脉失去肌肉收缩对血管的节律性挤压作用，同时由于血液本身的重力，大量血液积聚在下肢血管中使回心血量和心输出量骤减，导致脑供血不足，易造成重力性休克而发生晕厥。学前儿童停止奔跑后应继续走步或继续以减慢跑速一段距离并做深呼吸再逐渐停止下来。学前儿童剧烈运动后应休息约半小时后再洗澡或淋浴，以防因淋浴造成心肌缺血、心输出量减少而发生晕厥。学前儿童脑血流量占心输出量的比例较成年人大，脑组织对缺氧非常敏感，对缺氧的耐受力差，所以要保证学前儿童在空气清新的环境中运动，这对于其神经系统的正常发育和良好机能状态的维持都很重要。

脑震荡是颅脑损伤中最轻的一种急性变化性损伤，一般是由于头部遭受撞击导致大脑暂时的意识和机能障碍，脑的组织结构无明显器质性病变。学前儿童参与球类运动、轮滑运动、投掷运动或身体接触性运动时，可能会导致头部相撞、被球击中头部，从高处摔下时臀部着地的反作用力可传递到头部引起脑震荡，教师应注意监护学前儿童的体育锻炼，运动前佩戴运动护具，例如轮滑运动佩戴安全帽、护膝、护踝等，预防发生脑震荡等运动损伤。

（九）学前儿童皮肤的运动卫生保健

1. 擦伤和挫伤

身体碰撞性运动中容易造成皮肤表层损害，称为擦伤，受感染的伤口应及时消毒处理，避免局部发炎。如果由于钝性碰撞引起深部组织发生闭合性损伤，称为挫伤。大腿前面肌肉及小腿都是容易受挫伤的部位，头部和躯干部的挫伤可并发脑组织和内脏器官的损伤。例如胸背部挫伤可合并肋骨骨折或肺脏损伤，形成气胸或血胸；腰腹部挫伤可合并肾挫伤和肝、脾破裂而引起内出血和休克；头部挫伤可合并脑震荡或颅骨骨折等。学前儿童运动时应选择安全舒适、便于穿脱的服装，平日着装不宜过多，尤其不宜佩戴尖锐或较硬的饰物参加运动锻炼，以免损伤皮肤。

2. 冻伤

学前儿童冬季在户外运动若不注意可能会发生冻伤情况。冻伤分为局部冻伤和全身冻伤两种，通常学前儿童最容易发生局部冻伤。主要原因是婴幼儿体温调节功能较差，在户外衣服太单薄或太紧、身体持久不动等，皮肤小动脉或小静脉收缩和痉挛，继而会出现毛细血管扩张，血流淤滞。解冻后由于小动脉比小静脉解痉挛快，常有液体渗出，皮肤出现局部肿胀或水疱，若受冻时间较长，局部小血管损伤严重导致组织缺血、缺氧，最后会发生局部组织坏死。因此，学前儿童应避免在过于寒冷和风沙较大的天气进行户外运动，以免使皮肤冻伤、干燥、粗糙或开裂。发生冻伤时应使患部保暖，并在局部轻轻按摩促进静脉血回流。学前儿童经常进行冷水锻炼，如冷水洗脸、擦身、淋浴等，或坚持冬季室外锻炼，都可以提高肌体对寒冷的适应性，增强耐寒力。冬季锻炼要戴手套、绒帽、耳套等御寒用具，注意衣服、鞋袜要温暖而合适，防止过紧而影响血液循环，保持衣服鞋袜干燥，运动后及时更换湿衣服。

3. 中暑

中暑是因高温环境或受到烈日的暴晒而引起的疾病，它是指在高温和热辐射的长时间作用下导致肌体的体温调节障碍，出现水、电解质代谢紊乱及神经系统功能损害的症状。运动时肌体代谢加速、热量增加，人体借助于皮肤血管扩张、血流加速、分泌大量汗液和加快呼吸频率等，通过辐射、传导、对流及蒸发等方式将体内产生的热量送达体表，使体温保持在正常范围内。当气温超过皮肤温度又通风不良时，肌体内难以散热，甚至还会从外界环境中吸收热，造成体内热量储积，在这种情况下如果没有及时补充饮料，可导致脱水、失钠、血液浓缩及血液黏稠度增高，外界空气湿度过大也会引起汗液蒸发减少甚至汗闭，加上血管扩张，血容量不足引起外周循环衰竭，血中氯化钠浓度降低引起肌肉兴奋性提高，从而引起中暑痉挛、中暑衰竭或中暑高热。

学前儿童在炎热的夏天进行长时间运动，容易发生身体疲劳、缺水、电解质流失等中暑症状，尤其对热适应能力较差或较少参加运动锻炼的学前儿童最容易发生中暑。在烈日下运动时头部缺乏保护而直接受到烈日暴晒，可见光及紫外线长时间作用于学前儿童的头部、皮肤，可穿透头皮和颅骨引起脑膜充血、水肿或脑组织损伤，此时体温并不一定上升，但大脑组织温度可达 40～42℃，称为日射病，同时也会造成皮肤灼伤。中暑时学前儿童通常表现为体温迅速升高、头痛、肌肉痉挛、四肢无力、皮肤苍白、颜面潮红灼热等症状。中暑是一种可致命的急病，若不及时给予治疗可引起抽搐、永久性脑损害、肾衰竭或死亡，需及时将其移离高热环境并给予降温处置或急救。

经常组织学前儿童进行户外活动，坚持冷水洗脸，可提高皮肤调节体温的能力，增强对冷热变化的适应性。平时可安排学前儿童在较热的环境中锻炼，逐步提高身体的耐热能力。运动时选择有良好通风、降温设备的场所，在烈日下应戴白帽，穿浅色、宽松、通风性能良好的服装。高温炎热季节运动后要保证充足的休息时间，成年人应及时提醒学前儿童补充水分，不要等口渴了才喝水，因为口渴表示身体已经缺水了。出汗较多时可及时、适当补充盐水、清凉消暑或低糖含盐饮料，弥补因出汗而失去的盐分。运动后忌大量食用生冷瓜果，否则会导致学前儿童的脾胃运动无力，严重者则会出现腹泻、腹痛等症状。对于耐热能力较差、身体疲劳、患病的学前儿童，应避免参加剧烈运动。

（十）学前儿童感觉器官的运动卫生保健

中午 12 点到下午 2 点是太阳紫外线最强的时候，学前儿童应避免在这个时间段进行户外运动。在户外运动时应尽量选择戴宽檐帽遮阳，不要让太阳光直接照射到眼睛，因为学前儿童的角膜和晶状体等比成人更清澈，紫外线更容易透射到视网膜，灼伤其晶状体、角膜上皮和视网膜的黄斑等眼球内部结构。如果学前儿童佩戴的太阳镜不具备防紫外线功能，眼睛不但不会受到保护，反而会受到伤害。因为在强光下眼球的瞳孔能自然缩小进行自我保护，以防大量紫外线通过，戴上太阳镜后光线较暗，瞳孔反而放大，进入眼球内的紫外线会增多。6 岁以下学前儿童的视觉功能还未发育成熟，明亮光线及清晰物像可刺激视觉的发育，长时间佩戴太阳镜，进入瞳孔的光线减少，眼底黄斑区不能得到有效的刺激，视觉发育受阻，严重者甚至可能导致弱视。

教师指导学前儿童运动时要注意选择运动环境，由于色彩是视觉传达信息的一个重要因素，不同的色彩能缓解或加重不良情绪，给学前儿童带来不同的情绪、精神以及行动反应。在色彩明亮的环境中运动能更有效地改善学前儿童的情绪和调节心理压力，增强运动的效果。同时学前儿童运动时观察外周事物可以增加眼球的转动频率，避免形成斜视眼，增强位置觉和空间觉。

安排学前儿童参加游泳运动或水上活动时应在卫生条件合格的正规场所进行，有上呼吸道感染、慢性中耳炎、鼓膜穿孔的学前儿童均不宜游泳。一旦鼻腔进了水应赶快用手指紧压一侧鼻孔，缓缓擤出另一侧鼻孔的水，避免用力过猛，也不要同时捏住两个鼻孔用力擤，或将头歪向有水的一侧耳朵，用手掌紧压在耳孔上，屏住呼吸，然后迅速提气收掌，即可将水吸出。游泳后应及时用棉签吸出耳内水分，以免引发游泳性中耳炎及鼻窦炎。

二、学前儿童运动的心理卫生保健

（一）学前儿童心理与运动

在日常生活中，学前儿童各方面的能力较差，如身体活动能力、自我保护能力和独立生活能力等；依赖性较强，意志较为薄弱，知识经验相当缺乏，好奇心强，喜欢模仿动作，所有这些都意味着需要通过成人的保育和教育才能实现促进学前儿童身体健康发展的目的。体育运动的保健卫生包括对学前儿童运动中的生理卫生，也包括与运动有关的心理卫生保健。身体运动有助于情绪情感的培养，促进婴幼儿健康心理的形成。人类的身体运动，并非单纯的人体的运动或物理性运动，它除了具有解剖生理上的意义外，还具有心理上的价值。一方面，身体的运动能对学前儿童心理的发展产生良好刺激影响，尤其是能促进学前儿童智力的发展；另一方面，在身体运动的过程中，还伴随着人的认知、情感、意志和个性等方面的心理因素。因此，身体运动对学前儿童心理发展的影响也是不可低估的。在学前儿童的身心发展上，大量的调查已表明，情绪、行为、对自我的认识与态度等心理方面的因素，在一定程度上影响儿童疾病的发生,并在儿童保护身体健康中起着重要作用。要使学前儿童身心各方面得到和谐发展,就要为学前儿童提供可选择程度不同的活动,让学前儿童在轻松愉快的活动中体验到成功的喜悦,体格得到锻炼,才能使每个学前儿童在心理和生理不同水平上得到发展。

现代的科学研究表明,正常人智力发展水平的高低,与大脑的体积和重量关系不大,而与大脑的结构和功能状况却有着密切的关系。主要体现在:神经细胞突起与分支多少、神经细胞之间的联系网络的复杂程度、信息传导的速度,身体运动恰恰能促进这三个方面的发展。心理学的实验证明,一个人只要体验到一次成功的欢乐,便会激起无休止追求成功的意念和力量。因为这种自我感受和自我认识会加强自尊心、自信心,促使他们自爱、自重、自强不息。

学前儿童心理健康的表现有以下几点。

(1) 动作发展正常。动作发展与脑的形态及功能的发育密切相关,学前儿童身体大动作和手指精细动作的发展水平处于正常范围是心理健康的基本条件。

(2) 认知发展正常。认知发展是学前儿童获得知识或应用知识或信息加工的过程,即脑接受外界输入的信息,经过头脑的加工处理,转换成内在的心理活动,进而支配人的行为。认知过程是学前儿童最基本的心理过程,包括感觉、直觉、记忆、思维、言语等。

(3) 情绪积极向上。积极的情绪状态反映了中枢神经系统功能的协调性,亦表明个体的身心处于良好的平衡状态。

(4) 人际关系融洽。学前儿童之间的交往是维持心理健康的重要条件,也是获得心理健康的必要途径。

(5) 性格特征良好。性格是个性中最核心、最本质的表现,它反映在对客观现实的稳定态度和习惯化了的行为方式中。

(6) 没有严重的心理卫生问题。学前儿童的心理问题包括情绪障碍、行为障碍、品行障碍、发展障碍等。

(二) 学前儿童运动的心理卫生保健

1. 根据学前儿童兴趣创设活动,培养主动积极性

学前儿童年龄越小,身体活动的能力就越成为他一切行动或行为的基础。学前儿童能够做什么,不能做什么,主要是由其自身体育活动的能力来决定的。在活动设计中,应考虑到符合该年龄阶段的特点,以游戏的形式贯穿于整个活动中。游戏的内容、形式、材料丰富多彩,组织方式灵活多变,规则约束性弹性较大,目标功能性较小,着重参与、着重过程、着重交流和合作。其中,游戏能够引发学前儿童的积极情感体验,有利于帮助学前儿童勇敢地面对挑战,承受压力,克服困难,增强自信,主动地参与活动。

2. 了解学前儿童已有水平，注意运动的难度

在活动中，必须依据学前儿童体育活动的目的、学前儿童身心发展的水平与特点及学前儿童教育的基本原理去选择有针对性地开展活动。活动的种类繁多、内容丰富，但并不是所有的身体运动都适合于学前儿童。因此，在为学前儿童选择活动项目和内容，采用具体的方式方法时，应从增强学前儿童体质及促进学前儿童身体全面、协调发展出发。对学前儿童的生长发育不利或有可能造成危害的身体运动，必须绝对禁止。同时，学前儿童的体育活动应该保证适宜的运动负荷，包括生理负荷和心理负荷。其中活动量的大小，直接影响到学前儿童身体的发育与发展，影响到学前儿童体育活动的成效。只有适宜的运动量，才能使学前儿童的身体承受适宜的生理负荷，从而有效地增强学前儿童身体器官、系统的适应性。在身体活动的过程中，不仅人体要承受一定的生理负荷，而且在人的心理上也有一定的负担，因为身体的运动并非是单纯的人体活动，它还伴随着人的知识、情感和意志等方面的心理过程。特别在意志、毅力方面，应多鼓励去引导。如小班刚学溜滑板车的时候，情绪通常处于较为紧张的状态，为了克服胆怯的心理以及维护身体平衡与安全所做的意志努力是比较大的。因此，在体育活动中，心理的负荷不应过大、过多。

3. 让学前儿童在运动中获得成功

学前儿童可以从运动中获得良好的情绪体验，良好的循环能培养学前儿童对体育的追求与爱好。在开展活动中，老师提供可选择的、难度不同的活动器材，每种器材至少有三种以上不同的难度，供不同发展水平的学前儿童选择。如练习跨跳，障碍物距离的远近；练习平衡木有高有低，有宽有窄等。让每个学前儿童通过看一看、想一想、试一试和增加难度的方法，使其在每次活动中都有成功的体验。

思考活动

1. 学前儿童各系统的生理卫生保健有哪些问题要注意？

2. 学前儿童各系统的心理卫生保健有哪些问题要注意？

扩展阅读

幼儿常见运动损伤处理要点

1. 扭伤

扭伤：表现为局部皮下组织、肌肉纤维出血，韧带损伤，重者可伴关节半脱位或并发骨折。处理方式如下。

(1) 抬高患肢。注意事项：膝部扭伤应到医院就诊，因为软骨受伤不易愈合。

(2) 4 小时内冷敷，减轻内出血和肿胀。24 小时后热敷，加速血液循环和止痛。

(3) 观察。若扭伤部位疼痛肿胀难消退，应考虑骨折或局部血流受阻，需请医生诊治。

2. 皮肤外伤

皮肤外伤：因器械、物品摩擦而致表皮损伤。

(1) 清洁。局部清洗后涂红汞或龙胆紫。

(2) 止血。轻者用创可贴，出血多者用无菌纱布包扎止血并送医院。

(3) 保持局部干燥与清洁。

3. 骨折、脱臼

骨折、脱臼：摔倒时用手撑地会引起骨折或肘关节、肩关节脱位。孩子感到疼痛（越来越痛）且肿胀明显或畸形。

(1) 局部保暖、清洁。

(2) 固定受伤肢体，避免进一步的损伤。

(3) 尽快就诊，早期复位。

4. 脑震荡

脑震荡：跌跤时孩子头部着地，但很快停止啼哭面色正常，表明大脑受损可能性较小。若出现意识短暂丧失（几秒钟或几分钟）、头昏、头痛、嗜睡或恶心呕吐等症状应引起重视。

(1) 平卧、头部冷敷。

(2) 尽快就诊，途中注意轻、慢、稳，避免震动、颠簸。

(3) 密切观察 24～48 小时。

5. 鼻出血：常因鼻部受碰引起

(1) 孩子取坐位，头微低，以免将血咽入胃里引起呕吐。

(2) 冷敷前额、鼻和后颈部。

(3) 堵塞止血最为常用。取消毒棉或纱布轻填鼻腔出血部位至血止，观察 1 小时左右再取出。

(4) 出血量大或难以止血应及时就医。

资料来源：http://mcyey.igrow.cn/，2012.06.10

专题小结

掌握学前儿童运动卫生保健知识，有助于进一步激发幼儿参加体育活动的兴趣，调动他们主动参加体育活动的积极性和增强运动锻炼效果。幼儿教师可以在此基础上向学前儿童渗透运动卫生保健知识，全方位发展幼儿的基本动作技能，普及体育锻炼的健康知识，以达到促进幼儿身体整体、均衡、协调发展。

专题二

学前特殊儿童运动的卫生保健

一、体弱儿的运动卫生保健

学前儿童中常见体弱儿主要包括肥胖儿、体质病弱儿，对这两类学前儿童参加体育活动时应有区别于正常学前儿童的特殊运动卫生保健要求。

（一）肥胖儿的运动卫生保健

肥胖儿的身高、体重超出同性别、同年龄学前儿童20%以上，按超重不同程度可分为：轻度，超过标准体重的20%～29%；中度，超过标准体重的30%～49%；重度，超过标准体重的50%以上（参见附录A）。开展运动卫生保健时，可选择进行有氧运动，以消耗身体储存的脂肪，既能达到控制体重的目的，又能有效改善肥胖儿的身体素质。

肥胖儿的有氧运动强度应根据肥胖儿自身情况制定，可以略高于正常体重学前儿童的运动量，而且在运动过程中成年人要密切监控，随时根据肥胖儿的身体状况调整运动量，引导其动静交替地坚持运动。有氧运动可以柔韧性活动和体位移动的活动内容为主，例如散步、慢跑、踢球、跳绳等。由于游泳时冷水会刺激皮肤产生脂肪组织，使皮下脂肪增厚，以保护机体内部温度，因此气温、水温过低时不宜选用游泳作为锻炼方式。延长位移活动的完成时间比增加活动速度更有减体重的价值，因为长时间的中等强度运动主要消耗的能源物质是脂肪，而快速的运动，例如急速奔跑，消耗的是磷酸原和糖原，代谢产物主要是乳酸，乳酸堆积于肌肉组织容易导致肌肉疲劳和酸痛，不利于肥胖儿运动恢复。柔韧性锻炼可以改善肥胖儿身体的协调性，预防运动损伤。

应有计划通过多个阶段的体育活动达到减轻肥胖儿体重的目标，运动锻炼过程中，成年人可多运用正面语言激励和给予肥胖儿肯定的评价，注意培养肥胖儿的运动兴趣，帮助肥胖儿克服困难，逐步养成经常锻炼身体的健康生活习惯。尤其要注意运动期间合理搭配膳食，避免摄入

专题导读

近年来国内外都在特殊教育领域开展“融合教育”、“全纳教育”，致力于使特殊儿童进入普通幼儿园，享有与正常儿童同等的教育。幼儿教师指导体弱儿、特殊儿童参加体育活动时应该注意个体差异性。体弱儿、盲童、聋童、超常儿童等特殊学前儿童各具有哪些特点？如何安排他们的体育活动以及注意事项有哪些呢？掌握这些知识有助于幼儿教师正确指导学前特殊儿童进行体育活动，促进他们健康成长。

高糖、高脂肪、高蛋白的饮食。

（二）体质病弱儿的运动卫生保健

体质病弱儿包括多种情况，例如早产儿、低体重儿、生长发育迟缓幼儿、营养不良幼儿、先天性缺陷幼儿、器质性疾病幼儿（心脏病、肾病等）、反复呼吸道或胃肠道感染幼儿等。成年人应根据学前儿童的具体身体状况，采用中、低强度的运动为主，适宜的运动形式最好是有氧运动，运动量应低于正常体质幼儿，并视体弱儿的特殊身体条件进行差异性、个性化指导。

运动时，体弱儿的动静交替次数可以比正常体质幼儿多，以便降低运动强度，提高体弱儿身体素质，改善他们的健康状况，促进其正常发育。成年人要针对体弱儿的身体条件选择运动环境，在体弱儿参加集体活动时要给予重点指导和保护。在户外活动时要注意天气状况，进入春季、冬季或雾霾天气，空气中的浮尘、沙土物容易诱发哮喘等呼吸道疾病幼儿发病，因此不宜组织体弱儿运动。

二、学前特殊儿童的运动卫生保健

学前儿童卫生学重点“特殊儿童”是盲、聋、智力落后、肢体残疾和超常儿童的总称。由于不同群体的生长发育及心理特征不同，教师应给予区别对待，以促进健康成长。

（一）盲童

视力缺损对盲童的生长发育并没有太大的影响，但是心理测评的研究结果表明：盲童在情绪特征、人际关系、自我意识、性格意志等方面同明眼儿童相比都有一定的差异。尤其是先天盲童在出生几个月以后会出现动作技能发展迟缓的状况。视觉功能不足对儿童的视动协调、定向运动及动作技能操控有较大的影响。在发育早期对盲童进行良好的运动技能锻炼可以促进其生长发育和降低盲态。体育锻炼可以促使盲童学会交往，学会生存，融入与正常人的人际交往，适应现代的社会生活，在运动锻炼中认识人生价值，培养高尚情操，磨炼意志，激发奋发向上的精神。

由于盲童看不清或看不见而限制其活动范围，教师应尽早对盲童进行定向行走能力的训练，结合其他感觉器官功能训练，例如耳的听觉、手的触觉。在体育活动中可采用有声响的小型运动器械进行分辨声音的训练，在明眼人的带领下进行跑步、跳跃等体育活动，培养空间感觉和行走能力。保护和训练盲童的耳和手非常重要，盲童进行体育锻炼时，教师要做好安全防护工作，预防对耳、手臂皮肤等有损伤的各种意外事故。

尤其是要减少游泳运动或在游泳运动后做好预防中耳炎等耳病的措施。运动器械要符合卫生要求，运动时要避免劳累，要避免化学物品对皮肤的损害等不利因素对盲童触觉的影响。

（二）聋童

聋哑儿童由于听觉障碍而丧失语言能力，其生长发育水平与正常儿童基本不存在差异，但是由于不能与健全人进行正常的语言交流，使其形成了急躁、孤僻、自卑等许多方面的心理特点。听力损伤以后，聋童主要依靠视觉、触摸觉等器官感知行动，视觉提高速度快于正常儿童，成为补偿听觉缺损的主要途径。因此，视觉通道成为聋童感知外界事物的主要通道，在带领聋童参加体育活动时要注意保护好聋童的眼睛。注意用眼卫生、预防眼病的发生和传染。通过体育锻炼使聋童获得积极的情感体验，促进认知、情感与行为技能的发展，培养良好的社会适应能力。

（三）智障儿童

由于智力落后影响智障儿童的身体活动，使智障儿童的身体素质与普通儿童有明显的差异。智力落后儿童的心理发展水平较低，他们在感知觉、注意力、记忆力、思维能力等方面发展较慢。在个性方面，智障儿童缺乏主动独立的意识，意志力比较薄弱，会有躁动、自伤、攻击性等行为。

幼儿时期是智障儿童各种心理能力发展的关键期，对智力落后儿童开展早期教育和训练有利于其心理发展。全身性或局部性的运动锻炼可以提高智障儿童的感知觉能力、大小肌肉群活动能力以及协调能力，尤其是大脑对身体的控制能力和从事精细活动的能力。由于智障儿童思维缺乏分析、综合、判断能力，在进行体育活动时不能根据客观条件的变化调整自己的思维，表现出刻板、僵化、不会变通，行动比较缓慢，动作不准确。因此，不宜进行身体有接触碰撞性的体育活动。

由于智障儿童体质的限制，体育活动必须选择运动量小、低危险性的项目，可以采用体操或手指操等运动，经常锻炼四肢、手指的活动能力，刺激大脑皮层的躯体运动中枢，有助于提高智障儿童的注意力和健脑。也可以选择身体位移不大的小球项目锻炼智障儿童的灵敏性和反应能力，如乒乓球运动可有效提高智障儿童的身体素质，改善神经系统灵活性，增强中枢神经系统的调节能力，提高身体对外界刺激的反应速度。

（四）肢体残疾儿童

肢体残疾儿童的残疾主要表现在肢体上，通常智力活动、感知觉、思维等方面与正常儿童并无差异。肢体残疾儿童最突出的问题是社会适应能力较差，由于运动能力和体力不如正常儿童，会出现偏离同龄儿童的行为和社会常态，表现为孤独、自卑、胆怯等心理障碍和不良心理。躯体的外在形象会直接影响残疾儿童的自我认识的形成，体育活动可以帮助残疾儿童克服自卑心理，树立生活的信心，尤其是集体体育活动可以培养残疾儿童以积极的心态参与各种社会活动和人际交往。在体育活动过程中，教师应注意加强肢体残疾儿童的肌肉力量训练，增加身体机能训练，注意运动过程中预防跌倒和运动损伤。

（五）超常儿童

超常能力儿童表现出超越自身年龄水平的智力和/或创造力，一般分为两类：一类是智力发展比较全面的超常儿童；另一类是在体育、艺术、数学或科学领域常常表现出特有天赋的、具有特殊才能的儿童。通常大多数超常儿童在身体发育指标上与正常儿童无异，某些特殊才能的超常儿童会在身体素质或形态方面与普通儿童有异，如舞蹈才能儿童的身体柔韧性、协调性、旋转、耐力等方面要优于普通儿童。超常儿童的心理发展要优于普通儿童，主要是感知觉更敏锐、注意力发展快速、注意范围广而且时间长，有的超常儿童具有敏捷的思维能力和高度的创造力。教师应该甄别对待尽可能满足超常儿童的天性需求，在体育活动中激发其创造欲望和创造力，注意运动安全防护。

思考活动

1. 体弱病儿参加体育活动时应注意什么？

2. 学前特殊儿童参加体育活动时应注意哪些问题？

扩展阅读

适用于3～6岁肥胖儿控制体重的方法

肥胖最易导致幼儿体型特异，不少肥胖幼儿常有平足、膝内翻、下肢和脊柱弯曲等特征，他们的活动意愿下降，活动能力差，行动笨拙，影响了幼儿智力的正常发育。因此对于幼儿的肥胖问题，家长应引起足够重视。除节制饮食，改善膳食结构外，辅以体育锻炼能获得较好的结果。锻炼目的：提高有氧代谢能力，促进脂肪分解和能量消耗，达到适宜体重，保持和提高身体运动能力，防止肥胖并发症的发生。

1. 锻炼内容

主要选用以移动身体，并可以持续时间较长的运动项目，包括长跑、跳绳、接力跑和快步走等项目。由于幼儿不能较长时间将注意力集中在一项运动上，因此在锻炼内容上，一般组合三个以上项目，做循环练习，并以游戏为主，但要体现出持续运动的特点。应注意增加支撑关节的肌肉力量锻炼，为以后运动负荷的增加打下基础。具体方法可参照体重正常儿童的锻炼方法。

2. 锻炼负荷

锻炼中"适宜心率"为最高心率的50%～60%（中小强度）；适宜

锻炼心率范围为：110～140 次/分钟。但在开始时心率可以稍低，以 90～100 次/分钟为宜。

从事主要锻炼内容的持续时间不少于 20 分钟。锻炼时最好分成几节，中间适当休息。根据锻炼的效果，确定负荷量的递进速度，原则上每周延长 5 分钟，直至 40～60 分钟。

开始阶段 2～3 次/周；以后，锻炼每 1 个月后增加 1～2 次/周；直至 4～5 次/周。

3. 注意事项

锻炼要持之以恒，不要随意停止锻炼。

在每次锻炼前都要做 5～10 分钟的准备活动，主要内容采用伸展练习或者徒手体操等。锻炼结束以后也做 10 分钟左右的放松练习，内容同上。

国家体育总局网资源库：

http: //www.sport.gov.cn/

锻炼的整个周期一般以 3 个月为宜。

锻炼的时间安排在晚餐前 2 小时进行效果最好，这样比其他时间锻炼多消耗 20%的能量。

适当控制饮食。

4. 锻炼计划

锻炼计划实例如下。

第一个月

第 1 周	准备活动	5～10 分钟，采用徒手幼儿体操，以及活动下肢主要关节（髋关节、踝关节）的动作（如踝关节绕环等）
	主要部分	游戏（如接力跑），5 分钟。休息 5 分钟 往返搬运重物（适宜重量实心球或重物）10 分钟，速度控制在 20～30 米/分钟，5 分钟休息一次；或运动时，心率在 110～130 次/分钟为宜
	结束部分	放松练习，慢走和整理活动，10 分钟
第 2～3 周	准备活动	5～10 分钟，采用徒手幼儿体操，以及活动下肢主要关节（髋关节、踝关节）的动作（如踝关节绕环等）
	主要部分	游戏（如接力跑），5 分钟。休息 5 分钟 上下楼梯 5 分钟，跑步 10 分钟，跑速为 30～40 米/分钟；或跑步时，心率在 120～130 次/分钟为适宜跑速
	结束部分	放松练习，慢走和整理活动，10 分钟
第 4 周	准备活动	5～10 分钟，采用徒手幼儿体操，以及活动下肢主要关节（髋关节、踝关节）的动作（如踝关节绕环等）
	主要部分	游戏（如接力跑），5 分钟。休息 5 分钟 上下楼梯 5 分钟，跑步 15 分钟，跑速为 30～40 米/分钟；或跑步时，心率在 120～130 次/分钟为适宜跑速 慢跑的总距离为 600 米左右
	结束部分	放松练习，慢走和整理活动，10 分钟

注意事项：在执行锻炼计划中，如果幼儿出现明显疲劳、气短等现象，要降低运动强度（跑速），以及保持或缩短慢跑的总距离。

第二个月

第1周	准备活动	5～10分钟，采用徒手幼儿体操，以及活动下肢主要关节（髋关节、踝关节）的动作（如踝关节绕环等）
	主要部分	游戏（如接力跑），5分钟。休息5分钟 往返搬运重物10分钟（适宜重量实心球或重物），20米/分钟；跑步10分钟，跑速为30～40米/分钟；或跑步时，心率在120～130次/分钟为适宜跑速
	结束部分	放松练习，慢走和整理活动，10分钟
第2～3周	准备活动	5～10分钟，采用徒手幼儿体操，以及活动下肢主要关节（髋关节、踝关节）的动作（如踝关节绕环等）
	主要部分	游戏（如接力跑），5分钟。休息5分钟 上下楼梯10分钟，跑步25分钟，跑速为40～50米/分钟，当运动结束后，心率在130～140次/分钟为适宜跑速
	结束部分	放松练习，慢走和整理活动，10分钟
第4周	准备活动	5～10分钟，采用徒手幼儿体操，以及活动下肢主要关节（髋关节、踝关节）的动作（如踝关节绕环等）
	主要部分	游戏（如接力跑），5分钟。休息5分钟 跑步30分钟，跑速为40～50米/分钟；或跑步时，心率在130～140次/分钟为适宜跑速。前抛实心球10次，跳绳5分钟
	结束部分	放松练习，慢走和整理活动，10分钟

注意事项：在执行锻炼计划中，如果幼儿出现明显疲劳、气短等现象，要降低运动强度（跑速），以及保持或缩短慢跑的总距离。

第三个月

第1周	准备活动	5分钟，采用徒手幼儿体操，以及活动下肢主要关节（髋关节、踝关节）的动作（如踝关节绕环等）
	主要部分	游戏（如接力跑），5分钟。休息5分钟 跑步35分钟，跑速为40～50米/分钟；或跑步时，心率在130～140次/分钟为适宜跑速。前抛实心球10次，跳绳5分钟
	结束部分	放松练习，慢走和整理活动，10分钟
第2～4周	准备活动	5分钟，采用徒手幼儿体操，以及活动下肢主要关节（髋关节、踝关节）的动作（如踝关节绕环等）
	主要部分	游戏（如接力跑），5分钟。休息5分钟 慢跑35分钟，跑速为40～50米/分钟；或跑步时，心率在130～140次/分钟为适宜跑速。跳绳10分钟
	结束部分	放松练习，慢走和整理活动，10分钟

注意事项：随着幼儿体质和健康状况的改善，可以持续增加锻炼时间和跑动距离。一般持续半年左右。选择其他项目进行锻炼时，可以参考锻炼的基本原则自行制定。

对于幼儿来说，减肥不要急于求成，在保证每天热量摄入不变的前提下，一般每周体重下降0.25～0.5千克。

资料来源：国家国民体质监测中心(http：//www.fitness.org.cn/w/293.html)

专题小结

幼儿教师应掌握学前特殊儿童运动卫生保健知识，运用所学理论帮助具体的特殊儿童实现个别化的体育教育，有助于增进这类儿童参加体育活动的兴趣，增强运动锻炼效果和促进体质健康。

思考与练习

一、填空题

1. 学前儿童上、下肢肌肉的发育较早，长高时期的肌肉以________长度为主，长体重时期的肌肉以________增粗为主。大肌肉群发育________，小肌肉群发育________，3～4岁时上、下肢活动已较为协调，但是手部小肌肉群的发育较迟，至5～7岁时才能完成较为精细的动作。

2. 运动可使学前儿童心肌组织中毛细血管数量________，心脏毛细血管出现大量吻合，弯曲度________，心肌窦样管扩张，心肌毛细血管内皮和心腔心内膜内皮发生________改变，心肌的微循环功能改善。

3. 骨骼肌具有________、________和________等物理特性。

4. 学前儿童的体育活动应该保证适宜的运动负荷，包括________负荷和________负荷。其中活动量的大小，直接影响到学前儿童身体的发育与发展，影响到学前儿童体育活动的成效。

二、简答题

1. 简述学前儿童消化系统的运动卫生保健方法。

2. 列举学前儿童常见的运动环境疾病。

3. 简述组织学前儿童进行户外运动应注意的事项。

三、论述题

1. 论述学前儿童运动心理保健的知识。

2. 论述学前儿童各器官运动卫生保健的主要内容。

3. 列举指导体弱儿的基本知识。

第八章

学前儿童体质和体育锻炼效果的测量与评价

生长发育是学前儿童身体的基本特点，学前儿童期的生长发育对成年后的影响很大。生长发育贯穿于从精卵结合到青春期结束的全部过程，不仅指体格的生长，还包括情感、认知、道德水平等心理社会方面的发展。由于学前儿童年龄、生理、心理等特征，决定了各种游戏、体育活动等是学前儿童的主要活动，各种学前儿童运动对其身体、智力、创造力、情感、个性和社会适应性等的和谐发展具有积极作用。

本章首先阐述了学前儿童生长发育和心理发展的规律、影响因素。然后介绍运动对学前儿童身体健康、心理健康以及社会适应能力的影响，帮助大家把握学前儿童生长发育的规律及运动对学前儿童生长发育的影响。

学完本章，你将能够：

1. 了解学前儿童生长发育过程的规律；

2. 掌握体育锻炼对学前儿童生长发育的影响；

3. 了解学前儿童生长发育、体育锻炼效果和运动能力的测量指标和评价方法。

专题导读

优生优育是一项利国利民的系统工程，学前儿童的生长发育越来越引起家长们的重视。运用一定的评价指标和评价方法对学前儿童的生长发育进行评价，有利于掌握学前儿童身心生长发育的状况并提出有效的改进措施，促使学前儿童健康成长。

专题一 学前儿童的生长发育测量与评价

一、学前儿童生长发育的评价指标与测定方法

生长表示肌体量的改变，它是指学前儿童各器官、系统的长大和形态变化；发育表示肌体质的改变，它是指细胞、组织、器官的分化完善和功能上的成熟。二者紧密相关，共同表示肌体的动态变化。学前儿童的生长发育评价指标一般包括形态指标、生理机能指标、身体素质指标以及神经心理发育指标等。

（一）形态指标

生长发育的身体形态指标是指学前儿童身体的外部形态和特征。人们通常用身高、坐高、体重、头围、胸围、肺活量等来衡量学前儿童身体形态的发育。生长发育的主要身体形态指标还包括代表营养状况的臂围、腿围和各部位皮褶厚度等。

1. 身高

身高是反映骨骼发育的重要指标，它是指从头顶至足底的全身长度。一般情况下，可采用仰卧位测量3岁以下学前儿童，以免立位测量数据不准确，测量结果称为身长。身高（长）的增长规律与体重相似，婴儿期会出现第一个生长高峰。学前儿童期年龄越小，增长越快，2～12岁（青春期前期）可按下列公式推算：

$$身长(cm)=年龄\times7+70cm$$

青春期后由于身高增长出现第二个高峰，因此不能按照这个公式推算。身高增长受到营养、内分泌、运动疾病等因素的影响，身高（长）在均值加减两个标准差范围内均属正常。

截至目前，最准确的方法是用骨龄预测身高。每一个人从儿童到成年，不同年龄都有一个相应的“骨骼年龄”，简称骨龄。骨龄与未成年的身高之间有一个固定的比例关系。拍片和分析骨龄的部位：给被测试者的弱手（一般用左手）拍一张包括尺、桡骨末端和腕、掌、指骨在内的X光

片。拍片时准确测量被测试者的身高，然后在骨龄和最后身高百分比表中查出他的骨龄发育百分比。用学前儿童身长预测成年时身高的公式大体上符合“高加高生高，高加矮生高，矮加矮生矮”的遗传学原则，男、女性身高预测公式如下。

① 只适用于正常足月新生儿的公式：

男性身高＝出生时身长(cm)÷0.2949

女性身高＝出生时身长(cm)÷0.3109

用此公式要注意：测量身长数据时如能精确到0.1cm，身高的预测将更准确。

② 适用于3岁以上幼儿的公式：

男性身高＝3岁时身高×0.545＋父母平均身高×0.544＋37.69cm

女性身高＝3岁时身高×0.545＋父母平均身高×0.544＋25.63cm

③ 人体标准身高预测公式(遗传法则)：

男性身高＝(父亲身高＋母亲身高)×1.08÷2cm

女性身高＝(父亲身高×0.923＋母亲身高)÷2cm

(1) 使用器材

采用身高坐高计前用钢尺校对底板至身高计1m处，两者误差不得大于0.1cm。同时应检查立柱是否与底板垂直，连接处是否紧密，有无晃动，零件有无松脱等情况并及时加以纠正。一般也可使用固定在墙上的软尺进行测量。

(2) 检测方法

受试儿童赤足，立正姿势站立在身高计的底板上(上肢自然下垂，足跟并拢，足尖分开成60°)。足跟、骶骨部及两肩胛骨与立柱相接触，躯干自然挺直，头部正直，两眼平视，使其耳屏上缘与两眼眶下缘最低点成水平位。检测人员站在受试儿童右侧，将水平压板轻轻沿立柱下滑，轻压于受试儿童头顶。检测人员读数时双眼应与压板平面等高进行读数。记录员复诵后记录之。以厘米(cm)为单位，精确到小数点后一位，填入方格内。检测误差不得超过0.5cm(具体检测方法见图8-1)。

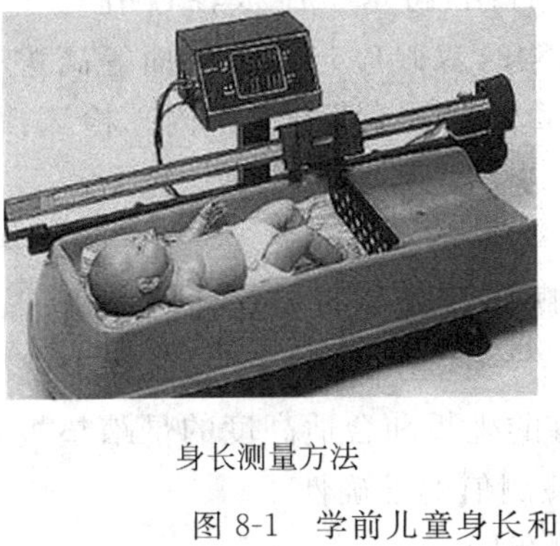

身长测量方法

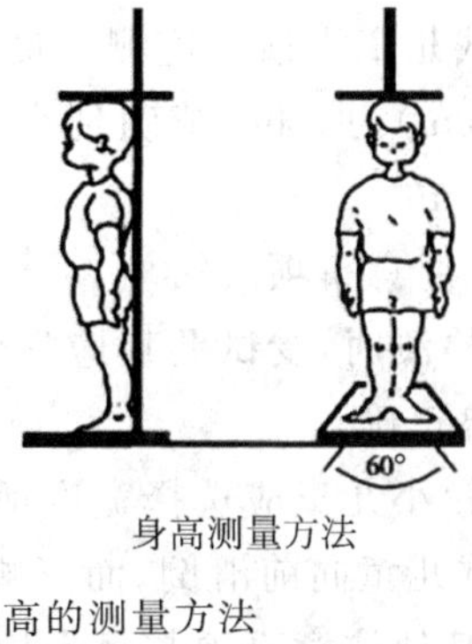

身高测量方法

图8-1 学前儿童身长和身高的测量方法

(3) 注意事项

① 身高坐高计应选择平坦靠墙的地方放置，立柱的刻度尺应面向光源。

② 严格掌握“三点靠立柱、两点呈水平”的检测姿势要求，检测人员读数时两眼一定要与压板等高：两眼高于压板时要下蹲，低于压板时应垫高。

③ 水平压板与头部接触，松紧要适度，头发蓬松要压实，头顶有发辫、发结要放开，饰物要取下。

④ 读数完毕，立即将水平压板轻轻推向安全高度，以防碰坏。

2. 坐高

坐高是指头顶到坐骨结节的长度，其增长反映了头颅与脊柱的发育情况。3 岁以下学前儿童卧位测量顶到臀部的长度，故也称顶臀长。新生儿出生时平均坐高为 33cm，坐高占身高的 67%，以后下肢增长比躯干快，2 岁时为 61.1%，4 岁时为 60%，6～7 岁时小于 60%。此百分数显示了上、下部比例的改变，反映了身材的匀称性，当此比例大于正常值时，应考虑是否发生影响下肢生长的内分泌疾病和软骨发育不全等疾病。例如学前儿童患甲状腺功能低下或软骨营养不良时，坐高与身高的比例会出现异常。

(1) 使用器材

采用身高坐高计，检测前校对坐高计值为 0 点，以三角尺一边平放于坐板上，尖端指向坐高标尺的 0 点，误差不大于 0.1cm。

(2) 检测方法

受试新生儿侧卧于平板上，3 岁以上的儿童坐于身高坐高计的坐板上，使骶骨部、两肩胛骨靠立柱、躯干自然挺直，头部正直，两眼平视前方，以保持耳屏的上缘与眼眶下缘成水平位(见图 8-2)。两腿并拢，大腿与地面平行并与小腿呈直角。上肢自然下垂，双手不得支撑坐板，双足平踏在地面上。如受试儿童小腿较短，适当调节踏板高度以维持正确检测姿势。检测人员站在受试儿童右侧，将水平压板轻轻沿立柱下滑，轻压于受试儿童头顶。检测人员读数时双眼应与压板平面等高进行读数。以厘米(cm)为单位，精确到小数点后一位，填入方格内。检测误差不得超过 0.5cm。

(3) 注意事项

① 检测时，受试儿童应先弯腰使骶骨部紧靠立柱然后坐下，以保证检测姿势正确。

② 较小儿童应选择宽度适宜的坐板和合适高度的足踏垫板，以免检测时受试儿童向前滑倒，而影响检测值的准确性。

③ 其他注意事项与身高检测相同。

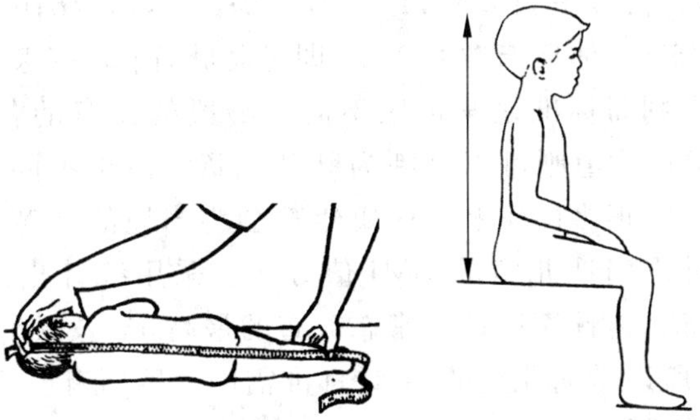

顶臀长　　坐高

图 8-2　学前儿童坐高测量方法

3. 体重

体重是反映学前儿童生长与营养状况的重要指标，它是指各器官、组织和体液的总重量。正常足月新生儿出生后 3～11 个月时的体重出现第一个生长高峰，约为出生时的 2～3 倍，2 岁时约为出生体重的 4 倍。新生儿应在出生后 8 小时内测出体重；未满 6 个月，每月测 1 次；6～12 个月，每两个月测 1 次。1～2 岁，每 3 个月测 1 次；2 岁以上每半年测 1 次。同年龄、同性别学前儿童的体重会因营养、遗传等因素而存在个体差异，体重在均值加减两个标准差范围内属正常。随年龄的增加，学前儿童体重的增长逐渐减慢，2～12 岁(青春前期)估算体重的公式如下。

① 1～6 个月：体重(kg)＝出生体重(kg)＋月龄×0.7kg

② 7～12 个月：体重(kg)＝6kg＋月龄×0.25kg

③ 2 岁到青春前期：体重(kg)＝年龄×2kg＋8kg

体重和身高常用于各种计算公式，用于综合评定体格状况，例如 Kaup 指数用于衡量婴幼儿的体格营养状况；Rohrer 指数用于评定学龄期儿童和青少年的体格发育状况；体质指数(BMI)是目前国际上常用的衡量人体胖瘦程度以及是否健康的一个标准。

① Kaup 指数

Kaup 指数＝体重(kg)÷[身高(cm)]^2×104

判断标准：Kaup 指数 15～18 为正常，＞18 为肥胖，＜15 为消瘦。

② Rohrer 指数

Rohrer 指数＝体重(kg)÷[身高(cm)]^3×107

判断标准：Rohrer 指数＞156 为过度肥胖，156～140 为肥胖，140～109 为中等，109～92 为瘦弱，＜92 为过度瘦弱。

③ 体质指数(BMI)

BMI＝体重(kg)÷[身高(m)]^2

判断标准如下。

男 BMI 均值：3 岁，15.62；4 岁，15.43；5 岁，15.52；6～7 岁，15.58。

女 BMI 均值：3 岁，15.34；4 岁，15.02；5 岁，14.78；6～7 岁，14.77。

对于大人来说，体质指数大于 30 即是肥胖，而 3～7 岁的儿童仍处于生长阶段，以上判断标准是某地区不同年龄段的儿童的各个标准，超过该年龄段的 BMI 均值则可以判断为肥胖儿童。由于不同地区的儿童有不同的成长速度，很多国家及地区每年都会为当地的儿童作身高和体重的统计，再统计出当地儿童的 BMI 值分布。采用统计出来的平均 BMI 值及其标准差值，再计算该地区常态分布的最高 5%及最低 5%作为过重及过轻指标。所以学前儿童的 BMI 标准需因地区而有所不同。

(1) 使用仪器

采用电子体重计，有卧式、坐式和立式测试方法。以立式为例，使用前需检验其准确度和灵敏度。准确度要求误差不超过 0.1%，即每百千克误差小于 0.1kg。检测方法是以备用的 10kg、20kg、30kg 标准砝码(或用标定重物代替)分别进行称量，检测指示读数与标准砝码误差是否在允许范围内。

(2) 检测方法

检测时，体重计应放在平坦地面上，调整 0 点。受试儿童只穿短裤，站立于秤中央。电子体重计读显示数即可。记录员将读数填入方格内，检测误差不超过 0.1kg(见图 8-3)。

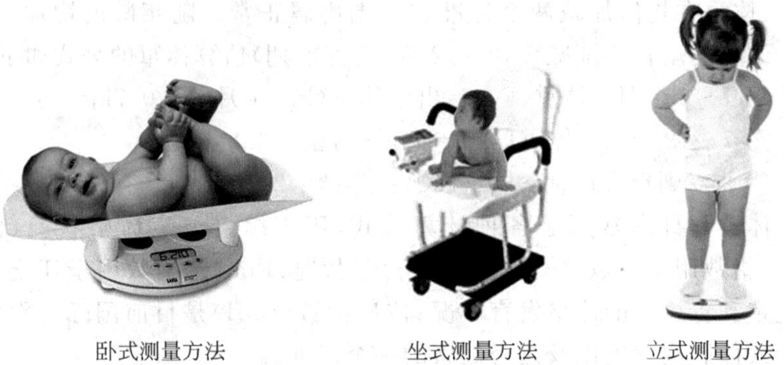

卧式测量方法　　坐式测量方法　　立式测量方法

图 8-3　学前儿童体重测量方法

(3) 注意事项

① 受试儿童站在秤台中央，上、下秤时动作要轻。

② 每次使用体重计时均需校正 0 位。

4. 头围

头围反映脑和颅骨的发育，它是指经眉弓上方、枕后结节绕头一周的长度(见图 8-4)。胎儿期脑发育处于领先地位，故出生时头相对大。WHO 提供的胎儿出生时头围的参考值如下：正常足月新生儿出生时平均头围约为 34cm，前半年增长 8～10cm；1 岁时头围增加约 12cm，约为 46cm；2 岁时头围只增加 2cm，约为 48cm；5 岁时为 50cm，6～14 岁仅再增加 6～7cm，15 岁接近成人 54～58cm。2 岁后头围的增长显著减慢，因此在 2 岁时测量最有意义。头围是评价脑、颅骨发育的指标。头围过小常提示脑发育不良，常见于小头畸形；头围增长过快多见于脑积水、佝偻病。

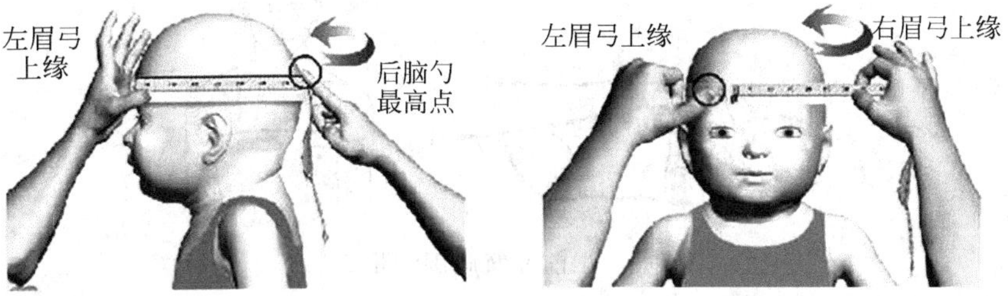

图 8-4 学前儿童头围测量方法

(1) 使用器材

有毫米刻度的软尺。

(2) 检测方法

检测时被测者取坐位、立位或仰卧位，测量者位于被测者的左侧或前方，用左手拇指将软尺零点固定于头部右侧眉弓上缘(眉弓即眉毛的最高点)处，软尺经枕骨粗隆及左侧眉弓上缘，即经后脑勺最高点，到左侧眉弓上缘，三点围一圈。

(3) 注意事项

测量用的软尺不能过于柔软，手势不能过松或过紧，否则测出的数据可能出现误差。对于长发或梳辫的被测者，应先将头发在软尺经过处向上、下分开，使软尺紧贴头皮，以免影响测量结果的准确性。测量结果要精确到小数点后一位。

5. 胸围

胸围反映学前儿童胸廓、胸背肌肉、皮下脂肪及肺的发育程度，它是指沿乳头下缘水平绕胸一周的长度。胸围在一定程度上说明身体形态和呼吸功能的发育(如胸廓和肺)，并能反映体育锻炼的效果。出生时婴儿胸围约为 32cm，胸围比头围小 1～2cm，一般在 1 岁时赶上头围，头胸交叉时间与学前儿童的营养状况有关。1 岁时胸围与头围大致相等(约为 46cm)，1 岁至青春前期(12 岁前)胸围应大于头围，粗略的估算公式为

胸围(cm)＝头围＋年龄－1cm

(1) 使用器材

使用皮尺前用钢卷尺校对，每米误差不超过 0.2cm。

(2) 检测方法

受试儿童自然站立，两足分开与肩同宽，双肩放松，两臂自然下垂，平静呼吸。检测人员立于受试儿童面前，将皮带尺上缘经背部肩胛下角下缘围向前乳头上缘(皮带尺围绕胸部的松紧度应适宜，以对皮肤不产

生明显压迫为度)。应在受试儿童呼气尚未开始时检测。皮带尺上与0点相交的数值即为胸围值。以厘米(cm)为单位,精确到小数点后一位。将读数填入方格内。检测误差不得超过1cm(见图8-5)。

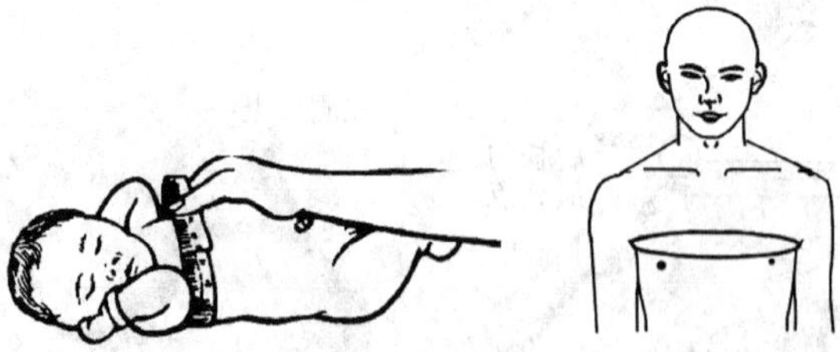

图8-5 学前儿童胸围测量方法

(3) 注意事项

① 检测人员进行检测时,注意受试儿童姿势是否正确,有无低头、耸肩、挺胸、驼背等,若有应及时予以纠正。

② 检测人员应严格掌握皮尺的松紧度,并做到检测全过程的一致性,以求减小误差。

③ 肩胛下角如摸不清,可令受试儿童挺胸,摸清后受试儿童应恢复正确检测姿势。

④ 两肩胛下角高低不一时,以低侧为准,若两肩胛下角高低相差大于卡片应剔除。

6. 皮褶厚度

皮褶厚度的测量不仅可以反映体脂分布情况,也可从不同部位的皮褶厚度推算出体脂总量,对判断学前儿童的营养状况具有重要意义。

(1) 使用仪器

皮褶厚度计。

(2) 检测部位

一般为后背的肩胛下角部、手臂的肱三头肌部、腹部、髂部及大腿部等。国民体质监测测试常采用上臂肱三头肌、肩胛下角和腹部。

(3) 检测方法

受试学前儿童自然站立,被测部位充分裸露。检测人员用左手拇指和食指、中指将被测部位皮肤和皮下组织夹提起来,用检测计在提起点的下方检测其厚度。检测3次,取中间值或两次相同的值。记录以毫米(mm)为单位,精确到小数点后一位。上臂部皮褶度:检测上臂后面与鹰嘴连线中点处,纵向检测;肩胛下角皮褶厚度:检测后肩胛下角下方1cm处,皮褶走向与脊柱成45°;腹部皮褶厚度:脐水平方向与右锁骨中线交界处(脐左旁1cm),纵向检测(见图8-6)。

(4) 注意事项

① 受试学前儿童自然站立,肌肉不要太紧张,体重应平均落在两

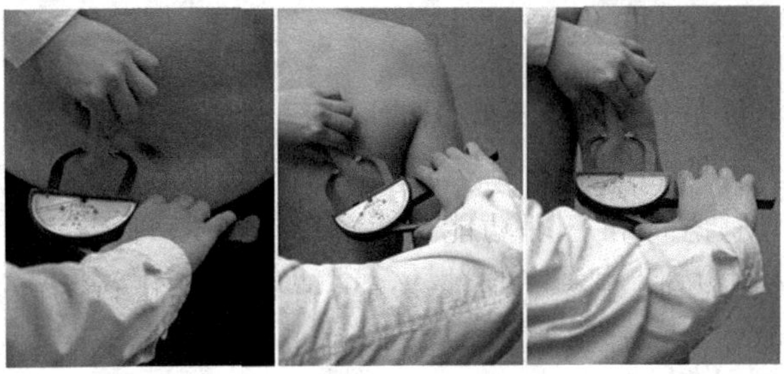

腹部　　肩胛骨下角部　　上臂部

图 8-6　学前儿童皮褶厚度测试位置和方法

腿上。

② 要把皮肤与皮下组织一起夹起来,但不能把肌肉夹起来。

（二）生理机能指标

少年儿童正处于身体的快速发育时期,这不仅表现为身高、体重的迅速增加,更表现为生理机能的发展。生理机能指标是指身体各系统、各器官在生理功能上可以测出的各种量度。学前儿童的生理功能发育与形态发育不同,形态发育变化迅速而且相对稳定,生理机能发育变化范围更广,体育锻炼、营养、劳动等外界因素对生理机能的影响更大。常用的生理机能指标有以下几个。

(1) 心肺功能指标：例如脉搏、心率、血压、呼吸频率、呼吸差、肺活量、肺通气量等。

(2) 肌肉力量指标：例如握力、拉力和臂肌力等。

(3) 血液生化功能指标：例如血色素、血红蛋白、红细胞、血清铁等,其中常用的生化功能指标有反映肌肉代谢水平的尿肌酐和三甲基组氨酸、反映骨代谢水平的尿羟脯氨酸和总含钙量,这两类指标都能在一定程度上反映机体的蛋白质营养状况。

(4) 内分泌激素指标：例如生长激素、白介素、甲状腺激素、性激素等。

（三）身体素质指标

学前儿童的身体素质包括速度、耐力、力量、柔韧性、灵敏性、平衡和协调能力等,可通过运动项目测试每种素质。根据《国民体质测定标准手册(幼儿部分)》,学前儿童常用的指标有：10 米往返跑(反映灵敏素质)、立定跳远(反映爆发力)、网球掷远(反映上肢和腰腹力量)、双脚连续跳(反映协调性和下肢肌肉力量)、坐位体前屈(反映柔韧性)、走平衡木(反映平衡能力)等。

（四）神经心理发育指标

儿童期不仅是长身体、长知识的时期，也是心理发展和个性形成等很多方面的关键期。神经心理发育是儿童健康成长的一个重要方面，包括感知觉、运动、语言和心理功能的发育。其中心理发育指标包括感知觉、语言、记忆、思维、想象、动机、兴趣、情感、性格、行为及社会适应力等。神经心理发育是神经系统解剖生理功能成熟与教育学习等外界刺激相互作用的结果，因此它与体格发育相互影响。学前儿童的心理发育水平可以通过问卷或量表测定，应使用国内外公认的、采用本国的标准化常模的问卷或量表，由专业人员操作确保结果的可靠性和有效性。测试对象可以针对学前儿童本人、父母或教师，大致可以分为智力测验、特殊能力测验、记忆测验、人格测验、神经心理学测验等。

二、学前儿童生长发育的评价标准

生长发育的评价标准是个体或集体学前儿童生长发育状况的统一尺度。一般是在某一短时间内，在一定的地区范围，选择有代表性的学前儿童，就某几项发育指标进行大数量的测量，并将测量数据做统计学处理，所得的资料即为该地区个体和集体学前儿童的发育评价标准。理想标准所选样本是生活在最适宜的环境中的学前儿童，其生长潜力得到较好的发挥，故生长发育状况较为理想。用生活在最适宜环境中的学前儿童作为样本，所制定的生长发育标准高于一般学前儿童的发育水平。

我国制定的婴幼儿生长发育参考标准如下。

(1) 从体重方面观察，婴儿出生后前半年每月增加 0.6 千克，后半年每月增加 0.5 千克。比如一个出生时 3 千克的婴儿，6 个月时增至 6～7 千克，约为出生时的两倍；1 岁时增至 9～10 千克，约为出生时的 3 倍；两岁时增至出生时的 4 倍，约为 12 千克。两岁以后平均每年增加 2 千克左右。

(2) 从身长方面观察，出生后前半年每月增加 2.5 厘米，后半年每月增加 1～1.5 厘米。例如：婴儿出生时一般为 50 厘米，1 周岁时应增至 75 厘米左右，两岁时约 85 厘米。两岁以后平均每年大约增长 5 厘米。

我国卫生部妇幼保健司曾建议各地妇幼保健机构采用最新的、多城区的男、女学前儿童体格发育调查资料作为全国学前儿童体格生长的评价标准，例如常用《2005 年九市城郊区 7 岁以下正常儿童体格发育测量值》(附录 C)。需要指出的是，学前儿童的生长发育标准只适用于一定地区或一定人群，故生长发育的标准是相对的，而不是绝对的。另有研究表明，每隔 10 年，我国学前儿童的身高平均增长男为 2.56 厘米，女为

2.29 厘米，所以生长发育标准又是暂时的，每 5～10 年需要重新修订一次。例如 2010 年国家体育总局、教育部、科技部、卫生部、国家统计局等 10 个部门联合在全国 31 个省(区、市)进行了第三次国民体质监测工作，监测指标包括身体形态、身体机能和身体素质三个方面，其中 3～6 岁幼儿51 159 人，达到“合格”以上标准的比例为 92.9%。对比 2005 年第二次国民体质监测结果，2010 年幼儿各年龄组的身高、体重、胸围等形态指标平均数比 2005 年均有明显增长，体重增长幅度最大，胸围等围度指标增幅次之，身高等长度指标增幅最小。2010 年国民体质测试幼儿各项体质指标的测试结果如表 8-1、表 8-2 所示。

表 8-1　2010 年全国 3～6 岁幼儿各项体质指标平均数

性别	年龄组/岁	身高/厘米	体重/千克	坐高/厘米	胸围/厘米	皮褶厚度/毫米		
						上臂部	肩胛部	腹部
男	3	101.2	16.4	58.1	52.5	8.5	5.2	5.3
	4	107.1	18.1	60.8	54.0	8.5	5.3	5.6
	5	113.7	20.5	63.8	56.0	8.6	5.5	6.2
	6	118.6	22.5	66.0	57.5	8.8	5.9	6.9
女	3	99.8	15.7	57.3	51.2	9.1	5.6	5.9
	4	105.9	17.4	60.0	52.6	9.2	5.7	6.3
	5	112.4	19.5	63.0	54.2	9.3	5.9	6.7
	6	117.0	21.1	64.9	55.5	9.5	6.2	7.3

注：摘自《2010 年国民体质监测公报》，2010

表 8-2　2010 年全国 3～6 岁幼儿各项体质指标平均数(续)

性别	年龄组/岁	安静心率/(次/分钟)	立定跳远/厘米	网球掷远/米	坐位体前屈/厘米	10 米往返跑/秒钟	走平衡木/秒钟	双脚连续跳/秒钟
男	3	97.3	61.1	3.7	10.4	9.1	17.3	10.0
	4	96.2	79.7	4.9	9.8	7.9	11.9	7.8
	5	94.2	96.1	6.4	9.1	7.1	7.9	6.6
	6	92.8	106.6	7.9	8.6	6.7	6.1	6.0
女	3	97.8	57.8	3.0	11.7	9.5	18.1	10.4
	4	96.3	74.5	3.9	12.0	8.2	12.1	8.0
	5	94.8	89.3	4.9	12.0	7.5	8.2	6.6
	6	94.0	96.9	5.7	11.8	7.0	6.5	6.1

注：摘自《2010 年国民体质监测公报》，2010

三、学前儿童体格生长评价的常用方法

（一）百分位数法

百分位数法是以发育指标的第 50 百分位数为基准值，以其他百分位数为离散距所制成的评价生长发育的标准。如用百分位数法评价学前儿童的身高、体重，可将某年龄组的男孩或女孩随机取出 100 名，将身高体重的数值由小到大排列起来，小的百分位数值低，大的百分位数值高，求出某个百分位（用户作代号）的数值，常以 3、10、25、50、75、90、97 的等百分位数值划分发育等级。P3 即代表第 3 百分位数值，P97 则代表第 97 百分位数值。医学上根据百分位数法把人体生长发育情况分为五个等级。

（二）等级评价法

等级评价法是用标准差与均值相离的远近划分等级，即以均值（$\bar{x}$）为基准值，以标准差（SD）为离散距，确定生长发育的评价标准。各国学者在调查研究过程中所分等级不完全相同，但均以正态分布原理划分。等级评价法常用的指标是身高和体重。个体学前儿童的身高、体重数值在标准均值±2SD 范围内，均被认为正常，这个范围包括了大约 95%的学前儿童。在标准均值±2SD 以外的学前儿童也不能简单判断为异常，必须在连续观察、深入了解的基础上，结合疾病、营养、家族遗传等具体情况再做结论。

（三）指数评价法

指数评价法是指利用人体各部分的比例关系，借助数学公式编成指数，用以评价发育水平的方法。指数种类繁多，一般分为人体形态、功能和素质三方面的指数。以下所述为主要的几个形态指数。

（1）身高体重指数：体重（g）/身高（cm），它表示每厘米身高所含的体重量，可显示人体的充实程度，也反映当时的营养状况。此指数随年龄增长而增长，且男孩大于女孩。

（2）身高胸围指数：胸围（cm）/身高（cm）×100，它可反映胸廓发育状况，说明人体的体形。指数大说明胸围相对较大。此指数在生后 3 个月内有一定增加，而后随年龄增长而减少，且男孩大于女孩。

（3）身高坐高指数：坐高（cm）/身高（cm）×100，该指数通过坐高和身高的比值来反映人体躯干与下肢的比例关系，以说明体形特点。它随年龄增长而逐渐减少，说明下肢比例逐渐增加。

(4) Kaup 指数：体重(kg)÷[身高(cm)]^2×104，该指数同样反映了人体营养状况和骨骼、肌肉充实度，尤其适合于婴幼儿。正常值为 15～19(若>22 为肥胖，13～15 为消瘦，13～10 为营养不良)。

由于指数法的理论基础过于机械，把人体各部分看作固定不变的比例关系，而且指数法只能判断个体单项指标在体格发育中所占的位置，不能综合评价一个学前儿童的生长发育情况，有时还会将体形匀称的正常矮身材学前儿童误认为是营养不足，或将匀称体形高身材学前儿童误认为肥胖。因此最可靠的方法还是参加医院学前儿童保健。学前儿童出生后，可到医院儿童保健门诊登记，以后定期到医院进行体格检查，由学前儿童保健医生来评价。

扩展阅读

美国注重提高孩子的“体商”

近些年来，除了大家所熟知的智商、情商和财商外，越来越多美国家庭也开始注重从小培养孩子的“体商”。顾名思义，提高孩子的体商即是提高其对体育锻炼的热心程度，以及提高其参与运动的水平。

美国人普遍认为，孩子参与锻炼愈早，体商的提高往往也愈快，长大后也往往更可能成为自觉参加锻炼的体育爱好者，或运动水平较高的“体育能人”。由此，让孩子投身合适的锻炼，实际上在孩子刚刚出生后仅一个月内便开始了。在春、夏、秋季，出生后仅两周的婴儿就开始被抱到户外，在树荫下或较柔和的阳光下享受日光浴或空气浴，其间还可轻柔地摇动孩子的小手、手臂、肩膀和大小腿。这可是孩子在其人生中第一次参加体育锻炼呀！这类户外活动不仅让孩子有机会接触到大自然，并且其肌体能够有机会不断受到新鲜空气、与室内不同的气温、阳光和风等自然因素的刺激，从而促进了孩子身心两方面健康、正常的生长发育。此外，美国人常常在孩子还不满半岁时就让其参加诸如温水体操、爬行等活动。

美国家长常常给予孩子自行选择参与哪种游戏或运动项目的权利，而从来不搞包办或强迫，特别不勉强孩子参与大人喜爱或选择的项目。其实成人的健身运动项目和器材，对孩子往往并不合适。当然，给孩子做一下参谋倒未尝不可，但即便面对的是两三岁的幼儿，也应该讲“民主”，即是讨论式的，而非命令式的。

思考活动

1. 如何测量学前儿童的身体形态指标？
2. 学前儿童体格生长评价的常用方法有哪些？

太平洋亲子网资源库：

http: //www. pcbaby. com.cn

(1) 聘请体育保姆(大多由运动水平较高的大学生担任)在美国也蔚然成风。他们不仅比一般家长更能发掘孩子的运动天赋,而且能更有效地提高孩子的运动技能。当然,家长付出的报酬也较高。

(2) 家长还得做出好榜样。统计显示,在家长不爱运动的家庭中长大的孩子,也往往同样是四体不勤的"懒虫"。故在美国人中有这么一句口号:为了孩子能爱好锻炼,您自己也必须爱好锻炼。

(3) 帮助孩子克服相关的心理障碍。有的孩子并非天生就不爱运动,相反却可能是出自因肥胖、手脚笨拙、反应迟钝或身材过于矮小等原因导致的强烈的自卑心理等心理障碍。对此,家长应及时做好开导,同时让孩子明白"重在参与"(即不必过分看重运动表现或运动成绩)的道理。如有必要,也可聘请心理专家协助排除其负面心理。

(4) 鼓励孩子多多接触和体育有关的信息,如要求孩子留意报上或电视上的体育新闻,让孩子自编幼儿园的比赛报道,带孩子亲临赛场看球,或与球星通信等。

(5) 循序渐进。父母应根据宝宝成长的不同阶段,明确不同的锻炼目的,有针对性地锻炼孩子,以全面提高其体商。如在孩子2岁前,主要发展基础功能,如增强体能以及颈部、肘部等各种关节的功能。2～4岁,运动可更讲究精细和技巧。而到4～6岁时,孩子身体的各个系统、各个动作的功能已基本完善,因此这段时期锻炼的重心应该移向发展孩子动作的协调性。

(6) 家长们非常宽容。对这些手脚还不太灵活、体能还远远不够充沛、运动水平也无疑很低的小不点儿,只要动起来便是好样的。家长们对孩子做出的每一点进步和成绩,都及时予以表扬。家长还允许孩子经常变换锻炼项目以减少可能的枯燥乏味,而不必动辄批评为"缺乏恒心"。因为最重要的是帮助孩子发现锻炼的乐趣,从而让他们最终养成爱运动的习惯,并由此而受惠终生。

资料来源:美国旅游网(http://usa.bytravel.cn)

专题小结

了解学前儿童生长发育水平和健康状况有助于了解个体或群体学前儿童的生长发育水平所处等级、是否存在发育异常现象、今后发展趋势如何等,评价结果也可为选拔青少年运动人才提供科学依据。

专题二 学前儿童体育锻炼效果的测量与评价

一、学前儿童体育锻炼效果的测量与评价意义

学前儿童的体质具有较明显的差异性，主要表现在形态发育、生理机能、心理状态、身体素质、运动能力、学前儿童对环境的适应能力及对疾病的抵抗力等方面。学前儿童进行体质测试与评价的目的，主要是为了掌握学前儿童在体质健康方面的基本状况和发展变化情况，评定体育活动对学前儿童体质健康的影响效果，以便有针对性地采取相应的措施，改进学前儿童体育工作，有效增强学前儿童体质，提高学前儿童的健康水平。进行学前儿童体质测量与评价的意义主要表现在以下三个方面。

(1) 客观了解和掌握学前儿童生长发育和体能发展的现状，为设计和安排学前儿童体育活动提供科学的依据。

(2) 检查和评定学前儿童体育活动的实施效果。

(3) 系统收集和积累反映学前儿童体质的数据和资料，以促进学前儿童体质健康的研究。

二、学前儿童体育锻炼效果的测量与评价

2000 年 6 月，我国首次进行了全国范围的国民体质监测，测试项目参考了国际通用的指标，以保证监测指标的科学性。根据《中华人民共和国体育法》、《全民健身条例》的规定，全国的国民体质监测工作每 5 年一次，现已形成建制，颁布实施的《国民体质测定标准手册》、《青少年体质健康标准》、《普通人群体育锻炼标准》为不同年龄人群的体质检测和体育锻炼提供了科学依据。国民体质监测对象为 3～69 周岁的中国公民，分为幼儿、儿童青少年、成年人和老年人四个年龄段，监测指标包含身体形态、身体机能和身体素质三个方面。以下内容选自国家体育总局编制的《国民体质测定标准手册(幼儿部分)》。

专题导读

“促进幼儿身体正常发育和机能的协调发展，增强其体质”是幼儿身心和谐发展的主要目标之一，也是幼儿体育工作的出发点和归宿。科学检查与评价幼儿体育锻炼的效果，指导幼儿有针对性地进行体育锻炼，以达到强身健体的作用。

提示

测量时间可以在开展体育活动计划之前测量第一次，然后在体育锻炼经过一定阶段之后采点测量，并与前阶段进行对比，可以了解学前儿童参加体育活动之后的锻炼效果。

（一）形态学指标

形态学指标包括身高、体重、坐高、胸围、皮褶厚度等，测试方法请见第八章专题一。

（二）身体素质指标

身体素质指标分为10米往返跑、立定跳远、网球掷远、双脚连续跳、坐位体前屈、走平衡木等。《国民体质测定标准手册（幼儿部分）》测试内容分为形态学指标和身体素质指标，测试和评价方法介绍如下。

1. 10米往返跑

10米往返跑是反映学前儿童身体位移速度和灵敏素质状况的指标。

（1）场地器材

长10m、宽1m的直线平坦跑道若干条，地质不限，每条跑道在10m折返线处设一手触物体（木箱或墙壁），在跑道起、终点线外3m处画一条目标线。秒表若干个。秒表使用前应用标准秒表校对，每分钟误差不得超过0.2s（见图8-7）。

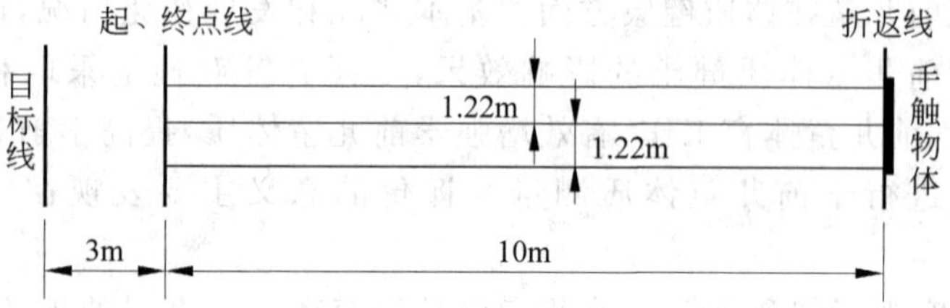

图8-7　10米往返跑场地

（2）检测方法

受试儿童至少两人以上为一组，发令员站在起跑线的斜前方，受试儿童站在起跑线后（不得踩起跑线），两脚前后分开站立式起跑。当听到起跑信号后，立即起跑，同时计时，在往返处用手触到物体后返回直奔目标线。途中不得串道，当受试儿童胸部到达终点线垂直面停表。检测一次。记录折返后通过终点的时间，记录以秒钟（s）为单位，精确到小数点后一位（见图8-8）。

（3）注意事项

受试儿童起跑时，可安排一名检测人员在儿童背后，如有没注意到起跑信号的儿童可在其背后轻轻推一下。告诉儿童全速跑，接近终点别减速，检测时不得穿皮鞋、凉鞋。

2. 立定跳远

立定跳远反映了学前儿童下肢肌肉力量、爆发力和身体协调能力的发展状况。

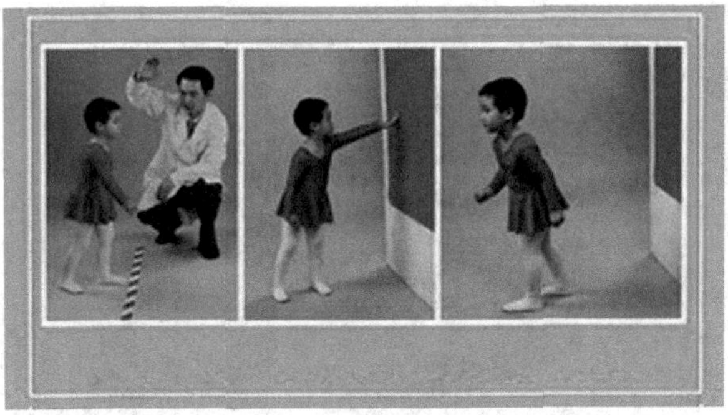

图 8-8　10 米往返跑测试

（1）场地器材

平地一块，在地面上设起跳点线，在起跳线前方要备有沙坑或软地面。与起跳线垂直，以起跳线内沿为 0 点拉一条 1.5～2m 的皮尺。测量用三角板（见图 8-9）。

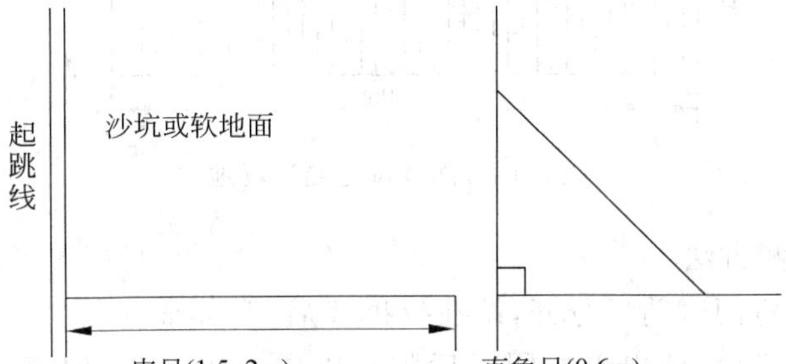

图 8-9　立定跳远测试场地

（2）检测方法

受试儿童两腿自然分开站立在起跳线后，脚不得踩线、过线，双脚原地起跳，尽可能向远处跳，不得有垫步或连步的动作。试跳两次，记录最好成绩。记录方法：测量起跳线前缘至最近着地点后缘的垂直距离。以厘米（cm）为单位，不足 1cm 的舍去（见图 8-10）。

（3）注意事项

起跳时要摆臂，利用反作用力。起跳时喊 1、2、3 给予鼓励。检测时不得穿皮鞋和凉鞋。

3. 网球掷远

网球掷远（圆周 23cm，重 120g）反映了学前儿童上肢部位的肌肉力量和爆发力。

（1）场地器材

长 20m、宽 6m 的平坦场地一块，卷尺与标准网球若干个，设投掷线一条，每间隔 1.5m 处画一条横线（见图 8-11）。

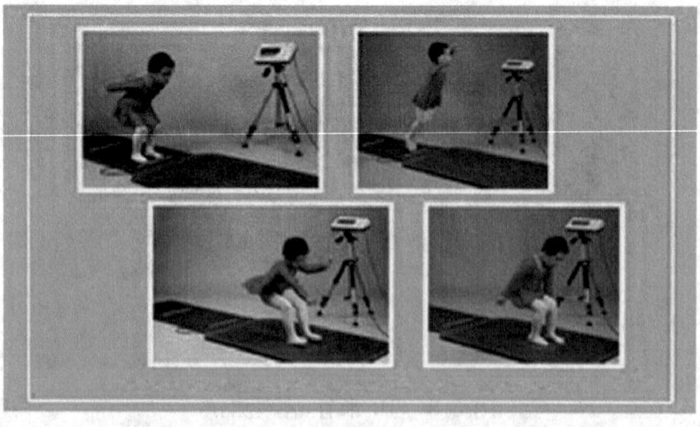

图 8-10　立定跳远测试

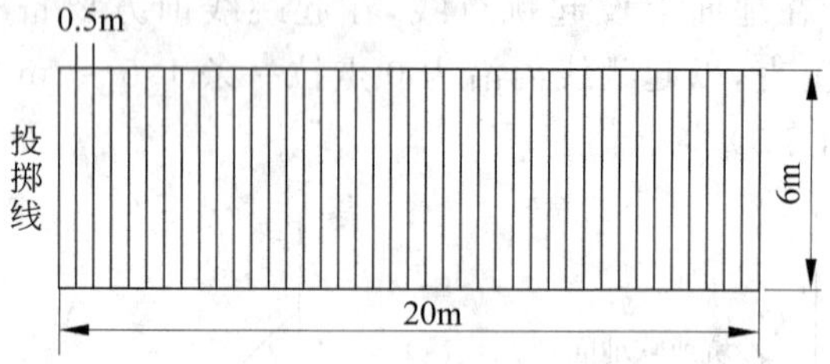

图 8-11　网球掷远测试场地

（2）检测方法

受试儿童两脚前后分开，站在投掷线后，身体面对投掷方向，用单手将球从肩上投出，球出手的同时后脚可以向前迈一步，但脚不能踩线或过线。检测两次，记录最好成绩。检测投掷线后沿至球着地点后沿之间的距离。记录以米(m)为单位，不足 0.5m 的舍去(见图 8-12)。

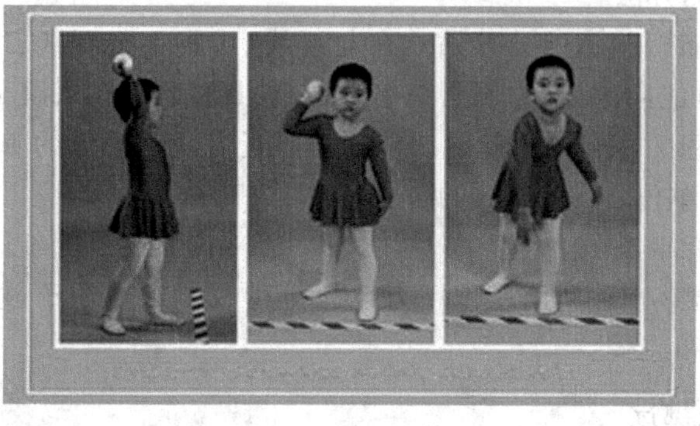

图 8-12　网球掷远测试

（3）注意事项

必须将球从肩上投出，右手投球左脚在前或相反。投球时可以单脚离地，但不得踩线、过线，不得助跑、垫步。如果球落点超过 20m 长的场地，可用卷尺丈量；如果落点超过 6m 宽的场地，可重新投。

4. 双脚连续跳

（1）场地器材

长 4.5m 以上的平地一块，积木（长 10cm，宽 5cm，高 5cm）10 块，卷尺、秒表等。其中每间隔 50cm 的距离放一块积木，共 10 块。距离第一块积木 20cm 处为起点（见图 8-13）。

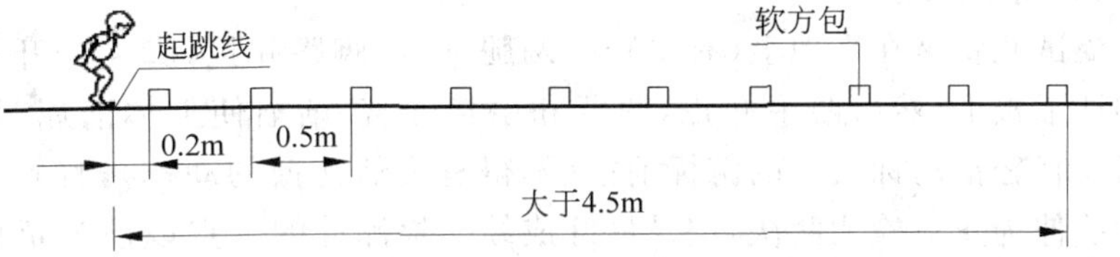

图 8-13　双脚连续跳测试场地

（2）检测方法

受试儿童两脚并拢站在起跑线后，当听到“开始”的信号后，立即起跳，同时计时，双脚连续跳过 10 块积木后停表。如有以下情况不计成绩：单脚跳跃两块积木；踩在积木上或将积木踢乱。检测两次，记录最好成绩。记录跳过 10 块积木的时间，记录以秒钟（s）为单位，精确到小数点后一位（见图 8-14）。

图 8-14　双脚连续跳测试

（3）注意事项

首先要求跳跃方法正确，再要求跳的速度；像小兔子那样，不间断地连续跳跃。

5. 坐位体前屈

坐位体前屈是反映学前儿童下肢和躯干柔韧性发展状况的重要指标。

(1) 场地器材

儿童坐位体前屈监测计。

(2) 检测方法

受试儿童坐在平地上(有垫物),两腿伸直,脚跟并拢,脚尖分开放在检测计平板上,然后两手并拢,两臂和手指伸直,渐渐使上体前屈,用两手指尖轻轻推动标尺上的游标前滑(不得有突然前振的动作),直到不能继续前伸为止。检测两次,记录最好成绩。检测计的0点以前为负值,0点以后为正值。记录方法:以厘米(cm)为单位,精确到小数点后一位(见图8-15)。

图8-15 坐位体前屈测试

(3) 注意事项

检测时,如发现两腿弯曲或两臂突然前振时应重做。

6. 走平衡木

(1) 场地器材

高30cm、宽10cm、长3m的平衡木一副,设一端边线为起点线,则另一端边线为终点线。两端外各加一块与平衡木等高的宽20厘米、长20厘米的平台(见图8-16)。

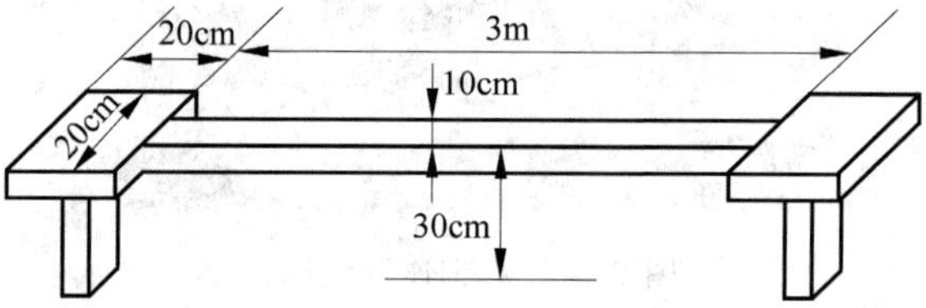

图8-16 平衡木测试器材

(2) 测试方法

受试者站在"起点线"后的平台上,面向平衡木,双臂侧平举,当听到"开始"的口令后,两脚交替向"终点线"前进。测试人员在受试者的侧前方发令，在受试者起动的同时开表计时，并跟随受试者向“终点线”前进，同时注意观察受试者的动作，防止发生意外。当受试者任意一个脚尖超过“终点线”时，立即停表。测试两次，取最好成绩。记录以秒为单位，精确到小数点后一位。小数点后第2位数，按非“0”进“1”的原则进位。完成形式是：双脚交替前进完成者记录“1”；挪步横走者记录“2”；不能完成者记录“3”（见图8-17）。

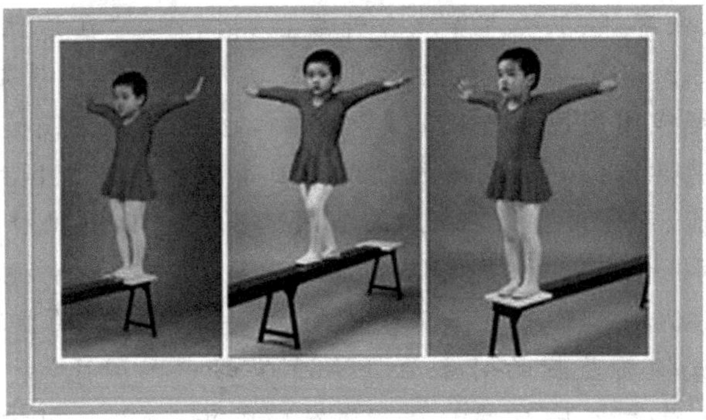

图8-17　平衡木测试

（3）注意事项

测试前，受试者脚尖不得超过“起点线”；中途落地者须重新测试；测试人员要注意保护受试者。

三、学前儿童体质评价方法与评分标准

学前儿童体质各项指标测试完毕并记录之后，需要对测试结果进行评定。3～6岁儿童年龄分组的办法为：3～5岁以半岁分年龄组，6岁为一组，即3岁、3岁半、4岁、4岁半、5岁、5岁半、6岁，共7个年龄组。年龄计算方法如下：测试日（指测试第一个指标）至下个年龄组少1天为实足年龄，如3岁组为以测试日计算，整3岁至3岁半差1天过生日者；3岁半组为以测试日计算，3岁半至整4岁差1天过生日者；6岁组为以测试日计算，6岁整至7岁差1天过生日者。采用单项评分和综合评级进行评定。单项指标采用5分制评分法，包括形态学指标和身体素质指标。综合评级是根据受试者各单项得分之和确定，共分四个等级，任意一项指标无分者不进行综合评级（见表8-3）。

表8-3　综合评级标准

等　级	得　分	等　级	得　分
一级（优秀）	＞31分	三级（合格）	20～27分
二级（良好）	28～31分	四级（不合格）	＜20分

注：以上内容选自《国民体质测定标准手册（幼儿部分）》．北京：人民体育出版社，2003

思考活动

1. 学前儿童体育锻炼效果的评价方法有哪些？

2. 学前儿童综合评级标准如何？

国家国民体质监测中心网资源库：

http: //www. fitness. org.cn/

扩展阅读

我国国民体质监测概况

我国首次进行的全国范围的国民体质监测始于2000年6月，每五年开展一次，至2010年，已进行了三次国民体质监测。由国家体育总局、教育部、卫生部等联合开展监测工作，旨在建立我国国民体质监测系统和数据库，掌握我国国民体质状况和发展趋势，为长期动态观察我国国民体质状况奠定基础，也为推动全民健身计划的实施提供科学依据。国民体质监测是国家为系统掌握国民身体形态、身体机能、身体素质等状况，在全国范围内定期以抽样的方式进行测试的调研活动。许多发达国家对国民体质高度重视，在日本，此类国民体质监测已开展了百年之久，每年出一次新的监测报告。

国民体质监测的对象为3～69岁的中国国民，分成幼儿(3～6岁)、儿童青少年(学生)(7～19岁)、成年人(20～59岁)和老年人(60～69岁)四个年龄段。每组人群监测项目不完全相同，监测内容包括体质检测和问卷调查两部分。制定的监测项目参考了国际通用的指标，以保证监测指标的科学性，同时也便于与其他国家进行国民体质的比较。问卷主要询问测试对象的社会背景、体育锻炼习惯、生活方式，并从社会心理学角度调查社会心态对身体健康的影响。幼儿问卷包括以下内容。

1. 幼儿本人情况

(1) 出生时体重；

(2) 出生时身长；

(3) 出生时胎龄；

(4) 出生后4个月内喂养方式；

(5) 是否食用以下食品：油炸食品(如炸鱼、炸薯片等)、甜食(如糖果、巧克力)、方便面(干脆面)、碳酸饮料(如可乐、汽水等)、洋快餐、膨化食品；

(6) 平均每周有几天会吃到以上食品；

(7) 是否参加体育类、文艺类特长班；

(8) 在家的主要看护人；

(9) 通常每天睡眠(包括午睡)多长时间；

(10) 上幼儿园情况；

(11) 在幼儿园身体活动(包括游戏、玩耍、上体育课)情况；

(12) 在幼儿园静态活动(如上文化课、看动画片、绘画等)情况。

2. 幼儿父母情况

(1) 父、母亲出生日期；

(2) 父、母亲身高；

(3) 父、母亲体重；

(4) 父、母亲受教育程度；

(5) 父、母亲职业类型；

(6) 近半年内，父母是否平均每周参加1次以上(含1次)的体育锻炼。

表8-4是国民体质监测中各类人群选测指标的综合情况(见表8-4)。

表8-4　国民体质监测中各类人群检测指标

分类	测试指标	幼儿组(3～6岁)	儿童青少年(7～19岁)	成年人(20～59岁)	老年人(60～69岁)
身体形态	身高	●	●	●	●
	坐高	●			
	体重	●	●	●	●
	胸围	●	●	●	●
	腰围		●	●	●
	臀围		●	●	●
	上臂部皮褶厚度		●	●	●
	腹部皮褶厚度		●	●	●
	肩胛部皮褶厚度		●	●	●
身体机能	脉搏(心率)	●	●	●	●
	收缩压		●	●	●
	舒张压		●	●	●
	肺活量		●	●	●
	台阶试验		●	●	
身体素质	立定跳远	●			
	网球掷远	●			
	坐位体前屈	●	●	●	●
	10米折返跑	●			
	走平衡木	●			
	双脚连续跳	●			
	握力		●	●	●
	背力		●		
	纵跳		●		
	俯卧撑		●		
	一分钟仰卧起坐		●		
	闭眼单脚站立		●	●	●
	选择反应时		●	●	●

注：●表示该年龄组测试此项目。

资料来源：人民网(http://www.people.com.cn/)和国民体质监测中心网站

专题小结

在检查与评价锻炼效果时，应对人体各器官、系统的形态、结构和生理变化以及生物时间结构的变化进行综合研究，并参考运动评分表和运动技术等教育学指标以及运动医学指标等，才能以比较充分的依据对整体的生理机能做出评定。为了获得远期的锻炼效果，就必须经常定期地检查评定锻炼效果，并对锻炼计划与方案实行反馈调整，这样才能保证获得远期的锻炼效果。

思考与练习

一、填空题

1. 学前儿童的生长发育评价指标一般包括________、________和________。

2. 检测造血功能的主要生化指标是________，初生儿正常范围________。

3. ________反映了学前儿童心脏发育的功能状况。

4. 坐位体前屈是反映学前儿童下肢和躯干________发展状况的重要指标。

二、简答题

1. 安静心率的检测方法是什么？

2. 坐高检测的注意事项有哪些？

3. 如何用百分位法对学前儿童的生长发育进行评价？

4. 对学前儿童生长发育进行评价的常用生理机能指标有哪些？

三、论述题

1. 简述学前儿童生长发育的形态指标及其具体内容。

2. 简述学前儿童生长发育的评价标准。

3. 简述学前儿童体质测量与评价的意义。

4. 简述学前儿童基本体育活动能力指标的测定。

第九章

学前儿童体育活动的创编、指导与实施

学前儿童体育活动是根据一定的体育任务有目的、有计划、科学地创编身体基本动作、情节、角色和规则组成的一种活动游戏。创编内容丰富、形式活泼多样的体育活动，易于激发学前儿童积极参与体育活动的兴趣和愿望。创编幼儿园各项体育活动是幼儿教师必备的基本技能，只有掌握科学地创编、合理地指导与准确地评价体育活动的方法，才能更好地促进学前儿童身心全面和谐发展。

本章首先阐述学前儿童体育活动的含义和创编意义，然后介绍创编体育活动的依据、目标、原则和步骤，最后向大家展示创编、指导和评价体育活动的方法以及幼儿园一日体育活动整合的安排案例，以帮助大家进一步地掌握创编体育活动的原则和方法。

学完本章，你将能够：

1. 解释学前儿童体育活动创编的意义、目标、原则和步骤；

2. 掌握指导学前儿童进行体育活动的原则、依据和必备要素；

3. 了解学前儿童体育活动的评价项目指标和日常活动安排方法。

专题导读

学前儿童阶段是幼儿体育启蒙的重要阶段，也可为将来学校阶段的体育学习奠定基础。体育活动是根据游戏目的和创编运动游戏的客观规律确定的，创编幼儿体育活动的规律是什么？教师创编幼儿体育活动的依据是什么？如何实现幼小衔接的目标？了解这些知识对提高幼儿教师体育活动的创编能力具有重要的作用。

专题一 学前儿童体育活动的创编

学前儿童体育活动包含两方面内容，一是指以身体练习为基本手段，结合日光、空气、水等自然因素和卫生措施，达到增强体质、增进身心健康、提高社会适应能力为目的的一种教育活动；二是指在家庭、幼儿园、社区环境中，指导学前儿童学习和掌握体育的基本知识与技能，使他们形成体育锻炼意识，提高体育活动能力，增进健康的教育活动。体育既是学前教育的有效手段，又是学前教育的重要内容，对于促进学前儿童身体的正常生长发育、提高心理健康水平、增强社会适应能力具有重要的作用。体操和运动游戏都是幼儿园体育的主要内容，幼儿教师不但要掌握科学运动的基本知识和技能，还必须具备创编体操和运动游戏的能力。体育游戏的创编不能停留在经验水平上，必须依据科学运动的理论和遵循学前儿童身心生长发育特点，掌握丰富的素材和创编方法、步骤，才能创编符合社会要求和学前儿童发展水平的体育活动。

一、学前儿童体育活动的创编意义

学前儿童的身心发展具有一定的顺序性和阶段性，婴儿期是指从出生到三岁这一阶段，属于学前儿童的早期教育，三至六七岁阶段为幼儿教育。从婴儿期到幼儿期的身心发展过程由连续的、渐进的发展逐步进入相对稳定的阶段。学前儿童的动作发展与肌肉发育有关，尤其是与高级神经系统的发展密切相关。出生前半年和出生后的第一年是脑细胞数目增长的重要阶段，婴儿出生时小脑发育比较晚，3 岁以后小脑的机能逐渐加强，使肌肉活动的协调性也随之增强。因此，学前儿童动作的发展规律是由全身性的不协调动作到局部性的精确动作、从大肌肉的动作到小肌肉的动作。动作通过大脑中枢神经来支配肌体的肌肉活动，身体各部位的肌肉活动反过来又刺激大脑中枢神经。因此，根据学前儿童身心发展特点和年龄特点创编体育活动，有助于促进身体各部位肌肉和幼儿大脑神经系统的发育，调节幼儿神经系统与感觉器官，使身体各器官活动协调一致，从而使学前儿童的身心全面和谐发展。

二、学前儿童体育活动创编的依据

（一）创编的生理学依据

创编体育活动需要严格遵守运动解剖学、运动生理学、运动生物力学等有关学科的原理，体育活动的动作性质、数量、组合难度都要依据不同年龄班而编排设计。需要明确创编体育活动所针对发展的身体素质，如力量、协调、柔韧、平衡等。创编时要根据幼儿身心的特点，按照人体解剖部位安排动作内容与顺序。一般常见的内容和顺序是：上肢和下肢运动（屈、伸、内收、外展、旋内、旋外）、躯干的运动（屈、伸、前倾、后倾、环转），转体动作组合，全身运动等。

此外，设计动作时要遵循运动生物力学的动力学、静力学、转动力学等原理，分析不同的动作对学前儿童局部力量负荷的作用，这样可以增强锻炼效果以及采取相应的预防措施避免发生运动损伤。例如设计旋转运动时要根据转动力学原理，学前儿童在平衡木上做旋转动作时要提踵，尽量减少其脚掌与平衡木的接触面，从而减小摩擦力；投掷沙包或球时，为增加器械的出手速度，应尽可能伸展上肢，使力臂延长和肌肉充分拉长，以提高肌肉的收缩力，增加器械出手的动量；学前儿童跳跃落地时，应从前脚掌着地过渡到全脚掌，同时屈膝、屈髋、伸踝，延长与地面的作用时间，减小地面对身体的冲击力。

（二）创编的心理学依据

发展心理学的研究表明，儿童心理是在活动中发展起来的，游戏是儿童认知活动的需要，通过体育活动使学前儿童认识并能正确处理复杂情感、不断形成新的看法、体验新的感觉、获得喜悦感和成就感、满足学前儿童认知和心理发展的需要。创编体育游戏要使学前儿童的思维、想象力、主动性及灵活性都得到发展，每种体育游戏和各种基本动作组合练习有一定的复杂性，学前儿童进行体育锻炼时可以促使其敏捷地思考、分析情况并随时改变自己的行动。

学前儿童的运动技能学习涉及内隐学习和外显学习两种方式。内隐学习是指学前儿童无意识获得刺激环境中的复杂知识或运动技能的过程，具有潜移默化的作用；外显学习是指学前儿童有意识地按照一定方式完成学习活动。运动技术的内隐学习主要体现在身体遵照运动技术专项特点，不同的肌肉按照特定的紧张顺序和一定的收缩力度进行收缩形成运动技能的自动化。创编体育活动时还要考虑到外界环境对学前儿童心理的影响，适宜的运动环境可以加强学前儿童的兴奋性，例如色彩艳丽的环境、运动设施都可以对学前儿童运动技能的内隐学习和外显学习产生正面的影响。

（三）创编的社会学依据

人作为社会的一员，在集体活动中会表现出利他性、服从性、依赖性以及自觉性等。体育活动有助于使学前儿童从一个自然人发展成为一个社会人，幼儿园是学前儿童接受社会化过程的重要场所。社会化表现为个人与社会之间相互作用的过程，尤其表现为学前儿童对社会的适应和社会规范的习得过程。人作为集体活动的个体，或作为社会的一员而活动时所表现出的特性，如利他性、服从性、依赖性以及更加高级的自觉性等。体育活动为学前儿童提供了扮演各种社会角色和进行角色学习的平台。体育课的集体、小组活动形式使学前儿童身处群体之中，以体育活动为纽带与他人交往。学前儿童通过学会与同伴相处而掌握一定的交往技能，遵守体育活动的规则，学会在个人新的地位和角色下习得规范。运动对幼儿社会性发展的促进作用在于有利于幼儿集体观念的形成、社会角色的体验、学会合作、学会服从和约束以及竞争意识的形成和发展。创编体育活动时可设计角色游戏，让学前儿童体验社会中的不同角色，注意培养学前儿童的集体观念、与他人友好合作、竞争意识等。

三、创编学前儿童体育活动的发展目标

我国学校体育活动内容是在幼儿园体育教学基础上的发展和深化。体育课的基础动作技能来自幼儿园阶段学习的走、跑、跳、投、攀、爬、钻、踢及其游戏、玩球、律动和简单的体操活动，幼儿园习得的运动技能和身体素质也是未来学校体育课中田径、球类、体操、武术等项目学习的基础。幼儿园体育目标所规定的智力、德育、审美、健康、社会五方面的发展内容也是培养高层次体育素质的基础。因此，创编学前儿童体育活动应遵循运动参与、运动技能、身体健康、心理健康和社会适应能力的整体发展目标，使幼儿园体育活动与未来学校教育阶段的体育与健康课程目标相互衔接。但在水平要求上要有别于小学阶段的体育课程，在活动形式上要游戏化，避免幼儿园体育课程的小学化。

（一）运动参与

运动兴趣和习惯是促进学前儿童积极主动学习和参与体育锻炼的前提。学前儿童具有好奇心强，爱模仿新颖的、有趣的形象和声音等特点，采用自然活泼、简单易学、富有童趣、可模仿性较强的动作和绚丽多彩的运动环境有利于激发学前儿童参与体育活动的兴趣，能培养学前儿童积极参与体育活动的态度和行为，可为未来参加体育活动奠定良好的心理基础。体育活动内容应符合学前儿童各年龄的生理和心理特点与各项运动技能发展规律，使学前儿童从小就养成体育锻炼的爱好和习

惯，学会用科学的方法参与体育活动，充分发展学前儿童身心健康和体育素质。

（二）运动技能

学习和应用运动技能可以使学前儿童获得运动的基础知识，懂得安全进行体育活动，为学校阶段的体育学习奠定基础。运动技能是体育创新能力发展的基础和不可或缺的要素，动作创新、模仿创新、审美创新都离不开运动技能。学前儿童掌握运动技能越多，其创新能力的提高就越容易。例如中班、大班的学前儿童从拍球活动中掌握到拍球活动的运动技能之后，他们可以从拍球动作、参与球类活动、模仿、竞赛等活动中变化丰富拍球动作和拍球游戏，从而发挥学前儿童的主动性和创造性，促进其体育素质与身体素质的发展。

（三）身体健康

创编学前儿童体育游戏要全面发展学前儿童的基本体能，使学前儿童力量、速度、灵敏、平衡等运动素质和走、跑、跳、投、攀等运动技能达到规定的标准，形成正确的身体姿势；培养关注身体和健康的意识，初步懂得营养、环境和不良行为对身体健康的影响；在运动环境中逐步培养学前儿童对自然环境的适应力，对寒冷、炎热、日晒和气温变化的适应能力。

（四）心理健康

学前儿童在和谐、平等、友爱的运动环境中可感受到集体的温暖和情感的愉悦，学会通过体育活动等方法调控情绪；在经历挫折和克服困难的过程中，提高抗挫折能力和情绪调节能力；在不断体验进步或成功的过程中，增强自尊心和自信心，发展自信心、自尊心和自立性，形成克服困难的坚强意志品质；培养创新精神和创新能力，形成积极向上、乐观开朗的生活态度。

（五）社会适应

学前儿童体育活动具有一系列行为规范和游戏规则，它是建立和谐的人际关系、培养学前儿童良好的合作精神和体育道德的最佳途径。体育活动要求学前儿童同伴之间相互尊重、互相关心和帮助，竞赛中遵守规则和秩序，倡导勇敢、坚强和毅力。创编具有一定情感色彩的体育活动不但能把优良的文化传统寓教于乐，而且能激发学前儿童爱祖国、爱集体、勇于创新、自强自立、讲礼貌等优良品德。

四、学前儿童体育活动的创编原则

（一）科学性原则

科学性原则是指创编体育游戏要遵循包括运动生理学、运动解剖学、运动心理学、运动生物力学等科学运动的原理。例如，幼儿期是躯干发育的重要时期，应适当增加转体、体侧屈、含胸、扩胸等运动，以促进胸廓和脊柱的骨骼及躯干肌肉群的发展；小班学前儿童上肢骨骼肌、韧带力量较弱，应避免进行长时间支撑、悬垂动作等。

（二）全方位原则

全方位原则是指创编体育游戏或体操要促进身体的全面均衡发育。整套体操的编排要兼顾四肢、躯干、颈部等身体各部位；依靠单侧肢体的项目要同等锻炼对侧肢体的技术动作，以保证身体体态对称；既要锻炼以大肌肉群为主的动作，也不能忽视小肌肉群的动作；完成动作技术的同时还要重视注意力、视觉、方位等的锻炼。

（三）游戏化原则

游戏化原则是指所选编的动作、选取的音乐、运用的器械、队形的变换等应符合游戏的特点，具有一定的情节，对学前儿童具有吸引力。学前儿童完成动作的兴趣和动机主要是由动作的趣味性引起，机械化、呆板严肃的动作练习不符合学前儿童的心理特点，容易导致其心理疲劳，教师可以把机械化的形式运动转变为学前儿童所喜爱的活泼欢快、富有童趣的游戏化自然运动。

（四）易行性原则

易行性原则是指创编体育游戏的实施要简易、可行，编排的游戏动作要难度适中。动作练习组合和体操都应符合相应年龄班学前儿童的接受能力，动作只要粗略掌握就能随配乐而行，更容易引起学前儿童参与的兴趣与动机。此外，创编体育游戏还要考虑组织、玩具、运动器械等的易行性。

（五）综合性原则

综合性原则是指创编学前儿童体育活动的游戏要考虑到学前儿童专注力、语言能力、创造力、解决问题、交往能力等身体、心理、社会和体育能力的和谐发展。根据每个年龄班的实际情况，有机地将动作练习、队列练习、律动、舞蹈等内容综合到体育游戏中，尽可能发挥体育的多重育人功能。

五、学前儿童体育活动的创编步骤

无论是室内还是户外体育活动都是以基本动作、体操、器械类运动为素材，添加情育、德育、智育等教育元素后创编而成，包括明确参与对象和目的、设计动作和活动方式、制定规则、成文制图等环节。一般遵循以下的基本步骤与方法。

（一）明确学习对象和目的

创编体育活动时首先要明确参与的对象及其体能、身体素质发展的特点。了解该年龄班学前儿童需要在全面发展身体基础上突出哪些方面的内容，根据课程进度确定主要目的，然后设计体育游戏结构。确定目的时要根据学前儿童的年龄特点、身体素质状况、运动能力发展水平和体育教学任务，使动作游戏化。以学习跳跃动作为例，“小兔采蘑菇”游戏和“小伞兵跳伞”游戏同属跳跃动作，但是活动目标和学习对象有明显的不同。“小兔采蘑菇”游戏主要目的是改进3岁学前儿童双脚进行跳跃的落地动作，仅仅是双脚跳跃，而“小伞兵跳伞”游戏主要目的是改进6岁学前儿童双脚从高处往下跳起和空中动作，有旋转—奔跑—跳跃的组合动作。因此，要根据年龄特点和运动能力分别确定动作教学过程。

（二）设计动作和活动组织方式

设计动作和活动组织方式是创编运动游戏的主要环节。确定学习对象和目的后，要根据体育教学任务设计游戏动作，同时可以通过设计活动组织方式和游戏情节来加入德、智、美教育元素，或者是根据德、智、美教育目的设计动作和活动组织方式。例如设计动作时可以加入智育教育元素发展学前儿童创造性思维，也可以确定发展学前儿童创造性思维的智育目的后，再设计运动游戏。设计游戏动作和活动组织方式主要是根据体育教学的发展体能目的、学习动作特点、受教育者年龄特点、身体素质、运动能力、安全教育目标及其他教育目标等因素。

1. 设计动作

游戏动作可以是简单的动作组合或者是复杂的、多结构的动作系统。主要由七类动作组成。

(1) 发展基础运动能力的动作。例如走、跑、跳、投、攀、爬、钻、踢等基本动作和发展身体耐力、速度、灵敏、平衡等素质。

(2) 球类、体操类等运动项目的简单动作技术。例如球类的传球、拍球、踢定位球、抛球、滚球、双手胸前推传球、头上挥掷球等；体操类的屈、伸、绕、振、环转、蹲、撑、摆动等。

(3) 游戏和舞蹈特有的动作技巧。例如滚动、滚翻、劈叉、举腿、旋转等。

(4) 模拟动作。例如模拟乌龟爬、兔子跳等。

(5) 生活动作。例如推小车、挑担、过桥等。

(6) 借助器械的运动。例如骑竹马、跳竹竿、击鼓传花等。

(7) 传统游戏。例如跳房子、捉迷藏、老鹰捉小鸡等。

尽管运动游戏的动作系统具有复杂性和多样性,可以随意组合变化,但是各类动作都有各自的独特结构和共性。例如都可以从动作中提炼出同属于走、跑、跳、投等基本动作,在基本动作基础上拓展发挥而形成不同的结构形态,结合运动器械、玩具等物品或运动环境以后就可以发挥创新出各种不同的运动游戏。组成运动游戏的各类动作或各个动作都是可以变化的,以多变给运动游戏带来新的动作素材。例如根据篮球的基本动作技术可以不断发展变化其动作素材,而"走"的动作也可以发展变化为前脚掌走、轻轻落地走、高抬腿走、半蹲走,或组合其他跑、跳、爬等动作,再附加手臂动作、模仿动作和运动器械后,又可以千变万化成多种运动游戏。

除了在动作上不断加入新元素以外,还可以调整具体游戏的动作完成时间、数量和组合关系,使不同年龄段的学前儿童参与不同的运动时间、运动强度、运动负荷的运动游戏,提高健身效果。例如障碍跑游戏中的障碍性质(高低、宽窄、障碍物间隔等)、数量和组合顺序都可以调整变化,让学前儿童适应低运动量后再循序渐进至较高运动量,以不断提高学前儿童的身体素质和体能水平。

2. 活动组织方式

活动组织方式是指运动游戏的活动和练习方法。组织活动的内容包括游戏队形、分队、角色分配、组织教学与指导。队形是运动和开展教育活动的形式,对于培养学前儿童集体观念和纪律性具有积极的作用,而且排列队形的变化图形对学前儿童有一定的美育教育意义。分队和分配角色活动具有调节运动负荷、激发活动参与兴趣和品德教育等多种价值。例如幼儿园的"人、枪、虎"体育游戏就包含了队形变化、分队和分配角色活动的组织过程,使运动游戏丰富多彩、生动活泼。创编运动游戏时可创造不同游戏情节和多种角色分配来丰富游戏活动内容,引起学前儿童对运动游戏的兴趣,增加学前儿童体验不同社会角色的机会。组织教学与指导是决定游戏效果的重要因素,教师应确保每个学前儿童都能有均等参与的机会,可采用竞赛形式吸引学前儿童参与锻炼。

(三) 制定规则和确定游戏名称

制定游戏规则的目的是对学前儿童进行遵守秩序和竞赛规则等品德教育,提高学前儿童的竞争意识,保证每个学前儿童都能在练习动作、运动时间、发挥体力和智力、获得成功的体验等方面都有比较均等的机会。同时也能保证游戏顺利进行和调节学前儿童的运动负荷，促进学前儿童动作和身体素质发展。

确定游戏名称时应采用能形象生动地反映体育游戏的动作、活动方式、情节或主题的命名方法，以便于学前儿童记忆。以游戏动作和活动组织方式命名的游戏，如“圆圈接力跑”(练习跑步动作)、“小火车钻山洞”(练习侧身钻动作)等；以游戏题材、情节或主题命名的游戏，如“小小投弹手”(练习投掷动作)、“运西瓜”(练习传球动作)、“翻越最高峰”(练习攀登动作)等。

(四) 成文绘图加配游戏信号

游戏各部分内容设计好以后需要写出游戏教案形式，并配以简笔图画示意动作、队形或组织方式。文字说明一般包括游戏目标(学习动作要求、德育、智育等教育目标)、物质准备、游戏组织方法、游戏玩法或规则、教学建议(注意事项)、适用年龄等。文字描述要准确、简明、扼要，配图内容一般包括场地、队形示意、可用简笔画绘制动作和活动组织方式。画图的方法有单线条法、双线条法、符合法等。根据运动游戏的需要可以加配乐曲、节奏等游戏信号来调节活动的节奏，例如儿歌、乐曲、铃鼓、语言等声音信号或手势、小旗等动作信号。

(五) 编写注意事项

说明游戏的适用范围(如年龄、场地、季节等)，提示安全注意事项和其他教学建议，例如组织游戏、教学指导、游戏的变化方法等。

(六) 检验修订

根据教学活动性质、目标、内容合理安排各阶段的教材内容和制定身体负荷教学内容。例如一般情况下把新学的难度稍大的教材安排在学前儿童精力和体力较好的时间；把发展灵敏、协调、速度、平衡的教材安排在前；发展力量、耐力的教材安排在后；把运动负荷较大的教材安排在中后期。创编好游戏后应检查可行性和效果，最后修改定稿。

思考活动

1. 学前儿童体育活动的创编意义是什么？
2. 学前儿童体育活动的创编原则是什么？

扩展阅读

美国3～5岁幼儿体育运动适宜性实践(一)
——优质幼儿体育方案的目标与前提

全美运动和体育协会下的儿童体育委员会(COPEC)是一个以提高儿童体育教育项目的数量和质量为主要工作目标的儿童体育教师专业组织。《美国3～5岁幼儿发展适宜性体育方案》是其在

2000年制定的，旨在关注3～5岁儿童运动发展适宜性实践，为儿童保育中心、私立或公立幼稚园以及幼儿园的体育教师提供帮助。

儿童早期是基本运动发展的重要阶段，这时的日常体育教育不仅能促进幼儿的基本动作技能发展，还能促进幼儿形成参与常规的、有益健康的体育活动的终身的积极态度和评价。因此COPEC认为应该为所有儿童提供优质的常规体育教育。优质的体育方案应考虑到幼儿的个体特征。在幼儿体育教育中认识到幼儿具有不同的发展水平、运动经验、健康和运动技能水平、体型或年龄，并且努力激发出每个幼儿进入下一个发展阶段的学习经验。此外，它把来自科学研究和教学经验的实践整合为教育方案，以使儿童学习和成功的机会最大化。

优质体育运动方案所要培养的是"有体育教养的人"：他/她熟悉并重视体育运动和身体健康，具有参与体育活动的必要技能，经常参加有益健康的体育活动。它关注幼儿的基本运动技能、运动概念以及运动乐趣。优质幼儿体育运动方案的实施前提如下。

1. 幼儿教师是引导者和促进者

幼儿通过参与、观察和模仿进行学习，这要求教师努力去促进幼儿在学习中积极参与，在创设环境时，教师的头脑中要有一个明确的目标，然后引导儿童朝这个目标前进；通过对幼儿响应和兴趣的细心观察，教师才能够选择和组织学习经验，以便最大限度符合每个儿童个体的需要；允许幼儿自己做出选择并寻找创造性解决方法，幼儿应该有足够的时间和机会去探寻合适的响应方式；教师要对体育运动表现出热情并参与其中。

2. 儿童必须参加到针对他们发展水平设计的体育运动方案中

幼儿通过各种经验来熟练基本动作技能。因此教师一方面要全面了解从婴儿期到5岁幼儿的动作发展的持续状态；另一方面要促进每个幼儿最大化参与到各种体育活动中。

3. 幼儿在与环境的互动中学习，这种学习和发展以整合的方式进行

儿童在做中学，通过参与到与他人或物体的互动中进行学习。不仅关注动作发展，认知、情感、社会性的发展也被包括在体育运动的学习经验中。

4. 有计划的体育运动经验能增强游戏体验

将游戏与有计划的体育运动经验，特别是与专门设计用来帮助幼儿发展基本动作技能的经验结合在一起将有助于促进幼儿发展。常规的室内和室外游戏经验提供给幼儿自由练习和发展技能的机会，可以丰富常规的体育运动经验。

资料来源：吴小平编译《美国3～5岁幼儿体育运动适宜性实践》

专题小结

体育活动是学前儿童体育的主要内容与手段，它的内容必须符合社会教育的要求和儿童身心发展水平。体育活动的创编不能停留在经验水平上，要用科学的理论认真研究体育活动的结构特点，探讨创编规律，以科学的方法创编出符合幼小衔接理念和儿童身心发展水平的运动游戏。

专题二 学前儿童体育活动的指导

专题导读

学前儿童阶段的体育活动指导必须掌握有关的理论知识和原则，这对提高体育教育的质量，更好地促进儿童身心发展有重要意义。学前儿童体育活动的指导原则是什么？要遵循哪些生理、动作技能规律？如何通过体育活动区域的设计提高体育活动的锻炼效果？了解学前儿童体育活动的指导方法，可以提高体育教育工作的针对性和预见性。

一、学前儿童体育活动的指导原则

1. 整体性原则

在体育活动教学指导过程中，要使学前儿童身体各部位、各器官系统的机能、身体素质、基本活动能力和协调能力都得到全面锻炼和综合发展。教师应全方位考虑学前儿童体育活动的安排，包括制订体育学习计划和进度、合理搭配教材、综合规划体育活动与其他学习领域的教育活动，使学前儿童实现全面发展。

2. 主体性原则

学前儿童是参与体育活动的主体，教师应重视发挥学前儿童的主体作用，增强他们的主体参与意识与能力，针对学前儿童个体差异性调整发展目标与方向，灵活运用多种方法激发他们主动参与活动的兴趣，使学前儿童能在原有身心基础上得到不同层次的和谐发展。

3. 适宜性原则

教师要根据学前儿童的身心发展规律和动作技术学习规律进行体育教学活动，教学任务、教材搭配要与学前儿童的实际情况相符合。在教学过程中教师要灵活调控运动负荷，运用观察等方法调节活动计划，确保运动量的变化符合学前儿童身体机能变化规律。

4. 常规性原则

只有经常地、不断地参与运动才能使学前儿童身体的机能水平和适应能力逐渐提高，促进其生长发育。因此需要每日安排学前儿童进行适当的体育活动，最好能整合幼儿园每日的体育活动，在正常情况下每天不得少于两小时，寄宿制幼儿园不得少于3小时，高寒、高温地区可酌情增减，每日的户外体育活动不得少于1小时。采用动静交替活动的方式，例如在安排较安静的智力活动之后，安排学前儿童参加体育活动，既可以增加学前儿童体力活动时间，又可以起到积极休息的作用。

5. 迁移性原则

迁移性原则是指通过体育活动技能对其他技能产生迁移效应，使体育教育的内涵和外延扩大至其他学习领域，即学前儿童从体育教学中获得的身心调控知识、技能可以延伸至语言、科学、艺术、社会等学习领域，促进学前儿童创新意识与智力、审美能力等其他能力的发展。

二、学前儿童体育活动的指导依据

（一）按照学前儿童生理机能变化规律

影响学前儿童生理机能的因素很多，例如遗传、营养、体育活动方式等。科学的运动负荷和适宜的体育活动可以使学前儿童代谢系统不断适应，提高学前儿童各种生理机能和运动能力。学前儿童参与体育活动中的生理机能变化具有一定的规律，通常运动开始时逐步上升，达到最高水平后再维持一段时间，随后逐渐下降。

1. 进入运动状态

由于人体受物理惰性和生理惰性的影响，神经系统、内脏器官的生理惰性比运动系统大，在运动开始阶段学前儿童各器官系统的工作能力不可能立刻达到最高水平，而是有一个逐步提高的过程，称为进入运动状态，学前儿童会表现为心跳加快和呼吸加深，精神振奋。在不做准备活动情况下，呼吸系统和循环系统需要在运动开始后2～3分钟内才达到最高水平，而骨骼肌在20～30秒钟内就可以发挥最大的工作效率。研究表明，少年儿童进入运动状态的时间比成年人短，为克服人体生理惰性和活动肌肉、关节、韧带，应该在运动前进行5～8分钟的准备活动，使学前儿童各器官系统尽早进入运动状态。

2. 进入稳定状态

在运动过程中，当身体克服生理惰性后，学前儿童的机能活动能在一定时间内保持在一个较高的变动范围不大的水平，这种机能状态称为稳定状态。稳定状态又可以分为真稳定状态和假稳定状态。在真稳定状态时，学前儿童的能量供应以有氧代谢供能为主，很少产生乳酸，可以维持较长的运动时间，经常参加体育活动的学前儿童氧运输系统功能强，维持真稳定状态的时间较长。在假稳定状态时，与运动有关的生理指标如心率、心输出量和肺通气功能达到学前儿童的极限水平，乳酸水平持续升高，血液 pH 值下降，学前儿童的骨骼肌系统、心血管系统、中枢系统等各系统逐步进入疲劳状态。

3. 进入恢复过程

学前儿童运动结束后，各项生理机能和能源物质会逐步恢复到运动前水平。运动负荷的强度、时间与肌体代谢水平决定着学前儿童肌体重新建立稳态的能力。运动后，大量消耗的能源物质会在运动后一段时间内恢复到原来的水平，甚至超过原来的水平，这种现象称为超量恢复。超量恢复保持一段时间后又会回到原来水平，运动后磷酸原的恢复最快，2～3 分钟可以完全恢复；肌糖元的完全恢复需要 24 小时，而且在运动后前 5 小时恢复最快，如果运动后进食高糖膳食可以加速肌糖元恢复的时间；乳酸使糖酵解产物，运动中积累的乳酸可以在肝脏、心脏等器官中进一步被氧化分解利用。学前儿童运动能力恢复的关键在于合理的休息和补充营养，运动后采用整理运动放松肌肉可以加速乳酸消除和减轻疲劳。

（二）按照学前儿童物质与能量代谢规律

1. 糖和能量代谢特点

糖类是人体有氧运动和无氧运动中的重要能源物质，包括肌糖原、肝糖原以及血液中的葡萄糖。长时间活动会导致肌糖原的急剧下降，乳酸堆积也会导致肌肉疲劳。由于学前儿童骨骼肌中可供有氧氧化的糖原含量较低，参与糖酵解的酶活性也低于成年人，因此学前儿童的糖酵解和有氧氧化供能能力低于成年人。长时间活动时，年龄越小的学前儿童越容易发生低血糖和疲劳现象，所以学前儿童不宜进行长时间、强度过大的体育活动。

2. 脂类和能量代谢特点

学前儿童的脂肪动员和肌肉氧化脂肪酸的能力高于成年人。在运动过程中学前儿童主要依靠脂肪酸氧化供能，以补足糖酵解供能的降低。正常学前儿童的甘油三酯含量低于成年人，但是随着生活方式的静态化和营养过剩，肥胖幼儿会出现甘油三酯或总胆固醇过高，采用有氧运动锻炼方法可以动用甘油三酯氧化供能，从而降低心血管疾病的发生，有效预防或治疗学前儿童肥胖。学前儿童的有氧代谢能力会随着年龄增长而变化，主要与携带氧的血红蛋白值含量有关。研究表明，女性学前儿童的耐力低于男性学前儿童，合理的体育锻炼可以提高学前儿童的有氧代谢能力。

3. 蛋白质和能量代谢特点

学前儿童处于生长发育时期，体内蛋白质代谢非常旺盛，蛋白质的合成代谢大于分解代谢，处于正氮平衡阶段。因此，学前儿童对蛋白质的需求量较大，应在运动前后给予充足的含蛋白质食物，以保证学前儿童生长发育的基本需求。血浆白蛋白是血液运输脂肪酸和胆红素等代谢产物的载体，也是组织蛋白合成的原料。学前儿童摄入充足的蛋白质可使其血浆蛋白含量处于较高的水平，有利于提高体育活动的锻炼效果。

4. 水、无机盐和酸碱平衡代谢特点

运动时学前儿童的产热量可超过安静时的10倍，而且随着运动量的增大产热量会持续增加，使学前儿童体温上升，机体会通过出汗散热调节体温，从而导致身体丢失大量的水分和电解质。学前儿童的相对体表面积大于成年人，多利用传导、对流、辐射等方式来增加散热量，虽然可以减少体内水分和无机盐的丢失，但是散热较慢，在高温、高湿环境下进行运动时常因散热慢而中暑。所以学前儿童运动的环境要选择在较阴凉的场所，并注意运动中、运动后要补充水分和无机盐。学前儿童的酸碱平衡能力与碱储备量都低于成年人，肌肉耐酸能力也较弱，当学前儿童血液pH值下降到7.2时肌肉的力量和耐力会下降。因此要注意控制运动负荷，并在运动后进行整理运动、淋热水浴等帮助消除肌肉堆积的乳酸等代谢产物。研究表明进行散步、慢跑等低负荷量活动比静坐和躺卧休息方式乳酸的消除速度快。

（三）按照学前儿童身体适应性变化规律

体育活动的基本任务是通过有目的的重复性身体活动给学前儿童各器官系统一定的生理负荷刺激，打破原有稳态下的平衡，使学前儿童身体代谢系统对更高的刺激产生适应性，从而改善身体素质和提高运动能力。适宜的运动负荷是提高学前儿童身体机能和运动能力的重要手段，在组织学前儿童开展体育活动时，活动量的安排要从小到大循序渐进增加运动负荷，运动前后给予准备活动和放松活动。例如学前儿童参与有氧代谢为主的活动时，随着运动产生适应而不断增加运动密度、时间或强度的组合，可以逐步递增学前儿童身体运动负荷量，代谢系统承受超量负荷能使学前儿童肌体不断产生新的代谢适应。学前儿童在参加运动时体内的物质、能量被消耗，异化作用增强，同时体内也同步增强同化作用进入恢复过程。虽然运动中、运动后体内消耗占优势，会引起学前儿童身体疲劳和机能的暂时下降，但是经过合理休息后，学前儿童体内物质的储备会超过运动前水平，有利于提高身体机能。

（四）按照学前儿童动作技能形成规律

动作技能（或运动技能）是指在学习活动、体育活动、生产劳动中的各种行为操作，主要是借助于神经系统和骨骼肌肉系统实现。动作技能形成是学前儿童学习和记忆的过程，这一过程的形成是在大脑皮层的指挥下由运动系统参与完成的。从运动生理学分类，依据运动技能形成时的生理学变化特点，运动技能从开始学习阶段到熟练掌握需要经历泛化相、分化相、巩固相和动作自动化相。从运动心理学和训练学分类，依据动作表现的不同特征将运动技能的形成分为发动认识动作阶段、粗略掌握动作阶段、改进提高动作阶段、巩固与应用自如阶段。动作技能的形成过程是一个紧密相连的、系统的有机整体，不论是运动生理学中的四段划分还是运动心理学及训练学中的四段划分，只是划分的角度不同而已，它们对于动作技能形成过程的认识规律及身心特点的阐述基本一致。

1. 动作技能形成的第一阶段，即发动认识动作阶段

学前儿童初始学习动作技术并没有外在的表现，一般都是不由自主地模仿，通过内在思维的联想过程，唤起大脑皮质的相关区域建立强烈的学习动机和强烈的求知欲。教师应该初步讲解和示范，引导学前儿童有初步的认识和联想，最好能与过去学过的动作技能和经验联系起来，把已有的技能和经验延伸和扩展，为第二阶段的模仿练习打好基础。

2. 动作技能形成的第二阶段，即粗略掌握动作阶段

学前儿童的生理及心理特点主要表现为大脑皮质内抑制过程尚未精确建立起来，神经过程处于泛化阶段，动作的条件反射暂时不稳定，由于神经、肌肉过度紧张而使动作呆板、动作僵硬、不协调，掌握动作的时间、空间不准确，动作不连贯，能量消耗多，表现出心理紧张等。由于学前儿童的注意范围比较狭窄，知觉的准确性较低，完成的动作在空间、时间上都不精确，在头脑中形成技能的最一般的、最粗略的表象，而且动作概念模糊。

在此阶段，学前儿童主要是通过视觉观察教师的示范动作并进行模仿练习，即借助于视觉来直接控制自己的动作，动觉的感受性较差，对于动作的控制力不强，尚难以发现自己动作的错误和缺点。因此，教师要充分运用直观教学，通过正确的动作示范，使学前儿童对动作的形态、方向、运动过程产生初步的视觉表象，把讲解、示范和练习有机地结合并交替进行，从而唤起学前儿童大脑神经系统的协调活动，粗略地建立起较为完整和正确的动作概念。此外，示范时教师还要根据学前儿童的年龄、身体条件和动作的难易来选择合适的示范方法，对于结构简单的动作可作完整的动作示范，对于结构比较复杂、难度较大的动作，示范时可先分解动作，并尽量与以往所学的知识技能联系起来，启发学前儿童认识动作之间的内在关系，培养学前儿童的思维能力和解决问题的能力。

学前儿童通过反复操作的身体练习学习动作技能，练习的进程及其效果可以用“练习曲线”表示出来（见图 9-1）。在多数情况下，学前儿童练习初期进步较快，以后就逐渐变慢。其主要原因是：开始练习时教师把复杂的动作拆分成简单的动作进行练习，学前儿童可以利用旧的经验和方法很快掌握动作技能，因而练习兴趣较浓，情绪饱满，学习认真；后期随着动作连接形成复杂的任务，学前儿童可以利用的已有经验相对逐步减少，因而学习积极性可能会降低。教师指导学前儿童高效率地学习运动技能的方法最好是采用部分练习法，即把比较复杂的技能分解成若干局部动作，先分别掌握这些局部动作，等有一定基础时再把局部动作联合起来练习。例如篮球的运球、传球、投篮具有相对的独立性，就可以作为局部动作进行单独练习。

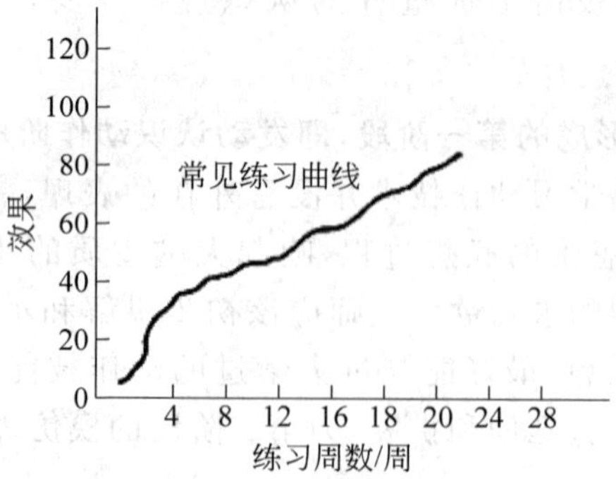

图 9-1　先慢后快的练习曲线

反馈是指人体在处理信息的过程中，把来自运动器官（如手足等身体部位）的效应信息经过感受器传导到大脑神经中枢，获得有关动作的正确性、精确度或适合性的信息过程。反馈是动作技能获得的另一个必要的教学条件，可以促进正确动作技能的形成，单纯地反复练习难以取得明显的进步。反馈不仅具有提供信息的价值，而且具有提高学前儿童练习积极性的功能。因此，教师要及时、合理地采用阶段性反馈，提高学前儿童感知觉的精确度，并针对学前儿童所做动作的正、误给予口头分析和鼓励，利用反馈来提高学前儿童学习的积极性，形成正确的动作技术。

3. 动作技能形成的第三阶段，即改进提高动作阶段

学前儿童经过一定的练习之后，初步掌握了一系列局部动作，正确动作概念的建立和本体感觉不断准确，并开始把个别动作联系起来形成整体。在中枢神经系统的高级部分发生内抑制的条件下，大脑皮质的兴奋和抑制过程在空间和时间上才逐渐完善和精确，分化、延缓及消退抑制都得到发展。此时学前儿童的注意范围有所扩大，紧张程度有所减少，多余动作趋向消除，动作之间的干扰减少，动作的准确性提高；识别错误动作的能力也有所加强；初步形成了一定的运动技能，连接不同动作时常常会在衔接处出现间断、停顿和不协调现象，并且易受外界强烈刺激的干扰，动作技能重新出现多余动作。

在此阶段，教师要注意指向技能的细节，注意观察学前儿童的练习，及时准确地给予正确技术的信息反馈，如重点部位、关键技术的语言提示和示范信号，不断强化正确技术，克服不协调因素，及时纠正错误，不断改进和提高动作质量。这个阶段学前儿童的肌肉运动感觉逐渐清晰明确，可以根据肌肉运动感觉来分析判断，但仍需有教师运用讲解和示范，主要是为了更好地揭示动作的内在规律，把学前儿童的注意力集中到所学练习的个别要素上进行分析对比，找出错误的原因和改进的办法，最后把分解动作概括为整体的动作体系。

4. 动作技能形成的第四阶段，即巩固与应用自如阶段

学前儿童的注意范围扩大，通过反复练习，大脑皮质的兴奋和抑制过程在时间和空间上更加集中和精确，形成了运动动力定型。经过学习掌握的一系列动作已经形成了完整的有机系统，各动作都能熟练自如地表现出来，自动化程度扩大，可在"低意识控制"下完成动作技能，此时动作的工作效率高，出现"能量节省化"。

在该阶段，教师应给学前儿童提示相应的肌肉运动感觉。讲解示范的任务在于沟通视觉表象与动觉表象的结合。除了细节的示范讲解，还要强调动作的质量。因为如果动作有少许变动和误差往往不易被察觉，反复多次会把错误的动作巩固下来，不利于形成正确的动作姿势。因此，即使学前儿童已巩固和发展了定型的技术动作，仍需要坚持练习和反复检查动作质量，以确保学前儿童在各种变化的条件下灵活自如地完成动作。

三、开展学前儿童体育活动的必备要素

（一）科学设置学前儿童体育活动区域

体育活动总是在一定的环境当中进行，教师、学前儿童、运动环境已成为学前儿童体育教育过程的三要素。科学合理的体育活动区域环境创设有利于提高体育活动的效果，活泼的环境氛围能激发学前儿童参与体育活动的兴趣。体育活动场所包括室内和户外环境，因地制宜、合理规划运动场地是有效开展体育活动的第一步。由于学前儿童在跳跃的时候身体控制能力较弱，而且学前儿童的骨盆正处于发育的关键时期，脚趾比较柔软，在硬地面跳跃时容易受伤，因此有条件的幼儿园应尽可能采用有弹性的、平整而宽阔的塑胶软地面。铺设防滑防摔性能好、色泽鲜艳、图案丰富的塑胶地面既能美化运动环境，又具有适中的弹性和反弹力，可减少学前儿童体力的消耗，适度吸收脚部冲击力，减少运动损伤，对学前儿童的运动安全起到了良好的保护作用。

幼儿园应当根据本校和周边环境，合理规划、充分利用空地，场地器材的布局和区域划分既要满足体育教学的需要，方便教学活动，又要保

证学前儿童有地方活动;攀爬区、投掷区、综合区等要形成相互依托、互为补充的多功能活动区,使学前儿童能进行安全、适宜的体育活动。根据学前儿童学习不同运动技术和动作发展的需求,可以在室内、室外设置钻爬区、攀爬区、投掷区作为练习上肢活动的区域;跳跃区、走跑区等练习下肢活动的区域。以上体育活动区域都是针对局部肢体锻炼而设立设施,还应该设立整体活动的区域,例如综合区,可以把锻炼整体活动的大型运动器械安置在该区,使学前儿童的上、下肢活动量均衡,实现全面锻炼。

(二) 合理运用学前儿童体育活动器材

在体育活动中,无论是户外体育活动还是室内体育活动,摆放体育活动器材时要考虑到不同年龄班学前儿童的兴趣特点、身体发育特点和体育课动作发展目标,有针对性地投放适宜的活动材料,使学前儿童的锻炼内容更加丰富,达到全面运动、综合发展的体育锻炼目标。为不同年龄班学前儿童提供体育活动器材有所区别,具体如下。

(1) 小班

3～4 岁的学前儿童大脑皮层易兴奋,凡是生动活泼、色彩鲜艳的器材都能引起他们的注意。小班学前儿童的肌肉力量和耐力较差,动作不协调,容易疲劳,自我保护能力和安全意识较弱。器械上的挂件体积太小或容易脱落都会成为学前儿童的安全隐患,应该为学前儿童提供相对简单、安全、轻便、柔软的器材,或者提供一些活动技能容易掌握、模仿性强、能促其平衡、走、跑能力发展的活动材料。

(2) 中班

色泽鲜艳、形象生动的体育器械对 4～5 岁的学前儿童具有较大的吸引力。中班学前儿童的大肌肉发育较为迅速,动作发展有了明显的提高,肌肉耐力和力量、心肺功能有一定的提高,自我保护能力和安全意识逐渐增强,动作的稳定性和灵活性逐步提高,已经能适应一定的活动量和活动时间,所以可以为学前儿童提供具有一定运动技巧才能完成的器材。

(3) 大班

5～7 岁学前儿童的大脑皮层抑制过程逐步加强,动作的目的性和自控能力逐步提高,具备了初步的自我保护能力和安全意识,动作的灵活性、协调性、准确性有了很大的提高。这个年龄段的学前儿童喜欢有挑战性的活动,会主动尝试一些有难度、冒险的动作。因此,可以提供具有一定运动技能需求、能满足学前儿童需要的器械,以促进学前儿童综合体育素质的提高。

要充分发挥体育器材的多功能作用,例如:利用跳绳可以做绳操、斗智拉绳;呼啦圈可以用来转,也可以用以铺设地面图形,还可以用作钻越的障碍等；只要转换视角和思维方式，就可以开发出常用体育器材的许多新功能。各幼儿园可以结合本校实际，制作简易的体育器材，改善幼儿园的体育教学条件。例如用废旧的材料制作接力棒、用废旧的饮料瓶装上沙粒制作哑铃等体操器械等。

（三）根据季节性科学组织与指导

人体各种生命活动都受到环境的影响，可以通过自身调节系统的功能与环境变化产生适应性。户外区域的体育活动会受到季节的影响，对体育活动的材料摆放、内容的选择等应进行相应调整。例如在寒冷的冬季，可开设活动量较大的体育活动区域，如跑步区、跳跃区、攀爬区等；而在炎热的夏季，不适宜长时间地奔跑、跳跃，可选择比较阴凉的体育活动区域，改为增加平衡性锻炼等小运动量的活动。只要根据实际情况适当调整活动，突出季节性和科学性，各季节开展的体育活动都能丰富多彩。

（四）发展学前儿童的体育创新能力

学前儿童的体育创新能力都是在运动中开展的，掌握动作技能是实现动作创新、模仿创新、审美创新的前提基础。例如学前儿童从拍球活动中掌握拍球活动运动技巧和变化方法后，不再停留在简单的拍球和模仿活动上，而是可以从拍球动作中拓展创编出变化多样的拍球游戏，教师的正确引导可以培养学前儿童的体育创新活动能力，这种创新能力也可以迁移至其他学习领域。发展学前儿童体育创新能力最重要的条件是每天应保证学前儿童有一定时间的自主性体育活动，给予学前儿童自由选择活动内容和玩伴的空间。教师应鼓励学前儿童发展其体育素质的同时发挥其主动性和创造性，引导学前儿童发挥想象力、迁移能力和联想力，通过创新活动培养创新兴趣、创新精神和创新信心。

思考活动

1. 学前儿童体育活动的指导原则是什么？
2. 学前儿童体育活动的动作技能形成有什么规律？

扩展阅读

美国3～5岁幼儿体育运动适宜性实践（二）

——优质幼儿体育方案的实践特征

1. 课程决策

教师以一种基于适应儿童发展水平的目的和目标的视角和次序来设计体育运动课程（国家标准）。这种课程平衡了运动技能与那些促进每个儿童动作、认知、情感以及社会性发展的动作概念的关系。

2. 促进综合全面发展

活动设计以促进儿童全面发展为目标。体育运动方案的那种既能使儿童学会运动又能以运动促进学习的特殊作用得到认可和探讨。教师为儿童提供大量的机会促进动作、认知、情感和社会性的发展。在相同的课程里，通过各种形式的体育运动，儿童的空间意识得到发展，基本动作技能得到锻炼。那种与体育运动相关的认知概念，以及这种概念和健康生活方式的关系得到加强。在一个养成的、接纳的环境中，课程集中关注儿童综合全面的发展。

3. 设计学习经验

教师既采用直接教学法，也采用间接教学法。直接教学法提供给儿童教学范式去重复。间接教学法鼓励儿童积极去探索、去发现自己的运动潜能。当儿童积极探索环境时，教师提供给他们在任务间做选择的机会。教师充当促进者的角色，为儿童准备一个充满挑战性活动的刺激环境。

4. 发展运动技能和动作概念

教师提供频繁的、有意义的指导，包括足够的练习机会，提高对运动概念的实质理解，发展基本动作技能。这些机会对于儿童发展是适宜的，也是在儿童整体的教育经验背景之中的。

5. 实施评价

教师运用基于儿童发展特点的科学知识和对活动中儿童的持续观察的真实性评价。这些信息被用来进行个别化教学，设计目标导向的课程，识别有特殊需要的儿童，与家长交流及评估方案实施的有效性。教师鼓励儿童进行自我评价，它可以提高儿童的动作技能。

6. 促进最大化参与

教师采用非淘汰的活动，经常调整活动以促进儿童参与最大化。提供足够的运动设备使每个儿童都能够最大可能地参与，这些包括形状、大小、质地、重量各异的运动设备，它们支持儿童去试验和参与活动，提高儿童的自信和技能水平。那些经过改良的非传统的设备也被适当地使用，比如丝巾用来练习抓取，气球用来练习截击。

7. 允许重复和多样性

在不同的环境中，教师提供给儿童各种旨在强调相同动作技能的新鲜的学习经验，从而促进期望的操作化动作的逐步发展。在教学指导的时间里，教师提供机会让儿童扩展和精练动作技能。

8. 促进所有儿童成功

教师提供高成功率、适合儿童技能水平的运动技能的练习机会，营造充满鼓励话语的环境。需要的话，教师会为儿童提供独立于他人的环境进行独立自主的运动技能练习，避免因为技能熟练程度不高而导致的挫折感和焦虑。教师没有把激起儿童间的竞争作为一种刺激手段。

9. 发展健康体适能

教师对健康表现出积极的态度，并且认识到儿童把体育运动作为一种终身习惯的重要性。儿童体验到运动的愉悦，并且认识到把探索自身运动能力作为一种终身追求的价值。教师传达着这样一种观念，即健康是参与适宜性运动项目的附带结果。例如，在持续运动一段时间后，教师让儿童讨论他们在激烈运动中身体有什么反应。

10. 整合精细动作活动和大肌肉动作活动

在体育运动课程里，教师既提供精细动作活动的学习经验，也提供大肌肉动作的学习经验。

11. 鼓励个性化的自由的表达

教师鼓励儿童把运动作为一种个性化的表达方式，他们为儿童提问题创造机会，促使儿童通过运动寻找大量的问题解决方法。教师鼓励儿童自由地表达。

12. 教授韵律性经验和舞蹈

体育运动方案包括各种有韵律的、富于表现性和创造性的、文化适宜的舞蹈经验。这些舞蹈经验依照儿童的动作的、认知的、情感的和社会的能力水平被精心设计。教师鼓励儿童充分发挥想象并随着自己的声音韵律运动。

13. 教授教育性体操

教师提出诸如翻滚、跳跃、落地、攀爬及重心转移等宽领域的动作技能，并创造大量的机会让儿童在各种符合其能力和信心水平的情景里探究这些动作技能。

14. 教学性游戏

当教师在教学中使用游戏，游戏反过来又强化教学目标。教师通过选择、设计、排序以及修改游戏使儿童的学习和愉悦体验最大化。

15. 整合体育运动方案和游戏

教师把体育运动方案作为总体教育方案的一部分进行计划、组织。这些体育运动方案被包括在每天的课程中。而常规的室内和室外运动经验促进游戏经验。

16. 活动的计划

教师把体育运动作为总体教育方案的主要部分进行计划。在每天30～60分钟的时间积累里，发展适宜性体育活动（从温和类型的到激烈类型的）既包括结构性学习经验也包括自由游戏。

17. 提供一个丰富而安全的环境

教师为儿童准备了一个在生理和心理上都安全的环境，有足够的空间让儿童自由运动和开发潜能。教师提供各种与儿童知觉能力水平相匹配的运动设备及入门水平标准让儿童选择。额外的设备和机会也用于鼓励那些能让儿童产生自信、自尊等积极体验的自发活动。此外，教学环境有足够的音响效果便于清晰地教学。

18. 限制班级规模

教师通过限制小组人数来为幼儿提供发展适宜的个别化教学。9～10个4～5岁的儿童就配备一名成人。越小的儿童需要的小组规模越小。

19. 促进性别平等

在一个非歧视的课程里，教师公平地、平等地鼓励、支持和组织男孩女孩进行活动，使他们在体育运动所有领域都能获得成就感。这个阶段的动作技能发展并没有被描述为是有性别差异的。

20. 促进家长与教师间的沟通交流

教师以伙伴般的姿态与家长进行合作，并定期交流，提供给家长一些能够促进他们参与到儿童动作技能发展的体育运动中的信息。为家长提供各种适合儿童在家里进行的体育活动的建议，使儿童在常规课程里形成的运动概念能够得到进一步强化和提高。

资料来源：华南师范大学教育科学学院，吴小平编译《美国3～5岁幼儿体育运动适宜性实践》

专题小结

学前儿童体育活动是师生互动的活动，应该以教师为主导、学前儿童为主体。教师既要懂得创编学前儿童喜爱的体育活动，又要具备科学指导学前儿童实施体育活动的能力。把握指导的科学原则和规律可以确保学前儿童的体育锻炼效果，培养他们的独立性和创造性以及避免运动损伤。

专题三 学前儿童体育活动的实施

专题导读

学前儿童体育活动的教学评价是体育活动教学的有机组成部分。它具有总结经验、探索规律、发现问题、提高幼儿教师教学能力的重要作用。学前儿童体育活动计划的制订方法是什么呢？体育活动效果的评价指标是什么呢？如何撰写一份规范的体育活动方案？了解这些内容，对于提高幼儿教师教学能力和提高教学质量具有重要意义。

一、学前儿童体育活动计划的制订

（一）明确学前儿童身心素质特点

学前儿童是体育活动的主体，应根据他们的年龄、体质、体能、兴趣等身心素质特点和发展规律设计具有明确目的和针对性的课程内容、形式和方法。在此基础上，才能获得有利于学前儿童身心发展的教学效果。

（二）确定体育活动发展目标及内容

了解学前儿童基本情况后，可以确定不同年龄班学前儿童的学年、学期及每一次体育活动所要达到的目标，并采取与之相适应的内容、形式和方法，确保各阶段目标都能实现。

（三）制定单元教学目标

根据学前儿童体质、体能和动作发展水平，分配每次学习动作技能的次数，确定所选择教学动作技术的难度和每次课上重复安排的次数，预期学习效果。

（四）设计每次体育活动的内容

体育活动内容要有所侧重，可根据内容及学前儿童兴趣爱好、环境、场地器材条件等具体情况设计不同的活动方式。设计每次体育活动时须注意以下事项。

1. 体育活动的三环节

体育活动要遵循学前儿童身体机能变化规律和运动技能形成规律，每次体育活动必须有准备部分、基本部分和整理部分三个环节。准备活动可选择运动负荷量较小的体能游戏、简单的舞蹈、律动；整理活动可选择轻松自然的走步、徒手的放松练习、简单的舞蹈等，二者各占总时间的10％～20％。基本部分包括新旧学习内容，一般占总时间的60％～80％。在活动过程中教师应根据学前儿童的兴趣和需要随时调整目标，使其转化成学前儿童活动的内在动机，激发学前儿童更主动地参加活动并进行积极的探索、尝试和创新，以促进能力形成和个性发展。

2. 科学控制生理和心理负荷量

提高练习密度可以保证学前儿童每次课的运动量，一般一次体育活动安排1～2个游戏，内容可以新旧结合，新游戏和旧游戏的安排要根据生理负荷量确定，顺序宜按照游戏的运动负荷量先小后大。对于投掷、钻、爬等强度较小的活动，教师要创造条件增加学前儿童练习的次数，例如多分组、增加器械、变单程往返为迎面或鱼贯练习，尽量减少学前儿童的等待时间，尽可能提高每个学前儿童的运动量；或配以奔跑、跳跃等强度较大的运动使其运动量达到一定的负荷。一般学前儿童在这类活动中平均心率在140～150次/分钟，最高的达到160～180次/分钟。但注意剧烈奔跑、跳跃的活动时间不宜过长，心率超过170次/分钟的大强度跑、跳活动持续时间宜为1分钟，两次活动的间歇时间不应少于两分钟，一次体育活动课的练习次数宜为3～4次。

采用心率确定体育课运动负荷量是比较简易的方法，教师可以采用测定学前儿童手部的桡动脉或颈部的颈动脉脉搏跳动次数，以 10 秒钟×6 的方法计算一分钟心率数，通常在桡动脉测定安静心率，在颈动脉测定运动后心率。一般学校体育课程认为锻炼身体的最佳负荷价值阈的标准在 120～140 次/分钟，有学者认为由于学前儿童的心血管系统功能发育并未完善，通常心率高于成年人，因此学前儿童体育活动的平均适宜心率应控制在 140～170 次/分钟之间，不宜低于 130 次/分钟，一般不超过 170 次/分钟。实验研究表明，不同年龄班学前儿童从事相同体育活动时心率差别不显著，因此不必对不同年龄班学前儿童制定不同的心率标准。但是由于不同年龄班学前儿童对运动的耐受力差别较为明显，因此上课时间应有所区别，以小班体育活动时间 15～20 分钟、中班 20～25 分钟，大班 25～30 分钟为宜。

学前儿童在心率超过 200 次/分钟的激烈运动时很快会出现疲劳，运动能力下降，可以认为 200 次/分钟是学前儿童运动极限强度的临界线。教师应注意监控学前儿童的情况，避免运动过量，包括注意学前儿童的呼吸状态、面部表情、出汗情况和动作完成质量等，根据观察的情况随时调整运动负荷量，并注意学前儿童的个体差异性给予个别指导和照顾。

3. 遵循季节变化规律

体育活动课的运动负荷量要结合季节变化进行调整。例如在寒冷的冬季，运动负荷量可以增大，而在炎热的夏季要适量减少运动量。一般夏季学前儿童活动量较大，运动密度应减小；冬季学前儿童的运动密度应增加。

二、学前儿童体育活动计划的评价

评价学前儿童体育活动是对体育活动计划的实施过程和效果的全面审核，体育活动的目的是确定评价内容的依据，评价的最终目标是进行自我指导和完善。幼儿园体育活动必须符合学前儿童生理、心理、动作发展等的年龄特点，要有别于小学的体育课却又要与之有衔接性。体育活动的评价指标既有定性指标又有定量指标，例如德育、美育、智育教育效果属于定性评价指标，健身效果属于定量指标，可以用数据测量来量化，在分析和评价过程中必须将两者联系起来综合评价。

（一）定性指标

体育活动具有培养学前儿童德育、智育、美育的教育效果，但是这些效果具有潜在性和渐进性的特点，不能以数据量化。单次体育锻炼未必能有显著提高的效果。因此，对于这些方面的评价可以根据教师的体育活动教学目的，体育游戏中的德育、美育和智育内容评价教学活动对学前儿童启发、诱导的效果，适宜采用阶段性评价，即实施体育教育阶段的前后对比研究。

（二）定量指标

运动负荷量、体质评价指标都是可以量化的指标。运动负荷包括生理负荷和心理负荷。生理负荷是指体育锻炼时学前儿童身体承受的生理负荷量。如果运动负荷过小，不可能促进学前儿童肌体发生变化，达不到锻炼身体的目的；如果运动负荷过大，超出了学前儿童肌体能承受的范围，就会引起不良的反应。心理负荷则指人做练习时所承受的心理负担量，它一般包括认识、情绪、意志三方面的负荷。常用的定量指标如下所示。

（1）身体机能指标：采用心率、血压、呼吸差、呼吸率、肺活量、握力、背肌力作为评价的依据。

（2）运动心理指标：评价情感时分为积极和消极两种性质，并根据强度划分等级。

（3）身体形态指标：例如身高、体重、坐高、胸围、头围等形态学指标。

（4）身体素质指标：例如坐位体前屈、10 米折返跑、立定跳远、网球掷远、双脚连续跳、走平衡木等。

三、学前儿童体育活动设计示例

体育活动方案的设计应遵循人体生理机能变化规律，内容和形式应丰富多样、灵活多变，交叉发展学前儿童学会的各种体育技能，包括田赛能力（跳、投）、径赛能力（走、跑、攀、爬、钻）、体操能力、平衡能力等。尤其是要给学前儿童提供进行自选器材、自由活动的机会和条件，引导他们利用同一器材或选用不同器材主动地、创造性地开展各种玩法，培养其体育创新能力，全面锻炼他们的身体。幼儿园体育活动教案的设计要素及举例如下（见表 9-1）。

提示

掌握学前儿童体育活动设计的基本步骤以后，可以变换表中的内容，加入不同的元素，使体育活动内容更加生动活泼，吸引学前儿童积极参加体育活动。

表 9-1　幼儿园体育活动教案设计要素

步骤	内　容	教师活动	幼儿体育活动	举　例
确定名称	根据主题情节、学习目标确定名称		学习“走、跑、跳”	例如“龟兔赛跑”
活动目标	① 运动参与目标 ② 运动技能目标 ③ 身体健康目标 ④ 心理健康目标 ⑤ 社会适应目标	按照学期、学年、教学周的教学计划制定各活动目标	① 田赛技能 ② 径赛技能 ③ 基本体操 ④ 队形队列 ⑤ 运动器械	跳、投、走、跑、攀、爬、钻等基本技能；手操、手指操等
活动准备	① 教具准备 ② 环境创设 ③ 教材搭配	根据活动目标准备		例如录音机、玩具、运动器械、运动场所布置等

续表

步骤	内　　容	教师活动	幼儿体育活动	举　　例
重点难点	① 重点 ② 难点	分析掌握运动技术的重点和难度并制定相应教学策略		例如“二人三足走”重点在于两人步调协调一致向前走，难度在于有节奏地保持身体平衡向前走
活动过程	① 准备部分（一般占总时间的10％～20％）	准备活动	排队和队列队形练习；向学前儿童说明学习内容；开展运动负荷小、有利于克服生理惰性的运动	例如简单的舞蹈、律动操等
		复习旧课	巩固和提高已学的各类运动技巧练习和游戏	例如复习走步、跑步、操类等技术
		导入新课	教师设计主题/场景引起幼儿活动兴趣	例如以生活、劳动、故事为体育活动的主题情景
	② 基本部分（一般占总时间的60％～80％）	① 学习新课的运动技术，并进行身体素质练习	新旧和难易内容相互搭配；一次体育活动课安排1～2项新活动内容	例如力量、耐力、柔韧、速度、灵敏等身体素质练习
		② 拓展延伸	开展模仿创新活动、竞赛创新活动的引导，配合学前儿童的体育创新能力	例如学会跳跃技巧后，引导学前儿童模仿动作创新，变化为全蹲跳、蹲撑跳等各种跳法
	③ 整理部分（一般占总时间的10％～20％）	放松运动	① 降低学前儿童兴奋性 ② 放松肢体 ③ 教师小结评价 ④ 整理器材	例如徒手放松练习；轻松的慢步走；低运动负荷的游戏等
场地画图	根据活动的运动设施布置、学前儿童队列安排等内容画出简要的配图，一般包括场地、器材摆设、队形、动作或活动方式。画图方法主要有单线条法、符号法等			
活动建议	根据学前儿童年龄班特点和教学目标制定活动建议，尤其是安全注意事项及其他方面问题的预防和解决办法			
注意事项	根据学前儿童年龄班和体育活动项目的特点说明课程实施过程中需要注意的问题和预防事故的方法			

典型案例

幼儿园大班体育活动方案设计示例

（一）确定名称

小兔子灌篮

（二）活动目标

1. 运动参与目标

吸引幼儿主动参与体育活动，使幼儿逐步培养积极参与体育活动的态度和行为，并为其终身体育锻炼奠定良好的基础。

2. 运动技能目标

熟练掌握跳、钻、投掷的基本动作要领和平衡能力；运用已掌握的双脚跳跃行进运动技巧越过障碍物和持球走平衡木，并初步学习投篮的技巧；学会避开明显的不安全因素，促进幼儿独立活动和体育创新能力的发展，并培养幼儿的运动安全意识。

3. 身体健康目标

锻炼跳、钻、投掷、平衡等多种能力和发展幼儿弹跳力、灵敏性等身体素质。

4. 心理健康目标

培养幼儿克服困难、机智灵活、勇敢顽强等优良意志品质和乐于与同伴参与竞争游戏，积极向上的乐观情绪。

5. 社会适应目标

培养幼儿遵守秩序、团结互助的意识，培养人际交往能力与合作精神，培养幼儿观察力、创造力和集体协调活动的能力。

（三）重点难点突破

1. 重点

初步掌握投掷篮球的技巧，结合已学习的基本动作创编新出新的玩球和兔子跳动作，并对创造性游戏感兴趣。

2. 难点

在投掷时要求幼儿掌握好动作要领，要尽可能投准；提高投远和投准能力。

（四）活动准备

1. 教具准备

沙包、篮球、呼啦圈、录音机、平衡木、拱形门、篮球架。

2. 环境创设

画出起点线、投球线，摆放拱形门、篮球架、平衡木，依次摆放呼

中国香港体适能总会网资源库：

http: //www. hkpfa. org.hk/

啦圈、平衡木、篮球架，根据运动场所的面积从前往后、从左往右摆放，设置合理间距。

3. 教材搭配

设计夹包跳、爬、钻、投掷的动作组合，并配以平衡木练习。

（五）活动过程

1. 准备部分（一般占总时间10%～20%）

教师组织幼儿排队列，说明体育活动的内容与要求，激发幼儿参与身体锻炼活动的兴趣。接着做游戏、韵律操等运动负荷小、有利于克服生理惰性的热身活动，巩固和提高已学的各类运动技巧练习和游戏。然后教师设计主题/场景引起幼儿活动兴趣，教师扮演兔妈妈，幼儿扮演小兔子。在音乐伴奏下"兔妈妈"说："今天天气真好，我们一起做运动吧。"教师组织幼儿持球做自编球操，活动上下肢。"兔妈妈"说："我们今天把篮球投到篮框里，怎么样才能投得准呢？"接着导入新课。

2. 基本部分（一般占总时间60%～80%）

(1) 学习投篮技巧

教师指导幼儿掌握目测距离的方法，持球手由肩上向前上方推出，手腕下压，单手向前上方用力挥臂掷远投准的动作。

(2) 分组竞赛投准

幼儿熟练掌握篮球投掷动作要领以后，可采取分组竞赛形式，引导幼儿同伴之间合作游戏，启发幼儿相互交流，提高幼儿参与活动的积极性。

(3) 培养体育创新能力

教师引导并带领幼儿创编各种玩球和兔子跳的新动作，可引导幼儿从手脚动作变化、跳的方向变化创编各种玩球、模仿兔子跳和持球投篮动作。

(4) 体育能力拓展延伸

教师把幼儿带到组合器械区，让幼儿列队依次完成以下活动：持球夹包跳一段距离；持球跳过呼啦圈组合成的图形；持球走过平衡木；持球钻过拱形门；到达投球线完成投篮动作。教师可依据幼儿学习情况设置篮框的高度和远度，以培养幼儿的投远和投准能力。

3. 整理部分（一般占总时间10%～20%）

师生共同评选出投准和投远的最佳选手，激发幼儿竞争意识和再次参与活动的愿望。教师小结体育课并带领幼儿做轻松的放松运动，例如徒手放松操、自然的走步等，放松幼儿的肢体肌肉和降低大脑兴奋性，使幼儿的身体从运动时的紧张状态逐步恢复到相对安静的状态。

4. 场地画图

各种运动器械的摆放，活动路线如图 9-2 所示。

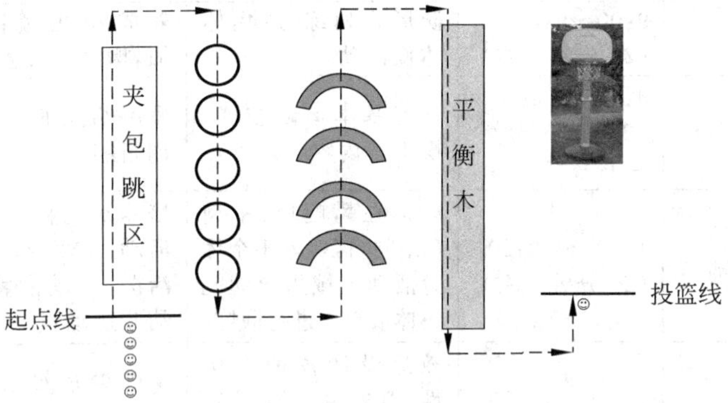

图 9-2 体育活动场地示意图

5. 活动建议

启发幼儿变化玩球动作和模仿兔子跳动作时，教师要及时给予幼儿一定的引导和鼓励。学习投篮动作时，教师要讲解和示范动作要领，尤其注意纠正幼儿投篮的动作，组织投篮时要提醒幼儿注意运动安全。由于学前儿童的心理能力和运动能力的限制，难以掌握篮球比赛复杂而又有严格规则限制的竞技游戏，因此不宜开展分队篮球比赛。

6. 注意事项

要求幼儿排队遵守纪律，按照顺序依次通过各级障碍物；前面的幼儿投准后，下一个幼儿要待前面的幼儿拾球离开投掷区后才能开始投掷。

四、学前儿童一日体育活动安排示例

（一）显性体育活动

显性体育活动是幼儿园一日生活的重要组成部分，在正常情况下每日不得少于两小时，户外活动每日不应少于 1 小时。为确保学前儿童每日能有充足的体育活动时间，应把学前儿童一日的显性体育活动统筹设计制定学前儿童体育活动时间表，设计分段活动目标，使幼儿园体育活动科学化、系统化、规范化，有利于培养学前儿童参与体育活动的习惯。各年龄班每日体育活动整合安排表举例如下（见表 9-2）。

表 9-2　幼儿园一日体育活动整合安排表

体育活动项目	时　　间	显性体育活动内容	体育活动目标
晨间锻炼	7:40～8:05（20分钟左右）	幼儿自由选择运动器材进行体育锻炼	发挥幼儿主动性和创造性
早操	9:00～9:20（20分钟左右）	队形队列练习；集体体操活动	养成幼儿做体操的习惯，增强群体意识
体育教学活动	9:30～10:00（20～30分钟左右）	学习基本运动技能、操类等内容	发展幼儿的体育素质和创新能力
区域体育活动	10:00～10:20（20分钟左右）	教师在攀爬区、平衡区、投掷区等若干个体育活动区域指导幼儿集体或自由进行锻炼	培养幼儿积极参与体育活动的兴趣，满足幼儿活泼、好动的特点，增加幼儿运动量
户外体育游戏	11:00～11:20（20分钟左右）	教师设计各种模仿性、竞赛性、球类、有主题情节的、躲闪性、民间体育游戏	全面发展幼儿的体能、运动技能、审美、创新等能力
餐前手指游戏	11:25～11:30（5分钟左右）	教师组织幼儿灵活运用手指做各种动作	锻炼小肌肉群和手指灵敏性，提高神经系统功能
散步	12:00～12:10（10分钟左右）	餐后或午睡前组织幼儿到室外散步	放松幼儿身心和促进消化功能
起床活动	14:30～14:35（5分钟左右）	午睡起床时组织幼儿动动手脚，穿衣服和鞋袜	锻炼幼儿小肌肉群与生活自理能力
干浴操	15:00～15:05（5分钟左右）	教师带领幼儿以手摩擦皮肤健身	活动幼儿四肢，疏通皮肤气血，防病祛病
户外体育活动	16:00～16:20（20分钟左右）	教师设计各种模仿性、竞赛性、球类、有主题情节的、躲闪性、民间体育游戏	全面发展幼儿的体能、运动技能、审美、创新等能力
餐前手指游戏	16:25～16:30（5分钟左右）	教师组织幼儿灵活运用手指做各种动作	锻炼小肌肉群和手指灵敏性，提高神经系统功能
离园活动	17:15～17:35（20分钟左右）	家长带幼儿自选区域，开展户外大型/固定器械运动	给予幼儿自由选择活动内容和伙伴进行自主性体育活动，鼓励幼儿主动地、创造性地开展各种玩法

注：修改自杜素珍：幼儿园一日体育活动整合手册．江苏：南京师范大学出版社，2010

（二）隐性体育活动

隐性体育活动是指把体育活动渗透到幼儿园一日生活里其他学习领域，在每日的生活小细节中开发、创造运动的元素。例如学前儿童进行日光浴、空气浴和冷水浴过程中可以整合体育活动元素，在锻炼学前儿童身体对外界环境适应能力的同时又可以提高学前儿童的体质和抗病能力。教师应抓住细节指导学前儿童在生活中开发运动潜能，即使是肢体下蹲、小肌肉群锻炼，日积月累都可以增加学前儿童的日常能量消耗，激发学前儿童建立终身体育锻炼的意识。

扩展阅读

婴幼儿锻炼遵循“翻抓爬站走、攀跳跑投转”十字诀

家长过度宠溺使得孩子的运动量越来越少，由此引发的儿童超重问题也日益突出。英国政府就此出台的指导措施是，5 岁以下儿童每天锻炼不得少于 3 小时。北京大学第三医院儿科主任医师童笑梅建议，婴幼儿锻炼不妨遵循“翻抓爬站走、攀跳跑投转”十字诀。

英国学龄前儿童超重率约为 25%，每天只花一个半或两个小时运动，中国的状况同样令人担忧。调查显示，我国北京市儿童青少年肥胖和超重发生率为 21%，全国儿童平均每天参加家务劳动的时间也仅为 16 分钟。抗肥胖运动从婴幼儿抓起是大势所趋。“5 岁以下儿童每天至少要步行 15 分钟”、“从出生时即开始身体锻炼”这些来自英国的运动建议同样适用于中国孩子。

不会走路——翻抓爬站走，逐项来练习

孩子在 16 个月时能独自走路。此前，家长需培养孩子的运动能力。

翻　3～4 个月时是训练翻身的关键期，这个动作对孩子的身体协调力具有重要作用。

抓　5～6 个月时需要训练孩子的双手协作能力，不妨让孩子抓握积木。

爬　7～8 个月让孩子练习爬行，锻炼四肢协调配合能力。

站　12 个月时，孩子可以站立片刻，到 15 个月时基本就能独站自如。

走　能站后可牵领孩子循序渐进地练习行走。

会走路后——攀跳跑投转全都不能少

能走后，对孩子的训练强度就要大些了。

攀　23 个月时，让孩子练习双手扶栏上、下楼，练习其攀爬能力。

跳　24 个月时，就可以开始学习双脚同时离地向下跳了。

跑　25 个月时，孩子要练习小跑，初学跑时可以走跑交替进行。

投　30 个月时，让孩子练习手臂举起，做有抛掷姿势的抛投运动。

转　对于“转”的练习，可以扶着孩子做左右的缓慢转圈训练，

思考活动

1. 学前儿童体育活动的评价方法有哪些？
2. 显性体育活动和隐性体育活动的区别是什么？

中国体育科学学会网资源库：

http: //www.csss.cn/

也可带孩子坐旋转滑梯。

专家提示：单次运动别超过半小时。孩子注意力集中时间短，体力也比较弱，每次锻炼时间最好别超过 15～30 分钟，宜采取少量多次的方式，随时随地累加进行，以确保运动量。孩子掌握了各项基础运动技能后，只要孩子有兴趣，包括嬉戏打闹、游泳、跳绳、骑自行车等运动就都可以做。因为全方位的锻炼才最有利于孩子成长。除了要确保孩子多运动，还要避免其久坐，无论是在婴儿车还是在电视机前的时间，每次最好都不要超过一小时。

资料来源：搜狐网(http：//www.sohu.com/)

专题小结

学前儿童体育活动的创编、改编运动游戏都要遵循科学的规律和原则，幼儿教师必须及时、深入、全面了解幼儿的年龄特点、知识经验、活动能力、运动能力和心理动态，研究幼儿体育游戏教学的特点和规律，掌握幼儿体育活动创编的基本原理、指导原则和评价方法，才能提高体育教学质量和创编体育活动的能力。

思考与练习

一、填空题

1. 学前儿童体育活动是指以________为基本手段，结合________、________、________等自然因素和卫生措施，达到________、增进________、提高________为目的的一种教育活动。

2. 学前儿童体育活动的创编原则包括________、________、________、常规性原则和迁移性原则。

3. 创编学前儿童体育活动应遵循________、________、________、________和社会适应能力的整体发展目标，使幼儿园体育活动与未来学校教育阶段的体育与健康课程目标________。

4. 遵循《幼儿园工作规程》规定“幼儿户外活动时间在正常情况下每天不得少于________小时，寄宿制幼儿园不得少于________小时，高寒、高温地区可酌情增减”，幼儿每日的户外体育活动不得少于________小时。

5. 幼儿体育活动的平均适宜心率应控制在________次/分钟之间，不宜低于________次/分钟，一般不超过________次/分钟。

二、简答题

1. 简述幼儿园体育活动的指导原则。

2. 列举幼儿园体育活动的评价指标。

3. 简述科学设置幼儿体育活动区域的方法。

三、论述题

1. 论述幼儿动作技能形成的规律。

2. 论述幼儿体育活动的物质和能量代谢特点。

3. 根据体育活动创编的原则、原理和方法编写一份规范的体育游戏教案,授课对象及体育目标自定。

第十章
学前儿童体育活动与美育、智育发展

体育活动中富含着运动美、艺术美和智育元素。体育美学是一门新兴的体育科学与美学相交叉的学科，在体育教学中渗透体育美学原则，可以使学前儿童从体育运动的具体形式中获得美的感受，陶冶他们的审美情趣，激发他们热爱体育和积极参与体育锻炼，把自己的情感、意识、想象转化为体育运动美，自觉地进行体育美的创造活动。体育锻炼也与学前儿童的智力发展息息相关，益智健脑的体育活动有助于提高学前儿童的观察力、注意力和思维能力。

本章首先阐述体育美学的基础知识，然后介绍体育活动对发展学前儿童审美能力和智力的促进作用，阐述了如何通过开展体育活动对学前儿童进行美育和智育教育，帮助大家掌握运动锻炼培养审美情操和开发智力的依据和方法。

学完本章，你将能够：

1. 了解体育美学的基础知识及其与体育活动的关联；

2. 掌握在体育活动中指导学前儿童开发智力的基础知识；

3. 知道如何通过体育活动开展学前儿童的美育和智育教育工作。

专题导读

体育活动不仅能促进幼儿生长发育、发展身体素质、提高基本活动能力和运动技能水平，还具有美育和智育的元素。什么是体育美学？它包含哪些方面的内容？如何在体育活动中培养学前儿童的审美能力？如何在体育活动中开发学前儿童的智力？了解这些内容，可有助于幼儿教师以科学的方法指导学前儿童锻炼并发挥体育多重育人功能，促进学前儿童身心的和谐发展。

专题一 学前儿童体育活动与美育发展

体育与美育之间有着天然的联系，探索体育审美教育的理论和实践是学前儿童教育的重要内容。在体育活动中强调审美教育，能够引导他们了解自然之美、身体之美、运动之美、生活之美，令他们在强壮体魄的同时能够为今后提高审美能力打下坚实的基础。

一、美与美的教育

（一）“伊斯特惕克”——认识美学

谈到“美学”人们总是最先将其与具体的“美”联系起来，诸如“美景”、“美食”等这些日常生活中美的现象，其实这些仅仅是“美学”所思考的一个方面。而作为一门人文学科的“美学”更多的是抽象于美的现象之上的审美探索。1750年德国哲学家鲍姆加通出版了哲学专著——《美学》，第一次用“伊斯特惕克”(Aesthetik)为广义的美定下理论命名，从哲学的角度为人类的感性思维正名。“美学”是“伊斯特惕克”的汉语翻译，而“伊斯特惕克”较精确的释义是研究“感性认识的科学”。当历史的车轮碾过工业时代，即将进入后工业时代的时候，人类的业余兴趣爱好、创造性的探索以及走出琐屑尘世的思考，都不可避免地被功利和现实的算计无奈地压抑于极次要的位置上使得全面发展难以真正实现。正因为如此，美的教育就显得更为重要，如何用“游戏精神”帮助人类舒展天性，发现日常生活中的愉悦和美感，让审美主体在无功利意识的情感体验中净化心灵、完善人格，成了美学的焦点。

提示

体育美学是研究在体育领域进行审美活动的学科，体育中蕴涵艺术元素，从体育教学中渗透审美教育可以培养学前儿童对美的感受。

（二）美育塑造健全人格

18世纪末德国哲学家席勒在他的经典美学著作《审美教育书简》中，提出了用审美教育去整合现代社会中人类被现代文明分裂的人格，在感性与理性之间搭起沟通的金桥，以塑造有道德、有教养的理想公民。尽管在不同的时代或文化背景下美育有着不尽相同的内容，儒家传统文化的美育在于培养有着"仁爱"之心的谦谦君子,资产阶级启蒙学者们的美育呐喊着个性的解放,共产主义者的美育是希冀着人的全面发展,但不论是哪种角度的"美",都毋庸置疑闪耀着人性的光辉。

审美教育可以概括为以下三个主要的特点。首先,美育具有趣味性,罗马诗人贺拉斯在《诗艺》中早已道破天机:"寓教于乐,既劝谕读者,又是他喜欢,才能符合众望",只有能够激发受教育者兴趣的美育,才有可能起到"教化"的作用;其次,美育具有感染力,正如审美活动中的"移情",无论是从物之美联想到人之情,或是作为旁观者的感同身受,审美教育总是在潜移默化中带给受教育者美的熏陶;最后,美育具有多种多样的形式,一幅写实的素描、一出浓墨重彩的戏剧、一首隽永的诗、一段激励的话语,直观的、虚拟的、形象的、抽象的……美育素材俯拾皆是,只需要发现美的眼睛。

如果说审美活动排除了一切功利意识,那么美育却肩负着重任。美育的首要功能是对个体的塑造,培育身心健美、全面发展的人,而这一功能则需要通过提高受教育者的审美感受力、鉴赏力和创造力来实现;其进阶的功能则是对群体和谐关系的促进,小到家庭大到国家,美育在德育和智育之间寻得了另一种解决冲突和矛盾的途径;而美育的最高理想也许正是人类的梦想——构建一个"审美王国","在这个王国里,审美的创造冲动给人卸去了一切关系的枷锁,使人摆脱了一切称之为强制的东西,不论这些东西是物质的还是道德的"。

二、美学视角下的体育

美总是等待着欣赏者去发现,当我们尝试着在体育中寻找美、创造美的时候,有必要先在美学的殿堂前驻足,借一双审美的"慧眼"对体育仔细打量。毋庸置疑,增强体质是体育的第一大本质功能,但当我们从情感认知的角度透视体育的时候,就不难发现体育中的美学内涵。

(一)发现体育的美学内涵

1. 体育的"游戏精神"

无论是在康德的《判断力批判》还是在席勒的《美育书简》中,游戏都被推崇为人类获得愉快、和谐、自由等美感体验的绝佳途径,而体育则无时无刻不在体现着游戏的精神。首先,体育是一种具有超越性的游戏。从繁冗的日常生活中走出来,再投入到以兴趣爱好为基础、功利意识被淡化甚至被消灭的体育活动中,可以唤醒身体的潜能。体育又是一种和谐的游戏,运动场上既有严肃的规则、缜密的战术、规范的动作,又有欢快的气氛、团队精神以及运动者蓬勃精神和优美动作的感染力。正是体育将理性与感性完美地结合在了一起,使人们在体育中得到了弥合身心、全面发展的可能，在和谐中走向自由。

2. 体育的艺术特质

美学是"美的艺术的哲学"，要研究体育的美学价值则有必要在其中追寻艺术的芳踪。首先，体育与艺术一样，是源于生活又高于生活的人类文化活动。不论是来自生存基本技能的走、跑、跳、投，还是取材于生产劳动的"射"、"御"，或是脱胎于军事活动的武术、摔跤，生活中的种种运动元素完美地融合在体育丰富多彩的项目中，脱离了普通技术以实用为目的的限制，升华为既能强身健体又能释放激情、交流情感的娱乐，成为兼具实用和美学价值的艺术性活动。其次，在观赏性的体育活动中，运动员像艺术家一样在赛场上创造他们的"艺术品"，花样滑冰冠军陈露冰上优美的"化蝶"、"飞人"，乔丹完美的空中扣篮，刘翔在110米的距离里创造的亚洲神话，有多少体育家用他们的身体语言将欣赏者感动，令人们不禁惊叹自由生命的力量。正如人们通常所说"文体一家"，体育身上散发着艺术的特质，而这也成为体育实现其美学价值的重要因素。

（二）体育美的表现形式

1. 身体美

身体美是人类健康的身体所呈现出的美。它是一种由机体良好的生理和心理状态综合显示出的健康之美。法国学者丹纳在《艺术哲学》中这样写道："体育教师是真正的艺术家，不仅把人体练得强壮，行动迅速，有抵抗力，而且还求其对称、典雅。"在身体美的范畴中，健康是首要的条件，健康合理的运动能够有效地改善形体和姿态，健美的主体进而通过运动展示和倡导身体美，体育为参与者所塑造的健康之美，正可以说是真、善、美的结合。

而因为身体美所展示的是人体——这一复杂的主体，所以对于身体美的标准和判定便难以割裂时代、社会、种族的背景。在古代社会中，人们用兽皮遮掩身体，在皮肤上刺画族群的图腾，身体美更多地表现了人们对于生存的渴望和对自然的敬畏；走到农业社会，女性的丰腴、男性的高大健硕象征着家丁兴旺、家境富足；古代希腊雕塑所展示的运动健儿发达的肌肉、健美的线条是西方衡量身体美的典范；而中国封建社会中身体美则强调的是男子的儒雅和女子的柔弱，魁梧健壮往往被看做武夫俗人之态。

现代社会中身体美逐渐被大众所认识，诸如"黄金分割"、标准体重、头身比例、"三围"尺寸等定量标准渐渐成为评价身体美的各种标准。虽然全世界不同地区、种族的审美观不尽一致，甚至大相径庭，而"健康"却是人类社会被最广泛承认的身体美的基本条件，那么具体到身体美的各个要素，主要可以从以下几个方面加以认识。

从体型的角度来看。最常用的体型分类源自美国教育心理学家谢尔顿的分类，他将人体体型分为内胚型、中胚型和外胚型，分别代表了肥胖型、肌肉型和瘦小型三种主要的体型表现。端正、匀称、协调的健壮体型一般会给人带来美感。学前儿童正处于生长发育阶段，体型可塑性强，教学中可以多尝试健身体操、游泳这些对于体型矫正和塑造颇有益处的运动项目。

骨骼与肌肉的发育情况在很大程度上影响着身体美的表现，修长的四肢、笔直的躯干、结实有弹性的肌肉以及稳定平衡的重心等都是评价美的标准。充足的户外运动有助于学前儿童体内钙的吸收，促进骨骼的发育，能够有效地预防佝偻病；少儿形体操、瑜伽可以帮助孩子们学会有意识地调整身体重心，为骨骼整体结构的健美打下坚实基础；同时，适量且循序渐进的力量练习，能够令儿童身形更加茁壮，而结实的肌肉又是构成身体曲线美感和运动美感的基础。红润光洁的皮肤，浓密富有光泽的头发也展示了身体之美。运动能够加速人体的新陈代谢，特别是在户外运动中儿童接受日光沐浴、呼吸森林绿地中的新鲜空气，血液循环加快，毛孔张开、吸新吐陈，确能达到健美的功效。

2. 运动美

如果说身体美主要展现了人体的静态美，那么运动美更为关注的则是人体在运动状态下的动态美，而运动美作为审美对象则可以通过不同的途径得以表现和被感知。

首先，不论是在游戏竞技中或是运动休闲中，当人体作为运动的主体时，身体的各部分参与到运动中，可以引发主体的美感，运动觉在其中起到了重要的作用。运动觉是运动的主体对于自身姿态和位置，或是身体某一部分的运动状态的感觉，这其中包括感受空间时间的平衡感、节奏感、速度感等；感受自身肌肉伸缩的力量、柔韧、协调等。这些运动中的主体感觉都有可能通过运动中枢反馈令大脑继而产生愉快的感觉甚至美的享受，这种美感可以用心理学家马斯洛的"高峰体验"来描述："超越者们沉浸在一片纯净而完善的幸福之中，摆脱了一切怀疑、恐惧、压抑和怯懦，他们的自我意识也悄然消逝……他们觉得自己与世界紧紧融为一体，他们感到自己真正地属于这一世界，而不是站在世界之外的旁观者。"

在学前儿童体育教学中，教师利用走、跑、跳、投等基本运动能力的训练内容，有意识地引导开发儿童的运动感觉和身体素质。比如，可以让孩子们通过前后滚翻锻炼空间感，通过适量的有氧体操或慢跑锻炼他们协调地呼吸和四肢配合，通过滑梯、秋千、山坡滑草循序渐进地感受加速度带来的兴奋。总之运动感觉系统健康地发展能够帮助他们在体育活动中更好地体验蓬勃生命力所散发出的美感，为身心健康打下良好基础。

其次，当主体作为欣赏者观赏体育运动时，能够得到审美体验。体育运动，特别是游戏和竞技运动，就像音乐、小说、绘画一样可以作为审美的对象，因为在其中包含着丰富的形式美的要素，其主要可以概括为能够被视觉和听觉所感受到的形、声、色。运动员健美的身躯和高超的技术表现，能够带来整体直观形象的美感；运动会上飘飘的彩旗，绿茵场上色彩缤纷的运动服，能够带来视觉美的冲击；节奏鲜明的运动进行曲，旋律优美的操舞伴奏曲，甚至观众真诚激昂的加油声，都是声音美的表现。

不同的体育项目又有其各自不同的美感表现形式。体能类的运动，诸如大多数田径项目中，参加者通过速度、力量、耐力等个人体能表现出的蓬勃生机之美，无论是百米赛场上 0.01 秒钟的超越，还是跳高杆 1 厘米的提升，都不难让欣赏者联想到对自然力的征服，而与此同时对运动者的胜利之喜感同身受，当这种联想和“移情”的心理活动发生时，美感也就油然而生了；技能类的运动，在诸如体操这样的难美项目，或是射击之类追求准确性的项目中，运动者最主要的任务是完善对自身的控制，以表现出更为精美和准确的技术，而艺术体操、花样滑冰等项目更是结合技术套路配以优美的乐曲，给观赏者以视听全方位的审美体验；对抗类的运动如球类、拳击、击剑除了展示运动者的体能美和技术美以外，比其他运动项目更能表现拼抢的激烈、应对“来势”的灵敏和胜负未知的“惊奇感”，这正如放大了的“游戏”，令观赏者感受到跳出普通生活约束的畅快之美。

作为学前儿童体育的辅助教学手段，教师可以有选择地组织孩子们观看体育比赛，帮助他们了解不同运动的特征和美感表现，特别是现场比赛中浓烈的运动氛围，更能令他们得到直观、真实的美的熏陶。高年级同学的友谊赛和汇报表演、联谊小学中学学生的运动会都可以是运动审美教育的素材，总之要遵循就近就便、“现场”第一的原则，让孩子们从小就明白运动之美就在身边。

3. 人文美

美学主要研究的是人的审美活动，其审美对象不仅仅是表现为外显形象的美，更多的是“美”的内在延伸和对人类精神层面的关怀。人是体育活动的主体，同时也是体育活动实现终极价值的目标主体，那么将身体运动所展现出的精神之美称为“人文美”则很恰当。体育的“人文美”的表现丰富且有多种层次，这里我们主要从体育赋予个体的内在美和群体间的关系之美，对“人文美”加以理解。

康德曾经这样阐述美的理想：“美的理想……我们只能期待于人的形体。在人的形体上理想是在于表现道德，……即那心灵的温良，或纯洁或坚强或静穆等在身体的表现……”在这样的理想中，美显然已经褪去形式抽象为内在的价值。再谈回体育，“运动家的风度”就很好地概括了个体通过体育运动所有可能习得的和展现出的内在美。借用著名教育家罗家伦的精彩论述：运动家的风度是“输得起”，对于失败不怨天尤人，常自省能进步；运动家的风度是有超越胜败的心境，胜不骄败不馁；运动家的风度是“言必行，行必果”，有毅力能坚持。

除了对个体内在美的表现之外，体育同样深刻地表现着人与人之间互动的审美关系。首先，体育运动都具有预先约定并得到参与者认同的规则，从动作到技术、从练习到竞赛、从服装器材到设施场地皆有章可循，这令活动过程表现出秩序的美感；其次，体育运动中竞争的前提是“公平”，颂扬的是对手间的相互尊重，运动场上不论出身和背景，一切用实力来证明，对手亦友或师，这种人人平等的“君子”之争，不也正是人类社会的美好理想吗；同时，大多数体育项目中不可缺少的是团队中的协同合作，接力赛中流畅的交接棒，排球赛中恰到好处的“二传”，篮球赛中坚不可摧的“联防”……人天生需要同伴的支持、群体的呵护，运动场上的协作带给参与者或欣赏者的正是人类寂寞心灵深处渴望的温暖的归属感。

回归学前儿童体育的实践当中，需要承认的是让孩子们能够理解体育运动中深刻的人文美，实为勉强。但正如“美学”学科创设的初衷，便是要挣脱理性思维的束缚，给人类与生俱来的感性思维和情感予以更多的关注。启蒙时代的卢梭用他笔下的“爱弥儿”树立了一个顺应天性、“自然”发展的教育典范，学前体育的教育对象正是“人性本善”同时“理智处于睡眠期”的孩子，他们简单、直接，不谙世事、不懂算计，不伪装、不掩饰，他们最能被美所打动和感染。但就像细弱的树苗，成长过程中需要支持他们笔直向上的力量，体育活动便是这样一个难得的平台，没有晦涩难懂的大道理，却能如春风化雨般让孩子们学会拼搏进取，体验坚持后成功的满足，学会与人相处，感受团结互助的温暖，这些都是不言而喻却又弥足珍贵的美感经历，并且会深深地影响他们的一生。

三、用体育为儿童推开审美之门

教师作为这个教育过程的实施者，首先需要提高自身的审美素养，对体育的审美价值能够有一个系统且较为深刻的理解；同时，在学前儿童体育教学中，教师勤于思考，敢于实践，要在体育课程中利用体育的美学价值为孩子们尽量多地创设审美情境，有意识地促进他们的身心全面发展。

（一）张开美的眼睛——培养健康的审美观

在信息交流如此发达的今天，形形色色的观念、潮流势不可当地涌入大众的生活，对于思想远不成熟的孩子们来说，判断是非美丑并不是一件容易的事。培养学前儿童健康的审美观便显得十分重要，体育在这一方面正有着先天的优势。

学前体育首先需要帮助学生认识身体美的标准，学会欣赏运动中的技术美。自古以来体育所表现和歌颂的一直是健美的人体和蓬勃的生命力，体育教师在课堂上要有意识地向孩子们介绍有关身体美的知识，通过图片、视频展示，现场比赛观摩，或邀请运动员联欢等多种直观教学手段，让他们更加了解自己的身体，端正审美观，从而自觉养成良好的形体姿态，展现朝气蓬勃的精神面貌。

同时，教师要充分考虑学前儿童自然的天性，用鲜活的形象激发学生对体育的兴趣，从感性的角度去理解体育运动中融合了力量、智慧与美感的技术、技巧，以及运动员勇于挑战、积极进取的人格魅力。

（二）迈开美的脚步——进行审美实践

对于诸如器乐演奏、绘画、诗歌等诸多的艺术活动来说，参与者除了需要具有先天的才能以外，往往还需要接受极为专业的训练。因此大多数普通人也许只能作为欣赏者来感叹这些艺术家的杰作，却罕有机会投入到这些活动中体验表现美和创造美的激情。体育在美的实践方面则相对这些活动能够给予参与者更多的审美帮助。

在学前教育中，体育占据了极为重要的地位，这个阶段的儿童正处于感性认知为主的阶段，大部分的知识是在亲身实践活动中获得。学前体育应以户外体育为主，通过教师的帮助让孩子们在大自然里尽情玩耍的过程中掌握走、跑、跳、投这些基本的运动技能。同时教师在课堂教学中应当充分发挥体育运动塑造健美体魄的作用，有意识地从身体形态、身体素质等方面入手，帮助学生养成良好的身体姿态，让他们能够更加自信和自如地实践身体美。

学前儿童就像一张白纸，他们有着极强的好奇心和模仿能力，加之此阶段孩子的身体柔韧性普遍好，轻盈不易受伤，对于一些运动技术的掌握有着先天优势，并且这些运动经验往往是终身难忘的。体育活动能够为他们的兴趣开辟一片广阔的天地，为其今后的运动休闲爱好打下坚实的基础，释放他们创造美的潜能。教师有必要尽量丰富体育活动的内容和项目，多设计和组织一些娱乐性强、具有鲜明时代感的课程，激发孩子们学习和参与的兴趣与持久性，比如乒乓球、游泳、幼儿体操等项目既具有一定的技术含量，又符合儿童的身心发展特点，幼年时如果能够掌握这些运动技术，在其成年之后就有更多机会运用这些技术发展自己的爱好。

教师在教学中还应注意观察孩子们的个性特点，加强与他们的交流，了解他们的优势与劣势，最大限度地帮助其发展运动兴趣、运动技能，使其在运动中感受超越和成功的欣喜，感受自由发展的畅快与满足；培养其良好的休闲观，使体育真正成为他们一生中休闲娱乐活动的重要组成部分。

（三）敞开美的心灵——塑造完美人格

审美活动的终极目标就是对作为社会主体的人的精神的关怀与提升，弥合现代社会中人类理性与感性的分裂，从而最终实现其全面发展的目标。因此对于具有丰富美育价值的学前体育来说，在帮助儿童“健身”的同时也肩负着“健心”的重任。在我国社会进步的背景下，现代儿童一方面智力水平显著提高；而另一方面也出现了一些不容忽视的人格障碍。比如对竞争与压力的恐惧，在与人沟通、协作和相处方面的障碍，以及创造力、想象力的缺乏等。

针对以上这些问题，学前体育教学可以充分利用体育的“游戏”特质来加以解决。首先在教学过程中引入比赛机制，帮助学生设立目标，尝试去超越自我、挑战对手。其次在课堂上提供儿童之间交流协作的机会，比如以小组为单位进行练习和学习成果展示，特别是一些诸如球类、拔河、户外野营等这些需要团队合作的项目，更能够令他们在学习与人协作方面受益匪浅。同时，学前体育教学不能像专业运动训练那样刻板严肃，应该让孩子们在活跃轻松的气氛中充分发挥他们的想象力和创造力，尽量多地创设集体活动和比赛项目，指导孩子们自己组织比赛、分工协作，挖掘他们发现问题、解决问题的潜能。

思考活动

1. 体育美学的定义是什么？

2. 体育美学的表现形式是什么？

扩展阅读

幼儿美育教育内容

在幼儿园中进行的美育主要指艺术教育，包括美术、音乐、舞蹈和文学，使学前儿童通过听、看、说、动作、表情等方式，感受、体验着作品中的艺术形象的影响，丰富了想象力，学习了艺术语言，发展了审美能力和美的创造力。幼儿美育以下内容。

（1）培养幼儿感受美的能力以及对美的事物的兴趣和爱好

幼儿园应根据幼儿美感发展的特点，有目的、有计划地培养幼儿的美感和审美能力，引导幼儿注意和欣赏日常生活环境、社会生活和大自然中的美，选择一些内容简单、形象鲜明，易为儿童理解的艺术品，使儿童逐步感受其中的美，培养儿童注意美、爱好美，并鼓励儿童在各种艺术活动、游戏和日常生活中积极地反映对美的感受与体验。

（2）培养幼儿审美联想和想象的能力

鼓励幼儿大胆地联想和想象，有助于培养幼儿的艺术创造力。教师不应该束缚幼儿的思想，要充分发挥他们的想象力，放手培养儿童的艺术创造力。

(3) 培养幼儿初步的鉴赏美的能力

审美能力是指对美的事物鉴别、评价、欣赏的能力，即不仅要感受到美，识别美与丑，而且能对美加以理解、分析、评价和判断美的性质、种类和程度。

(4) 培养幼儿初步的表现美、创造美的能力

艺术活动是培养创造才能，发展幼儿创造力的重要方面。为发展幼儿的艺术创造力，除需要丰富生活印象外，还需教会儿童一些简单的艺术活动的技能。

资料来源：《中国教师新百科》——幼儿教育卷

专题小结

美育教育是幼儿园教育中不可或缺的领域之一，体育美学以其独特的美育功能使学前儿童在体育游戏中感受美的教育。体育活动中蕴涵着丰富的美的元素，发现和认识体育美的表现形式是教师在教学中实施美育的重要前提，幼儿教师在体育活动的教学中要注重开发美育元素，激励和引导幼儿发挥想象力和创造力，在促进学前儿童体质健康的基础上，为其艺术能力发展奠定良好的基础。

专题导读

体育活动与学前儿童智育的发展息息相关。体育活动开发智力的生理基础是什么？常见的益智体育活动有哪几种？了解这些内容，可有助于幼儿教师以科学的方法指导学前儿童锻炼并发挥体育多重育人功能，促进学前儿童身心和谐发展。

专题二 学前儿童体育活动与智育发展

一、体育活动开发智力的生理学基础

20 世纪 90 年代以来脑科学的研究成果不断丰富，现已证实大脑结构与遗传模式有关，而且大脑神经细胞之间的联系与其出生后的环境密切相关。婴幼儿期脑的发育非常迅速，新生婴儿的脑细胞大约有 10000 亿个，而每个神经细胞都与大约 5 万个其他神经细胞相连。出生前半年至出生后 1 年是脑细胞数目增长的重要阶段，7 岁左右脑重量基本接近成人，大脑皮层不断增厚，3 岁到 3 岁半大脑皮层的增厚达到高峰（见图 10-1），该时期是大脑发育的关键期，以后脑细胞的数量不再增加，而

是细胞体积的增大和功能的复杂化。

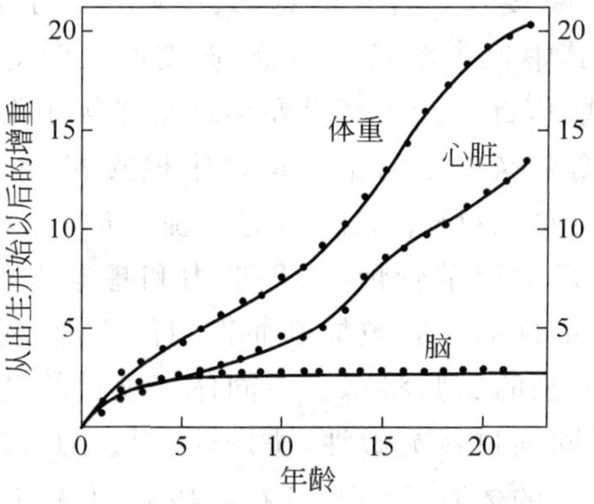

图 10-1 出生后心脏和脑增重与体重变化趋势图

在学前儿童脑发育的关键期开发智力是最易获得、最易形成良好智力的时期,如果得到相应的刺激可以激发学前儿童的智力潜能(见图 10-1)。对孪生儿脑的科学研究表明,遗传和环境因素对具有相同遗传条件、不同生活环境的脑发育所起的作用约各占 50%,遗传赋予儿童脑发育的潜力,而后天的教育、体育锻炼等可起到增强脑功能的作用。每一个细胞每秒钟能向相邻的细胞发送 100 条信息,细胞间突触的接合是实现细胞间的信息传递的重要物质基础,大脑的功能决定于脑神经细胞和神经细胞间神经纤维相互联系的突触数量,后天环境在诱导神经细胞突触形成和神经网络的发育中起着重要的作用。脑发育自胎儿期一直持续到儿童期,早期大脑开发是指对 0～6 岁时期,出生前三年是大脑皮层增厚的高峰期,此阶段学前儿童大脑的可塑性最大,所处的环境对大脑的刺激效果最强,越早给予学前儿童环境信息、人际交流、充分玩耍的刺激,对大脑的干预越早,智力发展程度越好。而且在合理营养保健的基础上,配合体育锻炼将具有事半功倍的长期效果。

学前儿童参加体育活动有助于开发智力,经常运动的学前儿童思维能力不仅比较少活动的学前儿童活跃,其反应能力、协调能力、平衡能力都要优于较少参加体育活动的学前儿童。首先,在体育活动时,身体任何一个部位的动作都会刺激大脑,而大脑作为人体运动的指挥中枢又能指挥和调节全身运动,使之协调平衡。长期运动锻炼可以使学前儿童的神经细胞突触联系增加,动作反应灵活,对学前儿童的视觉、注意力及其他一些心理过程的发展能产生良好的影响。其次,体育锻炼能增强学前儿童抵抗疾病的能力,对其智力发展具有间接的保护作用。而且当学前儿童完成静态的学习之后进行体育锻炼,可以使大脑皮层在较长时间的紧张学习后得到一个调剂精神状态的机会,通过静态转换为动态的活动方式促进智力活动水平得到进一步的提高。

左、右大脑半球的结构对称,但功能各有不同,左脑负责语言、逻辑和分析方面的思维；右脑则进行音乐、美术、直觉和感觉方面的思维。人们日常生活中会不断接收到各种信息，其中使用文字和进行数学逻辑、语言逻辑思维时，其中枢支配是在左脑，而支配直觉等功能的右脑相对来说使用得少一些，因此一般人都是左半球功能优于右半球。一侧肢体运动时主要由对侧大脑皮层的躯体运动中枢支配，可以通过运动均衡地使用左、右脑，使左、右脑半球的功能平衡发展。而且从静态活动转变为动态活动时，运动使掌管情绪、创造力和想象力的右脑加强活动，主管语言、分析和推理的左脑被抑制而得到休息，有利于舒缓长时间脑力劳动所造成的左脑的紧张状态。不同体育项目的肢体活动方式有单侧性或双侧性，不同项目对灵敏性、协调性、观察力、注意力也有不同的要求，可以选取不同的体育活动开发右脑功能，有针对性地培养学前儿童的智力。音乐由右脑感知，在音乐伴随下的体育活动可以加强右脑的开发。

二、常见的益智体育活动

智力包括多个方面，例如观察力、记忆力、想象力、分析能力、判断能力、应变能力等，不同的运动项目对智力发展的作用各不相同。

（一）发展推理能力、记忆能力、思维能力的体育活动

“琴、棋、书、画”自古以来在我国就是高雅智慧的象征，棋牌类活动项目虽然没有身体位移，但是历来都属于体育运动项目范畴。棋牌运动所蕴涵的体育文化价值对促进人类智慧的提升起着直接或间接的作用。学前儿童玩象棋、围棋、五子棋时可以发展思维能力、计算能力，成年人下棋时多发挥左脑功能，而学前儿童下棋时却是使用右脑并以直观记忆为主。尤其是围棋棋子黑白分明，在棋盘上极易辨认，可以锻炼学前儿童的观察能力和数学逻辑思维能力。

（二）发展灵活性、注意力和判断力的体育活动

球类运动可以提高大脑的判断力和注意力，由于球类有大小之分，受力时球体处于移动状态。学前儿童玩球时要用眼睛盯住球的方向，并将信息传递给大脑判断球的走向，经过大脑计算和调整发出指令的同时还要传向负责调节肌肉精细动作的小脑，由大脑、小脑协同控制完成击球或接球的运动。例如准确地接球需要敏捷的思维、快速的反应、准确的判断，学前儿童必须在很短的时间内做出准确的判断，这种反应成年人一般需要0.3～0.5秒钟，优秀运动员可以达到0.1秒钟，学前儿童的反应时间会更长，但是经过练习能逐渐熟练起来，可以逐渐减少反应时间并增加准确率，这个练习过程也就是大脑功能发展的过程。学前儿童

开始玩球时推、传、接等动作技术不协调，但是在练习的过程中，经过多次观察和实践逐步能集中注意力、准确判断球的走向、灵活地选用迎球的技术。

“跳房子”、跳绳、跳皮筋等以弹跳为主的运动可以培养灵活性、注意力和判断力。跳绳以下肢弹跳及后蹬动作为主，并带动手臂、腰部、腹部的肌群运动，促使呼吸加深加快，吸氧增多，呼出二氧化碳加速，加上绳子刺激拇指穴位，两脚心不断地被地面按摩，通过足反射区刺激大脑，思维、记忆、联想力大增。跳跃动作变化要由中枢神经系统高度准确地控制腿部的动作，跳跃动作可以创新各种花样，例如“跳房子”可以前后交叉跳、双摇跳绳、侧交叉等；跳绳可以单人跳或双人摇绳跳；跳皮筋还可以结合音乐、伴唱左右交替、双脚踩、单脚勾。这些变化跳法既可以提高学前儿童运动的兴趣，培养他们的体育创新能力，又能发展神经系统的灵活性、注意力和判断力。

（三）发展时空知觉感的体育活动

体操项目中的垫上运动有各种翻滚、旋转、腾跃、团身、劈叉等基本动作，有助于发展柔韧性、空间感知觉能力。在成年人的保护下，3 岁以上的幼儿就可以开始做这类垫上运动，例如父母可以有意识地让幼儿在铺有垫褥的床上做各种翻滚动作，在父母的辅助下可以让幼儿体会身体各部分依次着垫的感觉，逐步学会掌握滚动用力的时机，以培养幼儿的自控能力、柔韧性和空间觉。

扩展阅读

源自德国的爱体课程介绍

1989 年，德国著名的体育科学家乌尔里希博士（Dr. Hans E. Ulrich），创建了德国第一家权威的体育休闲领域的职业教育学院——德国 IST 体育休闲旅游学院，主要培训项目已经覆盖体育管理、高尔夫管理、体育市场营销、体育旅游管理、足球管理、健身管理等领域。经过 20 年的发展，德国 IST 体育休闲旅游学院已经是欧洲领先的运动休闲专业培训机构，凭借其 20 多年的丰富培训经验以及与德国科隆体育大学等世界著名高校的合作研发优势，IST 学院成功推出了“幼儿运动——智力发育课程”，简称“爱体课程”，英文名称为“B&B 课程”(Body & Brain)（见图 10-2）。

体育活动是发展儿童智力和情商的重要手段。只有健康的身体才能拥有参与各种活动的精力，为未来打下坚实的基础。小朋友只知道运动带来乐趣，而爱体课程的宗旨是教会小朋友科学地动，在提高身体素质的同时改善大脑的学习机制，培养创造力，体会到

思考活动

1. 体育活动开发智力的生理学依据是什么？
2. 常见的益智体育活动有哪些？

德国 IST 体育休闲旅游学院网资源库：

http: //www. istchina. com/index.asp

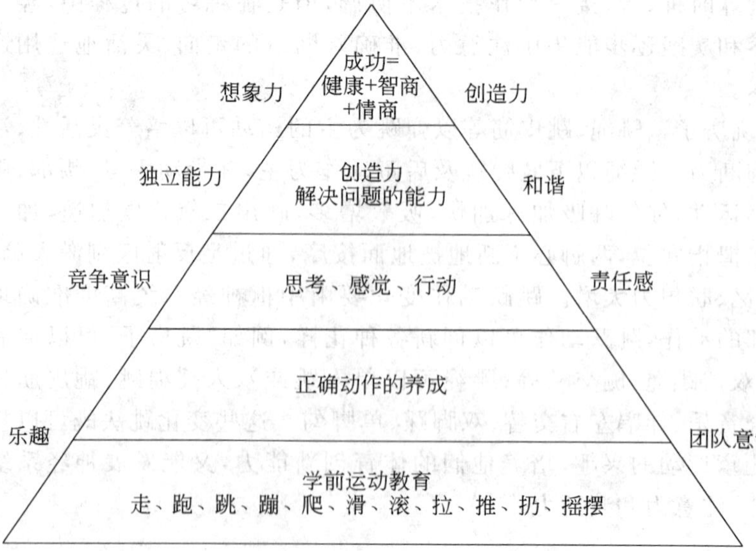

图 10-2 爱体课程的运动教育与潜能开发理念架构图

成功的快乐价值。“爱体课程”的流程主要是在简单地熟悉和热身环节之后，由老师带领小朋友进行“欢乐动物园”、“水、火和风暴”、“让气球飞”、“我是哪个呼啦圈”、“报纸小火车”和“拔萝卜”等各种体育游戏。最后通过放松练习，让孩子们从运动的状态中平静下来。在这些游戏中，小朋友们不但活动了身体，还激发了大脑潜能。例如“欢乐动物园”游戏，老师用英文说出动物的名字比如“rabbit”(兔子)，这时候孩子们就模仿兔子的形态向前跳着走，教师会鼓励孩子创新各种兔子跳的动作。这个过程不但训练了孩子的弹跳能力，还能促进他们想象力、创造力的发展，更重要的是孩子们在游戏中学会并理解了一些简单的英文词汇。IST“爱体课程”的主旨与训练目标——寓教于乐，运动让孩子更聪明！

资料来源：德国 IST 体育休闲旅游学院网页

专题小结

掌握学前儿童体育活动中开发智育因素的方法，有助于进一步激发学前儿童参加体育活动的兴趣。教师可以在此基础上根据自己的实践经验延续体育活动中有价值的内容和组织策略，在锻炼学前儿童身体健康的基础上全方位发展智力，以达到促进幼儿身体整体、均衡、协调发展的目标。

思考与练习

一、填空题

1. 美学是研究________认识的科学。

2. 出生前半年至出生后1年是________增长的重要阶段，7岁左右重量基本接近成人，大脑皮层不断增厚，3岁到3岁半大脑皮层的增厚达到高峰，该时期是大脑发育的关键期，以后________不再增加，而是________的增大和功能的复杂化。

3. 体育美的表现形式有________、________、________。

4. 早期大脑开发是指对________岁时期，________是大脑皮层增厚的高峰期，学前儿童所处的环境对大脑的可塑性最强。

二、简答题

1. 身体美包括哪几个方面的内容？

2. 审美教育的主要特点有哪些？

3. 在体育教学中主要可以从哪些方面对学前儿童进行美育教育？

4. 简要说明球类运动促进儿童智力发育的主要机制。

三、论述题

1. 谈谈你对体育中“人文美”的理解。

2. 审美教育有哪些教育功效？

3. 体育活动主要可以从哪些方面促进儿童的智力发育?

4. 结合拓展阅读内容,试着用你在本章所学到的知识设计一个体育课程,重点突出其中的美育与智育元素和功能。

附录A 《国民体质测定标准手册(幼儿部分)》评定标准

一、3～6岁幼儿身高标准体重

表 A-1 3～6岁幼儿身高标准体重评分表

身高/厘米	男性体重/千克					女性体重/千克				
	1分	3分	5分	3分	1分	1分	3分	5分	3分	1分
76.0～76.9	<8.6	8.6～9.3	9.4～11.7	11.8～12.4	>12.4	<8.9	8.9～9.0	9.1～11.6	11.7～12.9	>12.9
77.0～77.9	<8.7	8.7～9.5	9.6～11.8	11.9～12.5	>12.5	<9.0	9.0～9.1	9.2～11.8	11.9～13.1	>13.1
78.0～78.9	<8.9	8.9～9.7	9.8～11.9	12.0～12.6	>12.6	<9.1	9.1～9.3	9.4～12.0	12.1～13.2	>13.2
79.0～79.9	<9.1	9.1～9.8	9.9～12.1	12.2～12.8	>12.8	<9.3	9.3～9.5	9.6～12.2	12.3～13.3	>13.3
80.0～80.9	<9.2	9.2～10.0	10.1～12.3	12.4～12.9	>12.9	<9.5	9.5～9.7	9.8～12.4	12.5～13.5	>13.5
81.0～81.9	<9.4	9.4～10.1	10.2～12.5	12.6～13.1	>13.1	<9.7	9.7～10.0	10.1～12.6	12.7～13.7	>13.7
82.0～82.9	<9.6	9.6～10.2	10.3～12.7	12.8～13.3	>13.3	<9.9	9.9～10.2	10.3～12.8	12.9～13.9	>13.9
83.0～83.9	<9.8	9.8～10.4	10.5～12.9	13.0～13.5	>13.5	<10.1	10.1～10.4	10.5～13.1	13.2～14.1	>14.1
84.0～84.9	<10.0	10.0～10.5	10.6～13.1	13.2～13.8	>13.8	<10.3	10.3～10.6	10.7～13.3	13.4～14.4	>14.4
85.0～85.9	<10.1	10.1～10.7	10.8～13.3	13.4～14.0	>14.0	<10.5	10.5～10.8	10.9～13.5	13.6～14.6	>14.6
86.0～86.9	<10.3	10.3～10.9	11.0～13.6	13.7～14.2	>14.2	<10.7	10.7～11.0	11.1～13.7	13.8～14.8	>14.8
87.0～87.9	<10.5	10.5～11.1	11.2～13.8	13.9～14.5	>14.5	<10.9	10.9～11.2	11.3～14.0	14.1～15.1	>15.1
88.0～88.9	<10.7	10.7～11.3	11.4～14.0	14.1～14.7	>14.7	<11.1	11.1～11.4	11.5～14.2	14.3～15.3	>15.3
89.0～89.9	<10.9	10.9～11.5	11.6～14.3	14.4～14.9	>14.9	<11.3	11.3～11.6	11.7～14.4	14.5～15.6	>15.6
90.0～90.9	<11.1	11.1～11.7	11.8～14.5	14.6～15.2	>15.2	<11.5	11.5～11.8	11.9～14.7	14.8～15.8	>15.8
91.0～91.9	<11.3	11.3～11.9	12.0～14.7	14.8～15.4	>15.4	<11.7	11.7～12.1	12.2～14.9	15.0～16.1	>16.1
92.0～92.9	<11.3	11.3～12.1	12.2～15.0	15.1～15.6	>15.6	<11.9	11.9～12.3	12.4～15.2	15.3～16.3	>16.3
93.0～93.9	<11.7	11.7～12.3	12.4～15.2	15.3～15.9	>15.9	<12.1	12.1～12.5	12.6～15.4	15.5～16.6	>16.6

续表

身高/厘米	男性体重/千克					女性体重/千克				
	1分	3分	5分	3分	1分	1分	3分	5分	3分	1分
94.0～94.9	＜11.9	11.9～12.5	12.6～15.4	15.5～16.1	＞16.1	＜12.3	12.3～12.7	12.8～15.7	15.8～16.8	＞16.8
95.0～95.9	＜12.1	12.1～12.7	12.8～15.7	15.8～16.4	＞16.4	＜12.5	12.5～13.0	13.1～15.9	16.0～17.1	＞17.1
96.0～96.9	＜12.4	12.4～12.9	13.0～16.0	16.1～16.6	＞16.6	＜12.7	12.7～13.2	13.3～16.2	16.3～17.4	＞17.4
97.0～97.9	＜12.6	12.6～13.2	13.3～16.2	16.3～16.9	＞16.9	＜13.0	13.0～13.4	13.5～16.5	16.6～17.7	＞17.7
98.0～98.9	＜12.8	12.8～13.5	13.6～16.5	16.6～17.2	＞17.2	＜13.2	13.2～13.7	13.8～16.7	16.8～18.0	＞18.0
99.0～99.9	＜13.0	13.0～13.7	13.8～16.8	16.9～17.5	＞17.5	＜13.4	13.4～13.9	14.0～17.0	17.1～18.2	＞18.2
100.0～100.9	＜13.3	13.3～14.0	14.1～17.0	17.1～17.7	＞17.7	＜13.6	13.6～14.2	14.3～17.3	17.4～18.5	＞18.5
101.0～101.9	＜13.5	13.5～14.3	14.4～17.3	17.4～18.0	＞18.0	＜13.9	13.9～14.4	14.5～17.6	17.7～18.8	＞18.8
102.0～102.9	＜13.7	13.7～14.6	14.7～17.6	17.7～18.3	＞18.3	＜14.1	14.1～14.7	14.8～17.9	18.0～19.1	＞19.1
103.0～103.9	＜13.9	13.9～14.9	15.0～17.9	18.0～18.6	＞18.6	＜14.3	14.3～14.9	15.0～18.2	18.3～19.5	＞19.5
104.0～104.9	＜14.1	14.1～15.2	15.3～18.2	18.3～18.9	＞18.9	＜14.6	14.6～15.2	15.3～18.5	18.6～19.8	＞19.8
105.0～105.9	＜14.4	14.4～15.6	15.7～18.5	18.6～19.3	＞19.3	＜14.8	14.8～15.5	15.6～18.8	18.9～20.1	＞20.1
106.0～106.9	＜14.6	14.6～15.8	15.9～18.8	18.9～19.6	＞19.6	＜15.1	15.1～15.7	15.8～19.1	19.2～20.4	＞20.4
107.0～107.9	＜14.8	14.8～16.0	16.1～19.1	19.2～19.9	＞19.9	＜15.4	15.4～16.0	16.1～19.4	19.5～20.8	＞20.8
108.0～108.9	＜15.0	15.0～16.2	16.3～19.4	19.5～20.3	＞20.3	＜15.6	15.6～16.3	16.4～19.8	19.9～21.1	＞21.1
109.0～109.9	＜15.3	15.3～16.5	16.6～19.9	20.0～20.7	＞20.7	＜15.9	15.9～16.6	16.7～20.1	20.2～21.5	＞21.5
110.0～110.9	＜15.6	15.6～16.8	16.9～20.2	20.2～21.0	＞21.0	＜16.2	16.2～16.9	17.0～20.5	20.6～21.8	＞21.8
111.0～111.9	＜15.9	15.9～17.1	17.2～20.5	20.6～21.4	＞21.4	＜16.5	16.5～17.2	17.3～20.8	20.9～22.2	＞22.2
112.0～112.9	＜16.2	16.2～17.4	17.5～20.9	21.0～21.9	＞21.9	＜16.8	16.8～17.5	17.6～21.2	21.3～22.6	＞22.6
113.0～113.9	＜16.5	16.5～17.7	17.8～21.3	21.4～22.2	＞22.2	＜17.1	17.1～17.8	17.9～21.6	21.7～23.0	＞23.0
114.0～114.9	＜16.8	16.8～17.9	18.0～21.8	21.9～22.6	＞22.6	＜17.4	17.4～18.2	18.3～21.9	22.0～23.4	＞23.4
115.0～115.9	＜17.1	17.1～18.1	18.2～22.1	22.2～23.1	＞23.1	＜17.7	17.7～18.5	18.6～22.2	22.3～23.8	＞23.8
116.0～116.9	＜17.4	17.4～18.3	18.4～22.5	22.6～23.5	＞23.5	＜18.0	18.0～18.8	18.9～22.8	22.9～24.3	＞24.3
117.0～117.9	＜17.8	17.8～18.5	18.6～22.9	23.0～24.0	＞24.0	＜18.4	18.4～19.2	19.3～23.2	23.3～24.8	＞24.8
118.0～118.9	＜18.1	18.1～18.7	18.8～23.4	23.5～24.5	＞24.5	＜18.7	18.7～19.6	19.7～23.7	23.8～25.2	＞25.2
119.0～119.9	＜18.5	18.5～18.9	19.0～23.8	23.9～25.0	＞25.0	＜19.1	19.1～20.2	20.3～24.1	24.2～25.8	＞25.8

续表

身高/厘米	男性体重/千克					女性体重/千克				
	1 分	3 分	5 分	3 分	1 分	1 分	3 分	5 分	3 分	1 分
120.0～120.9	＜18.9	18.9～19.2	19.3～24.3	24.4～25.5	＞25.5	＜19.4	19.4～20.5	20.6～24.6	24.7～26.3	＞26.3
121.0～121.9	＜19.3	19.3～19.5	19.6～24.7	24.8～26.0	＞26.0	＜19.8	19.8～20.8	20.9～25.0	25.1～26.9	＞26.9
122.0～122.9	＜19.6	19.6～20.0	20.1～25.3	25.4～26.5	＞26.5	＜20.2	20.2～21.2	21.3～25.4	25.5～27.5	＞27.5
123.0～123.9	＜20.0	20.0～20.4	20.5～25.8	25.9～27.1	＞27.1	＜20.6	20.6～21.6	21.7～25.8	25.9～28.1	＞28.1
124.0～124.9	＜20.4	20.4～20.8	20.9～26.3	26.4～27.7	＞27.7	＜21.0	21.0～22.0	22.1～26.2	26.3～28.7	＞28.7
125.0～125.9	＜20.8	20.8～21.3	21.4～26.9	27.0～28.3	＞28.3	＜21.4	21.4～22.5	22.6～26.5	26.6～29.4	＞29.4
126.0～126.9	＜21.2	21.2～21.7	21.8～27.4	27.5～28.9	＞28.9	＜21.8	21.8～23.0	23.1～26.9	27.0～30.2	＞30.2
127.0～127.9	＜21.6	21.6～22.2	22.3～28.0	28.1～29.5	＞29.5	＜22.2	22.2～23.4	23.5～27.3	27.4～30.9	＞30.9
128.0～128.9	＜22.0	22.0～22.6	22.7～28.6	28.7～30.2	＞30.2	＜22.7	22.7～24.0	24.1～27.8	27.9～31.7	＞31.7
129.0～129.9	＜22.5	22.5～23.1	23.2～29.2	29.3～30.9	＞30.9	＜23.1	23.1～24.5	24.6～28.3	28.4～32.6	＞32.6
130.0～130.9	＜22.9	22.9～23.6	23.7～29.8	29.9～31.6	＞31.6	＜23.6	23.6～25.0	25.1～28.8	28.9～33.4	＞33.4
131.0～131.9	＜23.4	23.4～24.1	24.2～30.5	30.6～32.3	＞32.3	＜24.1	24.1～25.6	25.7～29.3	29.4～34.4	＞34.4
132.0～132.9	＜23.8	23.8～24.6	24.7～31.2	31.3～33.1	＞33.1	＜24.6	24.6～26.1	26.2～29.7	29.8～35.3	＞35.3
133.0～133.9	＜24.3	24.3～25.1	25.2～31.9	32.0～33.8	＞33.8	＜25.1	25.1～26.7	26.8～30.2	30.3～36.3	＞36.3
134.0～134.9	＜24.8	24.8～25.7	25.8～32.7	32.8～34.6	＞34.6	＜25.7	25.7～27.3	27.4～30.7	30.8～37.4	＞37.4
135.0～135.9	＜25.3	25.3～26.2	26.3～33.4	33.5～35.5	＞35.5	＜26.2	26.2～28.0	28.1～31.2	31.3～38.5	＞38.5
136.0～136.9	＜25.8	25.8～26.8	26.9～34.2	34.3～36.3	＞36.3	＜26.7	26.7～28.6	28.7～31.7	31.8～39.7	＞39.7
137.0～137.9	＜26.3	26.3～27.4	27.5～35.0	35.1～36.9	＞36.9	＜27.4	27.4～29.4	29.5～32.3	32.4～40.6	＞40.6
138.0～138.9	＜26.8	26.8～28.0	28.1～35.8	35.9～37.5	＞37.5					
139.0～139.9	＜27.4	27.4～28.6	28.7～36.6	36.7～38.2	＞38.2					
140.0～140.9	＜27.9	27.9～29.2	29.3～37.5	37.6～38.9	＞38.9					
141.0～141.9	＜28.4	28.4～29.9	30.0～38.5	38.6～39.7	＞39.7					
142.0～142.9	＜29.0	29.0～30.6	30.7～39.6	39.7～40.6	＞40.6					
143.0～143.9	＜29.7	29.7～31.3	31.4～40.6	40.7～41.6	＞41.6					
144.0～144.9	＜30.4	30.4～31.9	32.0～41.7	41.8～42.6	＞42.6					
145.0～145.9	＜31.0	31.0～32.5	32.6～42.7	42.8～43.7	＞43.7					

二、其他单项指标评分标准

表 A-2　3～3.5 岁幼儿其他单项指标评分表

测试指标	3 岁男					3.5 岁男				
	1 分	2 分	3 分	4 分	5 分	1 分	2 分	3 分	4 分	5 分
身高/厘米	＜91.2	91.2～95.4	95.5～99.3	99.4～104.1	＞104.1	＜94.1	94.1～98.2	98.3～102.0	102.1～106.9	＞106.9
10 米折返跑/秒钟	15.8～12.9	12.8～10.3	10.2～9.1	9.0～8.0	＜8.0	14.0～11.4	11.3～9.5	9.4～8.4	8.3～7.5	＜7.5
立定跳远/厘米	21～29	30～42	43～58	59～76	＞76	27～34	35～52	53～69	70～84	＞84
网球掷远/米	1.5	2.0～2.5	3.0～3.5	4.0～5.5	＞5.5	1.5	2.0～2.5	3.0～4.0	4.5～5.5	＞5.5
双脚连续跳/秒钟	25.0～19.7	19.6～13.1	13.0～9.2	9.1～6.6	＜6.6	21.8～17.0	16.9～11.2	11.1～8.3	8.2～6.1	＜6.1
坐位体前屈/厘米	2.9～4.8	4.9～8.5	8.6～11.6	11.7～14.9	＞14.9	2.7～4.6	4.7～8.4	8.5～11.5	11.6～14.9	＞14.9
走平衡木/秒钟	48.5～30.1	30.0～16.9	16.8～10.6	10.5～6.6	＜6.6	41.1～27.1	27.0～15.1	15.0～9.4	9.3～5.9	＜5.9

测试指标	3 岁女					3.5 岁女				
	1 分	2 分	3 分	4 分	5 分	1 分	2 分	3 分	4 分	5 分
身高/厘米	＜90.0	90.0～94.6	94.7～98.0	98.1～103.0	＞103.0	＜93.0	93.0～97.5	97.6～101.1	102.1～105.5	＞105.5
10 米折返跑/秒钟	16.8～13.5	13.4～10.6	10.5～9.4	9.3～8.2	＜8.2	14.9～12.1	12.0～9.8	9.7～8.7	8.6～7.7	＜7.7
立定跳远/厘米	21～28	29～39	40～54	55～71	＞71	25～33	34～49	50～64	65～81	＞81
网球掷远/米	1.0	1.5～2.0	2.5～3.0	3.5～5.0	＞5.0	1.5	2.0～2.5	3.0～3.5	4.0～5.0	＞5.0
双脚连续跳/秒钟	25.9～20.1	20.0～13.5	13.4～9.8	9.7～7.1	＜7.1	21.9～17.1	17.0～11.3	11.2～8.5	8.4～6.2	＜6.2
坐位体前屈/厘米	3.2～6.2	6.3～9.9	10.0～12.9	13.0～15.9	＞15.9	3.5～6.2	6.3～9.9	10.0～12.9	13.0～15.9	＞15.9
走平衡木/秒钟	49.8～32.5	32.4～17.4	17.3～10.8	10.7～6.9	＜6.9	40.4～27.5	27.4～15.1	15.0～9.7	9.6～6.1	＜6.1

表 A-3 4～4.5 岁幼儿其他单项指标评分表

测试指标	4 岁男					4.5 岁男				
	1 分	2 分	3 分	4 分	5 分	1 分	2 分	3 分	4 分	5 分
身高/厘米	＜97.5	97.5～101.9	102.0～105.4	105.5～110.4	＞110.4	＜100.0	100.0～104.6	104.7～108.4	108.5～113.1	＞113.1
10 米折返跑/秒钟	12.4～10.2	10.1～8.6	8.5～7.7	7.6～6.9	＜6.9	11.8～9.8	9.7～8.1	8.0～7.3	7.2～6.7	＜6.7
立定跳远/厘米	35～46	47～64	65～79	80～95	＞95	40～54	55～72	73～88	89～102	＞102
网球掷远/米	2.0～2.5	3.0～3.5	4.0～4.5	5.0～6.0	＞6.0	2.5	3.0～4.0	4.5～6.0	6.5～8.0	＞8.0
双脚连续跳/秒钟	17.0～13.2	13.1～9.2	9.1～7.1	7.0～5.6	＜5.6	14.5～11.3	11.2～8.2	8.1～6.5	6.4～5.3	＜5.3
坐位体前屈/厘米	2.4～4.4	4.5～8.4	8.5～11.4	11.5～14.9	＞14.9	1.8～4.1	4.2～7.9	8.0～10.9	11.0～14.4	＞14.4
走平衡木/秒钟	33.2～21.6	21.5～11.6	11.5～7.4	7.3～4.9	＜4.9	28.4～17.9	17.8～9.7	9.6～6.3	6.2～4.3	＜4.3

测试指标	4 岁女					4.5 岁女				
	1 分	2 分	3 分	4 分	5 分	1 分	2 分	3 分	4 分	5 分
身高/厘米	＜96.6	96.6～100.9	101.0～104.4	104.5～108.9	＞108.9	＜99.0	99.0～103.6	103.7～107.3	107.4～111.9	＞111.9
10 米折返跑/秒钟	13.2～10.9	10.8～9.1	9.0～8.1	8.0～7.2	＜7.2	12.4～10.3	10.2～8.6	8.5～7.7	7.6～7.0	＜7.0
立定跳远/厘米	32～43	44～59	60～73	74～89	＞89	40～49	50～67	68～80	81～96	＞96
网球掷远/米	2.0	2.5～3.0	3.5～4.0	4.5～5.0	＞5.0	2.0	2.5～3.0	3.5～4.0	4.5～5.5	＞5.5
双脚连续跳/秒钟	17.2～13.5	13.4～9.6	9.5～7.4	7.3～5.9	＜5.9	14.9～12.0	11.9～8.6	8.5～6.8	6.7～5.5	＜5.5
坐位体前屈/厘米	3.4～5.9	6.0～9.9	10.0～12.9	13.0～15.9	＞15.9	3.0～5.9	6.0～9.9	10.0～12.9	13.0～16.0	＞16.0
走平衡木/秒钟	32.2～22.6	22.5～12.3	12.2～8.2	8.1～5.3	＜5.3	26.5～18.7	18.6～10.2	10.1～7.0	6.9～4.7	＜4.7

表 A-4　5～5.5 岁幼儿其他单项指标评分表

测试指标	5 岁男					5.5 岁男				
	1 分	2 分	3 分	4 分	5 分	1 分	2 分	3 分	4 分	5 分
身高/厘米	＜103.1	103.1～107.8	107.9～111.9	112.0～116.9	＞116.9	＜104.6	104.6～110.1	110.2～114.6	114.7～119.7	＞119.7
10 米折返跑/秒钟	10.3～9.0	8.9～7.7	7.6～7.0	6.9～6.4	＜6.4	10.0～8.6	8.5～7.4	7.3～6.8	6.7～6.2	＜6.2
立定跳远/厘米	50～64	65～79	80～95	96～110	＞110	56～69	70～89	90～102	103～119	＞119
网球掷远/米	3.0～3.5	4.0～5.0	5.5～7.0	7.5～9.0	＞9.0	3.0～3.5	4.0～5.5	6.0～7.5	8.0～10.0	＞10.0
双脚连续跳/秒钟	12.5～9.9	9.8～7.3	7.2～6.0	5.9～5.1	＜5.1	11.9～9.4	9.3～6.9	6.8～5.7	5.6～4.9	＜4.9
坐位体前屈/厘米	1.1～3.4	3.5～7.5	7.6～10.9	11.0～14.4	＞14.4	1.0～3.2	3.3～7.5	7.6～10.9	11.0～14.4	＞14.4
走平衡木/秒钟	22.2～14.1	14.0～7.9	7.8～5.3	5.2～3.7	＜3.7	19.2～12.1	12.0～6.8	6.7～4.6	4.5～3.3	＜3.3

测试指标	5 岁女					5.5 岁女				
	1 分	2 分	3 分	4 分	5 分	1 分	2 分	3 分	4 分	5 分
身高/厘米	＜102.0	102.0～106.5	106.6～110.4	110.5～115.4	＞115.4	＜104.5	104.5～109.2	109.3～113.4	113.5～118.4	＞118.4
10 米折返跑/秒钟	11.2～9.7	9.6～8.1	8.0～7.3	7.2～6.7	＜6.7	10.5～9.1	9.0～7.7	7.6～7.0	6.9～6.4	＜6.4
立定跳远/厘米	50～59	60～74	75～88	89～102	＞102	54～65	66～81	82～95	96～109	＞109
网球掷远/米	2.5～3.0	3.5～4.0	4.5～5.5	6.0～8.5	＞8.5	3.0	3.5～4.5	5.0～6.0	6.5～8.5	＞8.5
双脚连续跳/秒钟	12.7～10.1	10.0～7.6	7.5～6.2	6.1～5.2	＜5.2	11.5～9.3	9.2～7.0	6.9～5.8	5.7～4.9	＜4.9
坐位体前屈/厘米	3.0～5.4	5.5～9.6	9.7～13.1	13.2～16.6	＞16.6	3.0～5.4	5.5～9.6	9.7～12.9	13.0～16.7	＞16.7
走平衡木/秒钟	23.7～14.1	14.0～8.3	8.2～5.8	5.7～4.1	＜4.1	20.1～12.6	12.5～7.5	7.4～5.1	5.0～3.6	＜3.6

表 A-5　6 岁幼儿其他单项指标评分表

测试指标	6 岁男				
	1 分	2 分	3 分	4 分	5 分
身高/厘米	＜108.2	108.2～113.2	113.3～117.7	117.8～123.0	＞123.0
10 米折返跑/秒钟	9.4～8.0	7.9～6.9	6.8～6.3	6.2～5.8	＜5.8
立定跳远/厘米	61～78	79～94	95～110	111～127	＞127
网球掷远/米	3.5～4.0	4.5～6.5	7.0～9.0	9.5～12.0	＞12.0
双脚连续跳/秒钟	10.4～8.3	8.2～6.2	6.1～5.2	5.1～4.4	＜4.4
坐位体前屈/厘米	1.0～3.1	3.2～7.0	7.1～10.4	10.5～14.4	＞14.4
走平衡木/秒钟	16.0～9.4	9.3～5.4	5.3～3.8	3.7～2.7	＜2.7

测试指标	6 岁女				
	1 分	2 分	3 分	4 分	5 分
身高/厘米	＜107.0	107.0～111.9	112.0～116.6	116.7～121.7	＞121.7
10 米折返跑/秒钟	10.2～8.6	8.5～7.3	7.2～6.6	6.5～6.1	＜6.1
立定跳远/厘米	60～70	71～86	87～100	101～116	＞116
网球掷远/米	3.0	3.5～4.5	5.0～6.0	6.5～8.0	＞8.0
双脚连续跳/秒钟	10.5～8.4	8.3～6.3	6.2～5.3	5.2～4.6	＜4.6
坐位体前屈/厘米	3.0～5.3	5.4～9.5	9.6～12.9	13.0～16.7	＞16.7
走平衡木/秒钟	17.0～10.8	10.7～6.2	6.1～4.3	4.2～3.0	＜3.0

附录B 《中国居民膳食指南》——常见食物营养成分表

表 B-1 维生素和矿物质的食物来源与体内的主要功能

类型	维生素	主要食物来源	在体内的主要功能	缺乏	过量
脂溶性	维生素A(视黄醇)	维生素A源(β-胡萝卜素)广泛分布于绿色蔬菜;视黄醇存在于牛奶、黄油、奶酪以及强化的人造黄油	视紫质的组成部分(视色素);维持上皮组织;参与粘多糖的合成	干眼症(眼组织的角质化),夜盲症,永久性失明	头痛;呕吐;皮肤脱屑;厌食症;长骨肿胀
	维生素D	鱼肝油,鸡蛋,乳制品,强化的牛奶和人造黄油	促进骨骼的生长和矿化;增加钙吸收	儿童引起佝偻病;成人引起骨软化症	呕吐;腹泻;消瘦;肾损害
	维生素E(生育酚)	种子,绿叶蔬菜,人造黄油,酥油	作为抗氧化剂防止细胞损伤	可能造成贫血	相对无毒
	维生素K(叶绿醌)	绿叶蔬菜;少量存在于谷类、水果和肉类	重要的凝血功能(参与凝血酶原的形成)	严重出血症,内出血	相对无毒;大剂量可能诱发黄疸
水溶性	维生素B_1(硫胺素)	猪肉,动物内脏,全谷类,坚果,豆类,牛奶,水果,蔬菜	在消除的CO_2的反应中作为辅酶	脚气病(周围神经改变、水肿、心率衰竭)	未见报道
	维生素B_2	肉类,鸡蛋,奶制品,全谷类,强化的粮食制品,小麦胚,绿叶蔬菜	参与能量代谢	口唇发红,口角开裂(唇干裂);眼损害	未见报道
	烟酸	动物肝脏,瘦肉,禽肉,谷物,豆类	氧化还原反应中辅酶的组成部分	糙皮病(前期主要症状为皮肤和胃肠道损伤,后期会出现神经精神障碍)	面色潮红,颈部、面部、双手强烈的烧灼和麻木感
	维生素B_6	肉类,鱼类,禽肉,蔬菜,全谷类,粮食,种子	参与氨基酸和肝糖原代谢的辅酶	过敏,惊厥,肌肉抽搐,皮炎,肾结石	未见报道
	泛酸	肉类,鱼类,禽肉,乳制品,豆类,全谷类	辅酶A的组成部分,在能量代谢中发挥主导作用	疲劳,睡眠障碍,共济失调,恶心	未见报道
	叶酸	豆类,绿色蔬菜,全麦制品,肉类,鸡蛋,奶制品,动物肝脏	作为辅酶(以还原形式)参与核酸和氨基酸代谢中	贫血,胃肠道紊乱,腹泻,舌红	未见报道
	维生素B_{12}	肉类,鱼类,鸡蛋,奶制品	作为辅酶参与核酸代谢	恶性贫血,神经系统障碍	未见报道
	生物素	豆类,蔬菜,肉类,肝脏,蛋黄,坚果	在肝糖原、脂肪合成,氨基酸代谢中形成所需的辅酶	疲劳,抑郁,恶心,皮炎,肌肉酸痛	未见报道
	维生素C(抗坏血酸)	柑橘类水果,西红柿,青椒,绿色沙拉	维持软骨、骨、牙齿的细胞间基质;对胶原的合成十分重要	坏血病(皮肤、牙齿、血管上皮出血的退化性疾病)	相对无毒;可能诱发肾结石

续表

类型	矿物质	主要食物来源	在体内的主要功能	缺乏	过量
宏量	钙	牛奶，乳酪，深绿色蔬菜，干豆类	骨、牙齿形成	发育不良，佝偻病，骨质疏松症；抽搐	未见报道
	磷	牛奶，奶酪，酸奶，肉类，禽类，谷物，鱼肉	骨、牙齿形成；体内酸碱平衡；预防骨钙流失	虚弱，去矿化	侵蚀颌骨(磷毒性颌骨)
	钾	叶类蔬菜，甜瓜，利马豆，马铃薯，香蕉，牛奶，肉类，咖啡，茶	体液平衡；神经传导；酸碱平衡	肌肉痉挛；心率失常；精神错乱；食欲不振；可危及生命	如肾功能正常无副作用；肾功能不全，则导致钾蓄积和心率失常
	硫	作为食物中蛋白质的一部分，存在于食物的防腐剂中	酸碱平衡；肝功能	正常饮食不会发生	未见报道
	钠	盐	酸碱平衡；体内水平衡；神经功能	肌肉痉挛；精神冷漠；食欲减退	高血压
	氯	盐；部分蔬菜和水果	细胞外液的重要组成部分	正常饮食不会发生	高血压
	镁	全谷物，绿叶蔬菜	激活蛋白合成酶	生长障碍；行为障碍	腹泻
微量	铁	蛋，瘦肉，豆类，谷物，绿叶蔬菜	血红蛋白的组成和参与能量代谢的酶	缺铁性贫血(虚弱、对感染的抵抗力降低)	铁尘肺；肝硬化
	氟	饮用水，茶叶，海鲜	可能对维持骨结构有重要作用	增加蛀牙发生率	牙齿色斑；增加骨密度
	锌	食物中分布广泛	消化酶的组成部分	生长障碍；小性腺	发热，恶心，呕吐，腹泻
	铜	肉类，饮用水	铁代谢相关酶的组成部分	贫血；骨骼变形(罕见)	罕见的代谢状况(WILSON病)
	硒	海鲜，肉类，谷物	功能与维生素E密切相关	贫血(罕见)	胃肠功能紊乱；肺部疼痛
	碘	海洋鱼类、贝类，奶制品，蔬菜，碘盐	甲状腺素的重要组成部分	甲状腺肿大	高摄入可抑制甲状腺活性
	铬	豆类，谷类，肉类，动物内脏、脂肪，植物油	某些酶的组成部分，涉及葡萄糖和能量代谢	在人类很少报道，葡萄糖代谢的能力受损	酶抑制；职业暴露：皮肤和肾脏损坏

表 B-2　常见食物营养成分表(每 100g 食物所含的营养成分)

类　别	食物名称	蛋白质/g	脂肪/g	碳水化合物/g	热量/kcal	钙/mg	磷/mg	铁/mg
谷类	大米	7.5	0.5	79	351	10	100	1
	小米	9.7	1.7	77	362	21	240	4.7
	高粱米	8.2	2.2	78	385	17	230	5
	玉米	8.5	4.3	73	365	22	210	1.6
	大麦仁	10.5	2.2	66	326	43	400	4.1
	面粉	12	0.8	70	339	22	180	7.6
干豆类	黄豆	39.2	17.4	25	413	320	570	5.9
	青豆	37.3	18.3	30	434	240	530	5.4
	黑豆	49.8	12.1	19	384	250	450	10.5
	赤小豆	20.7	0.5	58	318	67	305	5.2
	绿豆	22.1	0.8	59	332	34	222	9.7
	花豇豆	22.6	2.1	58	341	100	456	7.9
	豌豆	24	1	58	339	57	225	0.8
	蚕豆	28.2	0.8	49	318	71	340	7
鲜豆类	青扁豆荚	3	0.2	6	38	132	77	0.9
	白扁豆荚	3.2	0.3	5	36	81	68	3.4
	四季豆	1.9	0.8	4	31	66	49	1.6
	豌豆	7.2	0.3	12	80	13	90	0.8
	蚕豆	9.0	0.7	11	86	1	217	1.7
	菜豆角	2.4	0.2	4	27	53	63	1.0
豆　类制品	黄豆芽	11.5	2	7	92	68	102	6.4
	豆浆	3.2	1.4	2	34	4		0.5
	北豆腐	9.2	1.2	6	72	110	110	3.6
	豆腐渣	2.6	0.3	7	41	16	44	4
	绿豆芽	3.2	0.1	4	30	23	51	0.9
根茎类	小葱	1.4	0.3	5	28	63	28	1
	大葱	1	0.3	6	31	12	46	0.6
	葱头	4.4	0.2	23	111	5	44	0.4
	芋头	2.2	0.1	16	74	19	51	0.6
	胡萝卜	1.1	0.2	10	45	28	23	0.4
	荸荠	1.5	0.1	21	91	5	68	0.5
	甘薯	2.3	0.2	29	127	18	20	0.4
	藕	1	0.1	6	29	19	51	0.5
	白萝卜	0.6		6	26	49	34	0.5
	土豆	1.9	0.7	28	126	11	59	0.9
叶菜类	黄花菜	2.9	0.5	12	64	73	69	1.4
	菠菜	2	0.2	2	18	70	34	2.5
	韭菜	2.4	0.5	4	30	56	45	1.3
	苋菜	2.5	0.4	5	34	200	46	4.8
	油菜	2	0.1	4	25	140	52	3.4
	大白菜	1.4	0.3	3	19	33	42	0.4

续表

类　别	食物名称	蛋白质/g	脂肪/g	碳水化合物/g	热量/kcal	钙/mg	磷/mg	铁/mg
叶菜类	小白菜	1.1	0.1	2	13	86	27	1.2
	圆白菜	1.3	0.3	4	24	100	56	1.9
	香菜	2.0	0.3	7	39	170	49	5.6
	芹菜茎	2.2	0.3	2	20	160	61	8.5
菌类	鲜平菇	29	0.2	3	25	8	66	1.3
	口蘑(干)	35.6	1.4	23	247	100	162	32
	香菇	13.0	1.8	54	384	124	415	25.3
	黑木耳	10.6	0.2	65	304	357	201	185
海菜	干海带	8.2	0.1	57	262	2250		150
	紫菜	24.5	0.9	31	230	330	440	32
茄　瓜果类	南瓜	0.8		3	15	27	22	0.2
	西葫芦	0.6		2	10	17	47	0.2
	丝瓜	1.5	0.1	5	27	28	45	0.8
	茄子	2.3	0.1	3	22	22	31	0.4
	冬瓜	0.4		2	10	19	12	0.3
	西瓜	1.2		4	21	6	10	0.2
	甜瓜	0.3	0.1	4	18	27	12	0.4
	黄瓜	0.8	0.2	2	13	25	37	0.4
	番茄	0.6	0.3	2	13	8	32	0.4
水果类	柿子	0.7	0.1	11	48	10	19	0.2
	枣	1.2	0.2	24	103	41	23	0.5
	苹果	0.2	0.6	15	60	11	9	0.3
	香蕉	1.2	0.6	20	90	10	35	0.8
	梨	0.1	0.1	12	49	5	6	0.2
	杏	0.9		10	44	26	24	0.8
	桃	0.8	0.1	7	32	8	20	1
	樱桃	1.2	0.3	8	40	6	31	5.9
	葡萄	0.2		10	41	4	15	0.6
	猕猴桃	0.8	0.6	12	56	27	26	1.2
	草莓	1	0.2	6	30	18	27	1.8
	橙	0.8	0.2	10.5	47	20	22	0.4
	柑橘	0.7	0.2	11.5	51	35	18	0.2
	芒果	0.5	0.3	17	67	10	10	1.3
	桂圆	1.2	0.1	16.2	71	6	30	0.2
	花生仁(熟)	26.5	44.8	20	589	71	399	2
	栗子仁	4.8	1.5	44	209	15	91	1.7
	杏仁(炒熟)	25.7	51	9	597	141	202	3.9
	菱角(生)	3.6	0.5	24	115	9	49	0.7
家畜	牛肉	20.1	10.2		172	7	170	0.9
	牛肝	18.9	2.6	9	135	13	400	9
	羊肉	11.1	28.8	0.5	306	11	129	2

续表

类　别	食物名称	蛋白质/g	脂肪/g	碳水化合物/g	热量/kcal	钙/mg	磷/mg	铁/mg
家畜	羊肝	18.5	7.2	4	155	9	414	6.6
	猪肉	16.9	29.2	1.1	335	11	170	0.4
	猪肝	20.1	4	2.9	128	11	270	25
乳类	鲜牛奶	3.1	3.5	4.6	62	120	90	0.1
	牛奶粉	25.6	26.7	35.6	48.5	900		0.8
	鲜羊奶	3.8	4.1	4.6	71	140		0.7
	酸奶(均值)	2.5	2.7	9.3	72	118	85	0.4
	奶油	0.7	97	0.9	879	14	11	1
	黄油	1.4	98		888	35	8	0.8
	奶片	13.3	20.2	59.3	472	269	427	1.6
	奶酪干	25.7	23.5	3.5	328	799	326	2.4
禽类	鸡肉	23.3	1.2		104	11	190	1.5
	鸭肉	16.5	7.5	0.1	134	11	145	4.1
蛋类	鸡蛋(全)	14.8	11.6		164	55	210	2.7
	鸭蛋(全)	13	14.7	0.5	186	71	210	3.2
	咸鸭蛋	11.3	13.2	3.3	178	102	214	3.6
水产品	河螃蟹	1.4	5.9	7.4	139	129	145	13
	明虾	20.6	0.7	0.2	90	35	150	0.1
	青虾	16.4	1.3	0.1	78	99	205	0.3
	虾米	46.8	2		205	882		
	田螺	10.7	1.2	3.8	69	357	191	19.8
	蛤蜊	10.8	1.6	4.8	77	37	82	14.2
	鲫鱼	13	1.1	0.1	62	54	20.3	2.5
	鲤鱼	18.1	1.6	0.2	88	28	17.6	1.3
	鳝鱼	17.9	0.5		76	27	4.6	4.6
	带鱼	15.9	3.4	1.5	100	48	53	2.3
	黄花鱼	17.2	0.7	0.3	76	31	204	1.8
油脂	猪油		99		891			
	芝麻油		100		900			
	花生油		100		900			
	芝麻酱	20	52.9	15	616	870	530	58
	豆油		100		900			
	色拉油		99.8		898	18	1	1.7
	橄榄油		99.9		899			0.4
零食	冰淇淋	2.4	5.3	17.3	127	126	67	0.5
	巧克力	4.3	40.1	51.9	586	111	114	1.7
	饼干(均值)	9	12.7	70.6	433	73	88	1.9

附录 C　2005 年九市城郊区 7 岁以下儿童体格发育测量值

表 C-1　2005 年九市城区 7 岁以下儿童体格发育测量值（$\bar{x}\pm SD$）

年龄组	男					女				
	体重/kg	身高/cm	坐高/cm	头围/cm	胸围/cm	体重/kg	身高/cm	坐高/cm	头围/cm	胸围/cm
初生～3 天	3.33±0.39	50.4±1.7	33.5±1.6	34.5±1.2	32.9±1.5	3.24±0.39	49.7±1.7	33.2±1.6	34.0±1.2	32.6±1.5
1 个月～	5.11±0.65	56.8±2.4	37.8±1.9	38.0±1.3	37.5±1.9	4.73±0.58	55.6±2.2	37.0±1.9	37.2±1.3	36.6±1.8
2 个月～	6.27±0.73	60.5±2.3	40.2±1.8	39.7±1.3	39.9±1.9	5.75±0.68	59.1±2.3	39.2±1.8	38.8±1.2	38.8±1.8
3 个月～	7.17±0.78	63.3±2.2	41.7±1.8	41.2±1.4	41.5±1.9	6.56±0.73	62.0±2.1	40.7±1.8	40.2±1.3	40.3±1.9
4 个月～	7.76±0.86	65.7±2.3	42.8±1.8	42.2±1.3	42.4±2.0	7.16±0.78	64.2±2.2	41.9±1.7	41.2±1.2	41.4±2.0
5 个月～	8.32±0.95	67.8±2.4	44.0±1.9	43.3±1.3	43.3±2.1	7.65±0.84	66.2±2.3	42.8±1.8	42.1±1.3	42.1±2.0
6 个月～	8.75±1.03	69.8±2.6	44.8±2.0	44.2±1.4	43.9±2.1	8.13±0.93	68.1±2.4	43.9±1.9	43.1±1.3	42.9±2.1
8 个月～	9.35±1.04	72.6±2.6	46.2±2.0	45.3±1.3	44.9±2.0	8.74±0.99	71.1±2.6	45.3±1.9	44.1±1.3	43.9±1.9
10 个月～	9.92±1.09	75.5±2.6	47.5±2.0	46.1±1.3	45.7±2.0	9.28±1.01	73.8±2.8	44.6±1.9	44.9±1.3	44.6±2.0
12 个月～	10.49±1.15	78.3±2.9	48.8±2.1	46.8±1.3	46.6±2.0	9.80±1.05	76.8±2.8	47.8±2.0	45.5±1.3	45.4±1.9
15 个月～	11.04±1.23	81.4±3.2	50.2±2.3	47.3±1.3	47.3±2.0	10.43±1.14	80.2±3.0	49.4±2.1	46.2±1.4	46.2±2.0
18 个月～	11.65±1.31	84.0±3.2	51.5±2.3	47.8±1.3	48.1±2.0	11.01±1.18	82.9±3.1	50.6±2.2	46.7±1.3	47.0±2.0
21 个月～	12.39±1.39	87.3±3.5	52.9±2.4	48.3±1.3	48.9±2.0	11.77±1.30	86.0±3.3	52.1±2.4	47.2±1.4	47.8±2.0
2 岁～	13.19±1.48	91.2±3.8	54.7±2.5	48.7±1.4	49.6±2.1	12.60±1.48	89.9±3.8	54.0±2.5	46.7±1.4	48.5±2.1
2.5 岁～	14.28±1.64	95.4±3.9	56.7±2.5	49.3±1.3	50.7±2.2	13.73±1.63	94.3±3.8	56.0±2.4	48.3±1.3	49.6±2.2
3 岁～	15.31±1.75	98.9±3.8	57.8±2.3	49.8±1.3	51.5±2.3	14.80±1.69	97.6±3.8	56.8±2.3	48.8±1.3	50.5±2.2
3.5 岁～	16.33±1.97	102.4±4.0	59.2±2.4	50.2±1.3	52.5±2.4	15.84±1.86	101.3±3.8	58.4±2.2	49.2±1.3	51.3±2.4
4 岁～	17.37±2.03	106.0±4.1	60.7±2.3	50.5±1.3	53.4±2.5	16.84±2.02	104.9±4.1	59.9±2.3	49.5±1.3	52.1±2.4
4.5 岁～	18.55±2.27	109.5±4.4	62.2±2.4	50.8±1.3	54.4±2.6	18.01±2.22	108.7±4.3	61.5±2.4	49.9±1.2	53.0±2.6
5 岁～	19.90±2.61	113.1±4.4	63.7±2.4	51.1±1.3	55.5±2.8	18.93±2.45	111.7±4.4	62.7±2.4	50.1±1.3	53.7±2.8
5.5 岁～	21.16±2.82	116.4±4.5	65.1±2.5	51.4±1.3	56.6±3.0	20.27±2.73	115.4±4.5	64.4±2.4	50.4±1.3	54.8±3.0
6～7 岁	22.51±3.21	120.0±4.8	66.6±2.5	51.7±1.3	57.6±3.3	21.55±2.94	118.9±4.7	65.8±2.4	50.7±1.3	55.7±3.1

表 C-2　2005 年九市郊区 7 岁以下儿童体格发育测量值($\bar{x}$±SD)

年龄组	男					女				
	体重/kg	身高/cm	坐高/cm	头围/cm	胸围/cm	体重/kg	身高/cm	坐高/cm	头围/cm	胸围/cm
初生～3 天	3.32±0.40	50.4±1.8	33.5±1.7	34.3±1.3	32.8±1.5	3.19±0.39	49.8±1.7	33.0±1.7	33.7±1.3	32.4±1.6
1 个月～	5.12±0.73	56.6±2.5	37.7±1.9	38.0±1.4	37.4±2.0	4.79±0.61	55.6±2.2	36.9±1.8	37.2±1.2	36.6±1.8
2 个月～	6.29±0.75	60.5±2.4	40.1±1.8	39.8±1.3	39.8±2.0	5.75±0.72	59.0±2.4	38.9±1.9	38.8±1.3	38.7±1.9
3 个月～	7.08±0.82	63.0±2.3	41.5±1.9	41.1±1.4	41.3±2.1	6.51±0.76	61.7±2.2	40.5±1.8	40.1±1.2	40.2±2.0
4 个月～	7.63±0.89	65.0±2.3	42.5±1.9	42.2±1.3	42.2±2.1	7.08±0.83	63.6±2.3	41.5±1.8	41.2±1.3	41.1±12.0
5 个月～	8.15±0.93	67.0±2.2	43.5±1.8	43.2±1.2	42.9±2.1	7.54±0.91	65.5±2.4	42.5±1.9	42.1±1.3	41.8±2.1
6 个月～	8.57±1.01	69.2±2.5	44.6±1.9	44.2±1.3	43.7±2.1	7.98±0.94	67.6±2.5	43.5±1.8	43.1±1.3	42.6±2.1
8 个月～	9.18±1.07	72.1±2.6	45.9±1.8	45.2±1.3	44.5±2.1	8.54±1.05	70.5±2.7	44.9±1.9	44.0±1.3	43.5±2.2
10 个月～	9.65±1.10	74.7±2.8	47.2±2.1	46.0±1.3	45.3±2.1	9.00±1.04	73.2±2.7	46.1±1.9	44.7±1.3	44.2±2.0
12 个月～	10.11±1.15	77.5±2.8	48.4±2.1	46.4±1.3	46.2±2.0	9.44±1.12	75.8±2.9	47.3±2.1	45.2±1.3	44.9±2.0
15 个月～	10.59±1.20	80.2±3.1	49.7±2.1	46.9±1.3	46.9±2.1	9.97±1.13	78.9±3.1	48.8±2.1	45.8±1.3	45.8±2.0
18 个月～	11.21±1.25	82.8±3.2	51.0±2.2	47.5±1.2	47.8±2.0	10.63±1.20	81.7±3.3	50.2±2.2	46.4±1.3	46.7±2.2
21 个月～	11.82±1.36	85.8±3.4	52.5±2.2	47.9±1.3	48.3±2.1	11.21±1.27	84.4±3.3	51.5±2.2	46.8±1.3	47.3±2.1
2 岁～	12.65±1.43	89.5±3.8	54.1±2.3	48.4±1.3	49.2±2.2	12.04±1.38	88.2±3.7	53.2±2.3	47.3±1.3	48.1±2.2
2.5 岁～	13.81±1.60	93.7±3.8	55.9±2.3	49.0±1.3	50.3±2.3	13.18±1.52	92.5±3.7	55.0±2.3	47.9±1.3	49.1±2.2
3 岁～	14.65±1.65	97.2±3.9	57.0±2.3	49.3±1.3	50.9±2.2	14.22±1.66	96.2±3.9	56.2±2.2	48.3±1.3	50.0±2.2
3.5 岁～	15.51±1.77	100.5±4.0	58.4±2.2	49.7±1.3	51.7±2.3	15.09±1.82	99.5±4.2	57.6±2.3	48.8±1.3	50.7±2.3
4 岁～	16.49±1.95	104.0±4.4	59.8±2.4	50.1±1.3	52.5±2.3	15.99±1.89	103.1±4.1	59.1±2.3	49.0±1.2	51.4±2.4
4.5 岁～	17.46±2.17	107.4±4.3	61.3±2.4	50.3±1.3	53.4±2.5	16.84±2.07	106.2±4.5	60.4±2.4	49.4±1.3	52.1±2.4
5 岁～	18.46±2.32	110.7±4.6	62.7±2.4	50.6±1.3	54.2±2.6	17.85±2.35	109.7±4.6	61.9±2.5	49.6±1.4	52.8±2.6
5.5 岁～	19.58±2.72	113.6±4.7	63.9±2.6	50.9±1.4	55.0±2.8	18.83±2.49	112.7±4.7	63.2±2.5	49.9±1.3	53.6±2.7
6～7 岁	20.79±2.89	117.4±5.0	65.5±2.6	51.1±1.4	56.0±2.9	20.11±2.87	116.5±5.0	64.7±2.6	50.1±1.4	54.5±3.0

注：首都儿科研究所九市儿童体格发育调查协作组. 2005 年中国九市七岁以下儿童体格发育调查[J]. 中华儿科杂志，2007

推荐书目与文章列表

[1] 邓树勋，王健，乔德才．运动生理学[M]．北京：高等教育出版社，2009

[2] 袁振国，刘占兰．中国学前教育发展战略研究[M]．北京：教育科学出版社，2010

[3] 郑健成．学前教育学[M]．上海：复旦大学出版社，2007

[4] 毛振明，王小美．体育与健康课改论[M]．北京：北京体育大学出版社，2009

[5] 黄世勋．幼儿园体育创新基础理论和方法[M]．北京：教育科学出版社，2003

[6] 唐淑．学前教育思想史[M]．北京：人民教育出版社，2009

[7] 顾荣芳．幼儿健康概念认知研究[M]．北京：高等教育出版社，2009

[8] 中国体育科学学会．体育科学学科发展报告(2009—2010)[M]．北京：中国科学技术出版社，2010

[9] 中华预防医学会．公共卫生与预防医学学科发展报告(2009—2010)[M]．北京：中国科学技术出版社，2010

[10] 克涅曼等．学前儿童体育的理论和教学方法[M]．徐志文等译．北京：人民教育出版社，1984

[11] 麦少美．学前卫生学[M]．上海：复旦大学出版社，2011

[12] 王庭槐．生理学[M]．北京：高等教育出版社，2004

[13] 李世昌．运动解剖学[M]．北京：高等教育出版社，2010

[14] 朱家雄，汪乃铭，戈柔．学前儿童卫生学[M]．上海：华东师范大学出版社，2006

[15] 顾荣芳．学前儿童健康教育论[M]．江苏：江苏教育出版社，2009

[16] 张兰香，潘秀萍．学前儿童卫生与保健[M]．北京：北京师范大学出版社，2011

[17] 姚泰．生理学[M]．北京：人民卫生出版社，2010

[18] 万钫．学前卫生学[M]．北京：北京师范大学出版社，2004

[19] 宋洁．幼儿卫生保健[M]．北京：北京理工大学出版社，2010

[20] 万钫．幼儿卫生保育教程[M]．北京：北京师范大学出版社，1999

[21] 朱贤智．儿童心理学[M]．北京：人民教育出版社，2009

[22] 张力为，毛志雄．运动心理学[M]．上海：华东师范大学出版社，2003

[23] 郑雪，刘学兰，王玲．幼儿心理健康教育[M]．广东：暨南大学出版社，2006

[24] 陈帼眉，姜勇．幼儿教育心理学[M]．北京：北京师范大学出版社，2007

[25] 刘新学，唐雪梅．学前心理学[M]．北京：北京师范大学出版社，2011

[26] 张明红．学前儿童社会教育[M]．上海：华东师范大学出版社，2008

[27] 马军．学校卫生学[M]．北京：高等教育出版社，2010

[28] 李燕．学前儿童发展心理学[M]．上海：华东师范大学出版社，2008

[29] 刘晓东，卢乐珍．学前教育学[M]．南京：江苏教育出版社，2009

[30] 万钫，刘馨．幼儿卫生保育教程[M]．北京：北京师范大学出版社，1999

[31] 丁忠元．儿童体育心理学[M]．济南：明天出版社，1988

[32] 王海英．学前教育社会学[M]．南京：江苏教育出版社，2009

[33] Greg Payne，耿培新，梁国立．人类动作发展概论[M]．北京：人民教育出版社，2008

[34] 王林，汪巧琴，南仲喜．田径游戏大全[M]．北京：北京体育大学出版社，2005

[35] 马启伟．体育心理学[M]．北京：高等教育出版社，1996

[36] 程锡森，金海波．运动项目概论[M]．天津：天津大学出版社，2010

[37] 李金泉．幼儿体育[M]．北京：高等教育出版社，2010

[38] 周君华. 婴幼儿体育的理论与实践[M]. 北京：北京师范大学出版社,2008
[39] 王占春. 幼儿园体育活动的理论与方法[M]. 北京：人民教育出版社,2006
[40] 刘馨. 幼儿体育活动设计与指导[M]. 北京：北京师范大学出版社,2004
[41] 袁爱玲. 幼儿园教育环境创设[M]. 北京：高等教育出版社,2010
[42] 姚明焰. 幼儿健康教育活动设计与指导[M]. 北京：中国劳动社会保障出版社,2006
[43] 邓树勋,陈佩杰,乔德才. 运动生理学导论[M]. 北京：北京体育大学出版社,2007
[44] 谢敏豪,冯炜权,严翊. 运动内分泌学[M]. 北京：北京体育大学出版社,2008
[45] 杨锡让. 实用运动生理学[M]. 北京：北京体育大学出版社,2007
[46] 乔德才,张蕴琨,邓树勋. 运动人体科学研究进展与应用[M]. 北京：人民体育出版社,2008
[47] 田振军. 运动心脏生物学[M]. 北京：科学出版社,2006
[48] 杨锡让,傅浩坚. 人体运动科学经典研究方法的发展与应用[M]. 北京：人民体育出版社,2007
[49] 黄玉山. 运动处方理论与应用[M]. 桂林：广西师范大学出版社,2005
[50] 王正珍. ACSM运动测试与运动处方指南[M]. 北京：人民卫生出版社,2010
[51] 高云. 舞蹈解剖学[M]. 北京：高等教育出版社,2004
[52] 温柔. 舞蹈生理学[M]. 上海：上海音乐出版社,2004
[53] 常芸. 运动心脏的理论与实践[M]. 北京：人民体育出版社,2008
[54] 曹建民. 体能与营养恢复[M]. 北京：北京体育大学出版社,2010
[55] 杨则宜. 运动营养师培训教程[M]. 北京：人民体育出版社,2008
[56] 冯立,陆大江. 体育职业营养概论[M]. 上海：上海科学技术文献出版社,2008
[57] 格伦·卡德维尔. 运动营养金标准[M]. 任青等译. 北京：人民体育出版社,2010
[58] 常翠青. 运动与营养[M]. 北京：新华出版社,2009
[59] 林文弢. 休闲体育营养[M]. 北京：人民体育出版社,2007
[60] 中国营养学会. 中国居民膳食指南(2007)[M]. 拉萨：西藏人民出版社,2008
[61] 王维群. 营养学[M]. 北京：高等教育出版社,2001
[62] 刘迎接,贺永琴. 学前营养学[M]. 上海：复旦大学出版社,2010
[63] [美]威廉姆等. 运动与营养[M]. 荫士安主译. 北京：人民卫生出版社,2011
[64] 王雁. 学前儿童卫生与保健[M]. 北京：中央广播电视大学出版社,2011
[65] 体育保健学编写组. 体育保健学[M]. 北京：高等教育出版社,1997
[66] 顾丽燕. 运动医务监督[M]. 北京：北京体育大学出版社,2009
[67] 全国体育学院教材委员会审定. 运动医学[M]. 北京：人民体育出版社,1990
[68] 李永和. 中小学生体育卫生保健知识[M]. 北京：人民教育出版社,1994
[69] 颜磊. 幼儿健康教育的探索与实践[M]. 北京：北京师范大学出版社,2010
[70] 段春梅. 户外区域体育活动的教与学[M]. 北京：高等教育出版社,2010
[71] 王安利. 运动医学[M]. 北京：人民体育出版社,2008
[72] 刘建霞. 幼儿园户外体育活动探索[M]. 北京：北京师范大学出版社,2010
[73] 王健,何玉秀. 健康体适能[M]. 北京：高等教育出版社,2010
[74] 孙庆祝,郝文亭,洪峰. 体育测量与评价[M]. 北京：高等教育出版社,2010
[75] 黄汉升. 体育科学研究方法[M]. 北京：高等教育出版社,2006
[76] 刘华,郝文亭. 运动解剖学[M]. 桂林：广西师范大学出版社,2005
[77] 国家体育总局. 国民体质测定标准手册(幼儿部分)[M]. 北京：人民体育出版社,2003
[78] 白爱宝. 幼儿发展评价手册[M]. 北京：教育科学出版社,1999
[79] 中央教育科学研究所幼教室. 幼儿教育自我评价指导手册[M]. 北京：教育科学出版社,2002

[80] 姚泰. 生理学[M]. 北京：人民卫生出版社,2010
[81] 霍力岩. 学前教育评价[M]. 北京：北京师范大学出版社,2000
[82] 托尼·W. 林德,陈学锋,江泽菲. 在游戏中评价儿童：以游戏为基础的跨学科儿童评价法[M]. 上海：华东师范大学出版社,2008
[83] 托尼·W. 林德,陈学锋,江泽菲. 在游戏中发展儿童：以游戏为基础的跨学科儿童干预法[M]. 上海：华东师范大学出版社,2008
[84] 杨金凤. 运动中成长——幼儿运动活动中师幼积极幼小互动的探索[M]. 上海：上海教育出版社,2011
[85] 林红. 幼儿体育特色教育研究与设计[M]. 宁波：宁波出版社,2009
[86] 特里萨·M. 麦克德维特等. 儿童发展与教育[M]. 李琪等译. 北京：教育科学出版社,2007
[87] 梁周全,尚玉芳. 幼儿游戏与指导[M]. 北京：北京师范大学出版社,2011
[88] 王占春. 幼儿园体育活动的理论与方法[M]. 北京：人民教育出版社,2006
[89] 刘馨. 幼儿体育活动设计与指导[M]. 北京：北京师范大学出版社,2004
[90] 郎明琪,陈培燕. 幼儿园阳光体育创新游戏活动[M]. 北京：农村读物出版社,2010
[91] 黄世勋. 儿童运动游戏创编与教学[M]. 北京：光明日报出版社,1989
[92] 北京市教育局幼儿教育教研室. 幼儿体育与游戏[M]. 北京：北京师范学院出版社,1987
[93] 杜素珍. 幼儿园一日体育活动整合手册[M]. 南京：南京师范大学出版社,2010
[94] 毛振明,王小美. 体育与健康课改论[M]. 北京：北京体育大学出版社,2009
[95] 董文梅,毛振明. 体育学理之探究[M]. 北京：北京体育大学出版社,2011
[96] 谭星. 幼儿园体育[M]. 北京：北京师范大学出版社,2001
[97] 胡小明. 体育人类学[M]. 北京：高等教育出版社,2005
[98] 唐淑,孔起英. 幼儿园艺术、健康和社会教育[M]. 南京：南京师范大学出版社,2010
[99] 许卓娅. 学前儿童艺术教育[M]. 上海：华东师范大学出版社,2008
[100] 李鸿江. 体育锻炼与儿童智力发展[M]. 北京：人民体育出版社,1988
[101] 袁爱玲. 幼儿教育环境创设[M]. 北京：高等教育出版社,2010
[102] 邹慧敏. 幼儿园园本化体育活动实例[M]. 福州：人民出版社,2009
[103] 萨利·戈达德·布莱斯. 平衡发展的孩子[M]. 于淑芬译. 北京：民主与建设出版社,2011

参考文献

[1] 吴遵民．关于完善现代国民教育体系和构建终身教育体系的研究[J]．中国教育学刊，2004，11：39-41

[2] 国务院关于当前发展学前教育的若干意见[Z]．国发[2010]41 号

[3] 教育部关于印发义务教育语文等学科课程标准(2011 年版)的通知[Z]．教基[2011]9 号

[4] 胡小明．体育人类学[M]．北京：高等教育出版社，2005

[5] 许卓娅．学前儿童体育[M]．南京：南京师范大学出版社，2003

[6] 郑健成．学前教育学[M]．上海：复旦大学出版社，2007

[7] 弗罗斯特等．游戏和儿童发展[M]．唐晓娟，张胤译．南京：江苏教育出版社，2011

[8] 杨文轩，陈琦．体育原理[M]．北京：高等教育出版社，2004

[9] 单中惠．蒙台梭利幼儿教育著作精选[M]．上海：华东师范大学出版社，2009

[10] 克涅曼等．学前儿童体育的理论和教学方法[M]．徐志文等译．北京：人民教育出版社，1984

[11] 中华人民共和国教育部．全日制义务教育体育与健康课程标准(实验稿)[M]．北京：北京师范大学出版社，2001

[12] 中华人民共和国教育部．全日制义务教育体育与健康课程标准[M]．北京：北京师范大学出版社，2011

[13] 李燕．学前儿童发展心理学[M]．上海：华东师范大学出版社，2008

[14] 幼儿园教育指导纲要(试行)[Z]．教基[2001]20 号

[15] 王占春．幼儿园体育活动的理论与方法[M]．北京：人民教育出版社，2006

[16] 王占春，黄世勋．幼儿体育教学法[M]．北京：人民教育出版社，1993

[17] 刘馨．学前儿童体育[M]．北京：北京师范大学出版社，1997

[18] 胡春光，陈洪．法国幼小衔接教育制度的内涵与启示[J]．学前教育研究，2011，9(201)：23-27

[19] 许艳．美国幼小衔接经验及启示[J]．教育探究，2009，4(4)：11-13

[20] 吴苏秀．幼儿体育教学应重视做好幼小衔接[J]．体育科技，1998，19(1)：75-77

[21] Biddle J H，Asare M. Physical activity and mental health in children and adolescents：a review of reviews[J]. British Journal of Sports Medicine，2011，45：886-895

[22] Weare K，Nind M. Mental health promotion and problem prevention in schools：what does the evidence say[J]. Health Promotion International，2011，26：29-69

[23] 任应秋．通俗中国医学史话[M]．重庆：重庆人民出版社，1957

[24] 郑玉涛．小儿解剖生理与临床应用[M]．西安：西安交通大学出版社，2010

[25] 赵仲龙．幼儿运动安全防护要点[J]．家庭教育(幼儿家长)，2009(11)：45

[26] 曹艳花．幼儿游戏的指导[J]．甘肃教育，2004(7)：27

[27] 朱灿文．浅谈幼儿户外体育运动中的保健卫生[J]．教育导刊(幼儿教育)，2000(S4)：23-24

[28] 李文彬，胡传双．作业姿势和负重对人体平衡的影响[J]．北京林业大学学报，2003(1)：74-77

[29] 温婷．幼儿园体育活动现状与改革的研究[D]．呼和浩特：内蒙古师范大学，2011

[30] 肖艺．体育游戏对幼儿运动能力发展的实验研究[D]．长沙：湖南师范大学，2011

[31] 陈巧萍．浅析从幼儿的生理特性安排体育活动[J]．时代教育(教育教学版)，2009(4)：69

[32] 顾荣芳．学前儿童卫生学[M]．南京：江苏教育出版社，2006

[33] 高云．舞蹈解剖学[M]．北京：高等教育出版社，2004

[34] 杨宁. 儿童早期发展与教育中的动作和运动问题——四论进化、发展和儿童早期教育[J]. 学前教育研究,2011(202):3-9
[35] 闰霞. 论幼儿游戏教育与幼儿身心发展的关系[J]. 河北建筑科技学院学报(社科版),2001,18(3):54
[36] 刘琪,洪燕燕. 体育游戏对幼儿健康人格发展的探讨[J]. 山东体育学院学报,2006,22(6):66-68
[37] 董广新,王凤贞,梁锦芬. 在体育游戏中培养幼儿社会性情感的研究[J]. 广州体育学院学报,2003,23(1):45-46
[38] 裴小英. 游戏与幼儿自信心的培养[J]. 南京体育学院学报(自然科学版),2003,2(3):74-76
[39] 王颖. 幼儿游戏中的认知成分分析[J]. 幼教天地,2006(18):184
[40] 李国娟. 浅析幼儿游戏活动与幼儿良好个性的培养[J]. 浙江教育科学,2005(2):50-51
[41] 吕晓昌. 体育游戏对矫正城市幼儿不良心理行为的研究[J]. 山东体育学院学报,2003,19(59):47-49
[42] 冯德全,雷建新等. 早教革命方法篇[M]. 北京:中国妇女出版社,2007
[43] 王玉珠,方秋丽,孟宪菊. 从素质教育的视角谈幼儿体育教育[J]. 上海体育学院学报,2000,24(1):13-16
[44] 丁忠元. 儿童体育心理学[M]. 济南:明天出版社,1988
[45] 宗心南,李辉,武华红. 中国7岁以下儿童重量指数的生长规律及参照标准建立[J]. 中国循证儿科杂志,2011,6(2):120-125
[46] Teran-Garcia M, Rankinen T, Bouchard C. Genes, exercise, growth, and the sedentary, obese child[J]. Journal of Applied Physiology, 2008,105:988-1001
[47] 九市儿童体格发育调查协作组,首都儿科研究所. 2005年中国九市七岁以下儿童体格发育调查[J]. 中国儿科杂志,2007,45(8):609-614
[48] Friedman R M, Kutash K. Challenges for child and adolescent mental health[J]. Health Affairs, 1992,11:125-136
[49] Snethen J A, Broome M E. Weight, exercise, and health children's perceptions[J]. Clinical Nursing Research, 2007,16(2):138-152
[50] Fripp R R, Whitman V, Werner J C, et al. Blood pressure response to exercise in children following the subclavian flap procedure for coarctation of the aorta[J]. The Journal of Thoracic and Cardiovascular Surgery. 1983,85:682-685
[51] Poomsrikaew O, Berger B E, Kim M J, et al. Age and gender differences in social-cognitive factors and exercise behavior among thais[J]. Western Journal of Nursing Research, 2012,34(2):245-264
[52] Varela S, Ayán C, Cancela J M, et al. Effects of two different intensities of aerobic exercise on elderly people with mild cognitive impairment: a randomized pilot study[J]. Clinical Rehabilitation, 2011,26(5):442-450
[53] 袁爱玲. 幼儿园教育环境创设[M]. 北京:高等教育出版社,2010
[54] 李洁,陈仁伟. 人体运动能力检测与评定[M]. 北京:人民体育出版社,2005
[55] 中国体育科学学会. 体育科学词典[M]. 北京:高等教育出版社,2000
[56] 段春梅. 户外区域体育活动的教与学[M]. 北京:北京师范大学出版社,2010
[57] 许卓娅. 学前儿童体育[M]. 南京:南京师范大学出版社,2003
[58] 王林,汪巧琴,南仲喜. 田径游戏大全[M]. 北京:北京体育大学出版社,2005
[59] 李金泉. 幼儿体育[M]. 北京:高等教育出版社,2010
[60] 姚明焰. 幼儿健康教育活动设计与指导[M]. 北京:中国劳动社会保障出版社,2006

[61] 吴小平．美国3～5岁幼儿体育运动适宜性实践[J]
[62] 孟祥芝，谢利苹．幼儿动作发展与动作抑制研究[J]．心理发展与教育，2004，3：6-10
[63] 孟祥芝，周晓林．发展性协调障碍与书写困难个案研究[J]．心理学报，2003，35：604-609
[64] 马启伟．体育心理学[M]．北京：高等教育出版社，1996
[65] 安星原．浅谈体能训练对促进幼儿身体发育的作用[J]．华章，2012，2：262
[66] 赵晓杰．儿童入学准备运动技能发展量表的编制[D]．硕士毕业论文，2008
[67] Greg Payne，耿培新，梁国立．人类动作发展概论[M]．北京：人民教育出版社，2008
[68] Welk G J, Corbin C B, Dale D. Measurement issues for the assessment of physical activity in children[J]. Research Quarterly for Exercise and Sport, 2000,71: 59-73
[69] 邓树勋，王健，乔德才．运动生理学[M]．北京：高等教育出版社，2009
[70] 周登嵩．学校体育学[M]．北京：人民体育出版社，2004
[71] 胜部笃美．体育译文（十）幼儿体育基础理论[M]．杨更生译．北京：人民体育出版社，1980
[72] 翁惠根．体育教育改革与探索[M]．杭州：浙江大学出版社，2005
[73] 向海英．论幼儿体育课运动负荷与心理负荷的调节策略[J]．山东教育科研，1997，2：54-55
[74] Gao Z. Promoting Children's Exercise Motivation and Physical Activity Through Interactive Games. 2010, 81(1): A-22
[75] Moniqne H M van der Cammen-van Zijp, Ijsselstijn H, Takken T, et al. Exercise testing of pre-school children using the Bruce treadmill protocol: new reference values[J]. European journal of applied physiology, 2010,108(2): 393-9
[76] Cartel A L, McVean J J, Clark R R, et al. School-based exercise improves fitness, body composition, insulin sensitivity, and markers of inflammation in non-obese children[J]. Journal of Pediatric Endocrinology and Metabolism, 2009, 22(5): 409-415
[77] Kimura M, Okayama Y, Yamagucchi T, Masumoto T. About 90% of injuries under school supervision occur during exercise and sports in high school(A review of accident reports of Kyoto prefectural high schllo in 2007)[J]. Injury Prevention, 2010,16: A208
[78] Nick Crossley. In the gym: motives, meaning and moral careers[J]. Body Society, 2006,12(3): 23-50
[79] Deli E, Bakle L, Zachopoulou E. Implementing intervention movement programs for kindergarten children[J]. Journal of Early Childhod Research,2006,4: 5-18
[80] Singh S, Smith G A, Fields S K, et al. Gymnastics-related injuries to children treated in emergency departments in the United States, 1990—2005[J]. Pediatrics, 2008,121: 954-960
[81] Riddell M C. The endocrine response and substrate utilization during exercise in children and adolescents[J]. Journal of Applied Physiology, 2008,105: 725-733
[82] Singh T P, Evans S. Socioeconomic position and heart rate recovery after maximal exercise in children[J]. Archives of Pediatrics and Adolescent Medicne, 2010,164(5): 479-484
[83] Fawkner S G, Armstrong N. Longitudinal changes in the kinetic response to heavy-intensity exercise in children[J]. Journal of Applied Physiology, 2004,97(2): 460-466
[84] 中国营养学会．中国居民膳食指南(2007)[M]．拉萨：西藏人民出版社，2008
[85] [澳]卡德维尔．运动营养金标准[M]．任青等译．北京：人民体育出版社，2010
[86] [美]威廉姆等．运动与营养[M]．荫士安主译．北京：人民卫生出版社，2011
[87] 王卫平．儿科学[M]．北京：高等教育出版社，2008
[88] 李宁．聪明宝宝营养餐——现代人(0～6岁宝宝各阶段的成长变化和喂养原则)[M]．北京：中国

轻工业出版社,2011
[89] 曹建民. 体能与营养恢复[M]. 北京：北京体育大学出版社,2010
[90] 王维群. 营养学[M]. 北京：高等教育出版社,2001
[91] [英]莫恩. 运动营养/运动医学百科全书第七卷[M]. 杨则宜译审. 北京：人民体育出版社,2005
[92] Rice J, Thombs D, Leach R, et al. Successes and barriers for a youth weight-management program[J]. Clinical Pediatrics, 2007,47(2): 143-147
[93] Washington R L, Bricker J T, Alpert B S, et al. Guidelines for exercise testing in the pediatric age group. From the committee on atherosclerosis and hypertension in children, council on cardiovascular disease in the young, the American heart association[J]. Circulation, 1994,90: 216-2179
[94] Woo K S, Chook P, Yu C W, et al. Effects of diet and exercise on obesity-related vascular dysfunction in children[J]. Circulation, 2004,109: 1981-1986
[95] Mcdonald C M, Karamlou T, Wengle J G, et al. Nutrition and exercise environment available to outpatients, visitors, and staff in children's hospitals in Canada and the United States[J]. Archives of Pediatrics & Adolescent Medicine, 2006,160: 900-905
[96] Shaikh U, Byrd R S, Auinger P. Vitamin and mineral supplement use bu children and adolescents in the 1999—2004 national health and nutrition examination survey[J]. Archives of Pediatrics and Adolescent Medicine, 2009,163 (2): 150-157
[97] 中华亲子网. http://baobao. china. com/zh_cn/parent/bbjk/11075351/20100721/16037573. html
[98] 顾景范. 中国居民膳食指南暨平衡膳食宝塔解读(15)学龄前儿童膳食指南[Z]
[99] 王雁. 学前儿童卫生与保健[M]. 北京：中央广播电视大学出版社,2011
[100] 春阶. 浅析学前期儿童运动负荷监测指标[J]. 科技咨询导报, 2007(13): 160-161
[101] 冷小刚. 幼儿体育活动中的卫生与安全[J]. 南京体育学院学报：社会科学版, 2002, 16(5): 117-118
[102] 李健. 婴幼儿运动技能的培养[J]. 北京教育学院学报：自然科学版, 2012(2): 64-68
[103] 赵仲龙. 幼儿运动安全防护要点[J]. 家庭教育：幼儿版, 2009(11): 45-45
[104] 陈雁杨. 现代体育保健[M]. 武汉：湖北科学技术出版社,2001
[105] 刘国雄. 学前儿童情绪认知发展研究述评[J]. 教育学研究,2008,4: 115-119
[106] 全国体育学院教材委员会. 运动医学[M]. 北京：人民体育出版社,1990
[107] 体育保健学编写组. 体育保健学[M]. 北京：高等教育出版社,1997
[108] 国家体育总局. http://www. fitness. org. cn/w/293. html
[109] 王健,何玉秀. 健康体适能[M]. 北京：高等教育出版社,2010
[110] Walther C, Gaede L, Adams V, et al. Effect of Increased Exercise in School Children on Physical Fitness and Endothelial Progenitor Cells[J]. Circulation, 2009, 120(22): 2251-2259
[111] Snapp C A, Donaldson S K. Gestational diatetes mellitus: physical exercise and health outcomes[J]. Biological Research For Nursing, 2008,10(2): 145-155
[112] American Academy of Pediatrics. Committee on Injury and Poison Prevention. Injuries associated with infant walkers[J]. Pediatrics, 2001, 108(3): 790-792
[113] Daley A J, Copeland R J, Wright N P, et al. Exercise therapy as a treatment for psychopathologic conditions in obese and morbidly obese adolescents: a randomized, controlled trial[J]. Pediatrics, 2006,118: 2126-2134
[114] Moller N C, Grontved A, Wedderkopp N, et al. Cardiovascular disease risk factors and blood

pressure response during exercise in healthy children and adolescents: the European youth heart study[J]. Journal of Applied Physiology, 2010,109: 1125-1132

[115] Bernard A, Carbonnelle S, Dumont X, et al. Infant swimming practice, pulmonary epithelium integrity, and the risk of allergic and respiratory diseases later in childhood[J]. Pediatrics, 2007 (119): 1095-1103

[116] Pety K H, Davis C L, Tkacz J, et al. Exercise effects on depressive symptoms and self-worth in overweight children: a randomized controlled trial[J]. Journal of Pediatric Psychology, 2009, 34(9): 929-939

[117] Rowland T. Thermoregulation during exercise in the heat in children: old concepts revisited[J]. Journal of Applied Physiology, 2008,105: 718-724

[118] 王利红. 幼儿体质与健康促进家园共建模式的构建及其实证研究[D]. 北京:北京体育大学,2011

[119] 张莹. 幼儿期体能练习方法研究[D]. 北京:北京体育大学,2011

[120] 孙亚青. 河南省城市幼儿园幼儿体质现状调查及对策研究[D]. 开封:河南大学,2007

[121] 马海江. 新疆锡伯族 3~6 岁幼儿体质现状的调查与研究[D]. 北京:北京体育大学,2007

[122] 仇法强. 珠三角地区幼儿体质特点的分析[A]. 广东省体育科学研究论文选,2007

[123] 刘兴,张海平,宋吉锐等. 基于身体素质的体操、游戏健身组合对 5~6 岁幼儿身体素质的干预与评价研究[J]. 沈阳体育学院学报,2011,30(1):5-9

[124] 李健. 3~6 岁幼儿体质研究文献综述[J]. 体育科技,2006,27(2):68-72

[125] 李麦浪,黄兆强. 开展幼儿体质测量与评价的研究[J]. 体育学刊,1998(4):104-107

[126] 国家体育总局. 国民体质测定标准手册(幼儿部分)[M]. 北京:人民体育出版社,2003

[127] 国家体育总局. 2010 年国民体质监测公报[Z]. http://www.sport.gov.cn/n16/n1077/n297454/2052709.html

[128] 深圳体育信息网. http://203.91.45.53/engine/gettemplate.jsp?guid={CB5B2D37-FFFF-FFFF-A147-F705FFFFFF97}&temp_Id=34

[129] 海珠区体育局. http://hdtyj.bjhd.gov.cn/tzjc/index.html

[130] Timmons B W. Exercise and immune function in children[J]. American Journal of Lifestyle Medicine, 2007,1(1): 59-66

[131] Dyment P G, Goldberg B, Murray J J, et al. Infant exercise programs[J]. Pediatrics, 1988, 82(5): 800

[132] Rosenthal M, Bush A. Haemodynamics in children during rest and exercise methods and normal values[J]. European Respiratory Journal, 1998,11: 854-865

[133] 邓树勋,王健,乔德才. 运动生理学[M]. 北京:高等教育出版社,2009

[134] 李洁,陈仁伟. 人体运动能力检测与评定[M]. 北京:人民体育出版社,2005

[135] 运动人体科学研究进展与应用[M]. 北京:人民体育出版社,2008

[136] 顾荣芳. 学前儿童健康教育论[M]. 南京:江苏教育出版社,2009

[137] 许卓娅. 学前儿童体育[M]. 南京:南京师范大学出版社,2003

[138] 张蕴琨,丁树哲. 运动生物化学[M]. 北京:高等教育出版社,2010

[139] 李金泉. 幼儿体育[M]. 北京:高等教育出版社,2010

[140] 姚明焰. 幼儿健康教育活动设计与指导[M]. 北京:中国劳动社会保障出版社,2006

[141] 顾荣芳. 学前儿童体育与健康教育[M]. 苏州:苏州大学出版社,2002

[142] 吴小平. 美国 3~5 岁幼儿体育运动适宜性实践[Z]

[143] McArdle W D, Katch F L, Katch V L. Exercise Physiology, Energy, Nutrition, and Human Performance. [M]. 7th ed. Lippincott Williams & Wilkins, 2001

[144] Bolster D R, Pikosky M A, McCarthy L M, et al. Exercise affects protein utilization in healthy children[J]. The Journal of Nutrition, 2001,11(10): 2659-2663

[145] 李鸿江. 体育锻炼与儿童智力发展[M]. 北京：人民体育出版社,1988

[146] 唐淑,孔起英. 幼儿园艺术、健康和社会教育[M]. 南京：南京师范大学出版社,2010

[147] 许卓娅. 学前儿童艺术教育[M]. 上海：华东师范大学出版社,2008

[148] 袁爱玲. 幼儿教育环境创设[M]. 北京：高等教育出版社,2010

[149] 萨利·戈达德·布莱斯. 平衡发展的孩子[M]. 于淑芬译. 北京：民主与建设出版社,2011

[150] 谢秀丽. 幼儿园工作管理[M]. 广州：广东高等教育出版社,2000

[151] 安·迈尔斯·戈登. 幼儿教育学导论[M]. 梁玉华等译. 成都：四川少年儿童出版社,2009

[152] 李衍柱. 西方美学经典文本导读[M]. 北京：北京大学出版社,2006

[153] 席勒. 审美教育书简[M]. 上海：上海人民出版社,2003

[154] 亚伯拉罕·马斯洛等. 人的潜能和价值[M]. 北京：华夏出版社,1987

[155] Hyatt K J. Brain Gym: Buiding stronger brains or wishful thinking[J]. Remedial and Special Education, 2007,28(2): 117-124

[156] Olaf Verschuren, Marjolijn Ketelaar, Jan Willem Corter, et al. Exercise training program in children and adolescents with cerebral pslsy[J]. Archives of Pediatrics & Adolescent Medical, 2007,161(11): 1075-1081